빅데이터 분석과 R 활용

윤철호 지음

생능

빅데이터 분석과 R 활용

초판발행 2021년 6월 30일
제1판2쇄 2024년 7월 31일

지은이 윤철호
펴낸이 김승기, 김민정
펴낸곳 (주)생능 / **주소** 경기도 파주시 광인사길 143
출판사 등록일 2014년 1월 8일 / **신고번호** 제406-2014-000003호
대표전화 (031)955-0761 / **팩스** (031)955-0768
홈페이지 www.booksr.co.kr

책임편집 이종무 / **편집** 신성민, 최동진 / **디자인** 유준범, 노유안
마케팅 최복락, 김민수, 심수경, 차종필, 백수정, 송성환, 최태웅, 명하나
인쇄 · 제본 교보p&b

ISBN 979-11-86689-36-3 93000
정가 28,000원

머리말

4차 산업 혁명의 핵심 기술로서 최근 빅데이터 활용에 대한 실무적인 요구가 높아짐에 따라 대학 현장에서도 이에 대한 교육의 필요성이 강조되고 있다. 과거 빅데이터 분석이 값비싸며 상용화된 통계분석 도구들을 사용해야만 하였기에 이를 교육 현장에 접목하는 데 어려움이 있었지만, 다행하게도 오늘날 빅데이터 분석을 위한 도구인 무료 소프트웨어 R의 개발과 보급으로 누구나 간편하게 이를 활용하여 빅데이터 분석을 수행할 수 있는 환경이 되었다.

이 책은 R을 활용하여 대학의 현장에서 학생들이 빅데이터 분석을 실무적으로 수행할 수 있는 능력을 배양시키는 데 초점을 맞추고 있다. 따라서 이 책은 빅데이터 분석의 입문자 수준의 학업자가 중급자 이상의 수준으로 도달하는 데 이바지하는 것을 목적으로 하고 있다. 이러한 목적을 달성하기 위하여 이 책은 빅데이터 분석 기법을 구성하는 정형 데이터 분석, 비정형 데이터 분석, 데이터 시각화들에 대하여 R을 활용한 분석 절차 및 방법들을 실무 예시 형식으로 내용들을 구성하였다. 또한 이러한 다양한 빅데이터 기법의 분석을 위한 사전 지식 습득 및 실습을 위하여 R 설치 및 사용법, R 프로그램의 기초, 그래프 작성, 기술 및 추론통계, 데이터 마이닝, 텍스트마이닝, 오피니언마인닝 및 소셜네트워크 분석에 대한 이론적 기초 및 실습 자료를 함께 포함하여 구성하였다.

오늘날 오픈소스로서 무료 프로그램 환경인 R이 빅데이터 분석을 위한 도구로 활발하게 사용되고 있고, 이로 인해 R을 이용한 빅데이터 분석과 관련한 다양한 책들이 최근에 다수 출간되고 있으나, 이 책과 같이 빅데이터 분석 기법들인 정형 데이터 분석, 비정형 데이터 분석, 데이터 시각화 기법을 모두 포함하는 포괄적인 관점에서 R을 활용한 빅데이터 분석 방안을 소개한 책은 거의 찾아볼 수 없다. 따라서 이 책이 대학의 학부 및 대학원생들의 빅데이터 분석 실무 교육을 위한 목적으로 작성되었으나, R을 활용한 빅데이터 분석을 체계적으로 학습하려는 분들에게도 전문 도서로써 충분한 역할을 할 수 있을 것으로 판단된다.

독자들은 이 책을 통하여 R을 활용한 빅데이터 분석 절차 및 방법에 대하여 충분히 이해하고, 아울러 이 책에서 소개된 R 프로그램들에 근간하여 개발된 통계 및 빅데이터 분석 지원 시스템인 클라우드 사회과학연구 자동화 사이트(www.ssra.or.kr: SSRA)를 적극적으로 활용할 수 있는 기회가 되기를 바란다. 마지막으로 이 책의 출간을 위하여 도움을 주신 (주)생능 관계자분들에게 깊은 감사를 드린다.

2021년 6월
저자 윤철호

책의 구성 및 특징

| 책의 구성 |

본 책 〈빅데이터 분석과 R 활용〉은 빅데이터 분석에 대한 포괄적인 이해와 실무 역량을 제공하기 위하여 빅데이터와 R에 대한 소개와 빅데이터 분석 기법들인 정형 데이터 분석, 비정형 데이터 분석, 데이터 시각화 기법에 대한 4부 13장으로 구성되어 있다.

제1부는 '빅데이터와 R' 소개 부분으로 빅데이터의 전반적인 소개와 R 기초 및 프로그래밍을 다루고 있다. 제2부는 '정형 데이터 분석' 부분으로 데이터 기술통계, 데이터 추론통계 그리고 데이터마이닝 분석을 다루고 있다. 제3부는 '비정형 데이터 분석' 부분으로 텍스트마이닝, 오피니언마이닝 그리고 소셜네트워크 분석을 다루고 있다. 마지막 제4부는 '데이터 시각화' 부분으로 다양한 고급 시각화 분석 기법들을 다루고 있다.
다음은 이 책의 전체적인 구성을 보여주고 있다.

제1부 빅데이터와 R	1장. 빅데이터 2장. R 기초 3장. R 프로그래밍과 그래프 4장. R 자료관리 및 수집
제2부 정형 데이터 분석	5장. 데이터 기술통계 6장. 데이터 추론통계 7장. 데이터마이닝(I) 8장. 데이터마이닝(II)
제3부 비정형 데이터 분석	9장. 텍스트마이닝 10장. 오피니언마이닝 11장. 소셜네트워크 분석
제4부 데이터 시각화	12장. 데이터 시각화 13장. 고급 데이터 시각화

1장. 빅데이터

빅데이터에 대한 전반적인 소개 부분으로 빅데이터의 정의, 특징 및 종류와 빅데이터 분석을 위한 기반 기술들을 소개하고 있다. 또한 빅데이터 분석에서 R과 파이썬의 기능상의 비교도 다루고 있다.

2장. R 기초

R 활용을 위한 기초 부분으로 R의 설치 및 운영환경 설정 그리고 R 기초 사용을 위한 수치계산 기능, 변수 그리고 자료구조에 대하여 다루고 있다.

3장. R 프로그래밍과 그래프

R 프로그래밍과 그래프 작성 방법에 대한 부분으로 R 프로그래밍 개념과 산술 · 비교 · 논리 연산, 조건 · 반복문, 사용자 정의 함수 그리고 기본적으로 제공되는 다양하고 기초적인 R 그래프 작성 방법에 대하여 다루고 있다.

4장. R 자료관리 및 수집

R 자료관리 및 R을 이용한 빅데이터 자료 수집에 대한 부분으로 외부 데이터 불러오기, 데이터 탐색, 데이터 분리 및 병합과 같은 자료관리와 파일 데이터 셋, 웹 스크래핑(web scraping) 및 오픈 API를 이용하여 빅데이터를 수집하는 방법들에 대하여 다루고 있다.

5장. 데이터 기술통계

R을 활용하여 정형 데이터에 대한 기술통계 분석에 대한 부분으로 전통적인 기술통계 기법인 빈도분석, 기술 분석, 교차분석, 다차원 척도법과 최근 빅데이터에 대한 효과적인 기술 분석을 위하여 활용되고 있는 그룹 분석과 탐색적 데이터 분석 도구들에 대하여 다루고 있다.

6장. 데이터 추론통계

R을 활용하여 정형 데이터에 대한 추론통계 분석에 대한 부분으로 평균 차이 분석, 비율 차이 분석, 분산분석과 변수 간의 관계성에 초점을 맞추고 있는 상관관계 분석, 회귀분석 방법에 대하여 다루고 있다.

7장. 데이터마이닝(Ⅰ)

R을 활용하여 정형 데이터에 대한 데이터마이닝의 소개 및 분류 분석(classification) 대한 부분으로 데이터마이닝에 대한 전반적인 소개와 주요 데이터마이닝 기법인 단순 베이즈 분석, K-최근접 이웃, 서포트 벡터 머신, 의사결정나무 및 신경망을 이용하여 분류 분석을 수행하는 방법에 대하여 다루고 있다.

8장. 데이터마이닝(II)

R을 활용하여 정형 데이터에 대한 예측 분석, 연관 분석, 군집 분석에 대한 부분으로 의사결정나무와 신경망을 이용한 예측 분석 방법과 장바구니 분석으로 잘 알려진 연관 분석, 그리고 군집 분석 기법들인 계층적인 군집 분석과 K-평균 군집 분석을 수행하는 방법에 대하여 다루고 있다.

9장. 텍스트마이닝

R을 활용하여 비정형 데이터 분석인 텍스트마이닝에 대한 부분으로 텍스트마이닝 필수 기술인 자연어 처리 기술과 벡터 공간 모델링을 소개하고, 주요 텍스트마이닝 기법들인 주제어 분석, 동시 출현 단어 분석, 토픽 모델링 등을 수행하는 방법에 대하여 다루고 있다.

10장. 오피니언마이닝

R을 활용하여 비정형 데이터 분석인 오피니언마이닝에 대한 부분으로 전통적인 감성 사전 기반의 오피니언마이닝과 기계학습 기반의 오피니언마이닝을 수행하는 방법에 대하여 다루고 있다.

11장. 소셜네트워크 분석

소셜네트워크 분석에 대한 부분으로 R을 활용하여 원-모드 및 투-모드 소셜네트워크를 분석하는 방법과 전문 소셜네트워크 분석 도구인 Gephi와 연계하여 소셜네트워크 분석을 수행하는 방법에 대하여 다루고 있다.

12장. 데이터 시각화

데이터의 시각화에 대한 부분으로 데이터 시각화에 대한 주요 개념에 대한 소개와 데이터 시각화를 위하여 R에서 가장 많이 사용되고 있는 ggplot 패키지를 이용하여 다양한 그래프를 작성하는 방법에 대하여 다루고 있다.

13장. 고급 데이터 시각화

R을 활용한 고급 데이터 시각화에 대한 부분으로 다양한 그래픽 패키지를 이용하여 트리 맵, 버블 차트, 체르노프 페이스, 히트 맵 그리고 지도 맵핑과 같은 고급 데이터 시각화 방법에 대하여 다루고 있다. 또한 웹과 연게된 인디랙디브 그래프 작성 방법에 대하여도 다루고 있다.

| 책의 특징 |

- 이 책은 빅데이터 분석 기법들인 정형 데이터 분석, 비정형 데이터 분석, 데이터 시각화를 모두 포함하는 포괄적인 관점에서 R을 활용한 빅데이터 분석 방안을 소개하고 있다.

- 이 책은 데이터 분석 절차들을 [그림]을 이용하여 설명하고 있어 데이터 분석에 대한 사전 지식이 없는 학습자들도 데이터 분석에 대하여 쉽게 이해하고 수행할 수 있도록 작성되었다.

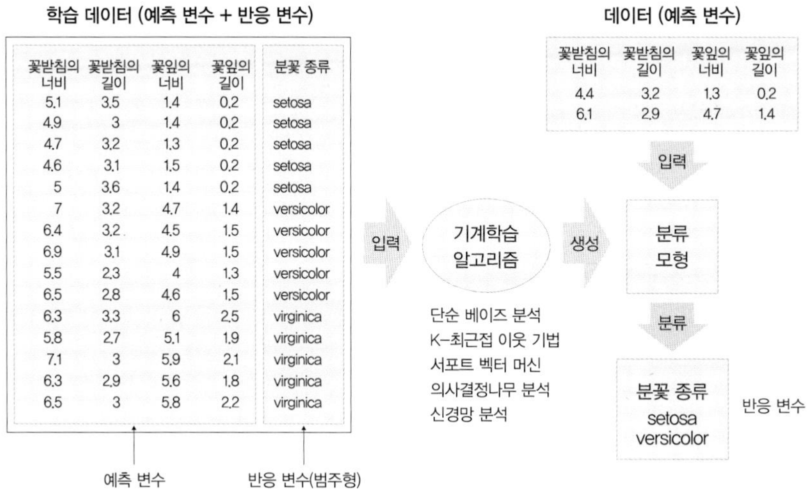

[그림 7-4] 분류 분석의 절차

- 이 책은 빅데이터 분석을 위한 R 설치 및 사용법에 대하여 체계적이면서도 쉽게 설명하고 있어 프로그래밍에 대한 사전 지식이 없는 학습자들도 따라 하는 식으로 다양한 빅데이터 분석을 수행할 수 있도록 작성되었다.

- 이 책은 빅데이터 분석을 위한 이론들에 대한 자세한 소개와 다양한 실습 데이터를 제공하고 있어 학습자들이 빅데이터 분석 실무 능력을 배양할 수 있도록 작성되었다.

- 이 책은 다수의 현실 세계의 실무 예제를 제공하고 있어 학습자들의 흥미를 유도할 수 있도록 설계되었다.

강의 계획안

3학점의 경영학과 / 컴퓨터 관련 학과 기준

경영학과/컴퓨터 관련 학과에서 이 책을 이용하는 강의 계획안은 중간고사와 기말고사를 포함하여 총 15주로 구성하였다. 첫 주의 경우 일반적으로 강의에 대한 소개 시간이 있으므로 20페이지 이내 분량으로 구성하였고, 이후 장부터는 40페이지 내외의 분량으로 구성하여, 한 주당 3학점 3시간의 수업 시간에 적절하게 학습할 수 있도록 구성하였다.

참고로 한 학기를 16주로 수업하는 경우 다소 분량이 많은 '4장. R 자료관리 및 수집'과 '7장. 데이터마이닝(I)'에 약간의 시간을 추가하여 강의를 진행하는 것이 바람직하다.

주	교재	강의 내용	과제
1	1장	빅데이터	1장 연습문제
2	2장	R 기초	2장 연습문제
3	3장	R 프로그래밍과 그래프	3장 연습문제
4	4장	R 자료관리 및 수집	4장 연습문제
5	5장	데이터 기술통계	5장 연습문제
6	6장	데이터 추론통계	6장 연습문제
7	중간고사		
8	7장	데이터마이닝(I)	7장 연습문제
9	8장	데이터마이닝(II)	8장 연습문제
10	9장	텍스트마이닝	9장 연습문제
11	10장	오피니언마이닝	10장 연습문제
12	11장	소셜네트워크 분석	11장 연습문제
13	12장	데이터 시각화	12장 연습문제
14	13장	고급 데이터 시각화	13장 연습문제
15	기말고사		

강의 및 실습 자료

생능출판사 홈페이지(www.booksr.co.kr)에 회원으로 가입한 교수님과 강사님은 강의 자료와 실습 자료를 다운로드 받을 수 있습니다.

차례

제1부 빅데이터와 R

Chapter 1 빅데이터

Chapter 2 R 기초

Chapter 4 R 자료관리 및 수집

제2부 정형 데이터 분석

Chapter 5 데이터 기술통계

Chapter 6 데이터 추론통계

제3부 비정형 데이터 분석

Chapter 9 텍스트마이닝

Chapter 11 소셜네트워크 분석

제4부 데이터 시각화

Chapter 12 데이터 시각화

제1부

빅데이터와 R

Chapter 1

빅데이터

Chapter 1 빅데이터

1.1 빅데이터의 정의

1.1.1 빅데이터란?

오늘날 우리는 매일 사용하는 컴퓨터의 작업 문서, 모바일 기기를 이용해 생성한 소셜미디어 자료, 공장의 기계 센서들에서 끊임없이 발생하는 방대한 데이터로 인하여 데이터의 홍수, 즉 빅데이터에 직면해 있다. 빅데이터는 '현재 시스템으로 처리 가능한 범위를 넘어서는 데이터'로 정의된다. 일반적으로 페타바이트, 엑사바이트, 제타바이트[1)] 등 기존의 데이터 관리 단위를 훨씬 넘어서는 방대한 규모의 데이터양과 기존의 구조화된 데이터는 물론이고 문서, 사진, 동영상 등과 같은 비구조화된 데이터를 포함하는 다양한 형태의 데이터, 그리고 데이터의 생성과 그 흐름이 아주 급속하게 진행되는 속도 등 3가지 특성을 가진 데이터를 빅데이터라고 한다.

1.1.2 빅데이터 특징

빅데이터의 특징은 [그림 1-1]과 같이 데이터 규모(Volume), 데이터의 다양한 형태(Variety), 그리고 데이터의 생성 및 흐름 속도(Velocity) 등의 3가지 특성을 가진다. 따라서 일반적으로 빅데이터의 특징을 3V라고도 한다.

1) 페타바이트(Petabyte, PB: 10^{15}byte), 엑사바이트(Exabyte, EB: 10^{18}byte), 제타바이트(Zettabyte, ZB: 10^{21}byte)

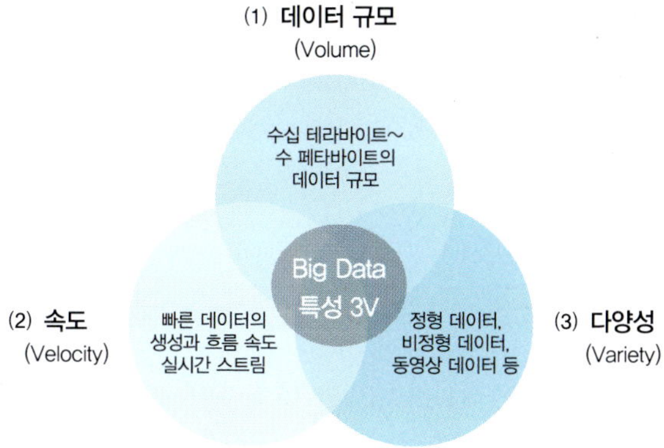

[그림 1-1] 빅데이터 특징[2)]

(1) 데이터 규모

빅데이터의 특징 중 데이터의 규모(Volume)는 기존 기술로는 분석 및 관리가 쉽지 않은 데이터양으로 현재의 수십 테라바이트[3)] 규모의 데이터에서 페타바이트 정도의 데이터의 분석 및 관리 규모로 기술이 진화하고 있으며, 향후에는 데이터 관리 규모가 엑사바이트, 제타바이트, 요타바이트 수준으로 증가할 것으로 예측되고 있다.

(2) 데이터 다양성

빅데이터의 특징 중 데이터의 다양한(Variety) 형태는 기존에 기업에서 사용하던 회계 데이터, 재고 데이터 등과 같은 구조화된, 즉 정형화된 데이터들 외에 최근 급증하고 있는 인터넷의 웹 문서와 같은 비정형 데이터와 위치 정보, 센서 데이터, 동영상 등 현재 기업에서 주로 사용되는 관계형 데이터베이스로 다루기 어려운 구조화되지 않은 비구조화된 데이터들로 이를 분석하여 유용한 지식을 얻을 수 있다.

(3) 데이터의 생성 흐름 속도

빅데이터의 특징 중 데이터의 생성과 흐름 속도(Velocity)는 실시간으로 발생하는 데이터들에 대한 분석 처리를 의미한다. 동영상 스트리밍이나 실시간 스트림 데이터 처리 등의 새로운

2) TDWI Research. 〈Big Data Analytics Report〉. (2011)

3) 테라바이트(Terabyte, TB: 10^{12}byte)

기술들이 오픈소스 또는 상용의 프레임워크(framework)로 등장함에 따라 실시간 발생하는 데이터들의 분석 처리가 가능해진 점도 최근 빅데이터에 대한 분석 붐을 촉진하는 요인 중의 하나이다.

1.1.3 빅데이터 종류

빅데이터의 데이터 종류는 자료 형식의 정형화(定型化, standardization) 정도에 따라 〈표 1-1〉과 같이 정형 데이터, 반정형 데이터 그리고 비정형 데이터로 분류된다.

〈표 1-1〉 빅데이터 종류

정의	설명
정형 데이터	고정된 필드에 저장된 데이터로 관계형 데이터베이스 및 스프레드시트 등에서 관리됨
반정형 데이터	고정된 필드에 저장되어 있지는 않지만, 메타데이터나 스키마 등을 포함하여 일정한 정형성을 가지는 데이터로 XML이나 HTML과 같은 웹 문서 등이 있음
비정형 데이터	고정된 필드에 저장되어 있지 않은 데이터로 텍스트 분석이 가능한 문서, 이미지, 동영상, 음성데이터 등이 포함됨

정형 데이터(structured data)는 [그림 1-2]에서와 같이 고정된 필드에 저장된 데이터를 의미하며, 관계형 데이터베이스(relational database)[4]와 엑셀과 같은 스프레드시트에 저장된 데이터 등을 예로 들 수 있다. 반정형 데이터(semi-structured data)는 고정된 필드에 저장되어 있지는 않지만, 메타데이터(meta data)[5] 또는 스키마(schema) 등을 포함하여 일정한 정형성을 가지는 데이터로 웹에서 표현되는 XML이나 HTML로 저장된 텍스트 데이터들을 예로 들 수 있다. 마지막으로 비정형 데이터(unstructured data)는 고정된 필드에 저장되어 있지 않은 데이터를 의미하며, 텍스트마이닝 분석이 가능한 문서와 이미지, 동영상, 음성데이터 등이 포함된다.

4) 관계형 데이터베이스는 엑셀 시트와 유사한 형식의 테이블(table)이란 구조에 자료를 보관하는 데이터베이스로 일반적으로 정보시스템 운영을 위한 자료들을 보관하기 위한 데이터베이스를 말한다.

5) 메타데이터는 데이터에 관한 데이터(data about data)로 정의되며, 도서관의 책들을 기술하는 서지 정보와 같이 특정 데이터를 설명하거나 기술하기 위해 사용하는 데이터를 의미한다.

정형 데이터

성별	연령대	거주지역	소득	순재산
남자	45-49세	경상남도	4100	31200
남자	50세 이상	강원도	7300	42900
남자	50세 이상	경기도	2700	26000
남자	50세 이상	경상북도	5100	20800
남자	40-44세	경기도	3800	48750
남자	45-49세	경기도	4900	52650
여자	50세 이상	경기도	5500	33150
남자	50세 이상	경상북도	5700	31850
남자	50세 이상	경기도	4900	31850
여자	45-49세	경기도	5500	37050
남자	40-44세	경기도	5600	35750
남자	50세 이상	경기도	4100	20150
남자	35-39세	서울시	8500	48100
남자	45-49세	경상남도	3900	50700
남자	45-49세	경기도	6400	55250
남자	50세 이상	서울시	5900	31200
남자	50세 이상	경상북도	6100	32500
남자	50세 이상	서울시	9000	35100
남자	50세 이상	경상북도	7500	39650
남자	50세 이상	전라남도	9200	60450
남자	50세 이상	충청남도	5450	42900
남자	50세 이상	전라남도	8400	30550

반정형 데이터

```
▼<body>
  ▼<items>
    ▼<item>
        <dataTime>2019-12-24 09:00</dataTime>
        <cityName>강남구</cityName>
        <so2Value>0.003</so2Value>
        <coValue>1.0</coValue>
        <o3Value>0.003</o3Value>
        <no2Value>0.044</no2Value>
        <pm10Value>72</pm10Value>
        <pm25Value>57</pm25Value>
      </item>
    ▼<item>
        <dataTime>2019-12-24 09:00</dataTime>
        <cityName>강동구</cityName>
        <so2Value>0.003</so2Value>
        <coValue>1.1</coValue>
        <o3Value>0.003</o3Value>
        <no2Value>0.045</no2Value>
        <pm10Value>84</pm10Value>
        <pm25Value>69</pm25Value>
      </item>
    ▼<item>
        <dataTime>2019-12-24 09:00</dataTime>
        <cityName>강북구</cityName>
        <so2Value>0.002</so2Value>
        <coValue>0.8</coValue>
        <o3Value>0.009</o3Value>
        <no2Value>0.036</no2Value>
        <pm10Value>66</pm10Value>
        <pm25Value>50</pm25Value>
      </item>
    ▼<item>
        <dataTime>2019-12-24 09:00</dataTime>
        <cityName>강서구</cityName>
```

비정형 데이터

는 서류 등 증거가 당해 사건의 핵심증거인 경우가 일반적이어서 사전에 나머지 일부 증거를 먼저 제출받더라도 실익이 없고, 증거의 편철 순서가 시간적 진행순서와 달라짐으로써 이후의 서류 등 증거에 대한 증거조사에 혼란을 초래한다는 등의 문제가 있어 현재는 당해 사건의 모든 서류 등에 대한 증거 채부의 결정이 있은 후 증거능력이 부여되어 증거로 채택된 서류 등 증거를 한 번에 제출받는 것이 일반적인 실무례가 되었다.

라. 증거의 조사

(1) 증인신문

전술한 바와 같이, 모두절차의 강화와 증거조사(피고인신문)의 순서 변경은 증거조사절차, 특히 증인신문에 관한 실무에 있어 상당한 변화를 불러왔다고 평가할 수 있다.

물론 종래에도 사안의 성격이나 중요도 등에 따라 차이가 있었을 것이기는 하나, 과거 증인신문은 대부분 피고인이 증거서류를 부동의한 경우 당해 참고인을 대상으로 시행되었고, 그 내용도 검사가 진술조서의 주요한 내용을 조서의 내용에 터 잡아 간략하게 신문한 다음 진술조서의 진정성립을 인정하는 진술을 이끌어내고, 변호인이 반대신문을 하는 형태로 진행되어 왔다. 재판부는 미리 당해 소송기록을 정사함으로써 참고인의 진술내용을 충분히 인지하고 있어 증인신문 이전에 이미 기록상 나타나 있는 사건의 실체를 어느 정도 파악하고 있었던 것도 이러한 경향과 무관하지 않았다.

그러나 공소장일본주의가 강화되고 증거분리제출제도가 전면적으로 실시됨과 아울러, 피고인신문이 없이 곧바로 증인에 대한 신문을 시행하는 결과, 검사가 신청한 증인에 대한 신문이 공판정에서의 심증 형성에 미치는 영향은 더욱 증대될 수밖에 없다. 검사는 주신문에서부터 쟁점에 관하여 상세하게 신문하고, 변호인도 당해 증인 진술의 모순점에 관하여 치열하게 다툼으로써 증인신문이 살아있는 공방의 장으로 탈바꿈하는 계기가 마련되었다. 또한 다수의 증인을 일괄 집중하여 심리하는 실무관행의 확산으로, 증거서류에 대한 증거조사를 마치기 이전에 이미 당해 사건의 중요 참고인에 대한 증인신문이 모두 이루어지게 된다. 피고인 측이 동의하는 증거서류도 제출되지 않았으므로 피고인 측 증인의 적극적인 신문이나 검찰 측 증인과의 대질신문도 폭넓게 이루어지고 있다.

이와 같이 법원이 증거서류의 조사를 마치기 이전 시점에서 증인을 대면하고 그 증인의 진술 내용의 합리성, 논리성, 모순 또는 경험칙 부합 여부나 물증 또는 제3자의 진술과의 부합여부 등은 물론 증인의 모습이나 태도, 진술의 뉘앙스 등을 관찰함으로써 증거서류의 조사가 이루어지기 이전에 증인신문결과만에 의하여 직접적

[그림 1-2] 빅데이터 종류

1.2 빅데이터 분석기술

빅데이터 분석기술은 다양한 빅데이터 종류들을 분석하기 위한 빅데이터 분석 기법과 빅데이터인 대용량의 자료처리 및 분석을 위한 빅데이터 분석 인프라 기술로 구분된다.

1.2.1 빅데이터 분석 기법

빅데이터 분석 기법은 [그림 1-3]에서와 같이 정형 데이터 분석, 비정형 데이터 분석, 데이터 시각화로 분류된다. 정형 데이터 분석 기법은 전통적인 통계학과 컴퓨터과학, 특히 기계학습과 데이터마이닝 분야에서 이미 사용되어 오던 자료 분석 기법들을 의미하며, 비정형 데이터 분석 기법은 텍스트 문서 자료들에 대한 분석인 텍스트마이닝, 오피니언마이닝, 소셜네트워크 분석 등이 포함된다. 데이터 시각화는 데이터 분석 결과를 쉽게 직관적으로 이해

할 수 있도록 일목요연하게 표현하는 기법으로 정보 시각화 기법, 과학적 시각화 기법 그리고 인포그래픽 기법 등이 있다.

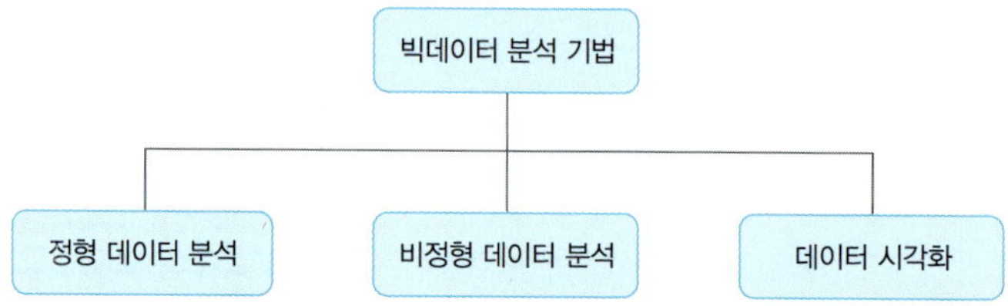

[그림 1-3] 빅데이터 분석 기법

1) 정형 데이터 분석

정형 데이터 분석은 고정된 필드에 저장된 데이터를 분석하는 것으로 [그림 1-4]에서와 같이 통계학의 기술통계 분석과 추론통계 분석 그리고 컴퓨터과학에서의 기계학습을 이용한 대규모 데이터에서 새로운 패턴이나 규칙을 발견하는 데이터마이닝 분석 등이 포함된다.

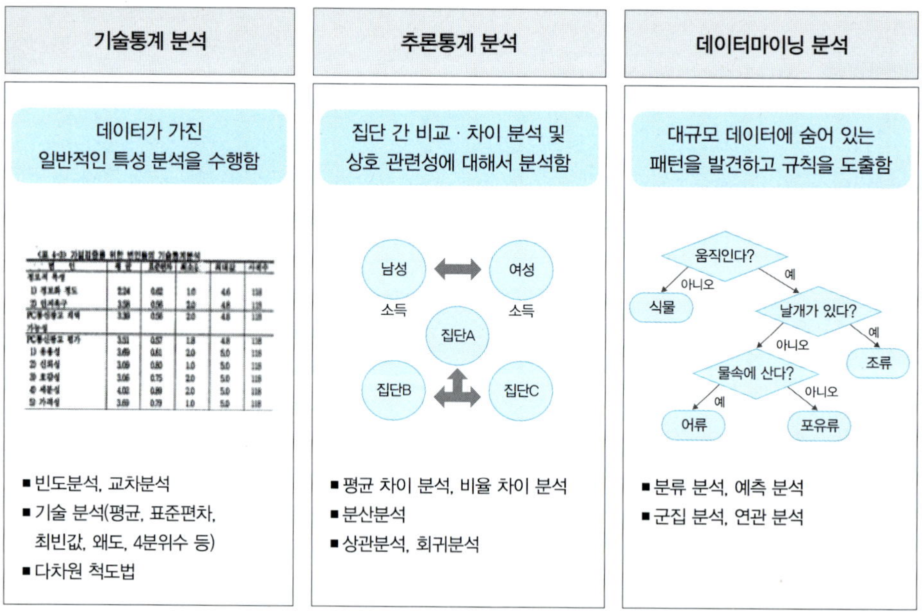

[그림 1-4] 정형 데이터 분석 기법

(1) 기술통계 분석

기술통계(descriptive statistics)는 자료의 특성을 쉽게 파악할 수 있도록 묘사하는 것을 목적으로 하는 통계 기법으로 일반적으로 빅데이터 분석에서의 기술통계는 수집한 대규모 자료의 일반적인 특성을 분석하는 데 사용된다. 기본적인 기술통계 분석은 주로 자료의 중심 경향성을 파악하기 위한 평균값, 중앙값, 최빈수 값 등과 자료의 변동성을 측정하기 위한 최댓값, 최솟값, 범위, 분산, 표준편차, 변동계수, 왜도와 편도 등으로 자료의 주요 특성 값들을 산출하여 분석한다. 빅데이터 분석을 위하여 일반적으로 사용되는 기술통계 분석은 빈도분석, 기술 분석, 교차분석, 다차원 척도법 등이 주로 활용된다.

(2) 추론통계 분석

추론통계(inferential statistics)는 수집한 데이터에서 표본(sample)을 추출하여 특성을 파악한 후 모집단의 특성으로 일반화할 수 있는지 여부를 판단하여 모집단의 특성인 모수를 추정하는 통계분석을 의미한다. 추론통계 분석은 표본을 기초로 전체나 미래를 예측하는 것에 초점을 맞추고 있으며, 빅데이터 분석을 위하여 일반적으로 사용되는 추론통계 분석은 평균차이 분석, 비율 차이 분석, 분산분석, 상관관계 분석, 회귀분석 등이 있다.

(3) 데이터마이닝

데이터마이닝은 '대용량의 데이터로부터 기존에 알려지지 않은 실행 가능한 정보를 추출하는 지식 발견 과정'으로 정의된다. 데이터마이닝은 다면적이고 복합적인 특징을 가진 대용량의 데이터부터 사전에 파악되지 않은 유용한 정보를 발견하는 지식 발견 기법으로써, 구체적으로 의사결정을 위하여 데이터에 내재한 규칙이나 연관성 정보 등을 탐색하여 데이터의 패턴을 분석하고 지식화하는 작업 과정들을 포함한다. 주요 데이터마이닝 분석 유형은 분류 분석, 예측 분석, 연관 분석, 군집 분석 등이 있으며, 이들 분석 기법들을 구현하기 위해 인공신경망, 의사결정나무와 같은 기계학습 알고리즘들이 주로 사용된다.

2) 비정형 데이터 분석

비정형 데이터 분석 기법은 고정된 필드에 저장되어 있지 않은 데이터, 주로 문서와 같은 텍스트 데이터를 분석하는 것을 의미한다. 빅데이터 분석을 위하여 일반적으로 사용되는 비

정형 데이터 분석은 텍스트마이닝, 오피니언마인닝 그리고 소셜네트워크 분석 등이 있다

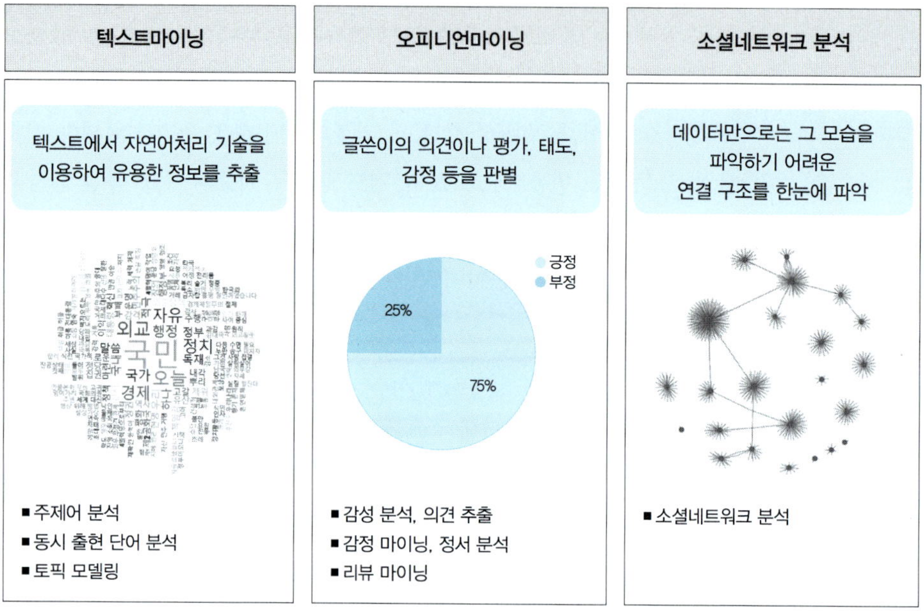

[그림 1-5] 비정형 데이터 분석 기법

(1) 텍스트마이닝

텍스트마이닝(text mining)은 비정형 또는 반정형 텍스트 데이터에서 자연어처리(natural language processing) 기술을 이용하여 유용한 정보를 추출·가공하는 기술이다. 텍스트마이닝은 방대한 텍스트 뭉치에서 의미 있는 정보 및 주제를 추출해 내고, 다른 정보들과의 연계성을 파악하며, 텍스트가 가진 의미들을 찾아내는 등과 같은 작업을 수행할 수 있다. 이를 위해 텍스트마이닝 기술은 일반적으로 컴퓨터가 인간이 사용하는 언어, 즉 자연어를 분석하고 그 안에 숨겨진 정보를 발견하기 위해 통계적, 규칙적 알고리즘을 사용한다. 주요 텍스트마이닝 기법은 주제어 분석, 단어 간 연관성 분석, 토픽 모델링, 감성 분석이라 불리는 오피니언마이닝 등이 있다.

(2) 오피니언마이닝

오피니언마이닝(opinion mining)은 텍스트마이닝의 한 분야이다. 감성 분석(sentiment analysis) 또

는 감성마이닝이라고도 불리는 오피니언마이닝은 웹, SNS, 블로그 등의 정형 또는 비정형 텍스트에 대하여 긍정(positive), 부정(negative), 중립(neutral) 등의 선호도를 판별하는 기술로 텍스트에 나타난 의견의 극성을 분석하는 감성 분석이 가장 핵심적이다. 오피니언마이닝은 실무적으로 특정 서비스 및 상품에 대한 시장규모를 예측한다거나, 소비자의 신상품에 대한 반응과 입소문 분석 등에 주로 활용된다. 정확한 오피니언마이닝을 위해서는 전문가에 의한 선호도를 나타내는 표현 및 단어 자원의 축적이 필요하다. 이러한 축적된 단어들의 집합을 감성 사전이라 한다.

(3) 소셜네트워크 분석

소셜네트워크 분석은 수학의 그래프 이론(graph theory)에 근간하여 소셜네트워크의 연결 구조 및 연결 강도 등을 바탕으로 네트워크 내의 중요한 노드가 되는 사용자를 파악하여, 네트워크상에서 영향력의 중심이나 허브(hub) 역할을 하는 사용자를 찾는 데 주로 활용되는 분석 기법이다. 소셜네트워크상에서 영향력이 있는 사용자를 인플루언서(influencer)라고 불리며, 인플루언서의 모니터링 및 관리는 고객관리 관점에서 중요함에 따라 최근 마케팅에서 중요한 분석 기법으로 등장하고 있다.

3) 데이터 시각화

데이터 시각화는 데이터 분석 결과를 누구나 직관적으로 이해할 수 있도록 일목요연하게 표현하는 기법으로 [그림 1-6]에서와 같이 정보 시각화, 과학적 시각화, 인포그래픽 등이 있다.

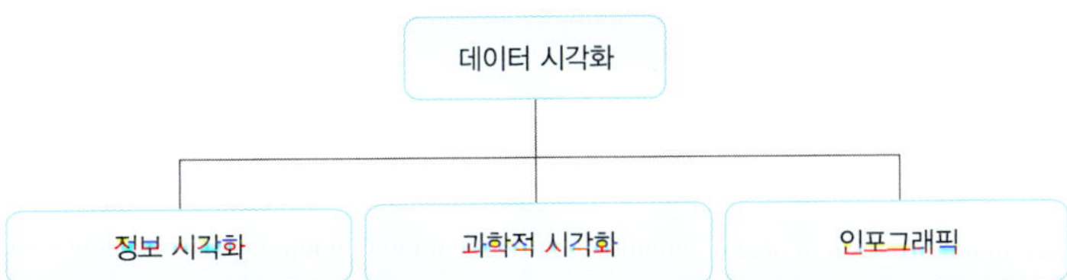

[그림 1-6] 데이터 시각화 기법

(1) 정보 시각화

정보 시각화(information visualization)는 보통 대규모 데이터를 도표, 색상, 그래프 등을 활용해 요약적으로 표현하는 시각화 기술을 의미한다. 정보 시각화는 시각화 기술에 따라 시간 시각화, 분포 시각화, 관계 시각화, 비교 시각화, 공간 시각화로 구분된다.

(2) 과학적 시각화

과학적 시각화(scientific visualization)는 실험 결과나 시뮬레이션 데이터 등 복잡한 데이터를 쉽게 탐색할 수 있도록 3차원 그래픽 기술 등을 활용하여 시각화하는 기술을 의미한다. 과학적 시각화는 일반적으로 과학자들이 자신의 데이터를 이해하고, 설명하고, 통찰력을 얻을 수 있도록 과학적 데이터를 그래픽으로 표현하는 것을 목적으로 한다.

(3) 인포그래픽

인포그래픽(information graphics)은 인포메이션과 그래픽의 합성어로 복잡한 수치나 글로 표현되어 있는 대량의 정보를 표, 그래프, 지도, 다이어그램, 로고, 일러스트레이션 등을 활용하여 한눈에 파악할 수 있도록 하는 디자인 기술을 의미한다. 인포그래픽은 시각적인 자료들을 바탕으로 방대한 양의 정보들을 쉽고 빠르게 이해할 수 있도록 도와준다.

1.2.2 빅데이터 분석 인프라 기술

빅데이터 분석을 위한 주요 인프라 기술은 대용량인 데이터 처리를 위한 분산처리 기술인 하둡, 통계 및 데이터 분석 그리고 데이터 시각화를 위한 분석 처리 및 환경을 제공하는 R, 그리고 비정형 데이터를 관리하기 위한 비관계형 데이터베이스인 NoSQL 등이 있다.

1) 하둡

하둡(Hadoop)은 오픈소스(opensource)[6]로 제공되는 대량의 자료를 처리할 수 있는 분산처리 기술로 현재 정형 데이터 분석뿐만 아니라 비정형 빅데이터 분석에서도 가장 선호되는 있는 빅데이터 인프라 기술이다. 대용량 데이터 처리를 수행하는 야후와 페이스북 등에서 사

6) 오픈소스는 소프트웨어의 개발자의 권리를 지키면서 프로그램 내용(source)은 볼 수 있도록 공개한 소프트웨어를 말한다.

용되고 있으며, 최근 많은 기업이 하둡을 분산처리 기술로 채택하고 있다. 하둡의 주요 구성 요소는 하둡 분산 파일 시스템인 HDFS(Hadoop Distributed File System), 분산 데이터베이스인 Hbase, 분산 데이터처리 시스템인 MapReduce가 있다.

[그림 1-8]에서와 같이 하둡의 HDFS와 Hbase는 구글(Google)의 파일 시스템인 GFS(Google File System)와 Big Table과 같이 비용이 저렴하고 효율적인 x86 서버를 이용하여 가상화된 분산 파일 저장장치인 HDFS와 분산 데이터베이스인 Hbase로 구성되어 있다. 하둡의 분산 데이터처리 시스템은 대용량의 데이터 셋을 병렬 처리하기 위하여 Java 기반의 맵리듀스(MapReduce) 기술을 이용하고 있다.

[그림 1-7] 하둡 로고

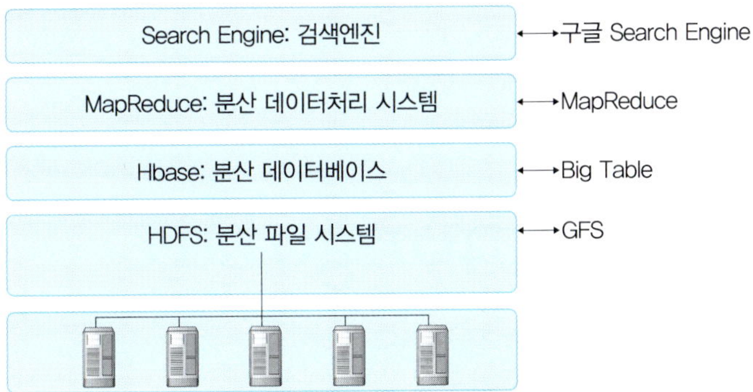

[그림 1-8] 하둡의 분산처리 기술

2) R

R은 오픈소스로 제공되는 통계분석 및 시각화를 위한 언어 및 개발환경이다. R 언어와 개발환경을 통해 기본적인 통계 분석 기법부터 데이터마이닝, 최신 텍스트마이닝 기법까지 구현이 가능하며, 이렇게 구현한 결과는 다양한 그래프 등으로 시각화할 수 있다. Java나 C, PHP 등의 다른 프로그래밍 언어와 연결도 용이하며, 윈도우, 맥 OS, 리눅스 및 유닉스

[그림 1-9] R 로고

등의 대부분의 컴퓨터 운영체계를 지원하는 장점도 가지고 있다. 특히 하둡 환경상에서 분산처리를 지원하기 때문에 구글, 페이스북, 아마존 등의 기업에서 대용량 데이터 통계분석 및 데이터마이닝을 위해 널리 활용되고 있다.

3) NoSQL

Not-Only SQL, 혹은 NoSQL은 전통적인 관계형 데이터베이스(relational database management system, RDBMS)와 다르게 설계된 비관계형 데이터베이스를 의미한다. NoSQL은 테이블 구조(table schema)가 고정되지 않고, 테이블 간 연결하는 조인(Join) 기능을 지원하지 않으며, 수평적 확장이 용이하다는 특징을 가지고 있다. 관계형 데이터베이스의 경우 데이터의 일관성(consistency)과 가용성(availability)에 중점을 두고 있는 반면, NoSQL 기술은 네트워크 전송 중 일부 데이터를 손실하더라도 시스템은 정상 동작을 해야 하는 분산 가능성(partition tolerance)에 중점을 두고 있다. 대표적인 NoSQL 솔루션으로는 MongDB, Cassandra, Hbase 등이 존재한다.

mongoDB

[그림 1-10] MongDB 배너 화면

1.3 빅데이터 분석과 R

1.3.1 R 개요

R은 통계 프로그래밍 언어인 S 언어 기반으로 만들어진 통계 및 그래픽을 위한 프로그래밍 언어이자 오픈 소프트웨어 환경이다. 뉴질랜드 오클랜드 대학의 이하카와 로버트 젠틀맨에 의해 시작된 R은 통계 소프트웨어 개발과 자료 분석에 광범위하게 사용되고 있으며, 패키지

(package)[7] 개발이 용이하여 최근 통계분석 및 시각화 소프트웨어를 개발하는 데 많이 활용된다. 통계학자 및 연구자들에 의하여 자발적으로 개발된 R 패키지들은 GNU GPL(General Public License) 하에 일반인들에게 무료로 배포되어 사용되고 있으며, R을 위한 오픈소스 프로젝트에서는 사용자가 직접 R에 기반을 둔 응용 패키지를 생산하고 자유로이 배포할 수 있도록 지원하기 위하여 패키지 유통 저장소인 CRAN(the Comprehensive R Archive Network)을 운영하고 있다.

1.3.2 R의 탄생 및 발전 과정

R은 1976년도 AT&T의 벨 연구소에서 개발된 S 언어와 그래픽 사용자 인터페이스가 추가된 S-PLUS에 근간하고 있다. 1992년도에 뉴질랜드 오클랜드 대학의 로스 이하카(Ross Ihaka)와 로버트 젠틀맨(Robert Gentleman) 교수의 주도로 R 언어가 만들어졌으며, 이들의 앞의 이니셜을 따서 R로 명명되었다. 1997년도에 R 개발 핵심 그룹(core group)이 구성되었으며, 이후 S-PLUS 언어의 기초적 프로그램을 작성했던 존 챔버스(John Chambers) 등의 많은 통계학 및 컴퓨터 관련 학자들이 R 개발 핵심 그룹(core group)에 합류하면서 다양한 R 기능들이 구현되었다. 2000년 1월에 버전 1.0이 등장해서 현재에 버전 4.0대에 이르고 있다. 〈표 1-2〉는 R의 발전 과정을 보여주고 있다.

〈표 1-2〉 R 발전 과정

연도	이벤트
1992	뉴질랜드 오클랜드 대학의 Robert Gentleman과 Ross Ihaka 교수 연구 프로젝트로 R 개발 시작
1993	Statlib에 게시된 R의 첫 번째 버전 출시
1995	GPL 라이선스에 따라 R 오픈소스 소프트웨어로 최초 배포
1997	R 개발 핵심 그룹(core group) 결성
1997	CRAN 설립 (Kurt Hornik과 Fritz Leisch)
1999	R 웹사이트 r-project.org 설립

7) R 패키지는 일반 사용자가 쉽게 이용하도록 미리 작성된 유용한 함수나 데이터 등의 묶음으로 필요에 따라 사용자는 설치하여 사용할 수 있다.

2000	R 1.0 버전 출시
2000	R 개발 핵심 그룹에 S-PLUS 개발자 John Chambers 합류
2001	R News 설립
2003	R 재단 설립
2004	R 2.0 버전 출시
2009	R 저널 초판
2013	R 3.0 버전 출시
2015	R 재단 참여로 R 컨소시엄 설립
2016	새로운 R 로고 채택
2020	R 4.0 버전 출시

1.3.3 R의 특징

R은 빅데이터 분석을 수행함에 있어서 기존의 상용 통계 및 데이터마이닝 패키지들에 비하여 다음과 같은 다양한 장점들을 가지고 있다. 특히 R은 무료이고, 오픈소스이며 강력한 자료 분석 기능 및 시각화 기능, 그리고 뛰어난 확장성을 가지고 있다.

(1) 오픈소스 기반 무료 소프트웨어

R은 무료로 배포되고, 또한 다양하고 방대한 R 패키지들이 오픈소스로 제공되고 있어 개인이나 기업이 최소한의 비용으로 빅데이터를 분석하는 데 유용하다. 특히 오픈소스는 프로그램 내용이 공개되어 있어 사용자는 필요에 따라 수정·추가하여 사용할 수 있기 때문에 소프트웨어 사용에 있어서 유연성 및 확장성이 높다.

(2) 통합적인 빅데이터 분석 플랫폼 제공

R은 정형 데이터, 비정형 데이터 그리고 데이터 시각화 분석을 위한 기술통계, 추론통계, 데이터마이닝, 텍스트마이닝, 그래프 등의 다양한 함수 및 패키지들을 지원하여 통합적인 빅데이터 분석 환경을 제공한다.

(3) 대용량 데이터 분산처리 지원

R은 대용량 파일 처리가 가능한 하둡 환경 상에서 분산처리를 지원하기 때문에 대용량 데이터에 대한 통계분석 및 데이터마이닝이 필요한 개인이나 기업에 유용한 빅데이터 분산처리 환경을 제공한다.

(4) 웹 프로그래밍 언어와 연계

R은 자바(Java), PHP 등의 웹 프로그래밍 언어와 연결이 용이하여 기업은 빅데이터 분석을 위한 웹 기반의 정보시스템을 쉽게 구축할 수 있다. Shiny와 같은 R 패키지를 사용할 경우 R에서 직접적으로 웹사이트를 쉽게 개발할 수 있는 기능도 제공한다.

(5) 다양한 운영체계 지원

R은 윈도우, 맥 OS, 리눅스 및 유닉스 등의 다양한 운영체계에서 이용이 가능하여 한정된 자원을 보유하고 있는 개인이나 기업에서 사용하는 데 효과적이다. 특히 개인 사용자가 많은 윈도우의 경우 CRAN에서 대부분의 R 패키지를 설치하고 사용하기 쉽게 실행 파일 형태로 제공하고 있다.

(6) 뛰어난 시각화 기능

R은 다양하고 뛰어난 그래픽 지원 패키지를 제공하여 이차원 평면상에서도 데이터의 다차원 구조로 표현함은 물론이고 대규모 데이터에서 분석 결과를 직관적으로 이해할 수 있도록 지원한다. 특히 plotly와 같은 R 패키지는 웹상에서 마우스 움직임에 반응하며 실시간으로 형태가 변하는 인터랙티브 그래프(Interactive Graph) 작성도 지원한다.

(7) 작업의 재현성

R은 명령어 스크립트(script)를 사용해 일련의 복잡한 데이터 분석 단계를 저장할 수 있어 유사 데이터에 대한 분석 작업을 기존 작성한 스크립트를 재사용하면서 빠르게 처리할 수 있다. 따라서 R 사용이 익숙한 경우 기존의 GUI 방식의 통계 패키지보다 편리하게 사용할 수 있다.

(8) 지속적인 진화

R은 다양한 최신 수학, 통계분석, 데이터마이닝, 텍스트마이닝 및 시각화 분석 기능 등이 포함된 패키지 및 샘플들이 지속적으로 제공되고 있어 최신 기법들을 이용한 빅데이터 분석이 가능하다.

1.3.4 R의 활용

R은 통계 및 그래픽을 위한 프로그래밍 언어이면서 오픈 소프트웨어 환경으로 R은 통계 소프트웨어 개발과 자료 분석에 광범위하게 사용되고 있다. 2021년 3월 현재 CRAN에는 수학, 통계, 그래픽, 데이터마이닝, 텍스트마이닝, 시각화 등을 위하여 1만 7천 개 이상의 패키지들이 이용 가능하다. 최근 R은 [그림 1-11]과 같이 폭발적인 사용자의 관심과 개발자의 확산, 그리고 다양한 패키지들의 개발로 인하여 통계 및 데이터 분석을 위한 대학 교육의 표준 툴로 자리 잡고 있다. 또한 실무 분야에서도 R은 통계분석과 데이터마이닝 분야에서 인지도를 높이면서 정형 데이터, 비정형 데이터 및 데이터 시각화와 같은 빅데이터를 분석하기 위한 도구들로 적극 활용되고 있다. 특히 하둡 환경 상에서 분산처리를 지원하는 패키지들 덕

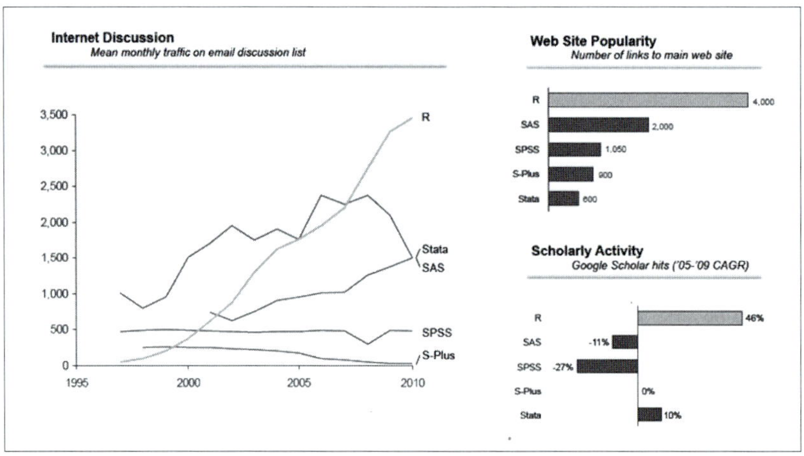

[그림 1-11] R의 확산[8)]

8) 김준기. 〈분석 플랫폼으로의 R의 활용〉. (2012)

분에 구글, 페이스북, 아마존 등의 데이터 분석이 필요한 기업에서 대용량 빅데이터 분석을 위해 활발하게 활용되고 있다.

1.3.5 빅데이터 분석에서 R과 파이썬의 비교

파이썬(Python)은 1989년 귀도 반 로썸(Guido van Rossum)에 의해 개발된 고급 프로그래밍 언어로, 최근 교육 및 실무 분야 모두에서 엄청난 인기를 끌고 있다. 파이썬은 R보다 배우기 쉽고 동시에 처리 속도도 빠르며 다양한 확장성을 가진 것으로 알려 있다. 또한 데이터의 수집(web scrapping) 및 변환(data wrangling), 기계학습 모델의 설계 및 구축 등 R과 거의 동일한 작업을 수행할 수 있는 것으로 평가되고 있다. 아울러 파이썬은 R보다 복제성이 높고 일반인의 접근을 더 쉽게 할 수 있기 때문에 분석 결과를 애플리케이션이나 웹사이트에서 사용해야 하는 경우 R보다는 유리하다. 이러한 파이썬에 대하여 〈Guru99〉에서는 R과 주요 차이점[9]들을 다음과 같이 기술하고 있다.

- R은 주로 통계분석에 사용되는 반면, 파이썬은 데이터과학에 보다 일반적인 접근 방식을 제공한다.
- R의 기본 목표는 통계 및 데이터 분석이고, 파이썬의 기본 목표는 배포 및 프로덕션이다.
- R 사용자는 주로 학자와 R&D 전문가들로 구성되며, 파이썬 사용자는 대부분 프로그래머 및 개발자이다.
- R은 데이터 분석이 가능한 라이브러리를 사용할 수 있는 유연성을 제공하는 반면, 파이썬은 처음부터 새 모델을 구성할 수 있는 유연성을 제공한다.
- R은 처음에는 배우기가 어렵지만, 파이썬은 선형이고 배우기 쉽다.
- R은 로컬에서 실행에 통합되고, 파이썬은 웹과 잘 통합된다.
- R과 파이썬 모두 대용량의 데이터베이스를 처리할 수 있다.

9) https://www.guru99.com/r-vs-python.html

상기의 차이점을 근간으로 빅데이터 분석을 위한 도구로써 R을 파이썬과 비교하면 R이 통계 및 데이터 분석에서는 우위를 점하고 있다. 따라서 빅데이터 분석 도구로써는 R이 파이썬보다는 더욱 바람직하다. 비록 파이썬이 딥러닝(deep learning)을 근간으로 한 새로운 인공지능(Artificial Intelligence, AI) 모델 구성 및 관련 애플리케이션 제작에는 유리한 측면이 있지만, R은 빅데이터 분석을 위한 충분하고 다양한 통계 및 데이터 분석 라이브러리들인 패키지들을 제공하고 있다. 따라서 일반 사용자들은 이들 패키지들의 함수를 이용하여 쉽고 간편한 빅데이터 분석을 수행할 수 있다.

[그림 1-12] R VS 파이썬

연습문제

1 빅데이터를 정의하고, 빅데이터의 3가지 특성에 대하여 설명하시오.

2 빅데이터의 데이터 종류인 정형, 반정형, 비정형 데이터에 대하여 설명하시오.

3 빅데이터의 정형 데이터 분석 기법들인 기술통계 분석, 데이터마이닝에 대하여 약술하시오.

4 빅데이터의 비정형 데이터 분석 기법들인 텍스트마이닝, 오피니언마이닝, 소셜네트워크 분석에 대하여 약술하시오.

5 데이터 시각화 기법인 정보 시각화, 과학적 시각화, 인포그래픽에 대하여 설명하시오.

6 빅데이터의 분석 인프라 기술인 하둡에 대하여 설명하시오.

7 빅데이터의 분석 인프라 기술인 R에 대하여 설명하시오.

8 빅데이터의 분석 인프라 기술인 NoSQL에 대하여 설명하시오.

9 R의 탄생 및 발전 과정에 대하여 설명하시오.

10 R의 특징에 대하여 설명하시오.

Chapter 2

R 기초

Chapter 2

R 기초

2.1 R 설치 및 실행

R의 설치는 [그림 2-1]과 같은 R의 공식 홈페이지인 http://www.r-project.org에 접속하여 최신 R 설치 파일을 다운로드받아 설치하면 된다. 이곳은 윈도우 버전은 물론 유닉스, 맥 OS 등 다양한 운영체제에서 사용 가능한 R 설치 파일뿐만 아니라 R이 제공하는 다양한 기능과 패키지들에 대한 문서들을 함께 받아 볼 수 있다.

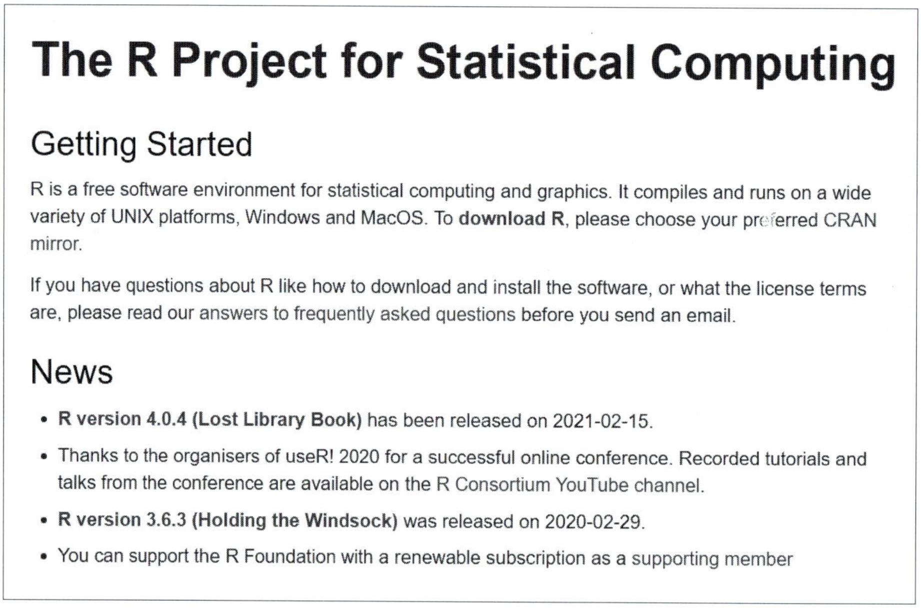

The R Project for Statistical Computing

Getting Started

R is a free software environment for statistical computing and graphics. It compiles and runs on a wide variety of UNIX platforms, Windows and MacOS. To **download R**, please choose your preferred CRAN mirror.

If you have questions about R like how to download and install the software, or what the license terms are, please read our answers to frequently asked questions before you send an email.

News

- **R version 4.0.4 (Lost Library Book)** has been released on 2021-02-15.
- Thanks to the organisers of useR! 2020 for a successful online conference. Recorded tutorials and talks from the conference are available on the R Consortium YouTube channel.
- **R version 3.6.3 (Holding the Windsock)** was released on 2020-02-29.
- You can support the R Foundation with a renewable subscription as a supporting member

[그림 2-1] R의 공식 홈페이지

2.1.1 윈도우 버전 R 설치 파일

일반적으로 사용되는 개인용 컴퓨터의 운영체계인 윈도우에서 사용 가능한 윈도우 버전 R 설치는 https://cran.r-project.org/bin/windows/base/에 직접 접속하여 [그림 2-2]와 같은 화면에서 윈도우 버전 R을 다운로드받는다. 윈도우 버전 R 설치를 위한 URL(Uniform Resource Locator)은 상단에 최신의 버전을 받을 수 있도록 연결되어 있어 쉽게 설치가 가능하다.

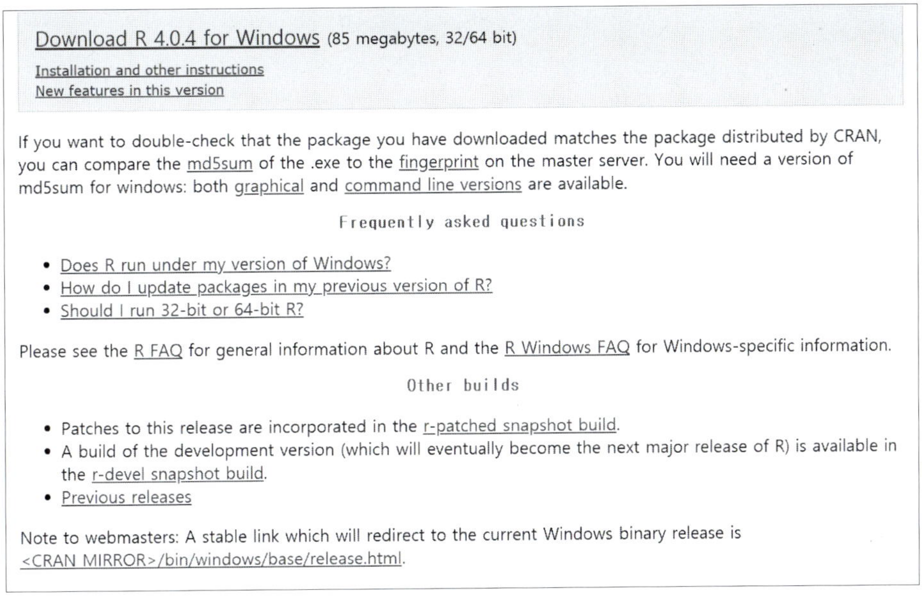

Download R 4.0.4 for Windows (85 megabytes, 32/64 bit)

Installation and other instructions
New features in this version

If you want to double-check that the package you have downloaded matches the package distributed by CRAN, you can compare the md5sum of the .exe to the fingerprint on the master server. You will need a version of md5sum for windows: both graphical and command line versions are available.

Frequently asked questions

- Does R run under my version of Windows?
- How do I update packages in my previous version of R?
- Should I run 32-bit or 64-bit R?

Please see the R FAQ for general information about R and the R Windows FAQ for Windows-specific information.

Other builds

- Patches to this release are incorporated in the r-patched snapshot build.
- A build of the development version (which will eventually become the next major release of R) is available in the r-devel snapshot build.
- Previous releases

Note to webmasters: A stable link which will redirect to the current Windows binary release is
<CRAN MIRROR>/bin/windows/base/release.html.

[그림 2-2] 윈도우 버전 R 설치 사이트

상기의 URL을 선택하여 윈도우 버전 R 설치 파일을 다운로드받은 후 윈도우에서 R 설치 파일을 실행하여 다음 [그림 2-3]과 같이 사용할 언어를 선택하고 R 사용 라이센스에 대한 동의를 하면 컴퓨터에 윈도우 버전 R 설치가 가능하나. 설치 시 별다른 설치 옵션이 없기 때문에 일반인도 쉽게 설치할 수 있다. 다만 윈도우에서 R 사용의 편의를 위하여 설치 후반에 바탕화면에 아이콘 설치를 선택하는 것이 바람직하다.

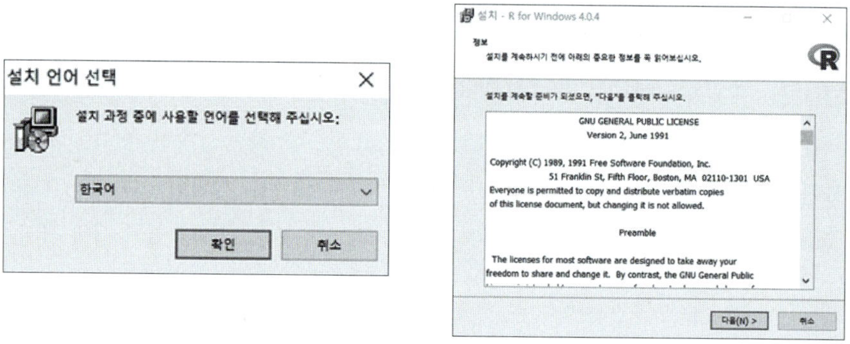

[그림 2-3] 윈도우 버전 R 설치

2.1.2 R 실행

윈도우에서의 R의 실행은 상기에서 R이 기본적으로 설치되었을 경우 바탕화면에 생성된 다음과 같은 R 아이콘을 실행하면 된다. 바탕화면에 아이콘을 설치하지 않았을 경우 윈도우 키를 선택하여 추가된 앱에서 R 프로그램을 찾아 실행하면 된다. 또한 R이 32bit 버전과 64bit 버전 둘 다 설치될 경우 오늘날 대부분의 개인용 컴퓨터의 윈도우가 64bit를 채택하고 있기 때문에 64bit 버전 R을 실행하면 된다.

[그림 2-4] R 아이콘

2.1.3 R 사용자 인터페이스

윈도우에서 R을 실행시켰을 때 처음 접하게 되는 화면은 다음 [그림 2-5]와 같이 「RGui(R graphic user interface)」 메인 창 안에 명령어 입력을 기다리는 「R Console」 창이 들어있는 형태로 시작된다. 메인 창의 메뉴는 파일, 편집, 기타, 패키지들, 윈도우즈, 도움말로 구성되어 있으며, 파일 메뉴는 R 프로그램과 관련된 파일들을 새로이 작성한 후 저장하고 불러오는 기능과 작업 디렉터리의 변경, 인쇄, R 프로그램의 종료 등의 기능으로 구성되어 있다. 편집 메뉴는 복사, 붙여넣기, GUI 설정과 같은 R console 화면의 편집 기능에 대한 세부 메뉴들로 구성되어 있다. 기타 메뉴는 현재 수행 중인 프로그램을 중단하거나 객체의 관리와 관련된 세부 메뉴들로 구성되어 있으며, 패키지 메뉴는 주요 목적이 동일한 데이터나 함수들의 모임을 의미하는 패키지의 다운로드와 관련된 메뉴로 구성되어 있다. 패키지에 대하여는 이후에 자세하게 설명할 것이다. 마지막으로 도움말 메뉴는 R 프로그램의 도움말 기능과 관련된 메뉴로 구성되어 있다.

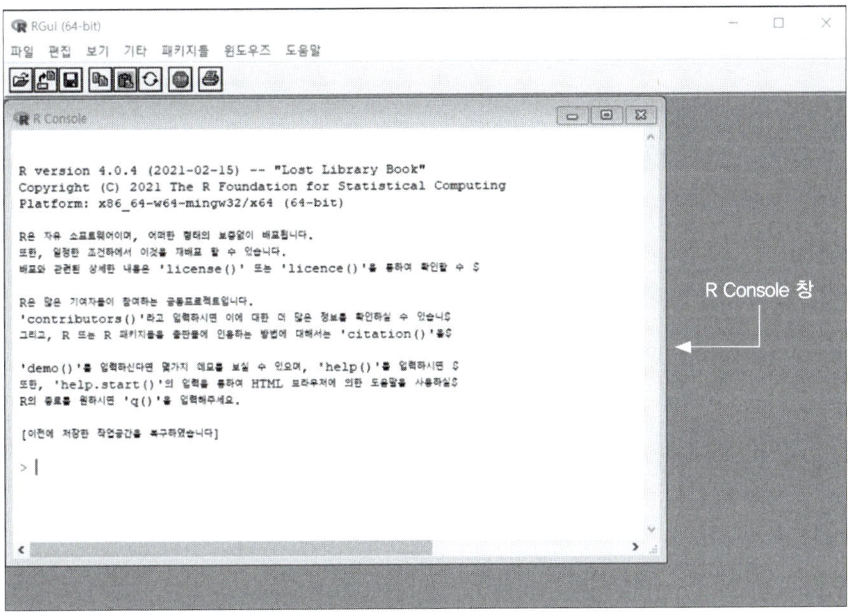

[그림 2-5] R 사용자 인터페이스 화면

R을 기본적인 사용자 인터페이스는 명령어 방식으로 「R Console」 창 내의 프롬프드(>)에서 명령어를 입력하는 형태로 이루어진다. R의 가장 기본적인 기능은 수식 계산으로 다음 [그림 2-6]과 같이 「R Console」 창 내의 프롬프트(>)에서 1+2를 하라는 명령어를 입력하면 파란색으로 3이라는 결과가 나오는 것을 확인할 수 있다.

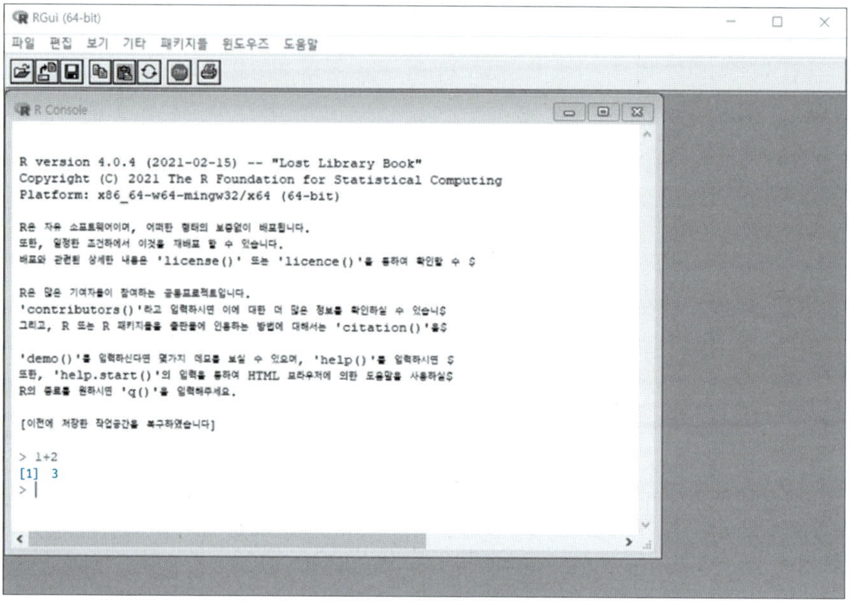

[그림 2-6] R 실행 화면

2.1.4 Rtools 소프트웨어 설치

Rtools 소프트웨어는 윈도우에서 R 패키지에 필요한 시스템 라이브러리뿐만 아니라 R 자체를 쉽게 빌드하고 유지 및 관리할 수 있도록 지원하는 프로그램이다. 설치는 https://cran.r-project.org/bin/windows/Rtools/에 방문하여 소프트웨어를 다운로드하여 설치할 수 있다. Rtools 소프트웨어는 [그림 2-7]에서와 같이 컴퓨터의 윈도우 지원 모드에 따라 64-bit 또는 32-bit를 선택하여 다운로드하면 된다.

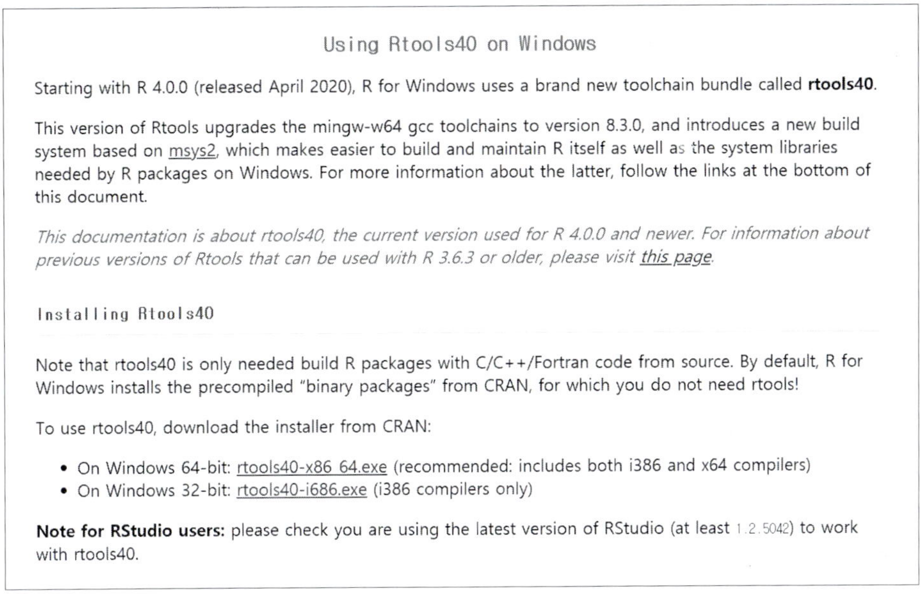

Using Rtools40 on Windows

Starting with R 4.0.0 (released April 2020), R for Windows uses a brand new toolchain bundle called **rtools40**.

This version of Rtools upgrades the mingw-w64 gcc toolchains to version 8.3.0, and introduces a new build system based on msys2, which makes easier to build and maintain R itself as well as the system libraries needed by R packages on Windows. For more information about the latter, follow the links at the bottom of this document.

This documentation is about rtools40, the current version used for R 4.0.0 and newer. For information about previous versions of Rtools that can be used with R 3.6.3 or older, please visit this page.

Installing Rtools40

Note that rtools40 is only needed build R packages with C/C++/Fortran code from source. By default, R for Windows installs the precompiled "binary packages" from CRAN, for which you do not need rtools!

To use rtools40, download the installer from CRAN:

- On Windows 64-bit: rtools40-x86 64.exe (recommended: includes both i386 and x64 compilers)
- On Windows 32-bit: rtools40-i686.exe (i386 compilers only)

Note for RStudio users: please check you are using the latest version of RStudio (at least 1.2.5042) to work with rtools40.

[그림 2-7] Rtools 설치 지원 페이지

2.2 R 운영환경 구성

2.2.1 R 운영환경 설정

최근 R은 빅데이터 통계분석 도구로써 다양한 자료를 분석하는 데 주로 사용된다. 따라서 R은 자체적으로 자료를 생성하기보다는 외부에서 생성된 자료를 R로 불러들이고 때때로 분석된 내용을 외부 파일로 내보낼 필요가 있다. R 운영환경은 이러한 작업을 위하여 윈도우 운영체계의 파일시스템(file system) 내 작업 영역을 설정하는 것을 말한다. 작업 영역은 윈도우의 파일 탐색기를 이용하여 시스템의 특정 디렉터리[1]에 예를 들면 "C:/WORK_R"를 생성하여 설정하면 된다.

1) 디렉터리(directory)는 최근 윈도우 운영 시스템에서는 디렉터리 대신에 폴더(folder)라는 명칭으로 사용되고 있다.

작업 디렉터리의 설정은 「RGui」 메인화면 상단의 [파일] 메뉴에서 하단의 [작업 디렉터리 변경] 세부 메뉴를 통해서 할 수 있고 다음과 같은 setwd() 명령어를 이용하여 「R Console」에서도 직접 설정할 수 있다.

```
setwd("C:/WORK_R")                    # C:/WORK_R 디렉터리 작업 영역 설정
```

설정된 작업 디렉터리에 대하여는 다음과 같이 현재의 작업 디렉터리를 보여주는 getwd() 명령을 수행하면 확인이 가능하다. [그림 2-8]의 실행 결과를 보면 이전에 setwd()로 설정한 "C:/WORK_R"가 설정된 것을 확인할 수 있다.

```
getwd()                               # 현재 작업 디렉터리 확인
  [1] "C:/WORK_R"
```

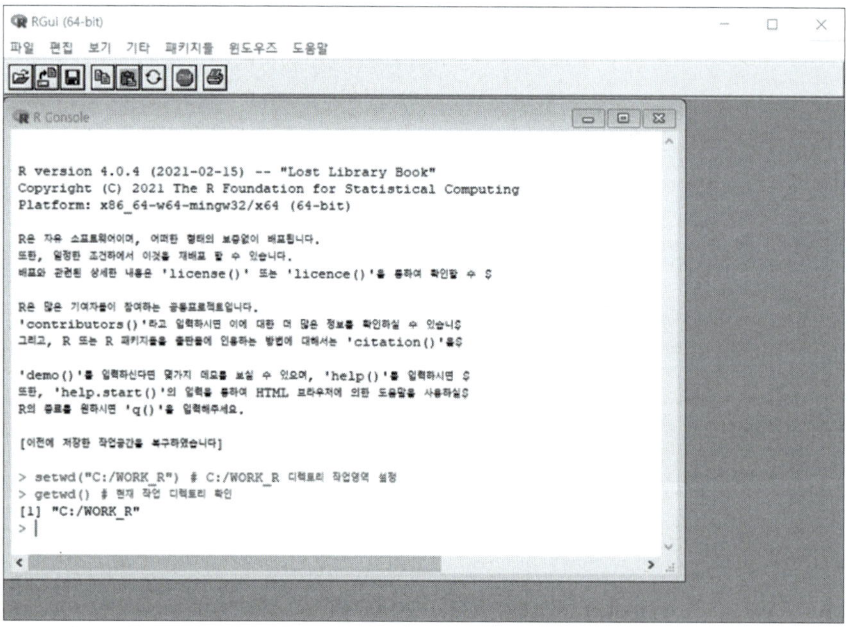

[그림 2-8] R 운영환경 설정

2.2.2 R 패키지 설치 및 사용

R 패키지(package)는 R 함수[2] 및 데이터의 모음으로 일반적으로 R을 사용해서 통계분석을 수행할 때 적절한 R 패키지를 설치하여 수행한다. 윈도우에서 R을 최초 설치 시 기본 패키지들이 포함 및 설치되어 일부 통계분석 기능을 제공하고 있지만, 빅데이터 분석을 위한 함수들은 대부분 이들 함수들을 제공하는 관련 패키지들을 사전에 설치해서 사용해야만 한다. R 패키지 설치는 윈도우에 새로운 파일을 설치하는 관리자의 보안 권한이 필요한 업무이기 때문에 윈도우에서 R 패키지를 설치하기 위한 R을 실행할 때는 다음 [그림 2-9]와 같이 반드시 '관리자 권한'으로 실행하여야 한다.

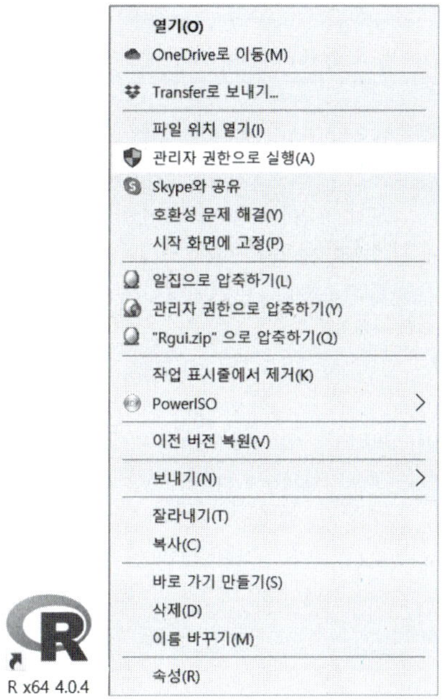

[그림 2-9] R '관리자 권한'으로 실행

2) 함수는 하나의 특별한 목적의 작업을 수행하기 위한 명령어들의 집합을 말한다.

1) R 패키지 설치

R 패키지를 설치하기 위해서는 install.packages("패키지명") 명령어를 수행하면 된다. 예를 들어 기술통계 분석을 지원하는 "prettyR" 패키지를 설치하려면 다음과 같이 「R Console」에서 install.packages("prettyR")를 실행하고 패키지를 가져올 CRAN Mirror 사이트를 선택하면 쉽게 설치가 가능하다. [그림 2-10]의 CRAN Mirror 사이트에 Korea가 없는 경우 가까운 일본, 중국과 같은 인접국을 선택하면 된다. 패키지명을 감싸는 따옴표("패키지명")는 반드시 영문 자판의 따옴표를 사용하여야 한다. 한글 자판의 따옴표를 사용하는 경우 에러가 발생한다.

```
install.packages("prettyR")                # prettyR 패키지 설치
```

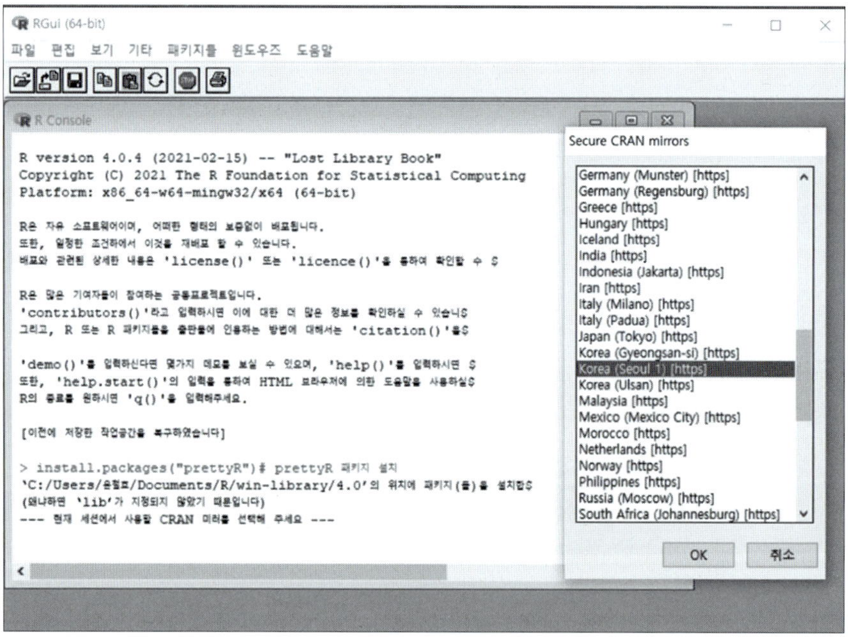

[그림 2-10] R 패키지 설치

또한 특정 패키지들은 자반(JAVA) 기반으로 개발되었다. 따라서 자바 기반으로 개발된 R 관련 패키지 활용을 위하여 패키지 설치 전에 반드시 '자바실행환경'을 설치하여야 한다. 자바실행환경 설치는 java.com/ko/download/에 방문하여 윈도우용 자바 JDK 버전을 다운로

드한 후 설치한다.

2) 설치된 R 패키지 보기

개인용 컴퓨터에 이미 설치된 R 패키지들은 installed.packages() 명령어를 실행하고 확인해 볼 수가 있다. 간단하게 설치된 패키지와 버전만 보기를 원한다면 다음과 같이 installed.packages()[,c("Package","Version")] 명령어와 옵션을 사용하면 쉽게 확인할 수 있다.

```
installed.packages()[,c("Package","Version")]       # 설치된 패키지 확인
                 Package          Version
  arules         "arules"         "1.6-4"
  arulesViz      "arulesViz"      "1.3-3"
  askpass        "askpass"        "1.1"
  assertthat     "assertthat"     "0.2.1"
  backports      "backports"      "1.1.5"
  base           "base"           "3.6.2"
  base64enc      "base64enc"      "0.1-3w"
```

3) R 패키지 사용

이미 설치된 R 패키지를 사용하기 위해서는 다음과 같이 library(패키지명) 명령어를 실행해야 한다. R에서는 기본적인 기능으로 최빈값[3]을 산출하는 함수를 제공하지 않는다. 자료들의 최빈값을 산출하기 위해서는 이를 지원하는 "prettyR" 패키지를 설치한 후 다음과 같이 패키지 사용을 위한 library(prettyR)을 실행한 후 최빈값 산출을 지원하는 Mode() 함수를 사용하여 최빈값을 구한다.

```
a <- c(9, 4, 7, 4, 3, 4, 5, 7, 3, 1, 6, 2, 4, 8)     # a는 14개의 원소를 갖는 변수
a
  [1] 9 4 7 4 3 4 5 7 3 1 6 2 4 8
```

3) 최빈값은 통계 용어로 전체의 값들 중에서 가장 많이 관측되는 값을 의미한다.

```
# install.packages("prettyR")                 # prettyR 패키지 설치
library(prettyR)                              # prettyR 패키지 사용
Mode(a)                                       # 최빈값 산출
  [1] "4"
```

상기의 R 명령에서 보여는 '#' 표시는 주석 또는 코멘트를 나타내며, 명령어들로 구성된 프로그램에서의 주석은 소스 코드를 더 쉽게 이해할 수 있게 만드는 것이 목적이며, 명령어 실행 시 무시되어 프로그램에 영향을 주지는 않는다. 즉, 다음의 '# install.packages("prettyR")'은 prettyR 패키지 설치가 필요하다는, 단순히 이해를 돕기 위한 목적이며, 어떠한 결과도 산출하지 않는다.

2.2.3 빅데이터 분석을 위한 주요 R 패키지

R에서의 통계, 데이터마이닝, 그래프 작성 및 빅데이터 분석 시 자주 사용되는 패키지와 주요 함수들은 다음 〈표 2-1〉과 같다.

〈표 2-1〉 R 주요 통계 및 데이터마이닝 패키지

패키지명	주요 함수	내용
psych	describe()	기술 분석
descr	freq()	빈도분석
gmodels	CrossTable()	교차분석
MASS	isoMDS()	다차원 척도 분석
Hmisc	rcorr	상관분석
dplyr	group by()	그룹 분석
fBasics	skewness()	왜도 분석
	kurtosis()	첨도 분석
QuantPsyc	lm.beta()	회귀분석 표준화 계수
prettyR	Mode()	최빈값
e1071	naiveBayes()	나이브 베이즈 분류 분석
	svm()	서포트 벡터 머신
DMwR	kNN()	k-최근접 이웃 분석
rpart	rpart()	의사결정나무 분석(분류 분석)
rpart.plot	rpart.plot()	의사결정나무 분석 모형 그래픽 지원

party	ctree()	의사결정나무 분석(예측 분석)
nnet	nnet()	인공신경망 분석(분류 분석)
downloader	plot.nnet()	인공신경망 분석 모형 그래픽 지원
neuralnet	neuralnet()	인공신경망 분석(예측 분석)
tree	tree()	의사결정나무 분석(이항형 예측 분석)
caret	confusionMatrix()	데이터마이닝 결과 분류표 제공
arules	apriori()	연관성 분석
arulesViz	plot()	연관성 분석 모형 그래프 지원
lattice	dist()	계층적 군집 분석
	kmeans()	K-평균 군집 분석
KoNLP	extractNoun()	한글 자연어 명사 추출
tm	Corpus()	말뭉치 작성
topicmodels	LDA()	토픽 모델링
wordcloud	wordcloud()	워드 클라우드 그래프 지원
RColorBrewer	display.brewer.alll()	컬러 설정 지원
sna	sna()	그래프 수식 처리 패키지
igraph	graph.density()	그래프 차트 작성 지원
rgl	open3d()	그래프 차트 작성 지원
rvest	html_text()	웹 클로링 지원
stringr	str_replace_all()	문자열 처리
XML	xmlTreeParse()	XML 파일 처리
readxl	read_excel()	엑셀 파일 불러오기
openxlsx	write.xlsx()	엑셀 파일로 내보내기
ggplot2	ggplot2()	고급 그래프 시각화 지원
treemap	treemap()	트리맵 시각화 지원
plotly	ggplotly()()	인터랙티브 그래프 지원
aplpack	faces()	체르노프 페이스 시각화 지원
raster		지도 맵핑 시각화 지원
sf		
ggmap	ggmap()	구글 지도 맵핑 시각화 지원

상기의 패키지들은 이후 기술통계, 추론통계, 데이터마이닝, 텍스트마이닝, 그래프 시각화 등을 위하여 다음의 패키지 설치 스크립트 파일을 선택하여 미리 일괄적으로 설치할 것을 권고한다. '관리자 권한'으로 R을 실행한 후 웹브라우저에서 다음 주소를 선택한 후 내용을 복사하여 R에서 붙여넣기로 실행한다.

※ 패키지 설치 스크립트 위치: http://ssra.or.kr/bigdata/packages.R

2.3 R 기초

2.3.1 수치계산 기능

수치계산 기능은 R의 가장 기본적인 기능으로 다음과 같이 산술연산자나 함수를 이용하여 자료들에 대한 수치계산을 수행한다. 수치계산 시 연산자나 연산자 간의 우선순위는 일반적인 수학의 사칙연산자의 순서와 같으며 함수나 변수에 사용되는 문자는 대소 문자가 구분되어 인식되므로 주의해서 사용되어야 한다. R 명령어 실행에 대한 출력 결과는 다음과 같이 항상 '[1]'부터 표현되며, 이를 통해 출력물인 데이터에 대한 인덱스(index)로 결과의 자릿수를 확인할 수 있다.

```
3 + 4^2              # 산술연산자 사용하여 수치계산4)
  [1] 19

log(10)              # 로그계산 Log(10)
  [1] 2.302585

exp(2)               # 지수 계산 함수 e2
  [1] 7.389056

sqrt(10)             # 10의 제곱근
  [1] 3.162278

1:15                 # 1:15는 1~15까지의 15개 숫자를 표시
  [1]  1  2  3  4  5  6  7  8  9  10  11  12  13  14  15
```

4) # 표시는 주석(comment)을 나타낸다.

```
sum(1:15)              # 1~15까지의 합계
  [1]  120

rnorm(12)              # 평균 0, 표준편차 1인 정규분포에서 임의 숫자 12개 생성함수
  [1] -1.6143350 -0.1445253 -0.6093431  0.9799607 -0.1919773  0.7462720
  [7]  1.9254479  0.3189881  0.6108338  0.7055484  1.4528012 -0.2421846

mean(rnorm(12))        # 임의 숫자 12개의 평균
  [1] 0.1429896

sample(20)             # 표본 20개 자동 생성
  [1] 20  9  6  17  19  8  5  14  16  3  10  15  1  13  11  2  18 12  4  7

max(sample(20))        # 표본의 최댓값
  [1] 20
```

2.3.2 변수의 할당

R은 단순한 수치계산이 아니라 좀 더 복잡한 분석 작업을 수행하기 위해서 일반적인 컴퓨터 프로그래밍에서 사용되는 변수를 이용한다. 변수란 데이터 값을 일시적으로 보관하기 위해 사용되는 메모리 내의 한 장소의 이름으로 일반적으로 문자형으로 정의된다. 변수는 문자 a~z, A~Z와 숫자 0~9 그리고 '.' 과 '_' 등의 조합으로 구성할 수 있으나, 변수의 첫 글자로 숫자와 '_' 은 사용할 수 없다. 즉, 변수는 항상 문자로 시작해야만 한다. 변수는 한글도 가능하나 가능하면 영문자로 시작하여 사용하는 것이 바람직하다. 또한 변수명은 if, else, for, while, c, pi와 같은 R 프로그램의 명령어들을 사용하면 안 된다.

R에서는 변수에 값을 배정하는 것을 할당(assign)이라 하고, R에서의 할당은 =, <-, <<- 등의 기호들이 사용될 수 있으나 주로 <-가 사용된다. 값이 할당된 변수들은 다음과 같이 산술연산이 가능하며, 변수명을 타이핑하면 변수의 값이 출력된다.

```
x <- 3                    # x라는 이름의 변수에 값 3을 할당
y <- 6                    # y라는 이름의 변수에 값 6을 할당
x + y                     # 문자변수끼리의 산술연산
  [1] 9

z <-  x + y               # x + y 값을 z에 할당
z                         # 변수 z에 할당되어 있는 값을 출력
  [1] 9
```

2.3.3 데이터의 유형

R에서의 변수에 할당되는 값인 데이터 유형(data type)은 숫자형, 문자형, 논리형과 결측치와 같은 특수 유형 등이 있다. 〈표 2-2〉는 R에서 사용되는 데이터 유형들을 보여주고 있다. 특정 변수에 대한 R에서 데이터 유형은 mode() 함수로 식별이 가능하다.

〈표 2-2〉 데이터의 유형

데이터 유형	세부 유형	예시
숫자형(numeric)	정수(integer) 실수(double)	29 39.5
문자형(character)	문자 또는 문자열	"A", "홍길동"
논리형(logical)	참과 거짓	TRUE 또는 T FALSE 또는 F
특수형	결측치(Not Available, Missing Data) 비숫자(Not a Number) 무한대(Infinite)	NA NaN Inf 또는 -Inf 0/0 Inf - Inf 23/0

다음과 같이 할당된 변수가 어떠한 데이터 유형인지 mode() 함수로 식별이 가능하고 또한 이변수가 숫자형인지, 문자형인지 또는 논릿값인지 여부도 is.numeric(), is.character(), is.logical() 함수를 이용하여 판별할 수 있다.

```
x <- 4
y <- "홍길동"
z <- TRUE

mode(x)                          # 데이터 유형 식별
  [1] "numeric"
mode(y)
  [1] "character"
mode(z)
  [1] "logical"


is.numeric(x)                    # 자료가 숫자형 여부인지를 판별
  [1] TRUE
is.character(y)                  # 자료가 문자형 여부인지를 판별
  [1] TRUE
is.logical(z)                    # 자료가 논릿값 여부인지를 판별
  [1] TRUE
is.null(na)                      # 자료가 NULL 여부인지를 판별
  [1] TRUE
```

R의 데이터 유형은 숫자형, 문자형, 논릿값 이외에 다음 〈표 2-3〉과 같은 NULL, NA, NaN, Inf, -Inf 등의 특수 형태의 데이터 유형도 있다.

〈표 2-3〉 특수 데이터 유형

데이터 유형	내용
NULL	객체(object)로써 존재하지 않는 객체로 지정할 때 사용
NA	Not Available의 약자로 결측치(missing value)를 의미
NaN	Not available Number의 약자로 수학적으로 계산이 불가능한 수를 의미
Inf	Infinite의 약자로 양의 무한대를 의미
–Inf	–Infinite의 표시로 음의 무한대를 의미

존재하지 않음에 해당하는 NULL은 사전적인 뜻으로 '값이 없음'을 나타내는 영단어이며 데이터 유형에서 NULL은 값이 할당되지 않아 비어 있음을 의미한다. NULL 역시 mode() 함수로 식별이 가능하고, NULL인지 아닌지는 is.null() 함수를 사용하여 확인할 수 있다.

```
na <- NULL

mode(na)                    # NULL
  [1] "NULL"

is.null(na)                 # 자료가 NULL 여부인지를 판별
  [1] TRUE
```

2.3.4 함수

함수(function)는 하나의 특별한 목적의 작업을 수행하기 위한 명령어들의 집합으로 R에서는 수치계산, 통계, 그래픽, 시각화 관련된 다양한 함수들을 사용할 수 있다. R에서는 R 설치 시 기본적으로 사용 가능한 기본 함수들이 있으며, 패키지를 설치하면 그 패키지가 제공하는 패키지 함수들이 있다. R 설치 시 제공되는 기본 함수들은 기초적인 수치계산 함수들로 〈표 2-4〉와 같다.

〈표 2-4〉 기초 수치계산 함수

함수	결과	설명
min(c(1,5,7))	1	1, 5, 7 중에서 최솟값
max(c(2,6,9))	9	2, 6, 9 중에서 최댓값
mean(c(3,6,9))	6	3, 6, 9의 평균
sum(c(1,2,4,7))	14	1, 2, 4, 7의 합계
median(c(3,6,7))	6	중앙값
sd(c(1,2,3,4))	1.290994	표준편차
var(c(1,2,3,4))	1.666667	분산
sin(pi)	1.22E-16	pi 사인값

cos(pi)	-1	코사인
tan(pi)	-1.224647e-16	탄젠트
log(3)	1.098612	자연로그
log10(100)	2	상용로그
exp(2)	7.389056	지수함수
round(4.65)	5	반올림
ceiling(4.25)	5	올림
floor(4.65)	4	내림
abs(-4)	4	절댓값
sqrt(9)	3	제곱근
runif(2,1,10)	1, 2	난수 2개를 벡터로 생성 1 초과 10 미만

c() 함수는 원소들을 결합한 벡터를 생성하는 함수로 예를 들어 상기의 〈표 2-4〉의 c(1,5,7)은 1, 5, 7의 세 개의 원소를 가지는 있는 자료구조를 나타내고 있다.

2.3.5 자료구조

자료구조는 자료를 효율적으로 관리하고 구조화시키는 방법으로 R 변수의 기본 자료형은 단일값을 갖는 스칼라(scalar)형이나 실제 사용에 있어서는 스칼라형의 자료보다 여러 개의 값들로 구성된 자료구조를 사용한다.

1) 자료구조의 유형

R에서 지원하는 다수의 값들로 구성된 자료구조 형태는 [그림 2-11]과 같이 벡터, 행렬, 배열, 데이터프레임, 리스트 그리고 요인 등이 있다. 다음 [그림 2-11]에서와 같이 벡터는 여러 값들이 1차원 구조로 저장된 형태이며, 행렬과 데이터프레임은 2차원 구조, 배열은 2차원 이상의 자료구조이며, 리스트는 여러 자료 구조형을 포함할 수 있는 자료구조 유형이다.

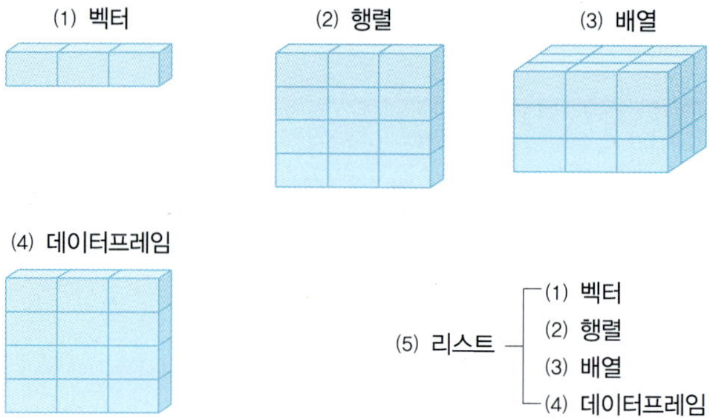

[그림 2-11] 자료구조 유형

(1) 벡터

벡터(vector)는 동일한 기본 자료형을 갖는 값들로 구성된 1차원 자료구조를 말하며 다음과 같이 값들을 통해 만들 수 있다. 데이터를 벡터형 변수로 저장할 때 다음과 같이 c() 함수를 이용한다.

```
x <- c(1, 2, 3)          # x는 1, 2, 3의 세 개의 원소를 갖는 벡터
```

1	2	3

x

```
x <- c(1:10)             # x는 1-10까지 10개의 원소를 갖는 벡터
x
  [1]  1  2  3  4  5  6  7  8  9  10
```

R에서 사용되는 데이터 유형은 숫자형(numeric), 문자형(character) 그리고 논릿값(logical value: TRUE, FALSE)이 있으며, 벡터의 데이터 형식도 다음과 같이 구성될 수 있다.

```
a <- c(1, 2 ,0.5 ,3, 7, -2, 10)              # 숫자형 벡터
b <- c("one","two","three")                  # 문자형 벡터
c <- c(TRUE,TRUE,TRUE,FALSE,TRUE,FALSE)      # 논릿값
```

벡터형 자료구조는 원소들이 같은 데이터 유형을 가져야만 한다. 따라서 다음과 같이 숫자형 벡터에 문자가 들어 있으면 전체가 문자형으로 바뀐다. 즉, 변수 x는 다수의 원소가 숫자이나 문자인 "two"로 인하여 문자형 벡터가 된다.

```
x <- c(1, "two", 0.5 ,3, 7, -2, 10)              # 문자형 벡터
x
   [1] "1"    "two" "0.5" "3"    "7"    "-2"   "10"
```

벡터의 개별 원소(element)는 다음과 같이 [ ]을 이용한 첨자(subscripts)로 지정하여 사용할 수 있다. 즉 a[3]은 a 벡터 변수의 세 번째 원소 0.5를 나타낸다. 또한 여러 개의 원소를 한 번에 표기하고 싶을 때는 c()를 이용하여 다음과 같이 사용한다.

```
a <- c(1, 2 ,0.5 ,3, 7, -2, 10)                  # 숫자형 벡터
a[3]                                             # 세 번째 값
   [1] 0.5

a[6]                                             # 여섯 번째 값
   [1] -2

a[c(3,4)]                                        # 3, 4번 값
   [1] 0.5 3.0
```

벡터에서 다음과 같이 첨자를 음수로 사용하면 해당 위치의 값을 제외하고 모든 값들을 가져온다. a[-c(3,4)]의 경우 3, 4번 값을 제외한 나머지 값들인 1, 2, 7,-2, 10이 표시된다.

```
a[-c(3,4)]                                       # 3, 4번 값을 제외한 값들
   [1]  1  2  7 -2 10
```

(2) 행렬

행렬(matrix)은 벡터와 같이 동일한 데이터 유형, 숫자, 문자 또는 논릿값의 같은 데이터 유형의 자료들로 구성된 2차원 형태의 자료구조이다. 따라서 행렬 구조의 변수는 행과 열로 구성되어 있다. 행렬은 다음과 같이 벡터형 변수를 matrix() 함수를 이용하여 생성할 수 있

다. 다음의 경우 1부터 9까지 9개의 원소를 가지는 벡터형 변수 x는 maxtrix() 함수를 이용하여 2차원의 행렬로 변경될 수 있다. maxtrix() 함수의 옵션인 nrow=3은 행의 개수가 3인 행렬을 만들라는 것이다.-

```
x <- c(1, 2, 3, 4, 5, 6, 7, 8, 9)          # 또는 x <- 1:9
y <- matrix(x, nrow=3)                     # 행이 3개인 행렬 생성
y
      [,1] [,2] [,3]
 [1,]    1    4    7
 [2,]    2    5    8
 [3,]    3    6    9
```

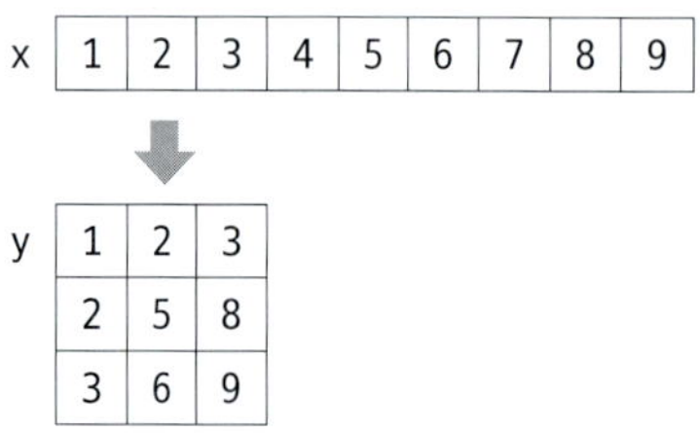

행렬이 생성될 때 값들은 기본적으로 행부터 자료들을 채운다. 'byrow=TRUE' 옵션을 사용할 경우 자료를 열부터 채울 수 있다. 또한 'ncol=' 옵션으로 'nrow='와 다르게 열을 기준으로 행렬을 생성할 수 있다.

```
x <- c(1, 2, 3, 4, 5, 6, 7, 8, 9 )         # x <- 1:9
y <- matrix(x, ncol=3, byrow=TRUE)         # 열이 3개인 행렬 생성
y
      [,1] [,2] [,3]
 [1,]    1    2    3
 [2,]    4    5    6
 [3,]    7    8    9
```

여러 개의 벡터형 변수들을 합쳐서 행렬형 변수를 구성할 때는 cbind()와 rbind() 함수를 이용한다. cbind()는 열(column) 결합을 수행하는 함수이고, rbind()는 행(row) 결합을 수행하

는 함수이다. 열 결합 또는 행 결합을 수행할 때는 다음과 같은 결합하려는 벡터형 변수들이 동일한 수의 값들을 가지고 있어야 한다.

```
a <- c(1, 2, 3, 4 )
b <- c(5, 6, 7, 8 )
c <- c(9, 10, 11, 12 )

cbind(a, b, c)                               # 벡터 변수들을 열(column) 결합
       a  b   c
  [1,] 1  5   9
  [2,] 2  6  10
  [3,] 3  7  11
  [4,] 4  8  12

m <- rbind(a, b, c)                          # 벡터 변수들을 행(row) 결합
m
    [,1] [,2] [,3] [,4]
  a    1    2    3    4
  b    5    6    7    8
  c    9   10   11   12
```

행렬의 개별 항목도 벡터와 같이 []을 이용한 첨자(subscripts)로 지정하여 사용할 수 있다. 벡터와 다르게 행렬은 2차원 구조이기 때문에 [] 안에는 행을 지정하는 첨자와 열을 지정하는 첨자가 같이 들어가야 한다. 다음의 m[2,3]의 경우 행렬 m의 2번째 행의 3번째 열의 값인 7이 된다.

```
m[2,3]                                       # 2번째 행의 3번째 열의 값
  b
  7

m[3,2]                                       # 3번째 행의 2번째 열의 값
  c
  10
```

행렬이 동일한 데이터 유형의 자료들로 구성된 2차원 형태의 자료구조이기 때문에 상기의 cbind()나 rbind() 함수를 사용하여 행렬을 구성할 경우 벡터형 자료구조와 같이 숫자형 벡터와 문자형 벡터가 결합하면 다음과 같이 전체가 문자형 행렬로 바뀐다.

```
a <- c(1, 2, 3, 4 )
b <- c(5, 6, 7, 8 )
c <- c(9, 10, 11, 12 )
x <- c("one", "two", "three", "four")          # 문자형 벡터
cbind(a, b, c, x)                              # 벡터 a, b, c, x를 열로 결합
       a   b   c    x
  [1,] "1" "5" "9"  "one"
  [2,] "2" "6" "10" "two"
  [3,] "3" "7" "11" "three"
  [4,] "4" "8" "12" "four"
```

(3) 배열

배열(array)은 행렬과 동일하나 2차원 이상의 항목을 가진다. 다음의 예와 같이 배열 구조의 변수는 3차원의 배열로 구성할 수 있으며, 이때 array() 함수를 이용하여 생성할 수 있다.

```
x <- array(1:36, c(4,3,3))          # 4 x 3 x 3의 3차원 배열에 1~36의 값을 입력
x
  , , 1

       [,1] [,2] [,3]
  [1,]    1    5    9
  [2,]    2    6   10
  [3,]    3    7   11
  [4,]    4    8   12

  , , 2

       [,1] [,2] [,3]
  [1,]   13   17   21
  [2,]   14   18   22
```

```
[3,]    15   19   23
[4,]    16   20   24

, , 3

      [,1] [,2] [,3]
[1,]    25   29   33
[2,]    26   30   34
[3,]    27   31   35
[4,]    28   32   36
```

(4) 데이터프레임

데이터프레임(data frame)은 행렬과 같은 2차원의 구조이지만 모든 데이터가 동일한 유형이 아닌 열(column)마다 다른 유형, 즉 숫자형, 문자형, 논릿값 등의 항목을 가질 수 있다. 데이터프레임은 엑셀 시트나 SPSS 파일 구조와 유사하여 통계분석 시 유용하게 사용되며, R 통계 및 자료분석에서 가장 많이 사용된다. 데이터프레임은 다음과 같이 data.frame() 함수를 이용하여 생성할 수 있다. 다음의 경우 데이터프레임 df에서 x열의 값들은 숫자, y열의 값들은 문자, z열의 값들은 논릿값들로 구성이 되어 있다.

```
x <- c(1,2,3,4)
y <- c("red", "white", "blue", "yellow")
z <- c(TRUE, TRUE, TRUE, FALSE)
df <- data.frame(x, y, z)          # 벡터 x, y, z을 데이터프레임으로 생성
df
  x      y     z
1 1    red  TRUE
2 2  white  TRUE
3 3   blue  TRUE
4 4 yellow FALSE
```

행렬과 같이 데이터프레임의 개별 항목들은 []을 이용한 첨자(subscripts)로 지정하여 다음과 같이 사용할 수 있다.

```
df[1]                        # df의 첫 번째 열의 값들
   x
 1 1
 2 2
 3 3
 4 4

df[2]                        # df의 두 번째 열의 값들
       y
 1   red
 2  white
 3   bule
 4  Yellow

df[1,]                       # df의 첫 번째 행의 값들
   x   y    z
 1 1 red TRUE

df[2,]                       # df의 첫 번째 행의 값들
   x     y    z
 2 2 white TRUE

df[1,1]                      # df의 첫 번째 행과 열의 값
 [1] 1

df[2,1]                      # df의 두 번째 열과 첫 번째 행의 값
 [1] 2

df[2,2]                      # df의 두 번째 열과 행의 값
 [1] white
 Levels: blue red white yellow
```

또한 다음과 같이 데이터프레임에 '$'를 표시하여 열(colname)의 자료들을 사용할 수 있다.

```
df$y                         # 열 이름(colname)이 y 열의 값들
 [1] red    white  blue   yellow
 Levels: blue red white yellow
```

데이터프레임의 열 이름과 행 이름은 colnames(), rowname()을 이용하여 변경할 수 있다. 다음과 같이 rownames(df)는 행 이름을 나타내고 있으며 rownames(df)에 새로운 행 이름들을 할당하여 변경할 수 있다. 다음과 같이 기존의 df의 행 이름 "1" "2" "3" "4"를 "A", "B", "C", "D"로 변경하여 사용할 수 있다.

```
rownames(df)                           # df 데이터프레임의 행 이름
  [1] "1" "2" "3" "4"

rownames(df) <- c("A", "B", "C", "D")  # df 데이터프레임에 새로운 행 이름 할당
df
    x   y      z
  A 1   red    TRUE
  B 2   white  TRUE
  C 3   blue   TRUE
  D 4   yellow FALSE
```

(5) 리스트

리스트(list)는 순서가 있는 서로 다른 기본 자료형을 가질 수 있는 자료구조로 앞선 배열과 행렬은 포함되는 원소들의 기본 자료형이 모두 동일한 경우와 크기가 일정한 경우에만 사용할 수 있는 반면, 리스트는 서로 다른 기본 자료형을 갖는 자료 구조들, 즉 벡터, 배열, 행렬, 리스트, 데이터프레임 등을 하나의 이름으로 모아 놓은 형태의 자료구조이다. 리스트형 자료구조는 list() 함수를 이용하여 생성할 수 있다.

```
title <- "My List"                          # 일반 자료(문자열)
ages <- c(31, 41, 21)                       # 숫자 벡터
numbers <- matrix(1:9, nrow=3)              # 행렬
names <- c("Tony", "Ahn", "Nick"            # 문자 벡터
mylist <- list(title, ages, numbers, names)

mylist
  [[1]]
  [1] "My List"
```

```
[[2]]
[1] 31 41 21

[[3]]
     [,1] [,2] [,3]
[1,]    1    4    7
[2,]    2    5    8
[3,]    3    6    9

[[4]]
[1] "Tony"   "Ahn" "Nick"
```

상기의 리스트는 다음과 같이 names() 함수를 이용하여 리스트 내부의 자료 구조들의 이름들을 변경할 수 있다.

```
names(mylist) <- c("title", "ages", "numbers", "names")       # 리스트 이름 변경
```

(6) 요인

요인(factor)은 변수가 명목척도[5] 변수일 때 사용되는 자료구조이다. 요인형 자료구조는 실질적으로 문자형 자료들도 내부적으로는 숫자 벡터로 인식되어 수치계산이 가능하다. 요인형 자료구조는 factor() 함수를 이용하여 구성할 수 있다. 다음과 같이 rep() 함수를 이용하여 "male" 데이터 20개와 "female" 데이터 30개를 생성하여 gender라는 문자형 변수로 설정한 후 이를 요인 변수로 바꾸면, 외부적으로는 문자형으로 보이나 내부적으로 숫자형(1=female, 2=male)으로 처리된다. 따라서 다음과 같이 통계 요약 함수인 summary() 함수를 이용하면 계산된 결과인 개별 항목들에 대한 수치들을 산출할 수 있다.

```
gender <- c(rep("male",20), rep("female", 30))   # 예: 20명의 "male(남성)"과 30명
                                                   "female(여성)"을 가지는 gender
                                                   라는 변수
```

5) 명목척도는 남녀 구별, 결혼 여부, 좋아하는 색상, 출신 지역 등과 같이 단지 자료들이 서로 다르다는 것을 표시하는 이산형 자료(discrete data)나 범주형(categorical data) 자료에 해당하는 척도이다.

```
gender <- factor(gender)                  # R은 gender를 면목 척도 변수로
                                          처리
                                          (내부적으로 1=female, 2=male)

gender
  [1] male   male   male   male   male   male   male   male   male   male   male
  male   male   male   male   male   male   male
  [19] male   male   female female female female female female female female
  female female female female female female female female
  [37] female female female female female female female female female female
  female female female female
  Levels: female male

summary(gender)                           # 통계 요약 함수
  female   male
     30     20

  # rep(x, n): x(문자 또는 숫자)를 n 횟수만큼 반복 생성하는 함수
```

2) 자료구조의 유형 정리

R에서 제공하는 스칼라, 벡터, 행렬, 배열, 데이터프레임, 리스트, 그리고 요인의 자료구조들을 다시 한 번 정리하면 〈표 2-5〉와 같다.

〈표 2-5〉 자료구조 유형

구분	데이터 개수	데이터 종류	관련 함수
스칼라	단수	숫자/문자/논릿값 중의 한 가지 단수 데이터	x <- 4
벡터	복수	숫자/문자/논릿값 유형 중 한 가지로만 구성	x <- c( )
행렬	복수	숫자/문자/논릿값 유형 중 한 가지로만 구성	x <- matrix( )
배열	복수	숫자/문자/논릿값 유형 중 한 가지로만 구성	x <- array( )
데이터프레임	복수	행별로 숫자/문자/논릿값 유형 중 한 가지로만 구성	x <- data.frame()
리스트	복수	복수 스칼라부터 데이터프레임까지 모든 형태의 데이터를 포함할 수 있음.	x <- list( )
요인	복수	복수 숫자/문자/논리 유형 중 한가지로만 구성	x <- factor( )

3) 자료구조와 관련한 주요 함수

R에서는 벡터, 행렬, 배열, 리스트, 데이터프레임 자료구조 값들을 결합하거나 다른 자료형으로 변환시키는 등의 다양한 기능들을 수행하는 자료구조와 관련된 함수들을 제공하고 있다. 〈표 2-6〉은 R에서 기본적으로 제공하는 자료구조와 관련된 주요 함수들이다.

〈표 2-6〉 자료구조 관련 주요 함수

함수	설명
length()	자료가 가진 항목의 개수
str()	자료의 구조 보기
class()	자료의 형태 보기
names()	자료의 객체들의 이름
c()	벡터를 생성
seq()	숫자형 벡터 생성
rep()	특정값을 반복하여 벡터 생성
cbind()	열로 자료 결합
rbind()	행으로 자료 결합
ls()	현재의 자료 목록을 출력
rm()	자료 삭제
mode()	자료의 형식을 출력
is.numeric()	자료가 숫자형 여부인지를 판별
is.character()	자료가 문자형 여부인지를 판별
is.logical()	자료가 논릿값 여부인지를 판별
as.numeric()	숫자형(numeric) 데이터로 변환
as.character()	논리형(logical) 데이터로 변환
as.vector()	문자형 데이터로 변환
as.factor()	요인 형식으로 변환
as.matrix()	행렬 형식으로 변환
as.data.frame()	데이터프레임 형식으로 변환
as.data.frame()	날짜 형식으로 변환
colnames()	행 제목 보기 및 설정

rowname()	열 제목 보기 및 설정
append()	벡터에 항목을 추가
stack()	여러 벡터를 하나의 벡터로 결합
nrow()	데이터프레임의 행의 개수
ncol()	데이터프레임의 열의 개수
rownames()	데이터프레임의 행의 이름
colnames()	데이터프레임의 열의 이름
dim()	데이터프레임의 행과 열의 개수
head()	자료의 앞부분 6개 출력
tail()	자료의 뒷부분 6개 출력
format()	자료의 형식 지정

상기의 함수 중 as.Date()는 문자열 자료를 날짜/시간(Date) 데이터로 변환시키는 함수이다. 다음과 같이 문자열로 저장된 자료를 as.Date()를 이용하여 숫자를 근간으로 하는 날짜/시간 데이터로 변환시키면 수치계산이 가능하다.

```
# as.Date() – string을 date로 변환
mydates <- as.Date(c("2021-06-22", "2021-02-13"))
days <- mydates[1] - mydates[2]
days
  Time difference of 129 days
```

날짜/시간 데이터와 관련하여 추가적으로 자주 사용되는 함수는 Sys.Date() 함수와 date() 함수로 Sys.Date() 함수는 컴퓨터의 시스템 일자를 근간으로 오늘 날짜를 생성하고, date()는 현재 날짜 및 시간을 생성한다.

```
Sys.Date()                                    # 오늘
  [1] "2021-01-03"

date()                                        # 현재 날짜 및 시간
  [1] "Sun Jan 03 11:08:47 2021"
```

상기의 날짜/시간 데이터는 format() 함수와 〈표 2-7〉의 파라미터를 이용하여 다양한 형식으로 표시할 수 있다.

〈표 2-7〉 format() 함수의 형식

형식	의미	예시
%d	일 형식 표시	31
%a %A	단축형 요일 표시 비단축형 요일 표시	금 금요일
%m	월 형식 표기	12
%b %B	단축형 월 표시 비단축형 월 표시	12 12월
%y %Y	2자리 년 표시 4자리 년 표시	19 2019

상기의 format() 함수와 파라미터를 이용하여 현재 날짜(2021년 7월 31일)를 표시하면 다음과 같다.

```
today <- Sys.Date()
format(today, format="%B %d %Y")
  [1] "7월 31 2021"
```

연습문제

1 R에서 setwd("C:/WORK_R")와 getwd() 명령에 대하여 설명하시오.

2 R 패키지에 대하여 설명하고, 설치 시 유의점에 대하여 설명하시오.

3 R에서 1부터 999까지의 합계의 제곱근 값을 구하시오

4 다음 R에서 지원하는 자료 구조들에 대하여 설명하시오.

(1) 벡터

(2) 행렬

(3) 배열

(4) 데이터프레임

(5) 리스트

(6) 요인

5 다음의 변수 a에서 두 번째 원소인 2를 신출하는 명령을 쓰시오.

```
a <- c(1, 2, 0.5, 3, 7, -2, 10)
```

연습문제

6 다음 값들의 합계, 평균, 표준편차, 최솟값, 최댓값을 R에서 구하시오.

```
54, 39.6, 51.6, 52.8, 51.6, 52.8, 54, 52.8, 16.8, 52.8, 52.8, 54
```

7 다음의 벡터 x값을 행렬 y값으로 변경하는 명령을 쓰시오.

```
x <- c(1,  2, 3, 4, 5, 6, 7, 8, 9 )
[                          ]
y
[,1] [,2] [,3]
[1,] 1 4 7
[2,] 2 5 8
[3,] 3 6 9
```

8 다음과 같은 데이터프레임 df를 벡터값들을 이용하여 생성하시오.

```
df
  x  y   z
  1 1 red TRUE
  2 2 white TRUE
  3 3 blue TRUE
  4 4 yellow FALSE
```

9 상기 데이터프레임 df에서 x행의 값들의 평균과 합계를 구하시오.

10 상기 데이터프레임 df에서 행의 이름을 "숫자", "색상", "논릿값"으로 변경하시오.

Chapter 3

R 프로그래밍과 그래프

Chapter 3 R 프로그래밍과 그래프

3.1 R 프로그래밍

3.1.1 R 프로그래밍 개념

프로그래밍이란 목적하는 결과를 생성하기 위하여 컴퓨터에게 명령을 내리는 것으로 일반적으로 프로그래밍은 다수의 명령어들을 연결하는 방식으로 수행한다. 이전 '장인 R' 기초에서 살펴본 수치계산은 가장 기본적인 프로그래밍 형태이며, 다음과 같이 명령어들에 변수의 할당을 수행하며 프로그래밍을 수행할 수 있다.

```
x <- 3                          # x라는 이름의 변수에 값 3을 할당
y <- 6                          # y라는 이름의 변수에 값 6을 할당
x + y                           # 변수끼리의 산술연산
  [1] 9

z <- x + y                      # x + y 값을 z에 할당
z                               # 변수 z에 할당되어 있는 값을 출력
  [1] 9
```

R에서 변수를 이용하여 좀 더 복잡한 프로그래밍을 수행하기 위해서는 변수들의 산술연산이나 논리연산을 위한 다양한 연산자, 조건에 따라 다른 계산을 수행하는 명령어들, 프로그래밍의 효율성을 위하여 특정한 부분의 명령어들을 반복적으로 수행될 수 있도록 하는 명령어들이 필요하다.

[그림 3-1]은 1부터 시작하여 10보다 작은 숫자들에 대한 합(SUM)을 산출하는 프로그래밍의 흐름을 나타내고 있다. 프로그래밍은 반복적으로 숫자를 기입하여 합산하는 것이 아니라,

다음 [그림 3-1]에서와 같이 조건에 맞으면 회귀하는 방식으로 합(SUM)을 산출하는 형태로 구성하여 명령어 구성의 효율성을 높인다.

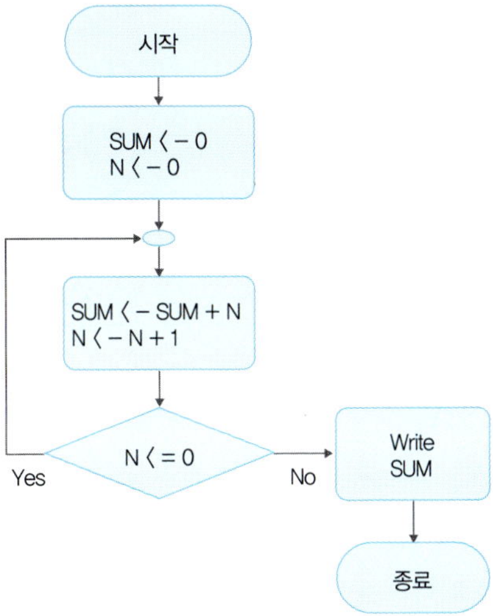

[그림 3-1] 프로그래밍 예시

3.1.2 산술 · 비교 · 논리 연산

1) 산술연산

산술연산자는 둘 이상의 변수 및 숫자에 대하여 계산하는 기능으로 R에서 제공되는 산술연산자와 산술연산 결과는 다음 〈표 3-1〉과 같다. 산술연산자의 우선순위는 수학에서와 같이 괄호(()), 제곱(^, **), 곱하기와 나누기(*, /), 더하기와 빼기(+, -)이다. 같은 우선순위를 가지는 산술연산자가 나열되어 있다면 왼쪽이 오른쪽보다 우선순위가 높다. R에서 사용되는 산술연산자는 대부분 수학에서 사용되는 산술연산자와 동일하다. 그러나 일반 수학의 산술연산자에는 없는 나머지와 몫을 구하는 산술연산자들을 R에서는 제공한다. 〈표 3-1〉의 하단에 보이는 바와 같이 두 숫자에 대한 나머지는 '%%' 기호를, 몫은 '%/%' 기호를 사용하여 산출할 수 있다.

〈표 3-1〉 산술연산자

연산자	설명	예시	결과
+	더하기	3+4	7
-	빼기	9-2	7
*	곱하기	2*7	14
/	나누기	9/3	3
^ 또는 **	제곱(자승)	2^3	8
%%	나머지	14%%3	2
%/%	몫	14%/%3	4

일반적인 수치연산의 경우 단일 스칼라(숫자)를 위주로 계산을 수행한다. R의 산출연산의 특징은 R에서 제공하는 단일 스칼라, 벡터, 행렬 등의 다양한 자료 구조들에 대하여 병렬처리 형식으로 산출연산을 수행하는 것이다. R에서 자주 사용되는 벡터값과 스칼라(숫자)와의 산술연산은 스칼라값이 벡터의 모든 원소와 연산을 수행하는 형식으로 이루어진다. 예를 들어 다음과 같이 1, 2, 3, 4의 네 개의 원소를 가지는 x라는 벡터값에 4를 더할 경우 산출된 결과는 5, 6, 7, 8의 네 개의 원소를 벡터형 자료구조로 나타난다.

```
x <- c(1, 2, 3, 4)
y <- c(5, 6, 7, 8)
z <- c(1, 2)
w <- c(1, 2, 3)
x + 4                              # X의 모든 원소에 4를 더함
  [1] 5 6 7 8

x * 2                              # X의 모든 원소에 2를 곱함
  [1] 2 4 6 8

x / 3                              # X의 모든 원소에 나누기 3을 함
  [1] 0.3333333 0.6666667 1.0000000 1.3333333
```

R에서 벡터와 벡터의 연산은 일정한 규칙에 따라 수행된다. 우선 자료의 개수가 같은 동일한 크기의 벡터 간의 연산은 서로 같은 위치에 있는 자료끼리 연산한다. 즉, 상기의 x의 첫

번째 원소와 y의 첫 번째 원소가 계산되고, x의 첫 번째 원소와 y의 첫 번째 원소가, 그리고 세 번째, 네 번째 역시 같은 위치 자료들끼리 연산된다.

```
x + y
  [1]  6  8 10 12

x * y
  [1]  5 12 21 32

x / y
  [1] 0.2000000 0.3333333 0.4285714 0.5000000
```

한 벡터의 크기가 다른 벡터 크기의 정수배일 경우, 예를 들어 x의 자료가 4개이고 z의 자료의 개수가 2개로, x가 y보다 2배인 정수배로 자료가 많은 경우, 작은 쪽인 z의 자료들이 순환하며 연산한다.

```
x + z
  [1] 2 4 4 6

x * z
  [1] 1 4 3 8

x / z
  [1] 1 1 3 2
```

마지막으로 두 벡터의 크기가 다르고 어느 한 벡터가 다른 벡터의 원소의 개수가 정수배가 아닐 경우 다음과 같은 에러가 발생한다.

```
x + w
  [1] 2 4 6 5
  경고메시지(들):
  In x + w : 두 객체의 길이가 서로 배수 관계에 있지 않다.
```

2) 비교연산

비교연산자는 특정 조건에 대해서 참 또는 거짓 여부를 판별할 때 사용되는 연산자로 결괏값을 참(TRUE) 또는 거짓(FALSE) 값으로 반환한다. 예를 들어 변수 x에 5를 할당(x <- 5)하고 x가 6보다 작다(x 〈 6)라고 수행한 경우 결괏값은 참(TRUE)으로 출력된다. R에서 제공되는 비교연산자는 작다(〈), 작거나 같다(〈=), 크다(〉), 크거나 같다(〉=), 같다(==), 같지 않다(!=)가 있으며, R에서 제공되는 모든 비교연산자와 예시 결과는 다음 〈표 3-2〉와 같다.

비교연산자 역시 일반적으로 알려진 수학 기호와 유사하나 주의해야 할 비교연산자는 같다(==), 같지 않다(!=)를 비교하는 연산자들이다. 같다(==)는 간혹 프로그램에서 할당을 나타내는 연산자인 '='와 혼동 사용하여 에러를 유발하기도 한다. 같지 않다(!=)의 경우 다른 프로그램 언어들에서는 주로 사용하는 같지 않다는 연산자인 '〈〉'를 잘못 사용하는 경우들이 있어 간혹 프로그램 에러를 발생시키기도 한다. 또한 비교연산자를 사용 시 주의할 점은 두 개의 기호가 결합된 연산자들(〈=, 〉=, ==, !=)의 경우 연산자 안에 공백이 있으면 에러(error)가 발생한다.(예 x 〉 = 5)

〈표 3-2〉 비교연산자

연산자	설명	예시	결과
<	보다 작음	x <- 5 x < 6	TRUE
<=	보다 작거나 같음	x <- 5 x <= 6	TRUE
>	보다 큼	x <- 5 x > 6	FALSE
>=	보다 크거나 같음	x <- 5 x >= 6	FALSE
==	같음	x <- 5 x == 6	FALSE
!=	같지 않음	x <- 5 x != 6	TRUE

일반적으로 프로그래밍에서 비교연산자는 조건문에서 사용되나 R의 경우 다음과 같이 벡터형 자료구조의 변수의 첨자[] 안에 비교연산자를 넣어 조건에 맞는 값(들)을 찾아낼 수 있다.

```
x <- c(1, 2, 3, 4, 5, 6, 7)
y <- c(1, 3, 5, 7, 9, 11, 13)
x[x>3]                                  # 벡터 x에서 3보다 큰 원소들
  [1] 4 5 6 7
```

또한 다음과 같이 R에서 제공되는 다양한 함수와 함께 사용하여 효율적인 연산을 수행할 수 있다.

```
sum(x[x>3] )                            # 벡터 x에서 3보다 큰 원소들의 합
  [1] 22

mean(y[y< 9])                           # 벡터 y에서 9보다 작은 원소들의 평균
  [1] 4
```

3) 논리연산

논리연산자들은 논리곱(and), 논리합(or), 논리부정(not)을 사용해서 참(TRUE), 거짓(FALSE), NA(Not Available)를 구하는 데 사용된다. 예를 들어 변수 x에 3를 할당(x <- 3)하고 변수 y에 5를 할당(x <- 5)하면, x가 4보다 작다는 논리연산(x 〈 4)은 참(TRUE)이고, y가 4보다 작다는 논리연산(y 〈 4)은 거짓(FALSE)이 된다. 따라서 두 논리연산의 논리곱은 모두 참이 되어야 참(TRUE)이 되는데, 그렇지 않아 거짓(FALSE)으로 출력된다. 반면에 y가 4보다 크다는 논리연산(y 〉 4)을 가지고 논리곱(&)을 수행하면, 두 논리연산 결과가 모두 참이 되어 참(TRUE)로 출력된다. 논리합(¦)은 합산하기 위한 값들 중에서 하나라도 참인 경우 참(TRUE)으이 된다. 따라서 논리합(¦)이 거짓(FALSE)이 되기 위해서는 연산을 위한 모든 값들이 거짓이 되어야 한다. 논리부정(!)은 연산하려는 값을 반대의 값으로 연산한다. 논리연산에서 1은 참(TRUE)으로 0은 거짓(FALSE)으로 변환된다. 따라서 x 변수에 1를 할당(x <- 1)하고 논리부정(!x)을 하면 거짓(FALSE)이 산출된다. 반대로 x 변수에 0를 할당(x <- 0)하고 논리부정(!x)을 하면 참(TRUE)이 산출된다. R에서의 논리연산자는 논리곱(&), 논리곱(&&), 논리합(|), 논리합(||), 논리부정(!)이 있으며, R에서 제공되는 모든 논리연산자와 예시 결과는 다음 〈표 3-3〉과 같다.

〈표 3-3〉 논리연산자

연산자	설명	예시	결과

&	논리곱(and)	x <- 3
		y <- 5
		(x < 4)&(y < 4)
		(x < 4)&(y > 4)
		
		# 벡터형 자료
		x <- c(3, 4)
		y <- c(4, 5)
		(x < 4)&(y < 5)
		(x < 4)&(y < 4)
			
			FALSE
			TRUE
			
			TRUE FALSE
			FALSE FALSE

&&	논리값에 대한 논리곱	x <- TRUE y <- FALSE z <- TRUE x&&y x&&z	TRUE FALSE

¦	논리합(or)	x <- 3
		y <- 5
		(x < 4)¦(y < 4)
		(x > 4)¦(y < 4)
		
		# 벡터형 자료
		x <- c(3, 4)
		y <- c(4, 5)
		(x < 4)¦(y < 4)
		(x < 3)¦(y < 4)
			
			TRUE
			FALSE
			
			TRUE FALSE
			FALSE FALSE

¦¦	논리값에 대한 논리합	x <- TRUE y <- FALSE z <- TRUE x¦¦y x¦¦z	TRUE FALSE
!	논리부정(not)	x <- 1 !x x <- 0 !x	FALSE TRUE

일반 단일 스칼러값을 포함하는 변수에 대한 논리연산 시 논리곱(&)과 논리곱(&&)은 같은 결과를 나타내다. 그러나 벡터형 자료구조의 변수에 대한 논리연산 시 논리곱(&)과 논리곱(&&)은 다른 결과를 낼 수 있다. 다음의 경우 비교 대상인 z가 2개의 값을 가지는 벡터형의 경우 논리곱(&)은 비교 대상들을 벡터 내의 동일 순서에 따라 선택하여 논리연산을 수행한다. 즉, 첫째 원소들인 x값 3, y값 4, 그리고 z값 4가 논리연산을 수행하여 거짓 값을 산출하고 이후 두 번째 원소들인 x값 4, y값 5, 그리고 z값 5가 논리연산을 수행하여 역시 거짓 값을 산출하며 두 개의 논리연산 결괏값들을 산출한다. 반면에 논리곱(&&)은 논리값들에 대한 논리연산을 수행하여 단일 결괏값을 산출한다.

```
x <- c(3, 4)
y <- c(4, 5)
z <- c(4, 5)

(x < z)&(y < z)
  [1] FALSE FALSE

x <- TRUE
y <- FALSE
x&&y
[1] FALSE
```

프로그램에서 논리연산자는 프로그램 실행 흐름을 제어하거나, 일반적으로 if 문과 같은 조건문을 이용할 때 주로 사용된다.

3.1.3 조건 · 반복문

1) 조건문

조건문이란 명시된 조건이 참인지 거짓인지에 따라 달라지는 계산이나 상황을 수행하는 명령어로 주로 조건은 비교·논리연산자를 이용하여 만든다. R에서의 조건문은 if 문, ifelse 문 등이 있으며, 일반적으로 조건에 따라 수행되는 명령어들은 { }로 묶는다. if 문은 조건이 적용되는 괄호() 안의 조건이 참이면 실행되는 명령어로 괄호 안의 조건은 비교연산(예, x 〉 y)

또는 논리연산(예, (x 〈 4)&(y 〈 4))으로 구성된다. if 문이 실행되는 범위는 대괄호({ })로 묶어 명령어들을 기입한다. else 문은 단독으로 사용될 수 없으며, 항상 if 문과 짝으로 사용되어야 한다. if 문 아래에 else 문을 사용하는 경우 if 문의 조건이 참이 아니 경우 즉, 거짓인 경우 실행된다. else 문도 if 문과 같이 실행되는 범위는 { }로 묶어 표시한다. 여러 조건에 따라 다른 명령어들을 실행해야 할 경우 else if 문을 사용하여 구성할 수 있다.

ifelse 문은 if 문과 else 문을 하나의 문장으로 표시한 형태의 명령어로 논릿값 산출이 필요한 프로그램에서 명령문이 간단하여 유용하게 사용될 수 있다. ifelse 문은 다음과 같이 첫 번째 인수인 조건(x 〈 y), 두 번째 인수인 참일 때 결괏값(1) 그리고 마지막 인수인 거짓일 때 결괏값(0)으로 구성되었다. 즉, 조건의 결괏값이 참이면 두 번째 설정된 인수 값이 산출되고 조건의 결괏값이 거짓이면 세 번째 설정된 인수 값이 산출된다.

```
ifelse((x < y ), 1, 0)
```

R에서 제공되는 조건문에 대한 예시 결과는 다음 〈표 3-4〉와 같다.

〈표 3-4〉 조건문

연산자	설명	예시	결과

if 문	조건이 적용되는 괄호() 안의 조건이 참이면 실행	x <- 3
		y <- 5
		z <- 0
		if (x > y)
		{ z <- 1
		}
		z
			0

	else 문을 사용할 수 있음	x <- 3
		y <- 5
		if (x < y)
		{ z <- 1
		} else
		{ z <- 0
		}
		z
			1

if 문	else if 문을
	연속적으로 사용할 수 있음
		x <- 3
		y <- 5
		if (x == y)
		  { z <- 1
		} else if (x > y)
		  { z <- 0
		} else
		  { z <- 2
		}
		z
			2

ifelse 문	ifelse() 문의 조건이 참이면 전자 실행, 거짓이면 후자 실행	x <- 3 y <- 5 z <- ifelse((x < y), 1, 0) z	1

2) 반복문

반복문이란 특정한 부분의 명령어들이 반복적으로 수행될 수 있도록 하는 명령어로 R에서는 for 문과 while 구문 그리고 repeat 문 등이 있다. for 문은 조건이 만족하지 않을 때까지 명령문을 수행하며 초기값이 주어지고, 이 값이 주어진 조건을 만족시키는 동안 실행된다. R에서 for 문의 반복 조건은 반복변수와 반복값들로 구성하여 사용한다. for 문의 실행범위는 조건문에서와 같이 { }로 묶어 명령어들을 기입한다. 명령어들은 for 문이 실행될 때 반복값들이 차례로 반복변수에 치환되어 실행된다. 다음의 경우 i는 반복변수를 나타내고 1:10은 반복값들을 표시한다. 즉 i의 값이 1부터 10까지 10회 변하면서 x <- x+ i를 실행한다.

```
x <- 0
for(i in 1:10)
{ x <- x+ i  }
```

while 문은 조건이 맞으면 명령문을 수행하지 않는다. 즉, while 문은 조건이 참인 동안은 계속해서 반복 실행되고 조건이 거짓이 되면 while 문을 벗어난다. 따라서 while 문 실행범위의 명령어들에서는 조건의 결과가 변하게 하는 변수가 반드시 포함되어야 한다. 그러지 않으면 일련의 명령을 무한히 반복하는 무한 루프(infinite loop)에 빠진다. 다음의 경우의 반복되는 명령어들 내에 i의 값을 증가시키는 명령어인 i <- i + 1이 있어 while 문에서 빠져나올 수 있다.

```
i <- 0                                     # i를 1로 할당
while(i < 10) {
    x <- x + 2
    i <- i + 1                             # 반복 시 i를 1씩 증가
  }
```

repeat 문은 무조건 반복하여 명령어들을 실행하는 반복문으로 사용은 실행 도중에 조건이 만족하면 break 문을 이용하여 실행을 중단시킨다. repeat 문은 명령어들이 반복적으로 수행될 수 있도록 { }로 묶어 사용한다. R에서 제공되는 조건문들에 대한 예시 결과는 다음 〈표 3-5〉와 같다.

〈표 3-5〉 반복문

연산자	설명	예시	결과

for 문	정해진 반복 횟수 만큼 실행
	(예 5번 실행)
		`x <- 1`
		`for(i in 1:5) {`
		` x <- x + 2`
		`}`
		`x`
			11

while 문	특정 조건이 만족되는 동안 실행	`x <- 1`
		`i <- 0`
		`while(i < 10) {`
		`    x <- x + 2`
		`    i <- i + 1`
		`}`
		`x`
			21

repeat 문	반복하여 무조건 실행, 실행 중 조건이 만족하면 break 문을 이용하여 실행을 중단	x <- 1
		i <- 0
		repeat {
		    x <- x + 2
		    if(i >= 9) break
		    i <- i + 1
		}
		x
			21

반복문을 이용한 프로그램에서 첨자[]는 자주 사용된다. 다음은 상기의 조건문, 반복문, 그리고 첨자를 이용한 프로그램으로 지난 보름간 평균온도가 20도 이상과 이하인 일자를 구하는 R 프로그램이다. 우선 프로그램은 지난 보름간의 평균온도 값들로 구성된 tmp라는 벡터형 변수를 생성한다. length() 함수를 이용하여 tmp 자료의 수를 산출한 후에 반복문인 for 문과 첨자[]를 이용하여 tmp 자료의 값들을 20도 이상인지 이하인지를 순차적으로 확인하여 20도보다 낮은 일수를 나타내는 변수인 low_days와 20도보다 높은 일수를 나타내는 변수인 high_days 합산하여 산출한다.

```
# 지난 보름간의 평균온도
tmp <- c(18.5, 20.0, 20.1, 20.3, 22.1, 19.8, 19.2, 18.2, 17.6, 14.8, 18.0, 17.3, 16.3, 14.6, 11.9)

N <- length(tmp)                            # tmp의 개수를 N으로 설정
low_days <- 0
high_days <- 0
for(i in 1:N) {                             # 1부터 N의 개수만큼 반복
    if (tmp[i] < 20)                        # 원소들을 20과 비교
        {low_days <- low_days + 1 }         # 20도보다 낮은 일수에 1 추가
    else
        {high_days <- high_days + 1}        # 20도보다 높은 일수에 1 추가
}
low_days                                    # 20도보다 낮은 일수
  [1] 11

high_days                                   # 20도보다 높은 일수
  [1] 4
```

3.1.4 R 사용자 정의 함수

함수는 산술연산과 같은 작업을 수행하기 위해 일련의 명령어들을 체계적으로 묶은 것으로 R은 기본적으로 내장함수 형식으로 수많은 함수를 제공하고 있으나, 필요에 따라 사용자는 함수를 제작할 수 있다. 사용자 정의 함수는 R 프로그램을 통하여 사용자가 직접 제작한 함수를 의미한다. 사용자 정의 함수는 일반적으로 처리해야 할 자료나 변수들을 조금씩 바꿔가면서 반복적인 작업을 수행해야 하는 경우 유용하게 사용될 수 있다.

1) 사용자 정의 함수 생성

R에서는 사용자들이 자신의 사용자 정의 함수를 생성할 수 있다. 이러한 사용자 정의 함수는 사용자가 필요에 의하여 개발되며, 개발된 후에는 내장함수처럼 반복적으로 사용할 수 있다. 사용자 정의 함수 작성을 위한 기본 문법은 다음과 같다. 사용자 정의 함수는 function()으로 만들고 function()에는 입력 변수로 활용되는 인수(argument)들을 지정한다.

```
function_name <- function(arg_1, arg_2, …) {

함수 본문

}
```

상기의 문법에 따라 이전 장에서 개발된 평균온도가 20도 이상과 20도 이하인 일수를 구하는 R 프로그램을 이용하여 다음과 같이 Get_tmp_days()라는 사용자 정의 함수를 생성할 수 있다. 다음의 Get_tmp_days() 함수는 입력 자료에 대한 인수 x와 온도의 분류 기준이 되는 인수 y로 구성되어 있다.

```
# Get_tmp_days 사용자 정의 함수 작성
Get_tmp_days <- function(x, y) {
N <- length(x)                                    # x의 개수
low_days <- 0
high_days <- 0
for(i in 1:N) {
```

```
    if (x[i] < y)
            {low_days <- low_days + 1 }            # y도 이하 일수에 추가
    else
            {high_days <- high_days + 1}           # y도 이상 일수에 추가
}
c(low_days, high_days)
}
```

2) 사용자 정의 함수 실행

사용자 정의 함수 실행은 기본적으로 제공되는 내장함수를 실행하는 것과 같다. 따라서 사용자 정의 함수는 사용하기 이전에 반드시 생성된 함수가 먼저 실행되어 있어야 한다.

```
# Get_tmp_days 사용자 정의 함수 작성
Get_tmp_days <- function(x, y) {
N <- length(x)                                     # x의 개수
low_days <- 0
high_days <- 0
for(i in 1:N) {
    if (x[i] < y)
            {low_days <- low_days + 1 }            # y도 이하 일수에 추가
    else
            {high_days <- high_days + 1}           # y도 이상 일수에 추가
}
c(low_days, high_days)
}

# 온도 변수 설정
tmp <- c(18.5, 20.0, 20.1, 20.3, 22.1, 19.8, 19.2, 18.2, 17.6, 14.0, 18.0, 17.3, 16.3, 14.6, 11.9)

# 사용자 정의 함수 실행
Get_tmp_days(tmp, 20)                              # Get_tmp_days 실행
  [1] 11  4
```

상기와 같이 사용자 정의 함수를 작성하면 다음과 같이 온도 분류에 대한 기준을 변경하고 또한 온도에 대한 벡터형 변수의 값들이 다른 경우에도 프로그램의 수정 없이 함수를 이용하여 쉽게 다른 결과를 산출할 수 있다.

```
# 새로운 온도 변수 설정
new_tmp <- c(17.9, 18.9, 25.2, 22.7, 30.5, 19.8, 19.4, 18.2, 20.6, 14.8, 23.9, 17.8, 26.2,
14.6, 21.0)

# 사용자 정의 함수 실행
Get_tmp_days(new_tmp, 19)                              # Get_tmp_days 실행
  [1] 6 9
```

3.2 R 그래프

3.2.1 R 그래프 개요

R은 통계 및 데이터 분석 기능 이외에 데이터 시각화 분석을 지원하기 위한 다양한 그래프 기능을 제공한다. 자료를 시각적으로 보여주는 역할을 하는 R의 그래프 기능은 다양한 그래프 함수들을 제공하여 데이터 시각화를 통해 사용자가 분석하려는 자료를 보다 명료한 해석이 가능하도록 도와준다. 즉, R의 그래프 기능은 빅데이터 시각화 분석에 활용된다. 다음 [그림 3-2]는 R이 제공하는 다양한 그래픽 기능의 데모를 보여주는 demo(graphics) 함수를 실행하여 작성한 그래프들이다.

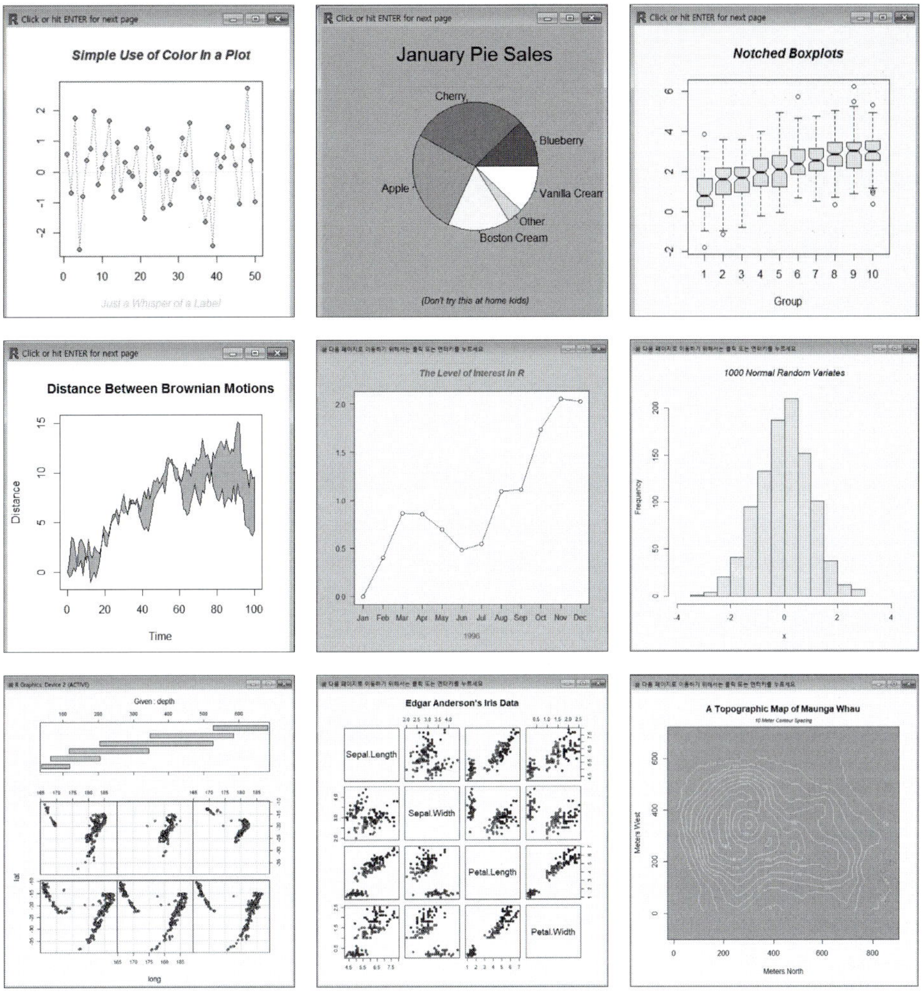

[그림 3-2] R 그래프 데모 화면

[그림 3-2]에서 보이는 바와 같이 R의 그래프 기능은 막대그래프, 선그래프, 파이 차트와 같은 기본 그래프들 이외에 히스토그램이나 박스 플롯 같은 통계 그래프는 물론 한 화면에 여러 개의 그림들을 표시하는 고급 시각화 기능들도 제공한다.

3.2.2 그래프 함수

R에서 그래프 작성은 R 설치 후 기본적으로 제공하는 그래프 함수들을 이용하는 방법과 ggplot2[1] 패키지를 포함한 다양한 그래픽 지원 패키지를 이용한 그래프 함수들을 이용하여 작성하는 방법이 있다. 본 장에서는 우선 R에서 기본적으로 제공하는 그래프 함수들을 기준으로 설명한다. ggplot2 패키지를 포함한 다양한 그래프 지원 패키지 이용한 고급 그래프 작성 방법은 본 책의 '4부 데이터 시각화'에서 자세하게 다룰 것이다.

1) R 기본 그래프 함수 구분

R에서 그래프를 작성하기 위하여 기본적으로 제공하는 그래프 함수들은 고수준 그래프 함수들과 저수준 그래프 함수들로 구분된다. 고수준 그래프 함수는 막대그래프, 파이 차트와 같은 하나의 완성된 그래프를 그리는 데 사용되는 함수들이고, 저수준 그래프 함수는 고수준 그래프 함수로 작성된 그래프에 범례나 선과 같이 추가적인 장식을 하는 데 사용되는 그래프 함수들은 의미한다.

(1) 고수준 그래프 함수

고수준 그래프 함수(high-level plotting functions)들은 하나의 완성된 그래프를 그리는 함수들로 점그래프, 선그래프, 막대그래프, 히스토그램, 파이 차트, 박스 플롯 등과 같은 독립적이고 기본적인 그래프 작성을 지원한다. 고수준 그래프 함수를 이용하여 그래프를 그릴 경우 그림 창인 화면에는 기본적으로는 하나만 출력된다. 즉, 기본적으로 한 화면에는 여러 개의 그래프들을 작성할 수 없다. 주요 고수준 그래프 함수들에 대한 내용은 다음 〈표 3-6〉과 같다.

〈표 3-6〉 고수준 그래프 함수

함수	내용
barplot(x)	x의 값에 대한 막대그래프 작성
boxplot(x)	x의 값에 대한 박스 플롯 그래프 작성
contour(x,y,z)	벡터인 x, y와 행렬인 z에 대하여 2차원 등고선 그래프 작성

1) ggplot는 R의 가장 일반적이고 대표적인 그래프 작성 및 시각화 지원 패키지이다.

coplot(x~y|z)	z에 따라 x와 y의 2차원 그래프 작성
dotchart(x)	x의 값에 대하여 점으로 막대그래프 작성
hist(x)	x의 도수에 대하여 히스토그램 작성
image(x,y,z)	3차원 자료, 공간 자료를 색상을 입혀 이미지로 작성
matplot(x,y)	행렬 자료 x의 열별로 y의 지정된 형식에 따라 2차원 그래프 작성
mosaicplot(x)	범주별 비율로 분할된 사각형으로 구성된 그래프 작성
pairs(x)	x의 행에 대한 산점도 행렬을 작성
persp(x,y,z)	3차원 그래프를 2차원 xy 평면에 투시도 그래프 작성
pie(x)	x에 대한 파이 차트 작성
plot(x,y)	x와 y의 선 또는 점의 2차원 그래프를 표시
qqnorm(x)	누적 정규 확률 그래프 작성(Q-Q차트 작성)
qqplot(x,y)	x에 대한 y의 분위수를 그래프로 작성
stripchart(x)	x에 대한 일차원 산점도 작성
sunflowerplot(x,y)	x와 y의 2차원 그래프 작성, 중첩될 경우 꽃잎 형태로 표시
symbols(x,y,symbol)	(x, y) 좌표에 정의된 기호(원, 정사각형, 별, 온도계, 박스 플롯 등)에 따라 다양한 그래프를 작성

(2) 저수준 그래프 함수

저수준 그래프 함수(low-level plotting functions)로는 화면의 환경을 정의하는 par() 함수를 포함하여 점, 선, 면, 좌표축, 문자 등을 만드는 함수 등과 같은 보조적인 그래프 함수들이다. 이들 저수준 그래프 함수들은 par() 함수를 제외하고, 고수준 그래픽 함수를 이용하여 만들어진 그래프 위에서 그 그래프를 장식(decoration)하는 작업을 수행한다. 주요 저수준 그래프 함수들에 대한 내용을 보면 다음 〈표 3-7〉과 같다

〈표 3-7〉 저수준 그래프 함수

함수	내용
abline(a,b)	절편 a, 기울기 b인 직선 작성
arrows(x,y,x1,y1)	좌표를 연결하는 부분에 화살표 추가
axis(side,vect)	상하좌우(side) 부분에 좌표축 작성
box()	그래프를 감싸는 박스 작성
curve(f(x))	x의 함수 f(x)를 작성
legend(x,y,legend)	좌표 (x, y)에 범례를 표시
lines(x,y)	(x, y) 좌표를 연결하는 선 작성
mtext(text)	그래프의 여분에 text를 작성
point(x,y)	(x, y) 좌표에 점을 추가
polygon(x,y)	x와 y로부터 할당된 좌표들을 연결하는 다각형을 작성
rect(x,y,x1,y1)	좌표를 연결하는 사각형을 작성
rug(x)	x의 값을 x축에 표시
segments(x,y,x1,y1)	좌표 사이를 연결하는 선을 작성
text(x,y,labels)	(x, y) 좌표에 레이블을 작성
title()	그래프의 제목을 작성

2) R 기본 그래프 함수

R은 기본 그래프 함수로 다양한 고수준 그래프 함수와 저수준 그래프 함수들을 제공하고 있다. 본 장에서는 가장 빈번하게 사용되는 고수준 그래프인 plot() 함수를 근간으로 고수준 그래프 함수 사용법에 대하여 설명하고, 화면 중복 그래프와 화면 분할 기능을 제공하는 plot() 함수에 대하여 설명한다.

(1) plot() 함수

plot() 함수는 R에서 그래픽 관련해서 가장 많이 사용되는 고수준 그래프 함수로 x축과 y축의 값들로 구성된 변수에 대한 분포도나 좌표값들을 연결하는 선그래프 작성에 주로 사용된다. plot() 함수의 일반적으로 사용되는 명령어 형식은 다음과 같다.

```
plot(x, y, main=, sub=, xlab=, ylab=, type=,axes=, col=, pch=)
```

plot() 함수에서 사용되는 인수 종류는 다음 〈표 3-8〉과 같다. plot() 함수를 사용하기 위해서는 필수적으로 동일 수량의 x축에 대한 값들과 y축에 대한 값들이 입력되어야 하며 부가적으로 그래프의 제목과 부제목, x과 y축의 제목, 그래프의 형태 및 색상 그리고 점과 선의 모양들에 대한 인수들을 설정하여 사용할 수 있다. plot() 함수에서 그래프 제목을 표기하는 'main=' 인수를 비롯한 대부분의 인수들은 모든 고수준 그래프 함수에서 동일하게 적용된다.

〈표 3-8〉 plot() 함수 인수 종류

인수	내용
x	x축의 자료
y	y축의 자료
main	그래프의 제목
sub	그래프의 부제목
xlab	x축의 제목
ylab	y축의 제목
type	그래프 형태 결정
axes	plot의 테두리 관련
col	plot의 색, "red", "green", "blue" 및 색상을 나타내는 숫자
lty	선의 종류 1: 실선(solid line) 2: 파선 (dashed) 3: 점선(dotted) 4: dot-dash
pch	표시되는 점의 모양

plot() 함수를 이용한 x축 자료와 y축 자료들로 구성된 기본 그래프를 작성하기 위한 명령어는 다음과 같다. [그림 3-3]을 보면 제목과 부제목이 "plot의 전체 제목"과 "plot의 부 제목"으로 그래프 상단에 표시되고, x축과 y축의 제목으로 "x축의 제목"과 "y축의 제목"이 나타난 것을 볼 수 있다.

```
# 벡터형 변수 설정
x <- c(29,14,9,26,15,13,28,24,17,4,19,22,2,25,8,6,16,18,21,30)
y <- c(9,3,26,27,10,21,8,4,28,24,5,6,22,29,20,25,12,1,2,15)

# 기본 그래프 작성
plot(x, y, main="plot의 전체 제목", sub="plot의 부 제목", xlab="x축의 제목",
ylab="y축의 제목")
```

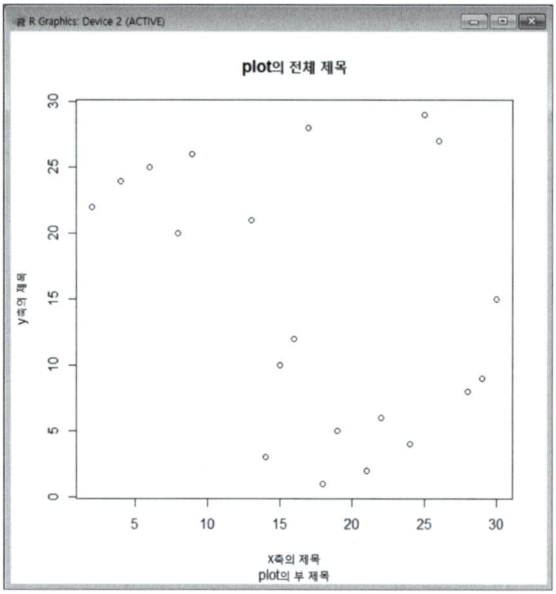

[그림 3-3] plot() 함수를 이용한 기본 그래프

plot() 함수는 산포도 작성을 위한 기본적인 형식의 점 대신에 type 옵션을 사용하여 〈표 3-9〉에서와 같이 점, 선, 점과 선, 히스토그램, 계단형 그래프 등의 다양한 형태의 도형들로 그래프를 작성할 수 있다.

〈표 3-9〉 type의 종류

종류	내용
p	점
l	선
b	점과 선
o	선이 점을 통과
h	수직선으로 된 히스토그램
s	계단형 그래프
S	다른 계단형 그래프
n	그래프 없음.

plot() 함수의 type="l", type="o" 옵션을 사용하여 다음 [그림 3-4]와 같이 선그래프를 작성할 수 있다. type="l" 옵션으로 작성한 [그림 3-4]의 왼쪽은 선으로만 표시되어 있으나, type="o" 옵션으로 작성한 오른쪽은 선이 점을 통과하는 형태로 작성되어 있는 것을 알 수 있다.

```
# x, y의 값들 정렬
x <- sort(x)
y <- sort(y)

# l 타입 선그래프 작성
plot(x, y, main="Plot의 전체 제목", sub="Plot의 부 제목", xlab="x축의 제목",
ylab="y축의 제목", type="l")

# o 타입 선그래프 작성
plot(x, y, main="Plot의 전체 제목", sub="Plot의 부 제목", xlab="x축의 제목",
ylab="y축의 제목", type="o")
```

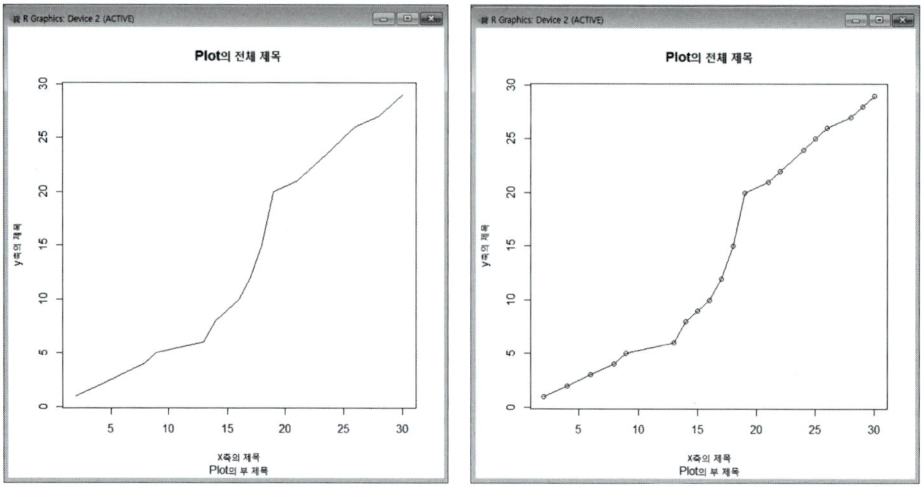

[그림 3-4] plot() 함수를 이용한 선그래프

"col="는 plot() 함수에서 그래프 요소들의 색상을 지정하는 인수로 col의 종류는 다음 〈표 3-10〉과 같으며, "col="의 값은 색상의 번호로 지정할 수도 있고 값을 직접 사용할 수도 있다. "main=" 인수와 같이 "col=" 인수도 모든 고수준 그래프 함수에서 동일하게 적용된다.

〈표 3-10〉 col의 종류

색상	번호	값
흰색	0	white
검은색	1	black
빨간색	2	red
초록색	3	green
파란색	4	blue
청록색	5	turquoise
자홍색	6	magenta
노란색	7	yellow
회색	8	gray

상기의 type 옵션에서 점 모양을 표시하는 경우 pch의 번호와 종류는 [그림 3-5]와 같은 점 대신에 다양한 도형으로 그래프를 표시할 수 있다. 참고로 다음의 명령어와 같이 color는 인수 값을 기입 시 "" 여부와 상관없이 적용되지만 pch의 경우 "" 없이 숫자만 사용하여야 한다.

```
plot(x, y, main="plot의 전체 제목", sub="plot의 부 제목", xlab="x축의 제목",
ylab="y축의 제목", col="3", pch=8)

plot(x, y, main="plot의 전체 제목", sub="plot의 부 제목", xlab="x축의 제목",
ylab="y축의 제목", col="red", pch=11)
```

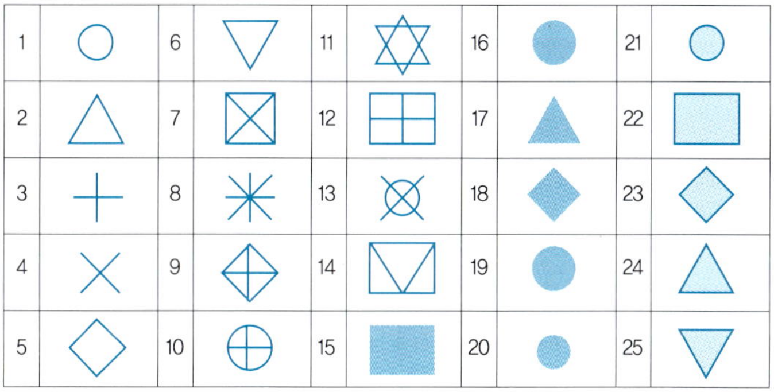

[그림 3-5] pch의 종류

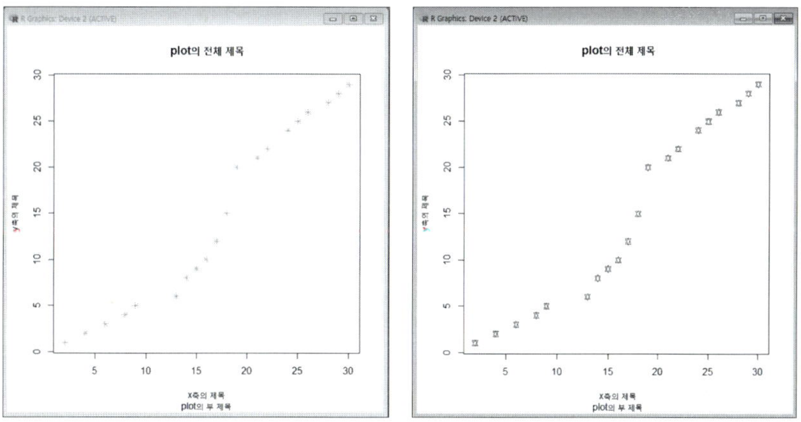

[그림 3-6] pch 인수를 이용한 plot() 함수 예시

(2) par() 그래프 함수

par() 함수는 그래프를 작성할 때 유용한 함수로 한 화면에 중복 그래프를 그리거나, 한 화면을 여러 영역으로 분할하여 다수의 그래프를 한 화면에 그릴 수 있는 환경을 제공한다. R에서 고수준 그래프 함수를 이용한 그래프를 그릴 때 기본적으로 한 화면에 하나의 그래프만 그릴 수 있다. 그러나 par(new=T)를 사용하여 그래프를 그리면 이전에 실행한 그래프에 겹쳐서 그리는 것이 가능하다. par(new=T)는 기본의 화면에 새로운 그래프를 추가한다는 의미로 [그림 3-7]을 보면 고수준 그래프 함수인 barplot() 함수를 이용하여 막대그래프를 작성한 화면에 par(new=T)를 수행하고 plot() 함수를 이용한 선그래프를 추가로 그리는 형태를 보여주고 있다.

```
# 중복 고수준 그래프 작성하기
data <- c(5, 7, 3, 4, 5, 9, 10)
barplot(data)                                   # 막대그래프 작성
par(new=T)                                      # 겹쳐 출력 지정
plot(data,type = "o")                           # 선그래프 작성
```

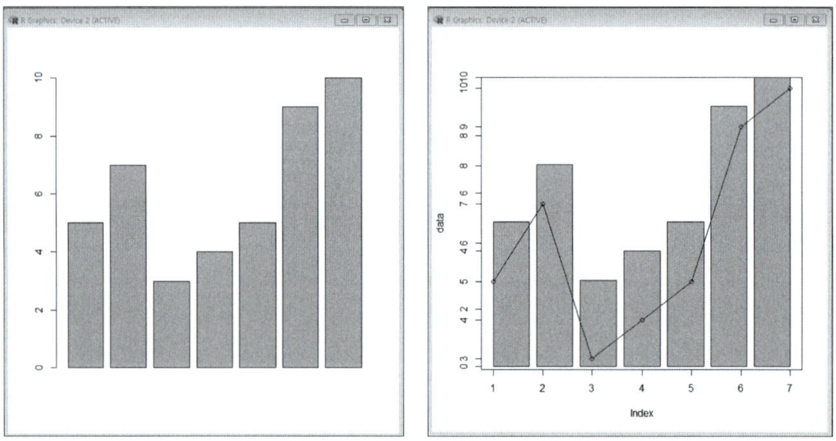

[그림 3-7] 중복 그래프 그리기

par() 함수에 인수인 mfrow=c(nrows,ncols)나 mfcol=c(nrows,ncols) 옵션을 사용하면 한 화면을 행과 열(nrows*ncols)의 여러 영역으로 분할하여 그림을 그릴 수 있다. 이때 순서는 mfrow은 행, mfcol은 열을 기준으로 채워진다. 다음은 행과 열이 3으로 분할된 9개의 그래

프를 한 화면에 plot() 함수를 이용하여 다양한 모양의 그래프들을 그리는 R 명령어들이다. [그림 3-8]은 한 화면에 plot()의 type 인수들을 이용한 다양한 모양의 그래프들을 보여준다.

```
# 화면 분할 그래프 그리기
par(mfrow=c(3,3))                                    # 3*3으로 화면 분할

# 9가지 형태의 그래프들 작성
plot(x, y, main="Plot p-type",  xlab="x-label", ylab="y-label", type="p")
plot(x, y, main="Plot l-type",  xlab="x-label", ylab="y-label", type="l")
plot(x, y, main="Plot b-type",  xlab="x-label", ylab="y-label", type="b")
plot(x, y, main="Plot c-type",  xlab="x-label", ylab="y-label", type="c")
plot(x, y, main="Plot o-type",  xlab="x-label", ylab="y-label", type="o")
plot(x, y, main="Plot h-type",  xlab="x-label", ylab="y-label", type="h")
plot(x, y, main="Plot s-type",  xlab="x-label", ylab="y-label", type="s")
plot(x, y, main="Plot S-type",  xlab="x-label", ylab="y-label", type="S")
plot(x, y, main="Plot n-type",  xlab="x-label", ylab="y-label", type="n")
```

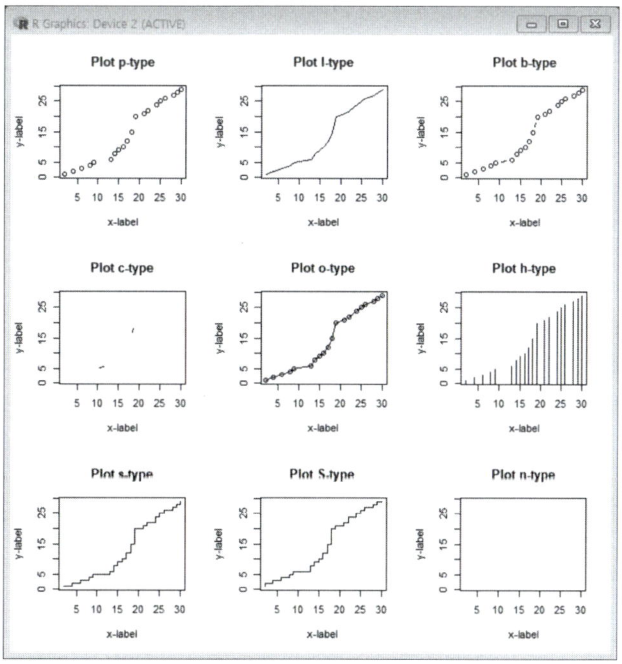

[그림 3-8] Plot의 다양한 형식의 그래프

3.2.3 기본 그래프 작성

R에서는 시각적인 분석을 위하여 다양한 고수준 그래프 함수들을 제공하여 기본적인 그래프들을 쉽고 간단하게 그리는 기능을 제공하고 있다. 본 장에서는 기본적인 그래프인 막대그래프, 선그래프, 파이 차트, 그리고 히스토그램에 대한 작성 방법을 살펴본다. 통계 그래프로 자주 활용되는 박스 플롯, 산포도, Q-Q 도표에 대한 그래프 작성 방법은 '5장 데이터 기술통계'의 탐색적 데이터 분석 도구에서 자세하게 설명할 것이다.

1) 막대그래프

막대그래프는 시각적으로 범주형 자료들을 쉽게 비교 분석하기 위한 그래프 형식으로 동일한 너비의 여러 막대를 사용하여 자료를 표시하여 특정 범주를 나타낸다. 막대그래프 작성을 위하여 R에서는 barplot() 함수를 제공한다. 단순 막대그래프는 일차원의 자료들을 막대그래프로 표현하는 것으로 벡터 형식의 자료를 인수로 사용한다. 단순 막대그래프는 수직 막대그래프와 수평 막대그래프가 있다. 수직 막대그래프는 옵션으로 'horiz=TRUE'를 사용한다. 다음은 벡터형 자료인 data에 대하여 간단하게 수직 막대그래프와 수평 막대그래프를 작성하는 것을 보여준다.

```
# 그래프 데이터 생성
data <- c(5, 7, 3, 4, 5, 9, 10)
data
  [1]  5  7  3  4  5  9  10

# 막대그래프 작성
barplot(data)                                        # 수직 막대그래프
barplot(data, horiz=TRUE)                            # 수평 막대그래프
```

다중 막대그래프는 다차원 형식의 자료들을 막대그래프로 표현하는 것으로 다음과 같이 단순 막대그래프에서 사용된 벡터형이 아닌 행렬형 자료를 그래프 함수의 인수로 사용한다. 다중 막대그래프는 누적 막대그래프와 그룹화 막대그래프로 구분된다. 누적 막대그래프(stacked bar plot)는 하나의 막대에 색상을 달리하여 값들을 비율에 따라 누적하여 표

시한 막대그래프를 말하며, 그룹화 막대그래프(grouped bar plot)는 자료를 그룹으로 분할하고 그룹 내의 값들을 다수의 막대들로 표시한 그래프를 의미한다. 행렬형 자료를 사용하는 barplot() 함수를 이용하여 막대그래프를 작성하면 [그림 3-9]와 같이 기본적으로 누적 막대그래프가 작성된다.

```
# 그래프 데이터 생성
data <- matrix(c(5, 9, 10, 3, 5, 7, 3, 4),4,2)    # 행렬 자료구조
data
        [,1] [,2]
   [1,]    5    5
   [2,]    9    7
   [3,]   10    3
   [4,]    3    4

# 누적 막대그래프 작성
barplot(data)
```

barplot() 함수를 이용하여 그룹화 막대그래프를 작성하기 위해서는 옵션으로 barplot() 함수에 'beside=T' 옵션을 추가하여 사용한다. 추가적으로 barplot() 함수에서는 다음의 명령어와 같이 'legend=' 인수를 사용하면 [그림 3-10]에서와 같이 막대그래프와 함께 범례를 같이 표시할 수 있다.

```
# 그룹화 막대그래프 작성
barplot(data, beside=T, main="학생수", legend=c("1학년", "2학년","2학년","3학년" ))
```

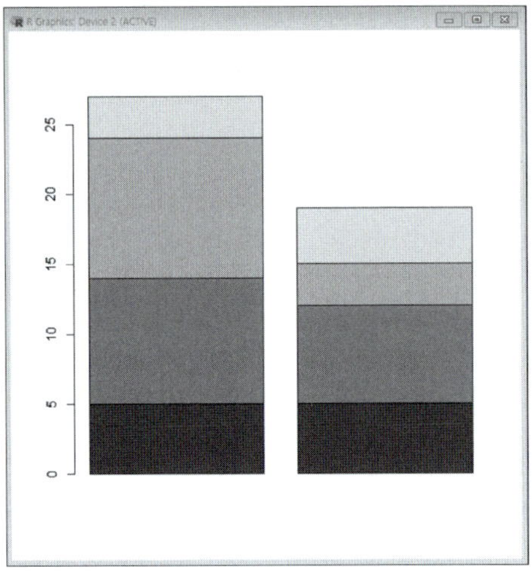

[그림 3-9] 누적 막대그래프

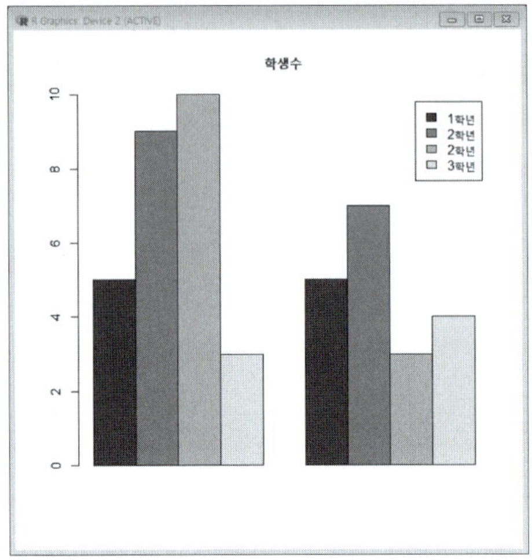

[그림 3-10] 그룹화 막대그래프

2) 선그래프

선그래프는 시간별 추세를 파악하거나 미래의 값을 예측하려는 경우에 유용한 그래프 형식으로 R에서는 선그래프 작성을 위하여 일반적으로 plot() 함수를 이용한다. 이때 type은 "l", "o"을 사용한다. 이중 선그래프를 작성할 경우 다음 [그림 3-12]와 같이 저수준 그래프 함수인 lines() 함수를 같이 이용한다.

```
# 그래프 데이터 생성
x <- c(182, 190, 213, 205, 231, 250, 242)

# 선그래프 작성
plot(x, type = "l")                              # 선그래프

# 이중 선그래프 데이터 생성
y <- c(190, 180, 200, 210, 220, 234, 235)

# 다중 선그래프 작성
plot(x, type = "o",col = "red", xlab = "년도", ylab = "억원", main = "매출현황")
lines(y, type = "o", col = "blue")               # 선 추가, 다중 선그래프
```

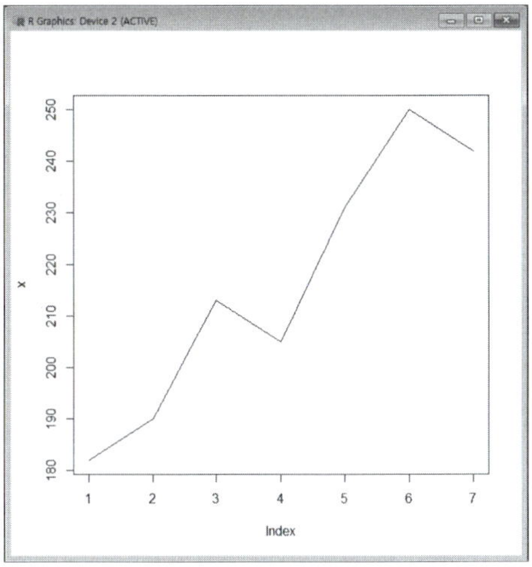

[그림 3-11] 선그래프

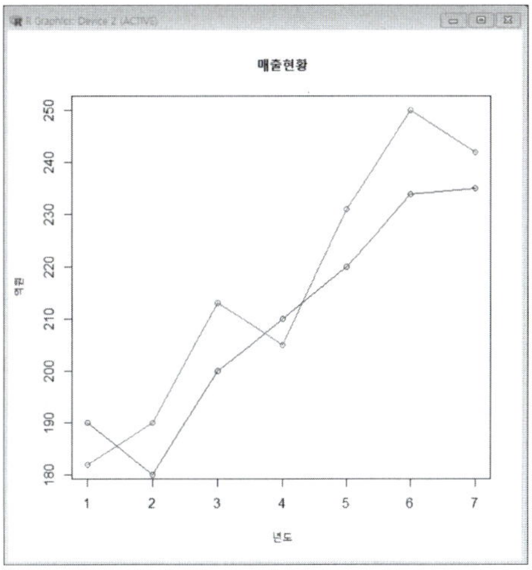

[그림 3-12] 이중 선그래프

R의 기본 그래프 함수를 이용하여 여러 자료들에 대한 다중 선그래프를 작성하기 위해서는 matplot() 함수를 이용해야 한다. matplot() 함수는 행렬 자료 x의 열별로 y의 지정된 형식에 따라 2차원 그래프 작성할 때 사용되는 함수로 다음과 같이 자료를 행렬로 구성하고 type을 "b"로, pch는 "1"을 사용하여 다중 선그래프를 작성할 수 있다. 추가적으로 저수준 그래프 함수인 legend()를 이용하면 [그림 3-13]에서와 같이 범례를 그래프 상단의 오른쪽에 표기할 수 있다.

```
# 다중 그래프 데이터 생성
z <- c(195, 185, 190, 215, 220, 230, 225)          # 2020년 매출
data <- cbind(x, y, z)                              # 행렬 구성

# 다중 선그래프 작성
matplot(data, type = "b", col=2:4, pch=1)           # 다중 선그래프
lnd <- c("2018년 매출", "2019년 매출", "2020년 매출")   # 범례
legend("topleft", legend =lnd , col=2:4, pch=1)
```

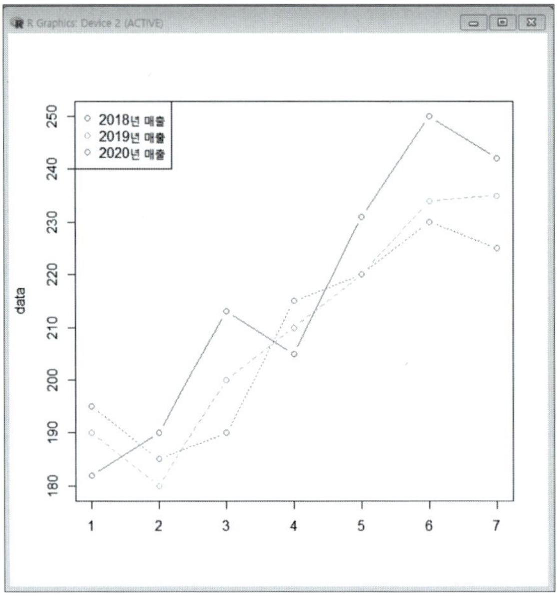

[그림 3-13] 다중 선그래프

3) 파이 차트

파이 차트는 부분으로 구분된 원 형태의 그래프로 전체를 기준으로 한 부분의 상대적 크기를 표시하는 데 사용된다. R에서는 파이 차트 작성을 위하여 다음과 같이 단순하게 부분으로 표시할 자료들을 벡터로 구성한 후 pie() 함수를 실행하면 된다. [그림 3-14]에서와 같이 파이 차트는 자료에 대한 값들을 상대적 크기로 자동 변환하여 표시한다.

```
# 그래프 데이터 생성
data <- c(280, 170, 120, 100, 85)                  # 매출액(억 원)

# 그래프 작성
pie(data)                                          # 파이 차트 작성
```

pie() 함수에서는 'labels =' 인수를 사용하여 부분들에 대한 레이블을 표시할 수 있다. 레이블은 다음과 같은 명령어들을 사용하여 레이블과 백분율을 생성하여 표시할 수 있다. 레

이블과 백분율 표시를 위하여 우선 자료들에 대한 백분율을 산출하고 여기에 past() 함수를 이용하여 레이블과 백분율을 합친다. 참고로 round() 함수는 자료 값들에 대한 반올림을 수행하는 함수이다. past() 함수는 문자열을 이어 붙이는 함수로 'sep=' 옵션은 이어 붙일 때 중간에 삽입되는 내용을 설정하는 것이다. 즉 sep=" "은 중간에 공백을 삽입하는 설정이다. 상기에서는 레이블과 "%"을 공백 없이 붙이기 위하여 sep=""을 사용하고 있다. pie() 함수에서는 'radius=' 인수를 사용하여 원의 크기를 조정할 수 있다. radius 인수는 원의 반지름 지정하는 인수로 'radius=1.0'인수를 사용한 [그림 3-15]는 [그림 3-14]보다 원의 크기가 커진 것을 확인할 수 있다.

```
# 레이블 생성
lbls <- c("서울", "부산", "경북", "전남", "충청")   # 레이블을 벡터로 생성
pct <- round(data/sum(data)*100)                # 자료들의 백분율 산출
pct
  [1] 37 23 16 13 11

lbls <- paste(lbls, pct)                        # 레이블에 백분율 추가
lbls
  [1] "서울 37" "부산 23" "경북 16" "전남 13" "충청 11"

lbls <- paste(lbls,"%",sep="")                  # 레이블에 % 추가
lbls
  [1] "서울 37%" "부산 23%" "경북 16%" "전남 13%" "충청 11%"

# 그래프 작성
pie(data, labels=lbls, radius=1.0)              # 레이블 포함 파이 차트
```

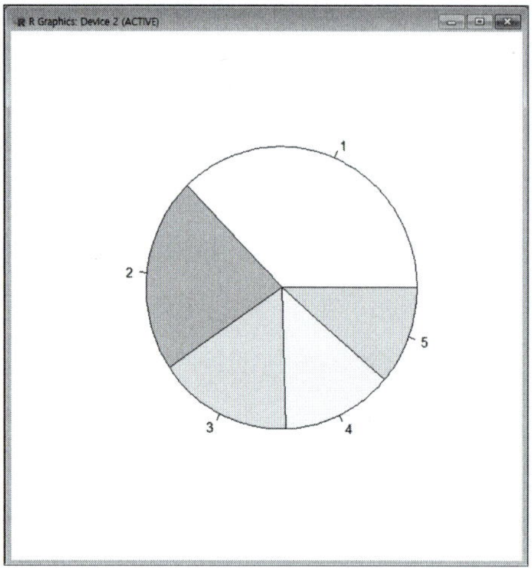

[그림 3-14] 파이 차트

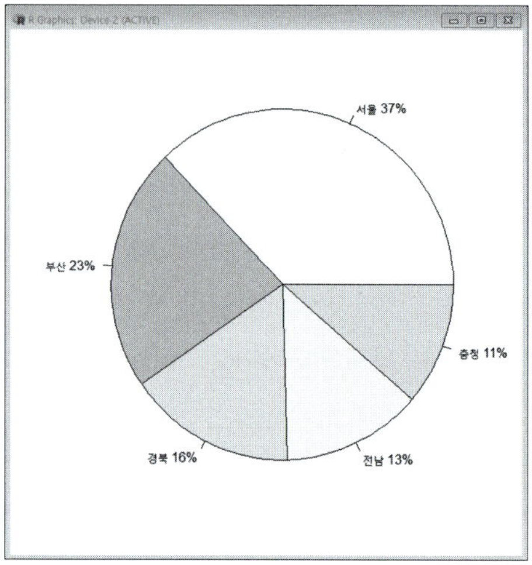

[그림 3-15] 레이블 포함 파이 차트

4) 히스토그램

히스토그램은 도수분포표의 하나로, 가로축에 계급을 세로축에 도수를 취하고, 도수분포의 상태를 직사각형의 기둥 모양으로 나타낸 그래프로 데이터의 분포의 특징이 한눈에 보이도록 나타내는 특징이 있다. R에서는 히스토그램 작성을 위하여 hist() 함수를 제공한다. 다음의 명령어는 rnorm() 함수를 이용하여 평균이 10이고 표준편차가 2인 정규분포에서 300의 샘플을 무작위로 생성하여 이를 히스토그램으로 그리는 것이다. [그림 3-17]에서와 같이 hist() 함수에서 'freq=F'을 사용할 경우 세로축 제목이 빈도가 아닌 확률밀도(Density)로 표시된다.

```
# 그래프 데이터 생성
x <- rnorm(300, mean=10, sd=2)      # 평균이 10, 표준편차가 2, 300의 샘플을 생성

# 그래프 작성
hist(x)                             # 히스토그램 작성
hist(x, freq=F)                     # freq=F: 빈도가 아닌 밀도로 표시
```

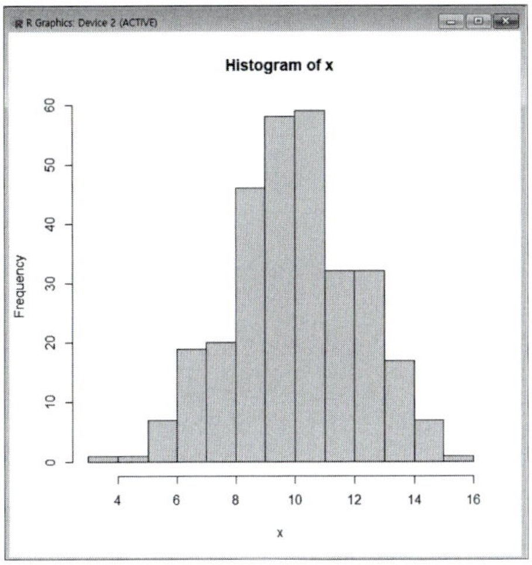

[그림 3-16] 히스토그램

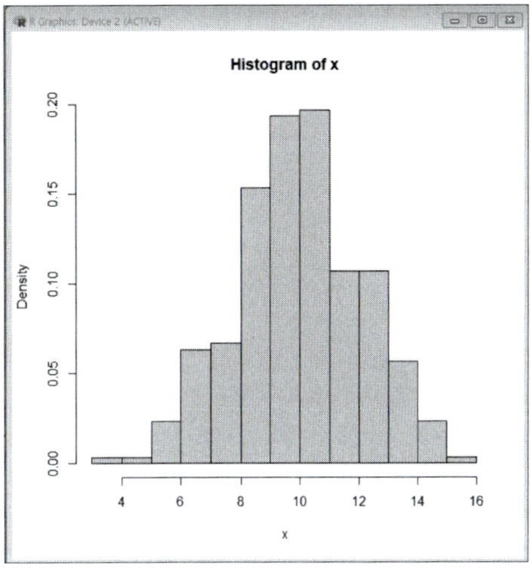

[그림 3-17] 히스토그램 밀도 표시

추가적으로 다음과 같은 lines() 함수를 이용하여 확률밀도 기반으로 작성한 히스토그램에 [그림 3-18]과 같이 선을 추가하여 표시할 수 있다.

```
lines(density(x))                # 확률밀도 히스토그램에 선 추가
```

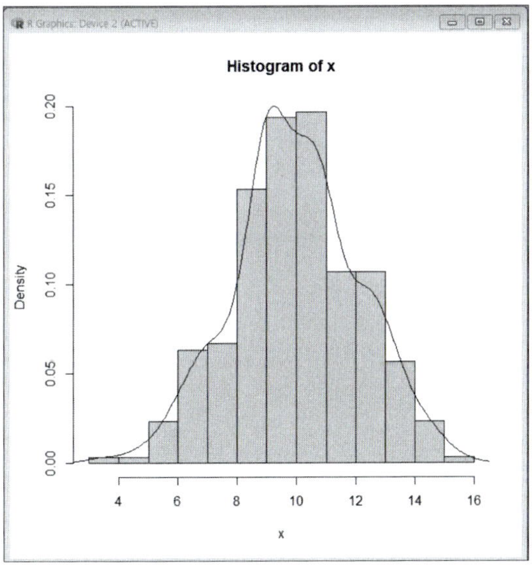

[그림 3-18] 선 추가 확률밀도 히스토그램

3.2.4 그래프의 저장

상기에서 작성된 그래프들은 다음과 같은 그래프 저장 명령으로 이미지 파일로 저장할 수 있다. 이미지 파일로 저장을 위해서는 우선 이미지 파일 저장 명령어, 예를 들면 pdf 파일의 경우 pdf() 함수를 실행한 후 그래프를 작성하고 저장을 완료하라는 명령어인 dev.off()을 실행한다. pdf() 함수 실행 시 윈도우에서 사용 가능한 이미지 파일명을 인수로 사용한다.

```
# 그래프 파일로 저장
data <- c( 1, 2, 3, 4, 5, 6, 7)
setwd("C:/WORK_R")                          # 저장 장소 지정
pdf("bargraph.pdf")                         # pdf 파일로 저장
barplot(data)                               # 수직 막대그래프
dev.off()                                   # 저장 완료
```

상기의 pdf 파일로 작성을 위한 pdf() 함수 이외에 다음 〈표 3-11〉의 다양한 그래프 파일 지원 함수들을 이용하여 R에서 작성한 그래프를 윈도우에서 사용 가능한 다양한 유형의 이미지 파일로 저장할 수 있다.

〈표 3-11〉 그래프 저장 함수

함수	출력 파일
pdf("mygraph.pdf")	pdf 파일
win.metafile("mygraph.wmf")	windows metafile 파일
png("mygraph.png")	png 파일
jpeg("mygraph.jpg")	jpeg 파일
bmp("mygraph.bmp")	bmp 파일
postscript("mygraph.ps")	postscript 파일

연습문제

1 R에서 나머지와 몫을 구하는 산술연산자에 대하여 예시를 들어 설명하시오.

2 다음의 결과가 산출되는 [ ]에 들어가는 비교연산값을 구하시오.

```
x <- c(1, 2, 3, 4, 5, 6, 7)
x[    ]
[1] 4 5 6 7
```

3 다음의 결괏값을 산출하시오.

```
x <- 3
y <- 5
(x < 4)&(y < 4)
```

4 반복문을 이용하여 1부터 100까지 숫자의 합을 산출하는 R 프로그램을 작성하시오.

5 다음 값들에서 50 이상과 50 미만의 수량을 산출하는 R 프로그램을 작성하시오.

```
54, 39.6, 51.6, 52.8, 51.6, 52.8, 54, 52.8, 16.8, 52.8, 52.8, 54
```

6 고수준 그래프 함수와 저수준 그래프 함수에 대하여 설명하시오.

연습문제

7 par() 함수에 대하여 설명하시오

다음은 세계 스마트폰 판매현황이다.

제조사	Samsung	Huawei	Apple	Xiaomi	OPPO	Other
수량	2090	0.158	0.121	0.093	0.086	0.332

8 상기 값들에 대한 막대그래프를 작성하시오.

9 상기 값들에 대한 선그래프를 작성하시오.

10 상기 값들에 대한 파이 차트를 작성하시오

Chapter 4

R 자료관리 및 수집

Chapter 4 R 자료관리 및 수집

4.1 R 자료관리

4.1.1 R 데이터 생성하기

R을 이용한 데이터 분석은 일반적으로 엑셀 파일이나 SPSS 파일과 유사한 형식의 데이터프레임(dataframe) 자료구조를 이용한다. 다음 [그림 4-1]과 같이 edit() 함수를 이용하면 엑셀처럼 생긴 데이터 편집기 창이 생성되고, 이를 통해 데이터 분석을 위한 데이터프레임 자료구조의 변수를 생성할 수 있다.

```
# 데이터 입력창 edit()
data <- data.frame()                              # 데이터프레임 생성
data <- edit(data)                                # 데이터 편집기 창 불러오기
```

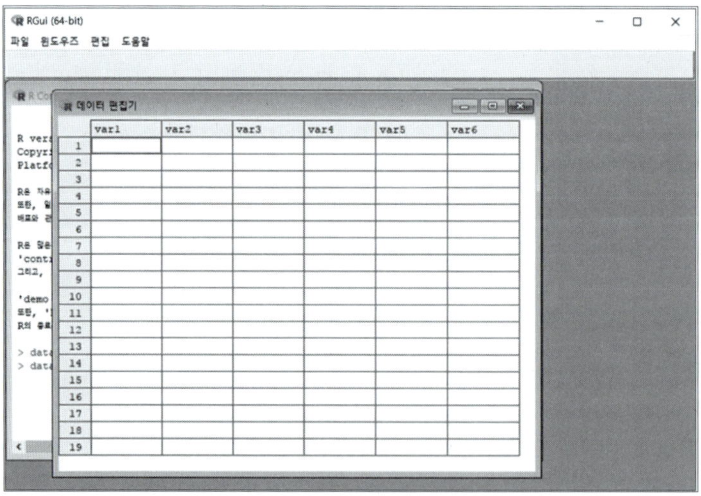

[그림 4-1] R 데이터 편집기

상기의 편집기를 이용한 데이터 생성은 비교적 소규모의 데이터를 입력하기에는 편리하지만, 대용량 데이터를 입력하거나 자료가 이미 엑셀 파일이나 CSV 텍스트 파일[1]로 생성되어 있는 경우에는 데이터 분석을 위하여 외부 데이터 불러오기 명령어들을 사용하는 것이 바람직하다.

4.1.2 외부 데이터 불러오기

외부 데이터 불러오기는 R 데이터 분석을 위하여 이미 엑셀 파일이나 CSV 텍스트 파일로 생성되어 있는 윈도우상의 외부 자료를 데이터프레임 구조의 R 데이터로 생성하는 것이다.

1) CSV 텍스트 파일 불러오기

CSV 텍스트 파일은 외부 데이터를 R로 불러올 때 일반적으로 사용되는 파일 형식이고, CSV 텍스트 파일 불러오기는 R에서 별도의 패키지 설치 없이 수행이 가능하다. CSV 텍스트 파일은 엑셀 파일의 메뉴에서 다른 이름으로 저장하기로 생성할 수 있으며, 엑셀에서 바로 불러들여 편집이 가능하다. 일반적으로 CSV 텍스트 파일의 확장자는 '.csv'이다. R에서 CSV 텍스트 파일 불러오기는 다음과 같이 setwd() 함수를 사용하여 파일이 저장되어 있는 디렉터리로 작업 영역을 설정한 후, CSV 텍스트 파일 불러오기를 지원하는 read.csv("파일명") 함수를 실행한다. 이때 파일은 이미 작업 영역(C:/WORK_R)에 보관되어 있어야 한다.

```
# CSV 텍스트 파일 불러오기
setwd("C:/WORK_R")                                        # 작업 영역 설정
data <- read.csv("data.csv", header = T, fileEncoding="EUC-KR")
```

상기의 read.csv() 함수에서 인수로 사용된 "header = T"는 불러올 파일의 첫 번째 줄이 자료들에 대한 항목 명칭으로 설정되어 있음을 표시하고 fileEncoding="EUC-KR" 는 저장된

1) CSV(comma-separated values)는 쉼표(,)로 필드를 구분한 텍스트 파일로 엑셀에서 생성, 수정, 삭제와 같은 자료관리가 가능하다.

파일의 한글 인코딩 형식을 알려준다. 윈도우상의 파일의 경우 일반적으로 한글은 "EUC-KR" 형식으로 저장되어 있다. read.csv() 함수로 불러온 데이터는 위에서 보는 바와 같이 데이터프레임 형식으로 저장된다. CSV 텍스트 파일의 경우 상기와 같은 기본적인 내장함수로 파일 불러오기가 가능하나, 엑셀 파일의 경우 직접 R로 불러오기 위해서는 "readxl"이나 "RODBC"와 같은 추가적인 패키지를 설치하여 사용해야 한다. 따라서 R에서 데이터 분석을 위하여 외부 데이터 불러오기를 할 때는 가능한 엑셀 파일을 CSV 텍스트 파일로 변경하여 사용할 것을 권고한다.

2) 엑셀 파일 불러오기

CSV 텍스트 파일이 외부 데이터를 R로 불러올 때 사용되는 일반적인 파일 형식이나 다음과 같이 "readxl" 패키지를 이용할 경우 데이터를 엑셀 파일에서 직접 불러들일 수 있다. 엑셀 파일 불러오기는 다음과 같이 파일의 직접적인 경로를 포함한 형태로 설정하고 가져올 시트(sheet) 명칭을 지정한 후, read.excel() 함수를 실행한다. 하나의 엑셀 파일은 다수의 시트로 구성 가능하며, 시트 명칭은 화면 하단에 표시되어 있다.

```
# 엑셀 파일 불러오기
library(readxl)
data <- read_excel("C:/WORK_R/data.xlsx", sheet="data1",  col_names=TRUE)
```

상기의 read.excel() 함수에서 인수로 사용된 col_names=TRUE는 불러올 파일의 첫 번째 줄이 열 이름으로 설정되어 있음을 표시한다. 엑셀 2007 이상 버전인 경우에는 확장자가 xlsx이나 엑셀 2003 이하 버전인 경우에는 확장자가 xls이기 때문에 주의할 필요가 있다.

```
# 엑셀 2003 파일 불러오기
data <- read_excel("C:/WORK_R/data.xls", sheet="data1",  col_names=TRUE)
```

3) 예시 자료 파일 불러오기 실행

실습을 위한 예시 자료는 웹브라우저에서 'http://ssra.or.kr/bigdata/data.csv' 실행을 통

해 다운로드할 수 있으며, 다운로드된 'data.csv' 파일은 윈도우 파일 탐색기를 이용하여 작업 디렉터리인 'C:/WORK_R'로 이동·복사하여 사용한다. 예시 자료 파일 불러오기 실행을 위하여 다음과 같이 우선 작업 영역을 설정하고, 설정된 디렉터리(C:/WORK_R)에서 자료(data.csv)의 내용을 R 영역으로 가져와 데이터프레임으로 저장한다. 자료의 항목이 수가 많은 경우 options() 함수를 사용하여 한 라인에서 모든 항목이 보이도록 화면에 설정할 수 있다.

```
# 예시 자료 파일 불러오기
setwd("C:/WORK_R")                              # 작업 영역 설정
options("width"=500)                            # 한 라인의 폭을 지정
data <- read.csv("data.csv", header = T, fileEncoding="EUC-KR")
data                                            # 데이터프레임 형식으로 저장된 자료
```

데이터프레임 자료에 대하여 View() 함수를 사용하면 다음 [그림 4-2]와 같이 표 형태로 데이터프레임의 자료를 화면에 표시할 수 있다.

```
View(data)                                      # 데이터프레임 자료를 표 형태로 보기
```

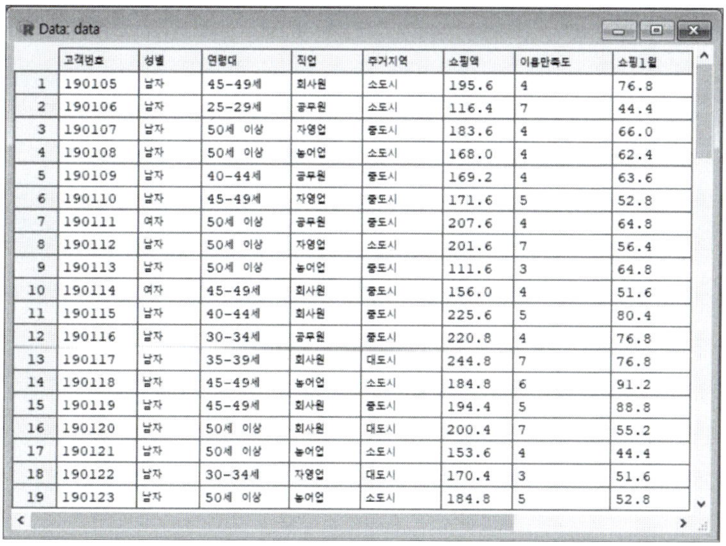

	고객번호	성별	연령대	직업	주거지역	쇼핑액	이용만족도	쇼핑1월
1	190105	남자	45-49세	회사원	소도시	195.6	4	76.8
2	190106	남자	25-29세	공무원	소도시	116.4	7	44.4
3	190107	남자	50세 이상	자영업	중도시	183.6	4	66.0
4	190108	남자	50세 이상	농어업	소도시	168.0	4	62.4
5	190109	남자	40-44세	공무원	중도시	169.2	4	63.6
6	190110	남자	45-49세	자영업	중도시	171.6	5	52.8
7	190111	여자	50세 이상	공무원	중도시	207.6	4	64.8
8	190112	남자	50세 이상	자영업	소도시	201.6	7	56.4
9	190113	남자	50세 이상	농어업	중도시	111.6	3	64.8
10	190114	여자	45-49세	회사원	중도시	156.0	4	51.6
11	190115	남자	40-44세	회사원	중도시	225.6	5	80.4
12	190116	남자	30-34세	공무원	중도시	220.8	4	76.8
13	190117	남자	35-39세	회사원	대도시	244.8	7	76.8
14	190118	남자	45-49세	농어업	소도시	184.8	6	91.2
15	190119	남자	45-49세	회사원	중도시	194.4	5	88.8
16	190120	남자	50세 이상	회사원	대도시	200.4	7	55.2
17	190121	남자	50세 이상	농어업	소도시	153.6	4	44.4
18	190122	남자	30-34세	자영업	대도시	170.4	3	51.6
19	190123	남자	50세 이상	농어업	소도시	184.8	5	52.8

[그림 4-2] 표 형태로 데이터프레임 자료 보기

상기의 "data.csv" 파일 이외에 이후 자료관리 실습을 위하여 실습 데이터들의 파일을 일괄적으로 설치할 것을 권고한다. 우선 웹브라우저에서 'http://ssra.or.kr/bigdata/bigdata.zip' 실행을 통해 실습 데이터들의 압축파일을 다운로드한 후 다운로드된 압축파일인 'bigdata.zip'에 대하여 압축 풀기를 실행한다. 압축이 풀린 실습 데이터들을 작업 디렉터리(C:/WORK_R)에 이동·복사하여 향후 실습에서 사용한다.

4.1.3 데이터 탐색

R 데이터프레임을 신규로 생성했거나, 외부에서 불러왔거나, 또는 R 패키지에 내장되어 있는 데이터 셋을 활용할 때 데이터 객체의 현황, 특성에 대해서 파악하는 것이 필요하다. 이러한 R 데이터의 탐색을 위한 주요 함수는 str(), head(), dim(), length(), names(), class() 함수 등이 있다.

(1) str() 함수

str() 함수는 데이터 구조, 변수 개수, 변수 명칭, 관찰치 개수, 관찰치의 미리보기를 지원한다. 다음에서 보면 data는 데이터프레임 구조이며, 90개의 관찰치와 18개의 변수가 있으며, 각 변수들의 명칭과 데이터유형 그리고 일부 예시 자료들을 보여주고 있다.

```
str(data)                                    # 관찰치 미리보기 보기
   'data.frame':   90 obs. of  18 variables:
   $ 고객번호    : int  190105 190106 190107 190108 190109 190110 190111 190112
190113 190114 ...
   $ 성별        : chr  "남자" "남자" "남자" "남자" ...
   $ 연령대      : chr  "45-49세" "25-29세" "50세 이상" "50세 이상" ...
   $ 직업        : chr  "회사원" "공무원" "자영업" "농어업" ...
   $ 주거지역    : chr  "소도시" "소도시" "중도시" "소도시" ...
   $ 쇼핑액      : num  196 116 184 168 169 ...
   $ 이용만족도  : int  4 7 4 4 4 5 4 7 3 4 ...
   $ 쇼핑1월     : num  76.8 44.4 66 62.4 63.6 52.8 64.8 56.4 64.8 51.6 ...
   $ 쇼핑2월     : num  64.8 32.4 66 52.8 54 66 88.8 92.4 30 51.6 ...
   $ 쇼핑3월     : num  54 39.6 51.6 52.8 51.6 52.8 54 52.8 16.8 52.8 ...
```

```
$ 쿠폰사용회수: int  3 6 5 4 5 4 4 3 4 0 ...
$ 쿠폰선호도  : chr  "예" "아니오" "예" "아니오" ...
$ 품질        : int  7 7 4 3 6 5 7 7 4 1 ...
$ 가격        : int  7 4 4 3 4 4 7 7 2 4 ...
$ 서비스      : int  1 7 3 4 7 3 1 7 4 1 ...
$ 배송        : int  4 7 3 6 4 4 4 4 3 7 ...
$ 쇼핑만족도  : int  4 7 6 5 6 5 5 4 5 1 ...
$ 소득        : int  4300 7500 2900 5300 4000 5100 5700 5900 5100 5700 ...
```

(2) head(), tail() 함수

head() 함수는 상위 6개 자료를 tail() 함수는 하위 6개 관측치 미리보기를 할 수 있다. 간단하게 자료의 확인할 때 자주 사용된다.

```
head(data)                                     # 상위 6개의 자료 보기
  고객번호 성별   연령대      직업  주거지역 쇼핑액 이용만족도  쇼핑1월  쇼핑2월
1  190105  남자  45-49세    회사원  소도시  195.6      4        76.8     64.8
2  190106  남자  25-29세    공무원  소도시  116.4      7        44.4     32.4
3  190107  남자  50세 이상  자영업  중도시  183.6      4        66.0     66.0
4  190108  남자  50세 이상  농어업  소도시  168.0      4        62.4     52.8
5  190109  남자  40-44세    공무원  중도시  169.2      4        63.6     54.0
6  190110  남자  45-49세    자영업  중도시  171.6      5        52.8     66.0
```

(3) dim() 함수

dim() 함수는 데이터 객체의 차원을 보여준다. 다음의 결과를 보면 90개의 자료에 18개의 항목을 가지고 있는 데이터프레임을 알려준다.

```
dim(data)                                      # 데이터 객체의 차원 보기
  [1] 90  18
```

(4) length()

length() 함수는 데이터 객체의 요소들의 개수를 산출한다. 데이터프레임에서는 항목의 수를 보여준다.

```
length(data)                        # 요소들의 개수 보기
  [1] 18
```

(5) names()

names() 함수는 데이터 객체 구성 요소들의 이름을 보여준다. 다음 데이터프레임의 경우 다음과 같이 항목명들을 보여준다.

```
names(data)                         # 구성 요소 이름 보기
  [1] "고객번호"    "성별"        "연령대"      "직업"        "주거지역"      "
쇼핑액"       "이용만족도"  "쇼핑1월"     "쇼핑2월"     "쇼핑3월"
```

(6) class()

class() 함수는 데이터 객체의 자료구조 유형을 보여준다. 다음과 같이 data는 자료구조가 데이터프레임을 보여준다.

```
class(data)                         # 자료구조 유형 보기
  [1] "data.frame"
```

4.1.4 데이터 관리

데이터 관리는 데이터프레임 구조로 생성된 데이터를 R의 자료구조 관점에서 관리하는 것으로 신규 변수의 생성, 데이터의 분할, 데이터의 결합 및 데이터 정렬 등의 작업 등이 포함된다.

1) 변수의 생성 및 변환

데이터프레임에서의 신규 변수의 생성은 치환 연산자 <-를 이용하여 다음과 같이 생성될 변수명을 설정하여 값을 직접 지정하거나 수치 연산 또는 함수를 사용하여 값을 할당하여 생성할 수 있다. [그림 4-3]에서 보면 기존 데이터프레임에 신규 변수인 쇼핑합계와 쇼핑평균 항목이 우측에 추가된 것을 볼 수 있다.

```
# 데이터프레임 신규 변수의 생성
data$변수 <- "new"                        # 변수라는 항목에 모든 열의 값을 new로 등록
data$쇼핑합계 <- data$쇼핑1월 + data$쇼핑2월 + data$쇼핑2월         # 합계 항목 등록
data$쇼핑평균 <- mean(data$쇼핑1월 + data$쇼핑2월 + data$쇼핑2월) # 평균 항목 등록
View(data)
```

Data: data

	이용만족도	쇼핑1월	쇼핑2월	쇼핑3월	쿠폰사용회수	쇼핑합계	쇼핑평균
1	4	76.8	64.8	54.0	3	206.4	187.2133
2	7	44.4	32.4	39.6	6	109.2	187.2133
3	4	66.0	66.0	51.6	5	198.0	187.2133
4	4	62.4	52.8	52.8	4	168.0	187.2133
5	4	63.6	54.0	51.6	5	171.6	187.2133
6	5	52.8	66.0	52.8	4	184.8	187.2133
7	4	64.8	88.8	54.0	4	242.4	187.2133
8	7	56.4	92.4	52.8	3	241.2	187.2133
9	3	64.8	30.0	16.8	4	124.8	187.2133
10	4	51.6	51.6	52.8	0	154.8	187.2133

[그림 4-3] 변수의 생성

데이터프레임에서의 변수의 값들의 변경은 생성과 같이 치환 연산자 <-를 이용하여 다음과 같이 변경될 변수명에 변경할 값을 지정하여 변경할 수 있다

```
# 데이터프레임 변수의 값 변경
data$변수 <- "change"                     # 모든 행의 값들이 change로 변경
data$변수
```

데이터프레임에서의 변수가 문자열인 명목척도로 구성되어 있을 경우 데이터 분석을 위하여 숫자로 코드화할 필요가 있다. 이럴 경우 다음과 같이 변수를 요인으로 바꾸어 주는 as.factor() 함수와 숫자로 변경시키는 as.numeric() 함수를 이용하여 숫자로 변경할 수 있다.

```
# 데이터프레임 내 명목척도 변수의 숫자 변경
data$성별num <-  as.factor(data$성별)              # 요인화
data$성별num <-  as.numeric(data$성별num)          # 숫자화

data$성별num
```

```
[1] 1 1 1 1 1 1 2 1 1 2 1 1 1 1 1 1 1 1 1 1 1 1 1 1 1 1 1 1 1 1 1 1 2 2 1 2 2
[37] 2 2 1 2 2 2 1 1 1 1 1 1 2 2 1 2 1 2 1 2 1 2 1 1 2 2 1 1 2 1 2 2 2 2 2 2
[73] 1 1 1 1 2 2 1 1 2 2 1 2 2 2 2 2 1 1
```

2) 데이터의 분할 및 축출

데이터프레임에서의 자료의 분할은 실질적으로 새로운 데이터프레임들을 생성하는 형태로 작업이 이루어진다. 이러한 데이터 분할에서 가장 일반적으로 사용되는 함수는 subset() 함수이다. 다음과 같이 전체 자료인 data를 특정 변수를 근간으로 예를 들면 성별과 같은 변수를 기준으로 분할을 원할 경우 subset() 함수를 이용하여 조건에 맞는 자료들을 축출하여 새로운 분할된 데이터프레임들인 data1과 data2로 생성한다.

```
# 데이터의 분할
data
data1 <-  subset(data, data$성별=='남자')          # 남자 자료 추출
data2 <-  subset(data, data$성별=='여자')          # 여자 자료 추출
data1                                              # 남자 자료
data2                                              # 여자 자료
```

데이터 분할이 자료의 수를 분할하는 방법이나 때때로 전체 데이터에서 일부 변수들의 값들만 추출하여 데이터프레임을 생성할 필요가 있다. 다음과 같이 subset() 함수에서 select 옵션을 사용하면 일부 항목들 예를 들면, 성별, 연령대, 직업, 쇼핑액의 4개의 항목으로 구성된 신규 데이터프레임인 sub_data를 생성할 수 있다.

```
# 데이터의 축출
sub_data <-  subset(data, select=c(성별, 연령대, 직업, 쇼핑액))
sub_data                # 성별, 연령대, 직업, 쇼핑액으로만 구성된 데이터프레임
  성별    연령대   직업 쇼핑액
1 남자   45-49세 회사원  195.6
2 남자   25-29세 공무원  116.4
3 남자 50세 이상 자영업  183.6
```

3) 데이터의 병합

데이터프레임에서의 자료의 병합은 [그림 4-4]와 같이 두 개의 데이터프레임을 수직적 또는 수평적으로 결합하는 것을 의미한다.

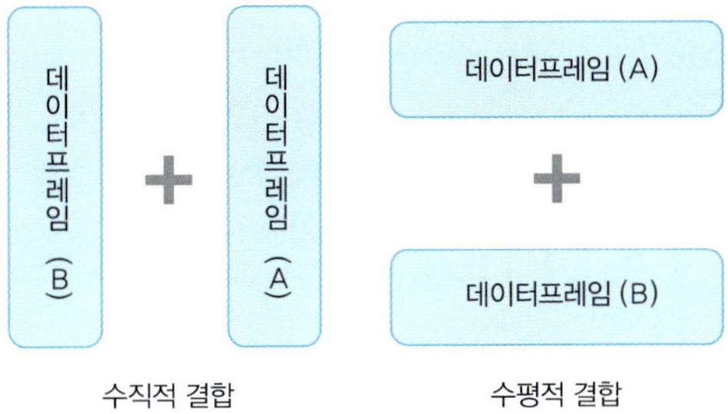

[그림 4-4] 데이터의 병합

데이터프레임에서의 자료의 수직적 결합은 두 개의 데이터프레임을 수직적으로 결합하는 것으로 이때 사용되는 함수는 cbind() 함수이다. 이러한 데이터프레임 결합을 수직적 자료의 결합이라 하고, 다음과 같이 두 개의 데이터프레임 sub_data1과 sub_data2을 cbind() 함수를 이용하여 하나의 병합된 데이터프레임인 merge_data로 생성한다. cbind() 함수를 이용한 수직적 데이터프레임 자료의 결합을 위한 전제 조건은 두 개 데이터프레임 행의 수가 같아야 한다.

```
# 데이터의 축출
sub_data1 <-  subset(data, select=c(성별, 연령대))
sub_data2 <-  subset(data, select=c(직업, 쇼핑액))

# 수직적 자료의 결합
cmerge_data <- cbind(sub_data1, sub_data2)
cmerge_data
```

데이터 병합은 때론 자료의 행을 합치는 것도 포함한다. 이때 사용되는 함수는 rbind() 함수이고, 이러한 데이터프레임 결합을 수평적 자료의 결합이라 한다. 수평적 자료의 결합은 다음과 같이 두 개의 데이터프레임 sub_data1, sub_data2를 rbind() 함수를 이용하여 하나의 병합된 데이터프레임인 rmerge_data로 생성한다. 이때 두 개의 데이터프레임은 동일한 구조를 가져야만 한다.

```
# 데이터의 분할
sub_data1 <-  subset(data, data$성별=='남자')            # 남자 자료
sub_data2 <-  subset(data, data$성별=='여자')            # 여자 자료

# 수평적 자료의 결합
rmerge_data <- rbind(sub_data1, sub_data2)
rmerge_data
```

4) 데이터의 정렬

데이터프레임에서의 데이터의 정렬은 특정 항목을 기준으로 자료를 오름차순 또는 내림차순으로 정렬하는 것이다. 데이터의 정렬을 위하여 사용되는 함수는 order() 이다. 데이터의 정렬은 기본적으로 오름차순으로 정렬되나, 정렬 항목에 음수(-) 표시를 하여 내림차순으로 정렬할 수 있다.

```
# 데이터의 정렬
order_data <- data[order(data$쇼핑액),]                # 쇼핑액 기준 정렬
order_data <- data[order(data$성별, data$쇼핑액),]     # 성별과 쇼핑액 기준 정렬
order_data <- data[order(data$성별, -data$쇼핑액),]    # 쇼핑액(내림차순)
order_data
```

5) apply() 함수

apply() 함수는 행렬이나 데이터프레임의 자료구조에서 열과 행에 대하여 원하는 함수를 일괄적으로 적용하여 수행하는 함수이다. apply() 함수의 사용 방법은 다음과 같다.

```
apply(data, dim, function)

data: 행렬 또는 데이터프레임
dim=1 이면 각 행(row)에 function을 적용
dim=2 이면 각 열(column)에 function을 적용
function: 함수
```

apply() 함수를 이용하여 data에 대하여 각 행에 대하여 max() 함수를 이용하여 최댓값들을 산출하는 명령어는 다음과 같다.

```
# 데이터의 행별 최댓값 산출
data <-  subset(data, select=c(쇼핑1월, 쇼핑2월, 쇼핑3월))
apply(data, 1, max)                              # 각 행에 max() 함수를 적용
   1    2    3    4    5    6    7    8    9   10   11   12   13   14   15
76.8 44.4 66.0 62.4 63.6 66.0 88.8 92.4 64.8 52.8 92.4 90.0 88.8 91.2 88.8
  16   17   18   19   20   21   22   23   24   25   26   27   28   29   30
92.4 56.4 64.8 79.2 88.8 52.8 64.8 88.8 79.2 56.4 68.4 87.6 64.8 91.2 66.0
  31   32   33   34   35   36   37   38   39   40   41   42   43   44   45
54.0 43.2 55.2 64.8 75.6 90.0 66.0 67.2 79.2 92.4 88.8 64.8 90.0 88.8 76.8
  46   47   48   49   50   51   52   53   54   55   56   57   58   59   60
88.8 75.6 91.2 64.8 54.0 92.4 51.6 92.4 88.8 92.4 54.0 64.8 56.4 73.2 64.8
  61   62   63   64   65   66   67   68   69   70   71   72   73   74   75
64.8 90.0 78.0 76.8 73.2 52.8 52.8 92.4 79.2 52.8 67.2 39.6 76.8 52.8 56.4
  76   77   78   79   80   81   82   83   84   85   86   87   88   89   90
66.0 50.4 49.2 88.8 88.8 52.8 88.8 88.8 92.4 75.6 90.0 88.8 88.8 90.0 75.6
```

상기의 결과를 보면 90행에 대한 최댓값들이 산출된 것을 볼 수 있다. apply() 함수를 이용하여 열에 대하여 sum() 함수를 적용한 명령어는 다음과 같다.

```
# 데이터의 열별의 합계 산출
apply(data, 2, sum)                              # 각 열에 sum() 함수를 적용
 쇼핑1월 쇼핑2월 쇼핑3월
 5847.6  5500.8  4329.6
```

apply() 함수는 숫자로 된 데이터프레임에 대하여 주로 sum, mean, max, min과 같은 함수들이 적용되고 있다. apply() 함수는 반복문 없이 간단하게 데이터프레임의 원소들의 합계, 평균, 최댓값, 최솟값들을 구하는 데 사용된다.

4.1.5 데이터 외부로 내보내기

데이터 외부로 내보내기는 데이터프레임 구조의 R 데이터를 엑셀 파일이나 CSV 텍스트 파일로 생성하는 것이다. CSV 텍스트 파일 저장하기는 다음과 같이 작업 영역을 설정한 후 write.csv(데이터프레임명, "데이터를 저장할 파일명") 함수를 실행한다. 이때 row.names=TRUE 옵션은 열 이름을 CSV 파일에 포함하여 저장한다는 의미이다.

```
# CSV 텍스트 파일로 저장하기
setwd("C:/WORK_R")                                # 작업 영역 설정
write.csv(data, "save_data.csv", row.names=TRUE)
```

4.1.6 R 내장 데이터 사용하기

R에서는 datasets이라는 기본 패키지가 내장되어 있고, 학습을 위한 다양한 데이터 셋들을 제공한다. R의 내장된 데이터 셋들은 단순이 데이터 셋 명칭을 기입하여 사용할 수 있다. 다음과 같은 데이터 셋 명칭인 AirPassengers을 실행할 경우 데이터들을 볼 수 있다. 주요 R 내장 데이터 셋들의 목록은 〈부록〉에서 확인할 수 있다.

```
# R 내장 데이터 셋인 AirPassengers 보기
AirPassengers                                     # R 내장 데이터 셋 보기
      Jan Feb Mar Apr May Jun Jul Aug Sep Oct Nov Dec
 1949 112 118 132 129 121 135 148 148 136 119 104 118
 1950 115 126 141 135 125 149 170 170 158 133 114 140
 1951 145 150 178 163 172 178 199 199 184 162 146 166
 1952 171 180 193 181 183 218 230 242 209 191 172 194
 1953 196 196 236 235 229 243 264 272 237 211 180 201
```

R에서 기본적으로 내장된 dataset 패키지 이외에 다양한 패키지들은 함수는 물론 데이터 셋들을 제공한다. 예를 들어 R에서 자주 사용되는 MASS 패키지의 학습을 위한 수십 개의 데이터 셋을 제공한다. 데이터 셋의 사용은 함수에 대한 패키지를 사용하는 것과 같이 library() 함수를 실행하고, 패키지가 제공하고 있는 데이터 셋을 사용하면 된다. 다음과 같이 library() 함수를 실행하고 Boston을 실행하면 MASS 패키지가 제공하는 미국 보스톤의 집값과 관련한 데이터를 볼 수 있다.

```
# 패키지의 내장 데이터 셋인 사용
library(MASS)
Boston                                    # 미국 보스톤의 집값 관련 데이터
     crim    zn  indus chas  nox    rm   age   dis  rad tax ptratio black  lstat medv
  1 0.00632  18.0  2.31   0 0.5380 6.575 65.2 4.0900 1  296   15.3  396.90 4.98  24.0
  2 0.02731   0.0  7.07   0 0.4690 6.421 78.9 4.9671 2  242   17.8  396.90 9.14  21.6
  3 0.02729   0.0  7.07   0 0.4690 7.185 61.1 4.9671 2  242   17.8  392.83 4.03  34.7
  4 0.03237   0.0  2.18   0 0.4580 6.998 45.8 6.0622 3  222   18.7  394.63 2.94  33.4
  5 0.06905   0.0  2.18   0 0.4580 7.147 54.2 6.0622 3  222   18.7  396.90 5.33  36.2
```

4.2 빅데이터 자료수집

빅데이터 분석을 수행하기 위해 데이터를 수집하는 방법은 크게 기업 내부의 데이터를 이용하는 방법과 외부로부터 데이터를 수집하는 방법으로 구분할 수 있다. 기업 내부의 데이터 이용하는 방법은 일반적으로 데이터웨어하우스(data warehouse)[2]를 구축하고, 이를 이용하여 분석을 위한 자료를 추출하는 것이다. 외부로부터 데이터를 수집하는 방법은 외부의 빅데이터 제공 기관의 파일 데이터 셋 자료수집, 웹 스크래핑을 통한 자료수집, 그리고 오픈 API를 이용한 자료수집 방법 등을 이용한다. 본 장의 자료수집은 외부로부터 데이터를 수집하는 방법들을 근간으로 설명한다.

2) 데이터웨어하우스는 사용자의 의사결정에 도움을 주기 위하여, 기업의 다양한 운영 시스템의 데이터베이스들에 축적된 데이터를 요약·추출 변환해서 관리하는 의사결정용 통합데이터베이스를 말한다.

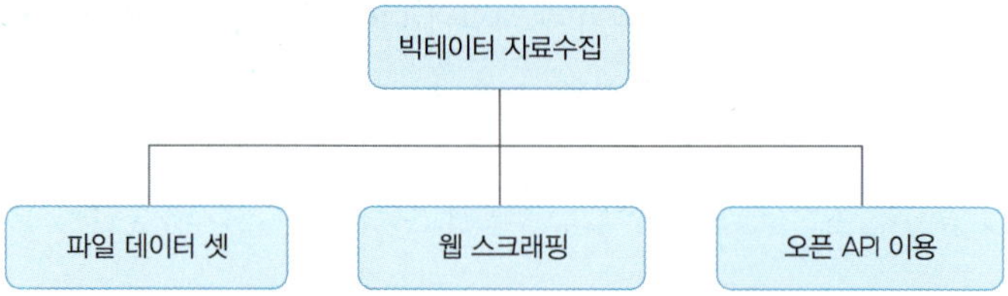

[그림 4-5] 빅데이터 자료수집 방법

4.2.1 빅데이터 제공 기관

공공데이터포털, 캘리포니아 주립대학교 얼바인(irvine) 캠페인 등의 국내외의 다양한 기관들이 일반인들의 빅데이터 분석이나 머신러닝 연구 및 교육을 지원하기 위하여 데이터를 제공하고 있다. 사용자들은 이들 기관에 회원으로 가입하면 대부분 무료로 파일 데이터 셋을 다운로드받아 사용하거나 오픈 API로 연결하여 대량의 데이터를 자동적으로 수집할 수 있다.

〈표 4-1〉 주요 빅데이터 제공 기관

기관	설명
공공데이터포털	국가가 보유하고 있는 다양한 공공데이터를 국민에게 개방하는 사이트로 공공데이터를 효율적으로 제공하려고 구축한 통합 공공데이터 사이트 (https://www.data.go.kr/)
국가통계포털	국내·국제·북한의 주요 통계를 한곳에 모아 이용자가 원하는 통계를 한 번에 찾을 수 있도록 통계청이 제공하는 One-Stop 통계 서비스로 현재 300여 개 기관이 작성하는 경제·사회·환경에 관한 1,000여 종의 국가 승인 통계를 수록하고 있으며, 국제금융·경제에 관한 IMF, Worldbank, OECD 등의 최신 통계도 제공 (http://kosis.kr/)
서울열린데이터광장	서울시가 가지고 있는 공동 데이터를 제공하는 사이트로 열린시정 3.0에 의해 공공데이터를 민간에 개방하고 소통함으로써 공익성, 업무 효율성, 투명성을 높이고 시민의 자발적 참여로 새로운 서비스와 공공의 가치를 창출할 수 있도록 하는 서비스를 제공 (https://data.seoul.go.kr/)
UC 얼바인 머신러닝 저장소	캘리포니아 주립대학교 얼바인(irvine) 캠페인에서 머신러닝 연구 및 교육을 위한 다양한 데이터 셋을 제공 (https://archive.ics.uci.edu/ml/index.php/)

캐글(kaggle)	2010년 설립된 예측 모델 및 분석 대회 플랫폼으로 기업이나 단체에서 데이터와 해결 과제를 등록하면 사람들은 누가 더 이 문제를 잘 해결하는 모델을 만드는지 경쟁하며 이러한 과정에서 다양한 데이터를 제공 (https://www.kaggle.com/)

1) 공공데이터포털

공공데이터포털(www.data.go.kr)은 국가 기관들이 보유하고 있는 다양한 공공데이터를 국민에 개방하여 이를 편리하고 손쉽게 활용할 수 있도록 구축된 통합 공공데이터 사이트이다. 안전행정부에서 관련 정책을 추진하고 있으며, 한국정보화진흥원에서 운영을 하고 있다. 공공데이터포털은 교육, 국토 관리, 공공 행정, 재정 금융, 산업 고용, 사회복지, 식품 건강, 문화관광, 보건의료, 재난 안전, 교통 물류, 환경 기상, 과학기술, 농축수산, 통일 외교 안보, 법률 등 다양한 영역에 대하여 관련 데이터를 파일 데이터 셋 방식과 오픈 API 방식으로 제공한다. 공공데이터포털에서 데이터를 사용하기 위해서는 회원가입을 해야 하며, 오픈 API 활용하기 위해서는 개발자 키(key)를 신청하여 발급받아야 한다.

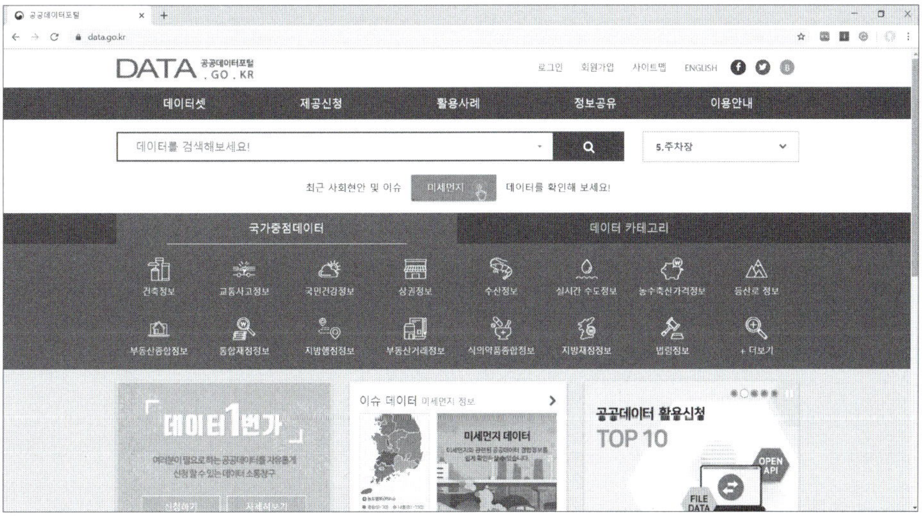

[그림 4-6] 공공데이터포털

공공데이터포털을 포함한 다수의 빅데이터 제공 기관에서는 데이터를 파일 데이터 셋 방식과 오픈 API 방식으로 제공하고 있다. 이들 두 개의 방식은 주로 제공하는 데이터의 성격에 따라 분류된다. 파일 데이터 셋의 경우 제공하는 데이터가 어떤 기간이나 상황에 변화가 없는 경우에 사용된다. 이에 반하여 오픈 API 방식으로 제공하는 것은 데이터가 주기적으로 축적되는 경우에 주로 사용된다. 예를 들어 아파트 가격 정보라든지 날씨 정보들은 주기적으로 축적·갱신된다. 따라서 이들 데이터들은 일정한 조건 및 기간에 따른 결괏값을 제공하는 방식인 오픈 API 방식이 주로 사용된다.

4.2.2 파일 데이터 셋 자료수집

파일 데이터 셋(file data set) 자료수집은 다양한 기관이 공익적인 목적에서 제공하는 파일 형식의 데이터 셋을 다운로드를 통하여 수집하는 방법이다. 일반적으로 파일 데이터 셋은 정형 데이터와 비정형 데이터로 구분되며, 정형 데이터는 CSV 파일이나 엑셀 파일 형식으로 제공되고 있으며, 비정형 데이터는 일반적으로 텍스트 파일로 제공된다.

1) 공공데이터포털 파일 데이터 셋 자료수집

공공데이터포털 파일 데이터 셋 자료수집은 비교적 쉽고 간단하다. 사용자 가입 및 로그인 후 검색 기능을 이용하여 필요한 데이터 셋, 예를 들면 목포시 장애인 복지 시설 자료를 검색창에서 찾은 후 다음 [그림 4-7]과 같이 다운로드를 선택하면 CSV 파일로 다운로드하여 수집할 수 있다.

공공데이터포털에서 수집하여 "C:/WORK_R"에 "목포시_장애인_복지시설.csv"로 저장한 데이터 셋을 다음과 같은 명령을 사용하여 R로 불러들여 자료를 확인해 본다.

```
# CSV 텍스트 파일 불러오기
setwd("C:/WORK_R")                                        # 작업 영역 설정
data <- read.csv("목포시_장애인_복지시설.csv", header = T, fileEncoding="EUC-KR")
data                                                      # 자료 보기
```

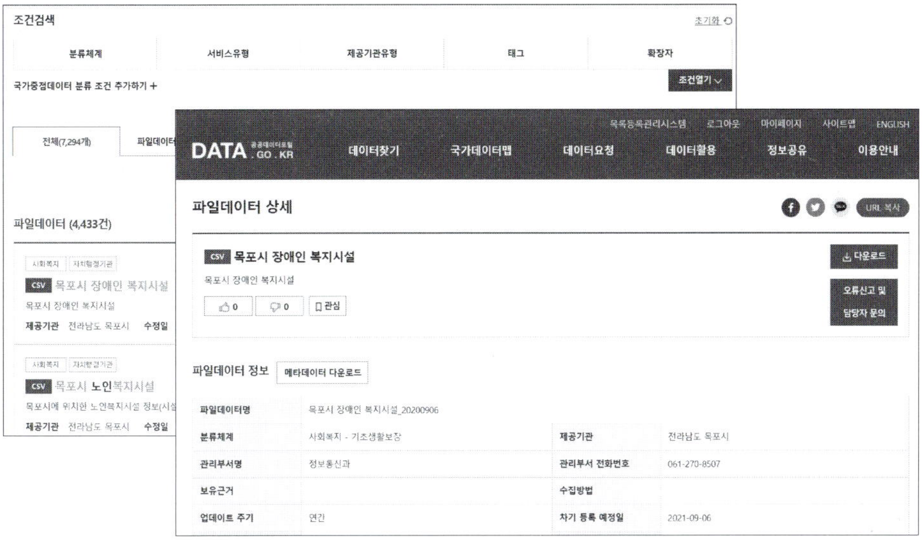

[그림 4-7] 공공데이터포털에서의 파일 데이터 셋 자료수집

4.2.3 웹 스크래핑 자료수집

웹 스크래핑(web scraping)은 웹 문서로부터 유용한 정보를 추출하는 컴퓨팅 기술로 일반적으로 텍스트와 이미지가 혼합되어 있는 HTML 형식으로 구성된 웹사이트에서 데이터를 추출하는 자료수집 기법을 말한다. 웹 스크래핑은 HTML 형식의 비구조화된 웹 문서 자료를 정형화된 자료 형태로 변환하여 구조화된 자료구조인 데이터베이스나 엑셀 파일에 저장하여 분석할 수 있도록 한다. 웹 스크래핑을 통하여 웹상의 온라인 마켓의 상품 정보, 뉴스 기사, 블로그/카페의 게시물, 영화 후기, 부동산 매물, 금융거래 정보 등의 다양한 자료를 수집할 수 있다.

1) 웹 스크래핑을 위한 필요 패키지

R에서 웹 스크래핑을 위해서는 R로 웹 문서를 가져오는 데 사용되는 함수들을 지원하는 "rvest" 패키지와 가져온 웹 문서의 문자열들을 변경 처리 시 필요한 함수들을 지원하는 "stringr" 패키지가 필요하다. 따라서 다음과 같이 install.packages() 함수를 이용하여 두

개의 패키지를 우선 설치한다.

```
# 웹 스크래핑을 위한 필요 패키지
install.packages("rvest" )                         # 웹 스크래핑 패키지
install.packages("stringr")                        # 문자열 처리 패키지
```

2) 웹 스크래핑 순서

R에서 웹 스크래핑을 수행하는 절차는 웹 스크래핑 대상이 되는 웹 문서 주소, 즉 URL[3]을 할당하고 R로 웹 문서를 가져온다. 이후 가져온 웹 문서에서 특정 태그의 정형화된 데이터들을 추출한다. 추출된 정형화된 데이터들은 정제된 후 분석을 위한 데이터프레임 자료구조로 만든다. 웹 스크래핑을 수행 절차를 정리하면 다음과 같다.

① 웹 스크래핑 대상 URL 할당
② 웹 문서 가져오기
③ 특정 태그의 데이터 추출
④ 데이터 정제
⑤ 데이터프레임 만들기

3) 웹 스크래핑 예시

웹 스크래핑 예시는 중고 자동차 판매 사이트로 유명한 보배드림 사이트(https://www.bobaedream.co.kr)에서 [그림 4-8]에서와 같이 판매용 국내 중고 자동차들의 정보를 추출하는 것이다. 보배드림 사이트는 전형적인 전자상거래 사이트로 인터넷에서 웹 스크래핑 예시를 위한 사이트로 자주 활용되고 있다. 다음과 같이 보배드림 사이트에서 웹 스크래핑 영역을 설정하여 정보를 추출한다.

---

3) URL(Uniform Resource Locator)은 네트워크상 자원이 위치한 장소이다.

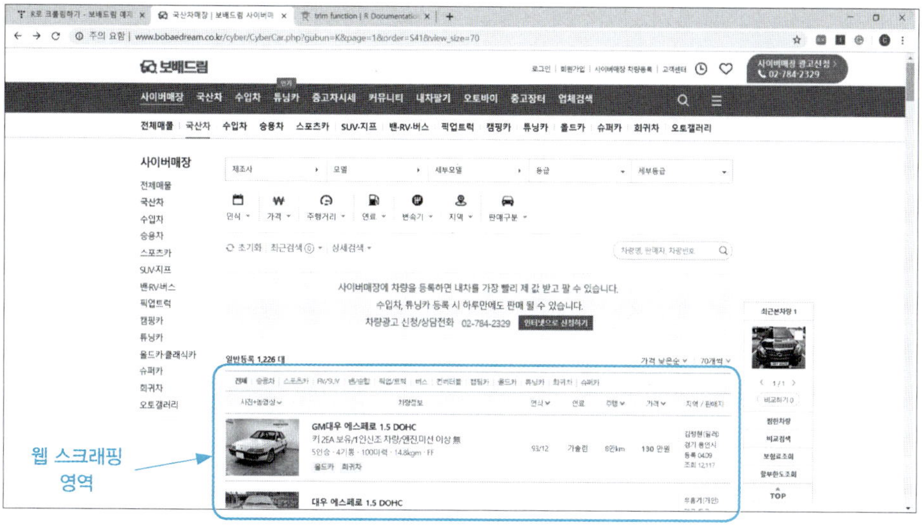

[그림 4-8] 보배드림 사이트

본격적인 보배드림 사이트에서의 웹 스크래핑에 앞서 이전에 설치한 웹 스크래핑 관련한 패키지들을 다음과 같이 불러온다.

```
# 관련 패키지 불러오기
library(rvest)                                    # 웹 스크래핑 패키지
library(stringr)                                  # 문자열 처리 패키지
```

웹 스크래핑의 첫 번째 단계는 '① **웹 스크래핑 대상 URL 할당**'하는 것으로 다음과 같은 보배드림의 URL을 url 변수에 할당한다. URL의 ? 표시는 웹 전송 방식인 GET 파라미터를 지정하는 표시로 'gubun=k'는 국산차 검색 조건을 의미하며 'page=1'은 첫 번째 화면을 나타낸다. 따라서 다음의 URL을 웹브라우저에서 실행하면 보배드림 사이트의 국산차 판매 자동차 첫 번째 페이지 목록이 나타난다. 참고적으로 'page=2'로 설정하면 두 번째 페이지 목록이 나타난다.

```
# ① 웹 스크래핑 대상 URL 할당
url <- "http://www.bobaedream.co.kr/cyber/CyberCar.php?gubun=K&page=1"
```

두 번째 단계는 '② **웹 문서 가져오기**'를 하는 것으로 다음과 같이 보배드림 국산차 첫 페이지로 설정된 url의 웹 문서를 R로 가져온다. 이를 위해 read_html() 함수를 사용한다. read_html() 함수는 인수로 설정된 url의 웹 문서를 다음과 같이 HTML 형식으로 구성한다.

```
# ② 웹 문서 가져오기
usedCar <- read_html(url)
usedCar

{xml_document}
<html lang="ko" xmlns="http://www.w3.org/1999/xhtml">
[1] <head>\n<meta http-equiv="Content-Type" content="text/html; charset=UT ...
[2] <body class="body-cyber-list">\r\n<div id="skip-nav">\r\n     <ul>\n<li ...
```

상기에서 보이는 바와 같이 가져온 웹 문서는 HTML 형식으로 구성되어 있다. 따라서 세 번째 단계는 이 HTML 형식의 웹 문서에서 '③ **특정 태그의 데이터 추출**'하는 것으로, 가져온 전체 웹 문서에서 웹 스크래핑 영역의 정보만 가져오는 것이다. 우선, 다음 그림과 같이 키보드의 F12 키를 이용하여 웹 스크래핑 정보가 있는 html 태그 정보를 확인하여 수행한다.

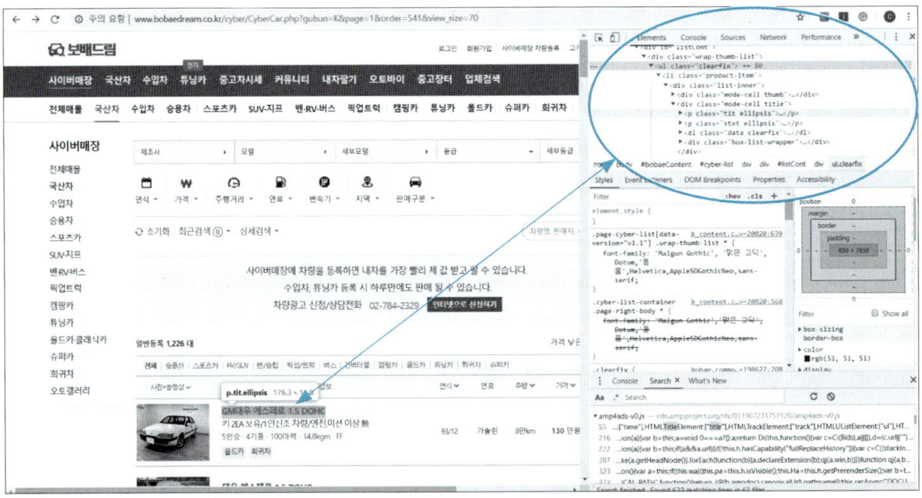

[그림 4-9] 특정 태그의 데이터 추출

예시에서 웹 스크래핑 영역인 일반 등록 중고 자동차들의 정보는 모두 css가 ".product-item"으로 설정되어 있다. 따라서 html_nodes() 함수를 이용하여 다음과 같은 명령을 수행하여 가져온 usedCar 웹 문서에서 css가 ".product-item"인 것을 찾아 자동차 정보를 carInfos로 추출한다. html_nodes() 함수는 웹 문서에서 css, xpath로 설정된 특정 부분들을 추출하는 기능을 수행한다.

```
# ③ 특정 태그의 데이터 추출
# 가져온 usedCar에서 css가 ".product-item"인 것을 찾음
carInfos <- html_nodes(usedCar, css=".product-item")
head(carInfos)

  {xml_nodeset (6)}
  [1] <li class="product-item">\r\n      \t                    <div class= ...
  [2] <li class="product-item">\r\n      \t                    <div class= ...
  [3] <li class="product-item">\r\n      \t                    <div class= ...
  [4] <li class="product-item">\r\n      \t                    <div class= ...
  [5] <li class="product-item">\r\n      \t                    <div class= ...
  [6] <li class="product-item">\r\n      \t                    <div class= ...
```

이후 가져온 자동차 정보인 carInfos에서 다음과 같은 명령으로 우선 차량 명칭을 추출한다. 네 번째 단계는 '④ **데이터 정제**' 단계로 가져온 차량 명칭(title)에서 다음과 같은 str_trim() 함수를 사용하여 순수한 차량 명칭들만 추출하는 데이터 정제 작업을 한다. 이후 차량 연식, 연료 구분, 주행거리, 판매가격에 대하여도 같은 작업을 한다.

```
# 차량 명칭 추출
title_tmp <- html_nodes(carInfos, css=".tit.ellipsis")
title <- html_text(title_tmp)

# ④ 데이터 정제
title <- str_trim(title)                    # 문자열에서 공백 제거

# 차량 연식 추출
year_tmp <- html_nodes(carInfos, css=".mode-cell.year")
year <- html_text(year_tmp)
```

```
year <- str_trim(year)

# 연료 구분
fuel_tmp <- html_nodes(carInfos, css=".mode-cell.fuel")
fuel <- html_text(fuel_tmp)
fuel <- str_trim(fuel)

# 주행거리 추출
km_tmp <- html_nodes(carInfos, css=".mode-cell.km")
km <- html_text(km_tmp)
km <- str_trim(km)

# 판매가격 추출
price_tmp <- html_nodes(carInfos, css=".mode-cell.price")
price <- html_text(price_tmp)
price <- str_trim(price)
price <- str_replace(price, '\n', '')          # 문자열 변경(\n을 스페이스로 변경)
```

가져온 자료에는 제조사 정보가 별도로 없기 때문에 차량 명칭으로부터 제조사를 추출하는 작업을 반복문인 for 문을 이용하여 다음과 같이 수행한다.

```
# 차량 명칭으로부터 제조사 추출
maker <- c()
for(i in 1:length(title)) {
 maker <- c(maker, unlist(str_split(title[i], ' '))[1])    # str_split 문자열 분리
}
```

최종적 단계는 '⑤ **데이터프레임 만들기**' 단계로 개별적으로 추출한 자료를 보관하기 위하여 데이터프레임 구조로 다음과 같이 통합시킨다. 최종적인 데이터프레임 구조의 웹 스크래핑 자료는 [그림 4-10]과 같다.

```
# ⑤ 데이터프레임 만들기
usedcars <- data.frame(title, year, fuel, km, price, maker)
View(usedcars)
```

Data: usedcars

	title	year	fuel	km	price
1	기아 올 뉴 카니발 2.2 디젤 9인승 하이리무진 프레?	18/03	디젤	5만km	5,800만원
2	현대 코나 1.6 T-GDi 2WD 프리미엄	18/05	가솔린	3만km	2,580만원
3	기아 스포티지 4세대 2.0 디젤 2WD 스타일 에디션	17/09(18년형)	디젤	5만km	2,050만원
4	현대 더 뉴 제네시스 쿠페 200 터보 S	12/07	가솔린	12만km	1,680만원
5	기아 스포티지 4세대 2.0 디젤 2WD 트렌디	16/04	디젤	14만km	1,230만원
6	쉐보레 어메이징 뉴 크루즈 2.0 디젤 LT 디럭스팩	15/05	디젤	9만km	570만원
7	쉐보레 크루즈 2.0 LTZ 플러스	11/12(12년형)	디젤	10만km	630만원
8	현대 올 뉴 투싼 1.7 E-VGT 2WD 모던	15/07(16년형)	디젤	2만km	1,600만원
9	현대 포터2 캠핑카	11/03	디젤	10만km	1,850만원
10	쉐보레 스파크 LPGi LT	12/09	LPG	16만km	290만원
11	쉐보레 말리부 2.0 LTZ 디럭스팩	13/04	가솔린	14만km	790만원
12	쉐보레 크루즈 1.8 LTZ 플러스	13/10(14년형)	가솔린	16만km	400만원
13	현대 더 럭셔리 그랜저 Q240 디럭스	10/03	가솔린	20만km	499만원
14	케이씨노블 노블클라쎄 카니발	18/02	가솔린	3만km	6,900만원
15	르노삼성 마스터 2.3 디젤 L 캠핑카	19/09	디젤	594km	5,410만원
16	현대 아슬란 G330 익스클루시브	15/03	가솔린	4만km	2,460만원
17	기아 레이 1.0 밴 기본형	12/07(13년형)	가솔린	2만km	1,500만원
18	현대 아반떼AD 1.6 e-VGT 스타일	16/02	디젤	7만km	1,050만원

[그림 4-10] usedcars 데이터프레임

상기의 데이터프레임의 자료구조에서 현재 문자열로 구성된 주행거리(km)와 판매가격(price)은 향후 데이터 분석을 위하여서는 숫자열로 변경이 필요하다. 따라서 다음과 같은 데이터 정제 작업을 수행하여 주행거리(km)와 판매가격(price) 자료를 숫자형으로 변경한다. gsub() 함수는 특정 문자열을 변경하는 데 사용된다.

```
# ④ 데이터 정제
# km 자료 숫자로 변경
usedcars$km <- gsub("만km", "0000", usedcars$km)    # 문자열 변환("만km"->"0000")
usedcars$km <- gsub("천km", "000", usedcars$km)
usedcars$km <- gsub("km", "", usedcars$km)
usedcars$km <- gsub("미등록", "", usedcars$km)
usedcars$km <- as.numeric(usedcars$km)              # 숫자형으로 변경

# price 자료 숫자로 변경
usedcars$price <- gsub("만원", "", usedcars$price)
usedcars$price <- gsub("계약", "", usedcars$price)
usedcars$price <- gsub("팔림", "", usedcars$price)
usedcars$price <- gsub("금융리스", "", usedcars$price)
usedcars$price <- gsub(",", "", usedcars$price)
usedcars$price <- as.numeric(usedcars$price)
```

```
View(usedcars)
```

Data: usedcars

	title	year	fuel	km	price
1	기아 올 뉴 카니발 2.2 디젤 9인승 하이리무진 프레?	18/03	디젤	50000	5800
2	현대 코나 1.6 T-GDi 2WD 프리미엄	18/05	가솔린	30000	2580
3	기아 스포티지 4세대 2.0 디젤 2WD 스타일 에디션	17/09(18년형)	디젤	50000	2050
4	현대 더 뉴 제네시스 쿠페 200 터보 S	12/07	가솔린	120000	1680
5	기아 스포티지 4세대 2.0 디젤 2WD 트렌디	16/04	디젤	140000	1230
6	쉐보레 어메이징 뉴 크루즈 2.0 디젤 LT 디럭스팩	15/05	디젤	90000	570
7	쉐보레 크루즈 2.0 LTZ 플러스	11/12(12년형)	디젤	100000	630
8	현대 올 뉴 투싼 1.7 E-VGT 2WD 모던	15/07(16년형)	디젤	20000	1600
9	현대 포터2 캠핑카	11/03	디젤	100000	1850
10	쉐보레 스파크 LPGi LT	12/09	LPG	160000	290
11	쉐보레 말리부 2.0 LTZ 디럭스팩	13/04	가솔린	140000	790
12	쉐보레 크루즈 1.8 LTZ 플러스	13/10(14년형)	가솔린	160000	400
13	현대 더 럭셔리 그랜저 Q240 디럭스	10/03	가솔린	200000	499
14	케이씨노블 노블클라쎄 카니발	18/02	가솔린	30000	6900
15	르노삼성 마스터 2.3 디젤 L 캠핑카	19/09	디젤	594	5410
16	현대 아슬란 G330 익스클루시브	15/03	가솔린	40000	2460
17	기아 레이 1.0 밴 기본형	12/07(13년형)	가솔린	20000	1500
18	현대 아반떼AD 1.6 e-VGT 스타일	16/02	디젤	70000	1050

[그림 4-11] 데이터 정제 후 usedcars 데이터프레임

이후 분석에 활용하기 위하여 웹 스크래핑 자료를 다음과 같이 CSV 텍스트 파일로 저장한다. 이 usedcars.csv 파일은 차량 명칭(title), 차량 연식(year), 연료 구분(fuel), 주행거리(km), 판매가격(price), 제조사(maker)로 구성되어 있으며, '5장 데이터 기술통계' 분석에서 실습 데이터로 사용된다.

```
# 웹 스크래핑 자료 파일로 저장하기
setwd("C:/WORK_R")                                    # 디렉터리 설정
write.csv(usedcars, "usedcars_new.csv", fileEncoding="EUC-KR")
                                                      # CSV 파일로 저장하기
```

4.2.4 오픈 API 기반 자료수집

오픈 API(open application programming interface)는 웹 2.0의 대표적인 기술로써 자신이 보유한 정보나 서비스 등을 공개하여 타 정보 시스템에서 활용할 수 있도록 제공하는 사용자 중심의 서비스이다. 공공데이터 접근을 위해서 오픈 API의 인터페이스 표준 기술인 REST가 주로 활용되고 있다. REST(Representational State Transfer)는 인터넷 기업들이 중심이 되어 기존

에 독점적으로 제공되던 서비스나 정보 등을 개방하기 위해 개발되었으며 XML과 HTTP을 포함한 웹 기반 기술 및 프로토콜을 사용하는 모델로써 HTTP의 기본 메소드(method)[4]인 GET/POST를 사용하여 자료를 요청한다. REST 요청 자료는 XML, JSON, (X)HTML 등 다양한 형식으로 응답된다. 웹 서비스 표준인 SOAP(Simple Object Access Protocol)가 사용되기도 하지만 복잡한 구조로 인해 REST에 비해 상대적으로 속도가 느리다.

1) 주요 오픈 API 제공 기관

구글을 포함한 다수의 기관에서 오픈 API를 통하여 해당 기관들이 보관하고 있는 자료들을 대부분 REST 방식을 통하여 제공하고 있다. 주요 오픈 API 방식으로 자료를 제공하는 기관들은 〈표 4-2〉와 같다.

〈표 4-2〉 주요 오픈 API 제공 기관

기관	제공 오픈 API
구글	광고를 위한 AdSense API, 지도 서비스를 위한 GoogleMaps API 제공하여 친구 찾기, 부동산 정보 등 300여 개의 서비스를 제공
공공데이터포털	교육, 국토 관리, 공공 행정, 재정 금융, 산업 고용, 사회복지, 식품 건강, 문화관광, 보건의료, 재난 안전, 교통 물류, 환경 기상, 과학기술, 농축수산, 통일 외교 안보, 법률 등 다양한 영역의 데이터
네이버	블로그, 뉴스, 카페, 지도 등 다양한 데이터를 제공
카카오	프로필, 메신저 자료, 카카오 내비 정보, 카카오 결제 정보를 제공
페이스북	인공지능, 증강현실, 비즈니스 도구, 게임, 오픈소스 및 게시물 자료

2) 오픈 API 활용 동작

오픈 API 방식을 통해 데이터를 제공하는 방식이 파일 데이터 셋 형식으로 데이터를 제공하는 것과 가장 다른 점은 파라미터를 통하여 필요 자료만 선택적으로 요청·수집하는 것이다. 오픈 API 활용 동작은 [그림 4-12]에서와 같이 첫째, ① 오픈 API 자료 요청 단계로 자료

4) 메소드(method)는 클라이언트가 웹서버에게 서비스를 요청하는 방식을 말한다.

가 보관되어 있는 웹사이트 URL과 자료 활용에 대한 승인을 받은 API 키 그리고 자료 요청 조건 등을 포함하여 서버에 자료를 요청한다. 두 번째는 ② 요구된 자료 전송 단계로 요청을 받은 서버는 요구 조건에 해당하는 자료를 XML이나 JSON 형식으로 전송한다. 마지막은 ③자료 형식 변경 단계로 XML이나 JSON 형식으로 받은 자료를 R에서 데이터프레임으로 변경하여 바로 사용하거나 CSV 텍스트 파일 또는 엑셀 파일 형식으로 저장하여 사용한다.

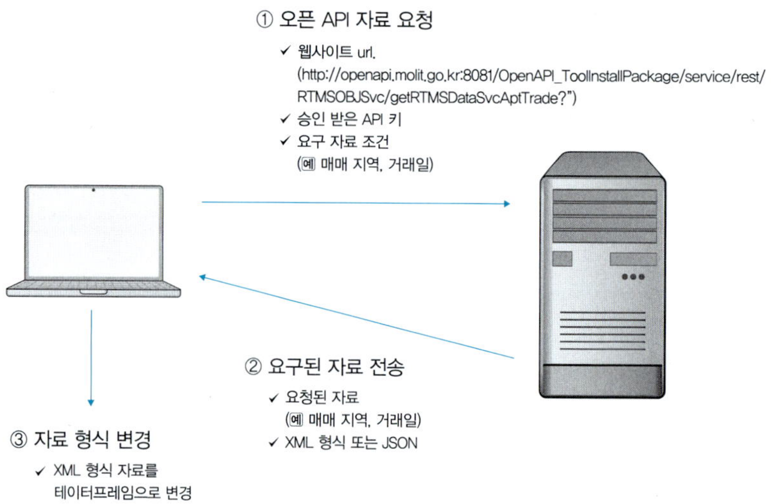

[그림 4-12] 오픈 API 활용 동작

3) 오픈 API를 위한 필요 패키지

오픈 API 근간의 자료수집을 위한 필요 패키지는 오픈 API로 가져온 자료를 XML 형식으로 변경하는 데 사용되는 함수들을 지원하는 "XML" 패키지를 우선 설치한다.

```
# 오픈 API를 위한 필요 패키지 설치
install.packages("XML")
```

4) 오픈 API 근간의 자료수집 순서

R에서 오픈 API로 자료수집을 수행하는 절차는 우선 오픈 API 제공 웹사이트에 로그인하

여 오픈 API 자료를 검색한다. 이후 이를 사용하기 위한 개발계정 API 키 신청을 하고 발급받는다. 발급 후 오픈 API 접속을 위한 웹 URL 및 요청변수를 확인한 후 R에서 오픈 API를 이용하여 자료를 가져온다. 마지막으로 R로 가져온 자료를 분석을 위한 데이터프레임 구조로 만든다. 오픈 API 근간의 자료수집 수행 절차를 정리하면 다음과 같다.

① 오픈 API 제공 웹사이트에 접속 및 로그인
② 오픈 API 자료 검색
③ 활용신청 및 개발계정 API 키 신청
④ 승인 받은 개발계정 API 키 확인
⑤ 오픈 API 접속을 위한 웹 URL 및 요청변수 확인
⑥ R에서 오픈 API를 이용한 자료 요청
⑦ 데이터프레임 만들기

5) 공공데이터포털 오픈 API 예시

오픈 API 자료수집 예시는 공공데이터포털에서 경기도의 '환경 대기오염' 정보를 가져오는 것이다. 이를 위해 첫 번째 단계는 '**① 오픈 API 제공 웹사이트에 접속 및 로그인**'하는 것으로 대기오염 정보를 오픈 API를 제공하는 공공데이터포털(https://www.data.go.kr/)에 접속하여 로그인한다. 두 번째 단계는 '**② 오픈 API 자료 검색**'이라는 것으로 경기도 대기오염에 대한 검색을 통하여 관련 자료를 제공하는 오픈 API를 찾는다. 참고로 시도별 대기오염 정보를 제공하는 오픈 API는 '한국환경공단_에어코리아_대기오염정보'이다. 다음 단계는 '**③ 활용신청 및 개발계정 API 키 신청**' 단계로 다음 그림에서 활용신청을 수행한다.

[그림 4-13] 오픈 API 개발계정 신청

다음 단계는 '④ **승인 받은 개발계정 API 키 확인**'하는 단계로 공공데이터포털의 마이페이지 메뉴를 통하여 확인할 수 있다. 다음 단계는 '⑤ **오픈 API 접속을 위한 웹 URL 및 요청 자료 조건 지정을 위한 파라미터 확인**'하는 단계로 이들 정보는 개발계정 상세보기의 참고 문헌에서 찾을 수 있다.

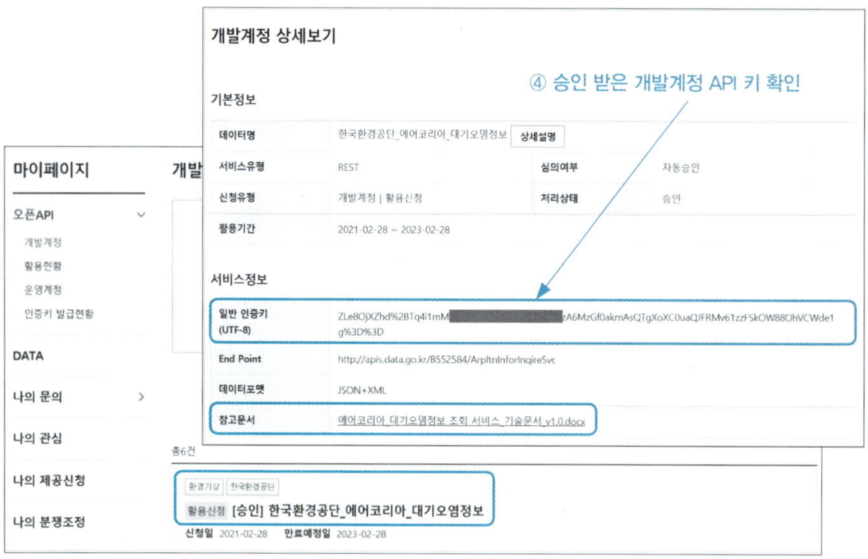

[그림 4-14] 오픈 API 개발계정 확인

일반적으로 참고문헌의 내용이 다소 방대하고 복잡한 경우가 있어 초보자들의 경우 '⑤ **오픈 API 접속을 위한 웹 URL 및 요청 자료 조건 지정을 위한 파라미터 확인**' 단계는 다소 어려운 점이 있다. 따라서 하단의 상세기능정보의 미리보기 기능을 이용하는 것이 바람직하다. 상세기능정보의 미리보기 기능을 선택하면 [그림 4-15]와 같이 자료의 요구 조건을 지정할 수 있는 요청변수를 확인할 수 있다.

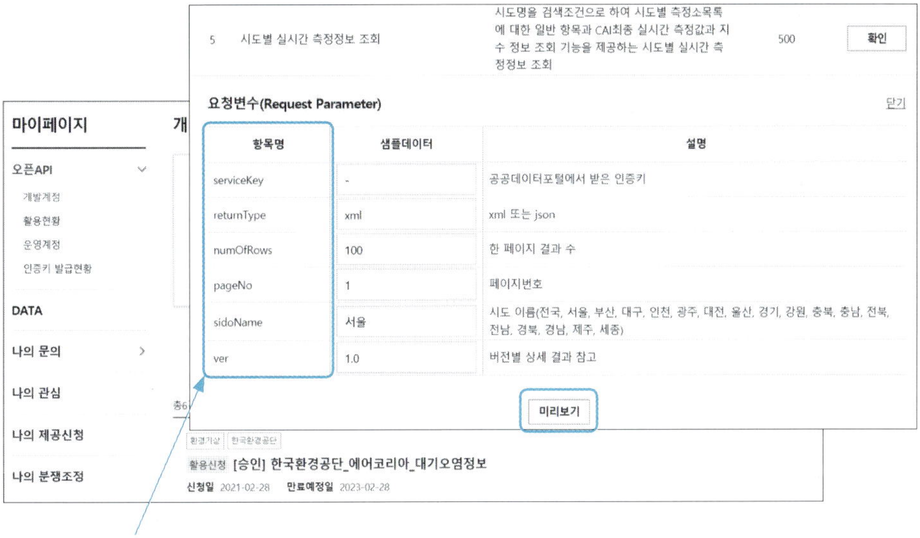

⑤ 오픈 API 접속을 위한 웹 URL 및 요청변수 확인

[그림 4-15] 오픈 API 미리보기

상기의 그림에서 보면 요청변수는 한 페이지 결과 수를 요청하는 numOfRows, 페이지 번호인 pageNo, 요청하는 시도 이름인 sidoName 그리고 요청 데이터 기간인 searchCondition, 4개로 구성되어 있는 것을 확인할 수 있다. 각각의 요청 조건의 기본 초기값으로 미리보기를 실행하면 [그림 4-16]과 같이 XML 형식으로 자료가 제공되고 있는 것을 볼 수 있다.

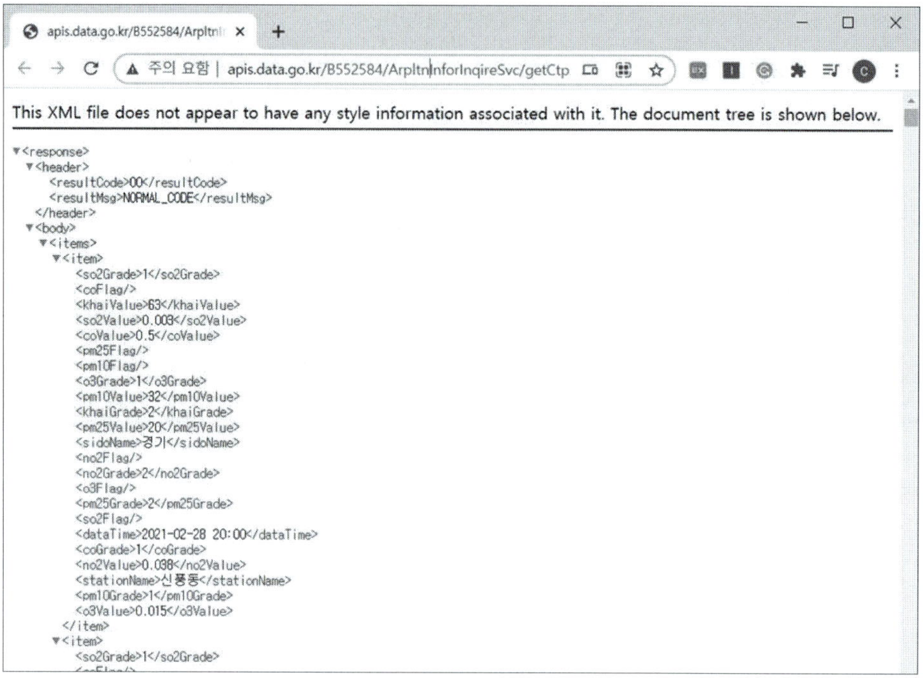

[그림 4-16] XML 데이터

[그림 4-16]의 자료는 웹브라우저에서 실행한 다음과 같은 오픈 API URL 실행을 통해 만들어진 것이다.

```
http://apis.data.go.kr/B552584/ArpltnInforInqireSvc/getCtprvnRltmMesureDnsty?serviceKey=본인KEY&returnType=xml&numOfRows=100&pageNo=1&sidoName=%EA%B2%BD%EA%B8%B0&ver=1.0"
```

대기오염에 대한 시군구별 실시간 평균 정보 조회 서비스를 제공하는 웹사이트는 'http://apis.data.go.kr/B552584/ArpltnInforInqireSvc/getCtprvnRltmMesureDnsty'이고, 중간의 '?'는 요청 변수 부분을 구분하기 위한 기호로 사용되는 것이다. '?'이후 발급 받은 API 키는 지정되어 있고, 이후 요청 변수들은 &로 연결되어 있는 것을 알 수 있다. 참고로 sidoName 변수의 값으로 지정된 '%EA%B2%BD%EA%B8%B0'값은 한글값인 '경기'를 URL 형식으로 코드화한 것으로 한글이 URL에 포함되는 경우 오류가 발생하는 것으로 막기 위하여 사용된 형태이다.

다음 단계는 실질적으로 '⑥ **R에서 오픈 API를 이용한 자료 요청**'하는 단계로 공공데이터 포털의 마이페이지 메뉴를 통하여 확인할 수 있다.

```
# 패키지 불러오기
library(XML)
# 웹사이트 URL 설정
api_url <- "http://apis.data.go.kr/B552584/ArpltnInforInqireSvc/getCtprvnRltmMesureDnsty"

# 승인 받은 KEY 등록
service_key <- "본인 KEY"

# 요청변수 등록
numOfRows <- "30"
sidoName <- "경기"
sidoName <- URLencode(iconv(sidoName, to="UTF-8"))       # 한글을 웹 URL 코드화
searchCondition <- "DAILY"

# 오픈 API URL
open_api_url <- paste0(api_url,"?serviceKey=",service_key,"&numOfRows=",numOfRow
s,"&sidoName=",sidoName,"&searchCondition=",searchCondition)

# 오픈 API 통하여 XML 형식으로 자료 가져오기
raw.data <- xmlTreeParse(open_api_url, useInternalNodes = TRUE, encoding = "utf-8")
```

다음 단계는 '⑦ **데이터프레임 만들기**'를 하는 단계로 다음과 같은 R 명령어들을 수행한다.

```
# XML 형식의 자료를 테이터프레임으로 변경하기
air_pollution <- xmlToDataFrame(getNodeSet(raw.data,"//item"))
View(air_pollution)
```

상기의 air_pollution 데이터프레임에서 일시(dataTime), 관측소(stationName), 아황산가스 농도(so2Value), 일산화탄소 지수(coValue), 오존 지수(o3Value), 이산화질소 농도(no2Value), 미세먼지 농도(pm10Value) 등의 주요 항목들만 가져온다.

```
air_pollution <- subset(air_pollution, select= c(dataTime, stationName, so2Value,
coValue, o3Value, no2Value, pm10Value))
View(air_pollution)
```

Data: air_pollution

	dataTime	stationName	so2Value	coValue	o3Value	no2Value	pm10Value
1	2021-02-28 20:00	소사본동	0.004	0.7	0.000	0.052	59
2	2021-02-28 20:00	내동	0.004	0.5	0.005	0.052	72
3	2021-02-28 20:00	중2동	0.004	0.7	0.001	0.052	47
4	2021-02-28 20:00	오정동	0.006	0.6	0.003	0.050	51
5	2021-02-28 20:00	송내대로(중동)	0.005	0.6	0.003	0.051	47
6	2021-02-28 20:00	신흥동	0.003	0.5	0.015	0.038	32
7	2021-02-28 20:00	인계동	0.003	0.6	0.017	0.038	31
8	2021-02-28 20:00	광교동	0.002	0.6	0.012	0.044	34
9	2021-02-28 20:00	영통동	0.002	0.6	0.021	0.031	33
10	2021-02-28 20:00	천천동	0.002	0.5	0.012	0.043	35
11	2021-02-28 20:00	경수대로(동수원)	0.002	0.6	0.010	0.035	35
12	2021-02-28 20:00	고색동	0.003	0.6	0.015	0.036	49
13	2021-02-28 20:00	호매실동	0.002	0.5	0.014	0.035	38
14	2021-02-28 20:00	대왕판교로(백현동)	0.007	1.1	-	0.053	30
15	2021-02-28 20:00	단대동	0.003	0.5	0.009	0.045	30
16	2021-02-28 20:00	정자동	0.002	0.6	0.005	0.045	31
17	2021-02-28 20:00	수내동	0.002	0.6	0.004	0.048	26
18	2021-02-28 20:00	성남대로(모란역)	0.004	0.7	0.004	0.052	37
19	2021-02-28 20:00	복정동	0.001	0.7	0.008	0.048	36

[그림 4-17] 오픈 API 수집 자료 보기

이후 분석에 활용하기 위하여 가져온 오픈 API 자료를 다음과 같이 CSV 파일로 저장한다. 이 air_pollution.csv 파일은 '5장 데이터 기술통계' 분석에서 실습 데이터로 사용된다.

```
# 오픈 API 자료 파일로 저장하기
setwd("C:/WORK_R")                                    # 디렉터리 설정
write.csv(air_pollution, "air_pollution_new.csv", fileEncoding="EUC-KR")
                                                      # CSV 파일로 저장하기
```

연습문제

1 http://ssra.or.kr.co.kr/bigdata/data.csv에서 data.csv 파일을 다운로드하여 R로 불러들여 data라는 데이터프레임으로 생성하시오.

2 상기 데이터프레임에 품질, 가격, 서비스, 배송 값들의 합계 변수를 추가하시오.

3 상기 데이터프레임을 거주 지역별(대도시, 중도시, 소도시)로 분리하여 3개의 데이터프레임을 생성하시오.

4 상기 데이터프레임에서 품질, 가격, 서비스, 배송 변수만 구성된 신규 데이터프레임을 생성하시오.

5 3번에서 거주 지역별로 생성한 3개의 데이터프레임을 하나의 새로운 데이터프레임으로 결합하시오.

6 상기 데이터프레임을 소득에 대한 내림차순으로 정렬하시오.

7 4번에서 생성한 데이터프레임에서 apply() 함수를 이용하여 품질, 가격, 서비스, 배송 값들에 대한 평균을 구하시오.

8 공공데이터포털에서 무료 와이파이 자료에 대한 파일 데이터 셋을 수집하시오.

9 네이버 블로그에서 맛집을 키워드로 실행한 후, 첫 화면에 대하여 웹 스크래핑하여 자료를 수집하시오.

10 공공데이터포털에서 오프 API(국토교통부 실거래)를 통하여 2021년 1월 서울 강남구의 아파트 매매 실거래가 자료를 수집하시오.

제2부

정형 데이터 분석

Chapter 5

데이터 기술통계

Chapter 5 데이터 기술통계

5.1 기술통계 개요

기술통계(descriptive statistics)는 수집한 자료에 대한 정리, 표현, 요약, 해석 등을 통해 자료의 특성을 규명하는 통계 기법으로, 수집한 빅데이터를 근간으로 현재의 현상을 기술하거나 설명하는 것을 목적으로 한다. 기술통계는 일반적으로 수집된 자료에 대한 탐색적인 조사 자료로써 제공되나, 특정한 조사에 있어서는 기술통계 자체로도 충분히 그 조사의 결과물로 활용될 수 있다. 빅데이터 분석에서 기술통계 분석의 기법들은 기존의 통계학이 정보의 추출에서 가설 검정 등에 치우쳐 자료가 가지고 있는 본연의 의미를 찾는 데 어려움이 있어, 이를 보완하고자 주어진 자료만 가지고도 충분한 정보를 찾을 수 있도록 수행하는 다양한 자료 분석 기법인 탐색적 데이터 분석(Exploratory Data Analysis, EDA)[1]을 수행하기 위한 기법으로도 활용된다.

5.1.1 주요 기술통계 기법

빅데이터 자료의 특성을 기술하거나 설명하기 위한 전통적인 주요 기술통계 기법은 빈도분석, 기술 분석, 교차분석, 다차원 척도법 등이 있으나, 최근 빅데이터에 대한 효과적인 기술분석(descriptive analysis)을 위하여 그룹 분석과 탐색적 자료 분석 도구들이 적극 활용되고 있다.

1) 탐색적 데이터 분석(Exploratory Data Analysis, EDA)은 미국의 저명한 통계학자인 John Tukey가 창안한 자료 분석 방법론이다.

〈표 5-1〉 주요 기술통계 기법

기술통계 기법	설명
빈도분석	범주형 자료의 분포적 특성을 파악하는 통계 기법
기술 분석	연속형 자료의 주요 특성 값들을 파악하는 통계 기법
교차분석	범주형 자료인 두 개 이상의 변수에 대해 교차되는 빈도를 분석하는 통계 기법
다차원 척도법	자료들 간의 근접성을 시각화하여 자료 속에 잠재해 있는 패턴이나 구조를 찾아 내는 통계 기법
그룹 분석	범주형 자료별로 그룹 함수를 적용한 분석 기법
탐색적 자료 분석 도구	주어진 자료만 가지고도 충분한 정보를 찾을 수 있도록 수행하는 다양한 자료 분석 도구

(1) 빈도분석

빈도분석(frequency analysis)은 성별, 연령대와 같은 범주형 자료(categorical data)에 대하여 빈도표를 작성하고 그에 적절한 막대그래프, 파이 차트, 히스토그램과 같은 그래프를 그리는 통계 분석 기법으로 자료의 분포 현황을 파악하여 분포적 특성을 파악하는 데 사용된다.

(2) 기술 분석

기술 분석(descriptive analysis)은 수집한 자료의 중심 경향성[2]이나 변동성[3]과 같은 주요 특성을 분석하는 통계 기법으로 자료의 특성을 쉽게 파악할 수 있도록 묘사하는 것을 목적으로 한다. 기술 분석은 일반적으로 소득, 생활비와 같은 연속성 자료(continuous data)를 대상으로 하며, 자료의 개략적 특성을 살펴보는 데 효과적인 분석 방법이다.

(3) 교차분석

교차분석(cross-tabulation analysis)은 범주형 자료인 두 개 이상의 변수에 대해 교차되는 빈도를 표로 나타내 주는 분석 방법으로, 빈도분석이 한 개의 변수에 대한 빈도를 측정하는 방법이었다면, 교차분석은 두 개의 변수를 교차한 자료에 대한 빈도를 분석하는 통계 기법이다.

2) 중심경향(central tendency)은 모집단 혹은 표본으로부터 얻어진 자료가 어떤 특정한 값을 중심으로 분포를 형성하는지의 경향으로 주요 척도는 평균값, 중앙값, 최빈수 값 등이 있다.

3) 변동성(variability)은 한 분포가 그 대푯값 주변에 분산해 있는 정도를 의미하며, 주요 척도는 범위, 사분위편차, 분산, 표준편차 등이 있다.

(4) 다차원 척도법

다차원 척도법(multi-dimensional scaling, MDS)은 자료들 사이의 유사성/비유사성을 측정하여 2차원 또는 3차원 공간상에 점으로 표현하는 분석 기법으로 자료들 간의 근접성을 시각화하여 데이터 속에 잠재해 있는 패턴이나 구조를 찾아내는 통계 기법이다.

(5) 그룹 분석

그룹 분석(group analysis)은 자료를 집단별로 나누어 그룹 함수를 적용한 분석 방법으로 빈도분석이 그룹별 빈도만을 산출하는 것에 비하여 그룹 분석은 빈도는 물론 그룹별 특정 값에 대한 합계, 평균, 표준편차와 같은 정보들을 제공하는 자료 분석 기법이다.

(6) 탐색적 데이터 분석 도구

탐색적 데이터 분석(exploratory data analysis, EDA)은 수집된 자료만 가지고도 충분한 정보를 찾을 수 있도록 수행하는 다양한 자료 분석 기법으로 박스 플롯, 산포도, 히스토그램과 같은 그래픽 도구들이 탐색적 데이터 분석을 위한 도구로 활용된다.

5.1.2 통계 자료의 종류

통계의 대상이 되는 자료는 [그림 5-1]과 같이 자료의 속성에 따라 범주형 자료와 연속형 자료로 구분된다. 범주형 자료(categorical data)는 자료가 범주화 즉, 분류가 가능한 형태의 자료로 명목척도나 서열척도 형태의 자료로 구분된다. 연속형 자료(continuous data)는 계산 가능한 수치들로 이루어진 자료로 등간척도나 비율척도 형태의 자료로 분류된다.

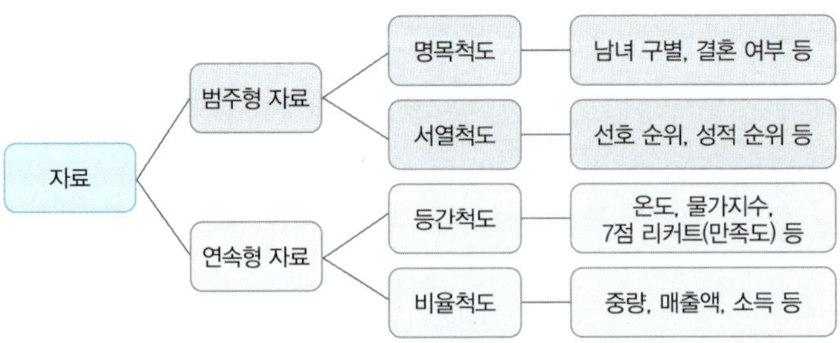

[그림 5-1] 자료의 구분

명목척도(nominal scale)는 남녀 구별, 결혼 여부, 좋아하는 색상, 출신 지역 등과 같이 단지 자료들이 서로 다르다는 것을 표시하는 자료에 해당하는 척도로 인구통계학적 특성을 파악하기 위한 자료를 수집 시 주로 사용된다. 서열척도(ordinal scale)는 측정 대상 간에 높고 낮음의 관계를 순서에 따라 값을 부여한 것으로 측정 대상 간의 해당 속성의 양적인 비교는 불가능하다. 등간척도(interval scale)는 각 수준 간의 간격이 동일하지만 절대 원점을 갖고 있지 않은 척도로써 자료 간의 양적 차이는 알 수 있지만 양의 절대적 크기는 알 수가 없다. 사회과학 통계분석에서 일반적으로 사용되는 자료 척도 형식이다. 마지막으로 비율척도(ratio scale)는 각 수준 간의 간격이 동일하면서도 동시에 절대 원점을 갖는 척도이다.

자료의 종류는 통계 분석 시 중요한 의미를 가지고 있다. 일반적으로 자료의 종류에 따라 적용되는 통계분석 기법들이 다른 경우가 있다. 예를 들어 범주형 자료들은 일반적으로 빈도분석이나 교차분석이 수행되며, 기술 분석과 다차원 척도법은 연속형 자료를 분석하는 데 사용된다. 그룹 분석의 경우 범주형 자료를 집단으로 하여 연속형 자료들에 대한 분석을 수행한다.

5.2 빈도분석

빈도분석(frequency analysis)은 자료의 특정 변수에 대하여 차지하는 측정값들의 수량 즉, 빈도와 비율을 산출하는 분석이다. 예를 들어 투표에 참여한 유권자들에 대한 빈도분석은 성별, 연령, 출신 지역 등의 특정 변수들에 대하여 남녀의 수는 몇 명이고, 20대, 30대, 40대, 50대, 60대 이상과 같은 연령대의 수와 비율은 얼마이며, 출신 지역별 인원수 등의 빈도와 비율 등을 분석하는 것이다. 빈도분석은 가장 기초적인 기술통계 분석 기법으로 자료의 전체적인 분포를 이해하는 데 도움을 주는 분포적 특성 정보를 제공한다.

빈도분석은 일반적으로 범주형 변수에 대하여 실행하며, 범주형 변수에 대하여 빈도표(frequency table)를 작성하고, 그에 적절한 막대그래프, 파이 차트, 히스토그램과 같은 그래프를 그리는 분석 방법이다. 빈도분석의 목적은 자료의 분포 현황을 파악하여 분포적 특성을 파악하는 것으로 일반적으로 빈도표로 나타내지만 표로만 표시하는 것보다는 그래프도 함께 표시하는 것이 직관적인 이해를 돕는다. 빈도표에는 분석 변수의 항목별 빈도(frequency)와 상대 비율(relative percentage, %)이 포함되어 있다. 예를 들어 특정 중학교의 성별에 대한 빈도분석은 [그림 5-2]와 같은 빈도표와 그래프로 표시한다.

성별 빈도표		
변수	변도	비율(%)
남성	289	0.48
여성	311	0.51

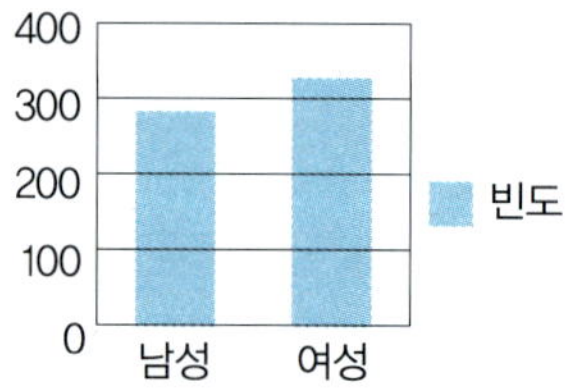

[그림 5-2] 빈도표와 막대그래프 예시

5.2.1 빈도분석 예시

빈도분석의 예시 자료는 4장에서 웹 스크래핑으로 수집한 중고차 정보 자료인 usedcars.csv를 이용한다. usedcars.csv 파일은 다음 〈표 5-2〉와 같이 차량 명칭, 차량 연식, 연료 구분, 주행거리, 판매가격, 제조사로 구성되어 있으며, 자료 형식은 차량 명칭과 차량 연식은 텍스트 문자열, 연료 구분과 제조사는 범주형, 그리고 주행거리와 판매가격은 연속형 자료로 구성되어 있다. 따라서 본 예시는 범주형 자료들인 연료 구분과 제조사에 대하여 빈도분석을 수행한다.

〈표 5-2〉 빈도분석 예시 자료

	title	fuel	maker
1	케이씨노블 노블클라쎄 카니발	가솔린	케이씨노블
2	르노삼성 마스터 2.3 디젤 L 캠핑카	디젤	르노삼성
3	현대 아슬란 G330 익스클루시브	가솔린	현대
4	기아 레이 1.0 밴 기본형	가솔린	기아
5	현대 아반떼AD 1.6 e-VGT 스타일	디젤	현대

title: 차량 명칭, fuel: 연료 구분, maker: 제조사

5.2.2 빈도분석 실행

1) 작업 영역 설정 및 파일 불러오기

빈도분석을 위하여 다음과 같이 우선 작업 영역을 설정하고 설정된 디렉터리(C:/WORK_R)에서 웹 스크래핑으로 수집된 자료의 내용을 R 영역으로 가져와 데이터프레임으로 저장한다.

```
# 작업 영역 설정 및 중고차 자료 가져오기
setwd("C:/WORK_R")
options("width"=500)
usedcars <- read.csv("usedcars.csv", header = T, fileEncoding="EUC-KR")
```

빈도분석을 위하여 가져온 자료 중에서 범주형 자료들인 연료 구분(fuel)과 제조사(maker)로 구성된 새로운 데이터프레임 자료를 만든다.

```
# 데이터프레임 형식으로 저장된 자료
freq_data <- subset(usedcars, select=c(maker, fuel))      # 차량 명칭을 제외
head(freq_data)                                           # 상위 6개의 자료 보기
      maker     fuel
  1    현대     가솔린
  2  제네시스   가솔린
  3    기아     가솔린
  4    기아     가솔린
  5    현대      디젤
  6    기아     가솔린
```

2) 빈도분석

빈도분석을 위하여 R에서 기본적으로 사용되는 함수는 table()과 prop.table()이다. table() 함수는 입력된 벡터에 대하여 범주별 빈도수를 산출하는 함수이고, prop.table() 함수는 입력된 빈도에 대하여 백분율을 산출하는 함수이다. 따라서 예시 자료에 대한 빈도분석을 위하여서는 다음과 같이 항목별로 빈도표 작성을 위한 R 스크립트를 실행하면 된다.

```
# 빈도분석
freqc <-  table(freq_data$maker)                    # 제조사에 대한 빈도분석
propc <-  prop.table(freqc)*100                     # 백분율
propc_r <-  round(propc, 1)                         # 백분율 반올림
freq_table <- cbind(빈도=freqc, 백분율=propc_r)     # 빈도와 백분율 결합
```

상기의 R 스크립트에서 생성된 freq_table을 실행하면 다음과 같은 제조사들에 대한 빈도표를 얻을 수 있다.

```
freq_table                                          # 제조사들에 대한 빈도표
            빈도  백분율
  EHLC         1     1.4
  GM대우       3     5.3
  기아        18    25.7
  르노삼성     7    10.0
  쉐보레       1     1.4
  쌍용         6     8.6
  제네시스     3     5.3
  카인드       1     1.4
  케이씨       1     1.4
  케이씨노블   1     1.4
  현대        28    40.0
```

상기의 R 스크립트에서 round() 함수는 prop.table()에서 산출된 백분율을 1자리 소수점을 만들기 위하여 이용되었고, cbind() 함수는 각기 산출된 빈도와 백분율을 결합하여 빈도표를 생성하기 위하여 사용되었다. R에서 기본적으로 제공되는 상기의 table()과 prop.table() 함수 이외에 "descr" 패키지의 freq() 함수를 이용하면, 다음과 같이 좀 더 간편하게 빈도분석을 수행할 수 있다. freq() 함수의 사용 형식은 다음과 같다.

```
freq(x, plot= , …)

x: 숫자형 벡터값
plot: 그래프 생성 여부 TRUE/FALSE (기본값: TRUE)
```

빈도분석은 다음과 같이 패키지를 사용하기 위한 library(descr)를 실행한 후 freq() 함수를 실행하면 된다.

```
# descr 패키지 이용 빈도분석
library(descr)
freq_table1 <- freq(freq_data$maker, plot=FALSE)      # 빈도분석
freq_table1                                           # 제조사에 대한 빈도표
library(descr)
freq_table2 <- freq(freq_data$maker, plot=TRUE)       # 그래프 포함
freq_table2                                           # 제조사에 대한 빈도표
```

descr 패키지의 freq() 함수를 이용하여 생성한 제조사에 대한 빈도표 freq_table1를 실행하면 다음과 같다. 또한 plot=TRUE 옵션을 사용하여 생성한 freq_table2를 실행하면 빈도표와 함께 막대그래프가 생성된다.

```
freq_table                                            # 제조사들에 대한 빈도표
  data$maker
             Frequency    Percent
  EHLC           1          1.429
  GM대우         3          5.286
  기아          18         25.714
  르노삼성       7         10.000
  쉐보레         1          1.429
  쌍용           6          8.571
  제네시스       3          5.286
  카인드         1          1.429
  케이씨         1          1.429
  케이씨노블     1          1.429
  현대          28         40.000
  Total         70        100.000
```

3) 빈도분석 그래프 그리기

빈도분석에서는 표로 기술하는 것보다는 그래프로 기술하는 것이 시각적으로 이해하기가 쉽다. 빈도분석에서 자주 사용되는 그래프는 막대그래프, 파이 차트 등이 있다. 막대그래프는 데이터를 분류한 후 각 데이터를 비교하는 데 많이 사용하는 형태의 그래프로 빈도를 시각적으로 분석할 때 주로 사용된다. R에서 막대그래프는 다음과 같이 barplot() 함수를 이용하여 그릴 수 있다.

```
# 막대그래프 작성
freqc  <- table(freq_data$maker)                         # 관측치
barplot(freqc, main="제조사",  xlab="표본수")              # 막대그래프 작성
```

파이 차트는 분할로 나눠서 각 범주에 있는 관측치의 비율을 나타내는 원으로 각 범주 또는 그룹의 데이터 비율을 비교한다. R에서 파이 차트는 pie() 함수를 이용하여 그릴 수 있다.

```
# 파이 차트 작성
freqc  <- table(freq_data$fuel)                          # 관측치
lbls <- rownames(freqc)                                  # 라벨
pie(freqc, labels = lbls, main="차량 연료구분")            # 파이 차트 작성
```

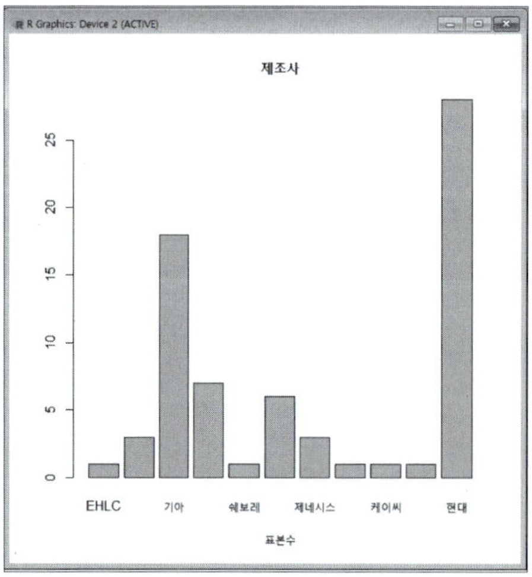

[그림 5-3] 제조사 빈도

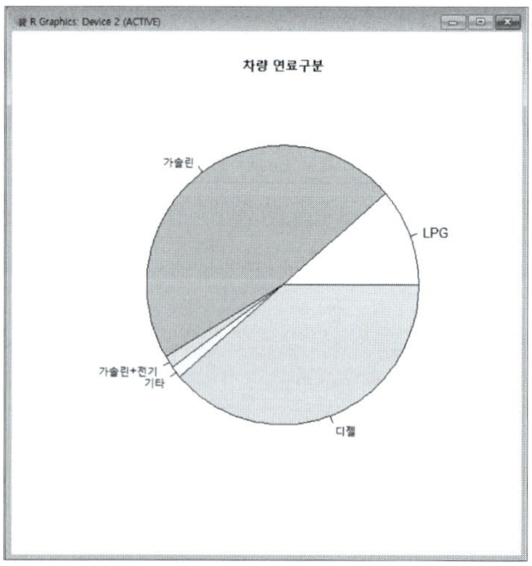

[그림 5-4] 차량 연료 파이 차트

5.3 기술 분석

기술 분석(descriptive analysis)은 자료의 특징을 쉽게 파악하는 것을 목적으로 수집한 자료의 주요 특성을 파악하는 통계 기법이다. 기술 분석은 주로 자료의 중심 경향성을 파악하기 위한 평균값, 중앙값, 최빈수 값 등과 자료의 변동성을 측정하기 위한 최댓값, 최솟값, 범위, 분산, 표준편차, 변동계수, 왜도와 편도 등의 자료의 주요 특성들을 파악하는 분석 기법으로 일반적으로 수치계산이 가능한 연속성 자료를 대상으로 한다. 예를 들어 특정 지역 사람들의 소득에 대한 기본적인 기술 분석은 다음과 같은 자료의 평균과 같은 중심 경향성 척도들과 표준편차와 같은 변동성 척도들을 산출한다. 산출된 기술 분석 자료를 토대로 그 지역 사람들의 소득과 관련한 주요 특성을 파악할 수 있다.

〈표 5-3〉 기술 분석 예시

변수	표본 수	최솟값	최댓값	평균	표준편차	왜도	첨도	평균의 표준오차
소득	90	0	9,300	4,979	1,917	0.07	−0.1	202.04

5.3.1 기술 분석 예시

기술 분석의 예시 자료는 4장에서 공공데이터포털 사이트에서 오픈 API로 가져온 경기도 환경 대기오염 자료인 air_pollution.csv를 이용한다. air_pollution.csv 파일은 일시, 관측소, 아황산가스 농도, 일산화탄소 지수, 오존 지수, 이산화질소 농도, 미세먼지 농도 등의 항목으로 구성되어 있으며, 자료 형식은 관측명을 제외한 모든 대기오염 정보들은 연속형 자료로 구성되어 있다. 본 예시는 연속형 자료들인 대기오염 정보들에 대하여 기술 분석을 수행한다.

〈표 5-4〉 기술 분석 예시 자료

stationName	so2Value	coValue	o3Value	no2Value	pm10Value
소사본동	0.004	0.7	0	0.052	59
내동	0.004	0.5	0.005	0.052	72
중2동	0.004	0.7	0.001	0.052	47
오정동	0.006	0.6	0.003	0.05	51
송내대로(중동)	0.005	0.6	0.003	0.051	47

stationName: 관측소, so2Value: 아황산가스 농도, coValue: 일산화탄소, o3Value: 오존 지수, no2Value: 이산화질소 농도, pm10Value: 미세먼지 농도

5.3.2 기술 분석 실행

1) 작업 영역 설정 및 파일 불러오기

기술 분석을 위하여 다음과 같이 우선 작업 영역을 설정하고, 설정된 디렉터리(C:/WORK_R)에서 수집된 자료의 내용을 R 영역으로 가져와 데이터프레임으로 저장한다.

```
# 작업 영역 설정 및 경기도 환경 대기오염 자료 가져오기
setwd("C:/WORK_R")
options("width"=500)
data <- read.csv("air_pollution.csv", header = T, fileEncoding="EUC-KR")
head(data)
  X    dataTime          stationName    so2Value coValue o3Value no2Value pm10Value
  1 1  2021-02-28 20:00    소사본동      0.004    0.7     0.000   0.052    59
  2 2  2021-02-28 20:00     내동         0.004    0.5     0.005   0.052    72
  3 3  2021-02-28 20:00     중2동        0.004    0.7     0.001   0.052    47
  4 4  2021-02-28 20:00     오정동       0.006    0.6     0.003   0.050    51
  5 5  2021-02-28 20:00  송내대로(중동)  0.005    0.6     0.003   0.051    47
  6 6  2021-02-28 20:00     신풍동       0.003    0.5     0.015   0.038    32
```

2) 기술 분석

자료에 대한 기초 기술 분석은 특정 변수의 평균, 중앙값, 표준편차, 분산, 최댓값, 최솟값 등과 같은 기술 통계량을 파악하는 것으로 자료의 기술 분석을 위하여 R에서는 다음과 같은 다양한 함수들이 이용될 수 있다.

```
length(data$pm10Value)                              # 자료 수(항목의 개수)
  [1] 30

mean(data$pm10Value)                                # 평균(미세먼지 농도)
  [1] 39.23333

median(data$pm10Value)                              # 중앙값
  [1] 35.5

min(data$pm10Value)                                 # 최솟값
  [1] 25

max(data$pm10Value)                                 # 최댓값
  [1] 72

range(data$pm10Value)                               # 범위
  [1] 25 72
```

분산(variance)은 자료의 흩어진 정도로 평균과 각 측정값들의 차이를 구한 후 그 차이를 제곱하여 자료의 크기로 나눈 값이고, 표준편차(standard deviation)는 분산에 제곱근을 한 값으로 표준편차가 작을수록 평균값에서 변량들의 거리가 가깝다. 변동계수(coefficient of variation, CV)는 분산의 정도를 상대적으로 측정하는 지표로 표준편차를 평균값으로 나눈 값으로 측정 단위가 서로 다른 자료를 비교하는 데 유용하게 사용될 수 있다.

```
var(data$pm10Value)                                 # 분산
  [1] 108.8057

sd(data$pm10Value)                                  # 표준편차
```

```
  [1] 10.431

CV <- sd(data$pm10Value) / mean(data$pm10Value)          # 변동계수
CV
  [1] 0.2658708
```

사분위편차(quartile deviation, QD)는 자료의 최대치와 최소치의 양극 변량의 차이로 자료의 중앙부에서 반으로 나눈 즉, 상·하위로 25% 위치에 해당하는 점수의 범위를 의미한다. 사분위편차는 자료들이 얼마나 중간 부분에 있는가를 나타내 주는 퍼짐 정도에 대한 정보를 제공한다.

```
quantile(data$pm10Value)                                   # 사분위수 범위
  0%     25%    50%    75%    100%
  25.0   32.0   35.5   46.5   72.0

quantile(data$pm10Value,0.05)                              # 제5백분위수
  5%
  27.8

quantile(data$pm10Value,0.5)                               # 제50백분위수(=중위수)
  50%
  35.5

quantile(data$pm10Value,0.95)                              # 제95백분위수
  95%
  55.4

Q1 <- quantile(data$pm10Value,0.25)                        # 제1사분위수
Q3 <- quantile(data$pm10Value,0.75)                        # 제3사분위수
QD <- (Q3 - Q1) / 2                                        # 사분위편차
QD
  75%
  7.25
```

상기와 같이 여러 함수들을 통하여 표본 수, 평균, 최댓값, 최솟값, 중앙값, 분산, 표준편차

와 같은 변수의 특성을 분석할 수 있다. 그러나 최빈값의 경우 R에서 기본적으로 제공되는 함수가 없어 다음과 같은 사용자 함수를 사용하거나 prettyR 패키지에서 제공하는 Mode() 함수를 사용하여 분석할 수 있다.

```
# 사용자 함수를 이용한 최빈값 구하기
Mode <- function(x) {
  u <- unique(x)
  u[which.max(tabulate(match(x, u)))]
  }


Mode(data$pm10Value)                                    # 최빈값
  [1] 32

# 패키지를 이용한 최빈값 구하기
library(prettyR)                                        # prettyR 패키지 사용
Mode(data$pm10Value)                                    # 최빈값
  [1] 32
```

데이터 요약 통계 및 분위수를 보여 주는 summary() 함수를 사용할 경우 특정 변수에 대하여 최솟값, 사분위값, 중앙값, 평균, 최댓값을 한 번에 파악할 수 있다.

```
summary(data$pm10Value)

  Min. 1st Qu.  Median    Mean 3rd Qu.    Max.
  25.00   32.00   35.50   39.23   46.50   72.00
```

왜도(skewness)는 자료 분포의 대칭 정도를 말하며 자료들이 중심으로부터 좌우 대칭일 경우에는 왜도의 값이 0이고, 0보다 크면 오른쪽으로 치우친 분포(양의 왜도)이고, 0보다 작으면 왼쪽으로 치우친 분포(음의 왜도)가 된다. 첨도(kurtosis)는 자료의 분포에서 뾰족한 정도를 말하며 정규분포[4]의 첨도는 0, 정규분포보다 중심이 높아 뾰족한 경우는 첨도 값이 양

4) 정규분포(normal distribution)는 연속적이고 좌우대칭인 종 모양의 확률분포로써 실생활에서 관측하는 대부분의 자료들은 정규분포와 비슷한 형태를 가지고 있다.

수로 나오고(양의 첨도), 중심이 정규분포보다 낮고 분포가 비교적 퍼져 있으며 꼬리 부분이 짧은 경우는 음수 값(음의 첨도)을 가진다.

왜도와 첨도는 R에서 기본적으로 제공하지 않는다. 따라서 자료의 왜도와 첨도의 값은 fBasics 패키지의 skewness() 함수와 kurtosis() 함수를 이용하여 구할 수 있다.

```
library(fBasics)
skewness(data$pm10Value)                                    # 왜도
  [1] 1.130792
  attr(,"method")
  [1] "moment"


kurtosis(data$pm10Value)                                    # 첨도
  [1] 1.171833
  attr(,"method")
  [1] "excess"
```

자료의 사분위수 범위의 경우 다음과 같이 상기의 quantile() 함수를 이용하면 좀 더 세분하여 백분위수를 5%, 10%, 25%, 50%, 75%, 90%, 95%에 해당하는 값을 표시해 준다.

```
quantile(data$pm10Value, probs=c(0.05, 0.10, 0.25, 0.5, 0.75, 0.90, 0.95))
  5%     10%    25%    50%    75%    90%    95%
  27.8   30.0   32.0   35.5   46.5   51.0   55.4
```

기술 분석을 위하여 "psych" 패키지의 describe() 함수를 이용할 경우 표본 수, 평균, 표준편차는 물론 일반적인 통계 소프트웨어 패키지에서 제공하는 왜도와 첨도, 표준오차와 같은 변수의 다양한 특성들을 한 번에 분석할 수 있다. describe() 함수의 사용 형식은 다음과 같다.

```
describe(x, na.rm = TRUE, skew = TRUE, ranges = TRUE, trim=.1, type=3, quant=NULL)

x: 분석 대상 숫자형 벡터값
na.rm: 결측값 삭제 여부
skew, ranges: 포함 여부
trim: 결괏값 절사
quant: 4분위값 지정 여부
```

기술 분석은 다음과 같이 패키지를 사용하기 위한 library(psych)를 실행한 후 describe() 함수를 실행하면 된다. 미세먼지 농도에 대한 자료(data$pm10Value)에 대하여 describe() 함수를 이용하여 R 스크립트에서 생성된 desc_result를 실행하면 다음과 같은 미세먼지에 대한 기술 통계량 자료를 얻을 수 있다.

```
# 미세먼지 농도에 대한 기술 분석
library(psych)
desc_result <- describe(data$pm10Value)
desc_result
   vars  n  mean    sd   median  trimmed  mad   min  max  range  skew  kurtosis  se
X1  1   30 39.23 10.43 35.5     38.08    8.15  25   72    47    1.13    1.17    1.9
```

※ n: 표본 수, mean: 평균, sd: 표준편차, median: 중앙값, min: 최솟값, median: 중앙값, trimmed: 절사평균, mad: 중앙값 절대 편차, max: 최댓값, range: 범위 skew: 왜도, kurtosis: 첨도, se: 표준오차

describe() 함수는 데이터프레임의 개별 변수뿐만 아니라 데이터프레임의 모든 변수에 대한 기술 분석을 수행할 수 있다. 다음과 같은 R 스크립트에서 생성된 desc_result_all을 실행하면 data 데이터프레임의 모든 변수들에 대한 기술 통계량 자료를 얻을 수 있다.

```
desc_result_all <- describe(data) # data 데이터프레임 모든 변수에 대한 기술 분석
desc_result_all
             vars  n  mean   sd   median trimmed  mad   min   max  range skew kurtosis se
X               1 30 15.50 8.80 15.50  15.50  11.12 1.00 30.00 29.00  0.00 -1.32 1.61
dataTime*       2 30  1.00 0.00  1.00   1.00   0.00 1.00  1.00  0.00   NaN   NaN 0.00
stationName*    3 30 15.50 8.80 15.50  15.50  11.12 1.00 30.00 29.00  0.00 -1.32 1.61
```

```
so2Value      4 30  0.00  0.00  0.00   0.00   0.00  0.00   0.01   0.01  0.64  0.04  0.00
coValue       5 30  0.59  0.13  0.60   0.58   0.15  0.40   1.10   0.70  1.76  5.52  0.02
o3Value*      6 30  8.83  4.39  8.50   8.79   5.19  1.00  17.00  16.00  0.10 -1.15  0.80
no2Value      7 30  0.04  0.01  0.04   0.04   0.01  0.03   0.05   0.02 -0.35 -1.11  0.00
pm10Value     8 30 39.23 10.43 35.50  38.08   8.15 25.00  72.00  47.00  1.13  1.17  1.90
```

5.4 교차분석

교차분석(cross-tabulation analysis)은 범주형 자료인 두 개 이상의 변수에 대한 교차되는 빈도를 표로 나타내 주는 분석 기법이다. 빈도분석이 한 개의 변수에 대한 빈도를 측정하는 방법이었다면, 교차분석은 두 개의 변수를 교차한 자료에 대한 빈도를 분석하는 통계 기법이다. 예를 들어 특정 중학교의 성별과 학년에 대한 교차분석은 다음과 같은 교차 빈도표로 표시한다.

〈표 5-5〉 교차 빈도표 예시

변수		1학년	2학년	3학년	합계
남성	빈도	102	98	89	289
	비율(%)	35.3	33.9	30.8	100
여성	빈도	110	104	97	311
	비율(%)	35.4	33.4	31.2	100

교차분석은 행과 열을 갖는 교차표(crosstabs table)를 작성하여 단순히 교차빈도를 분석할 뿐만 아니라 일반적으로 두 변수 간의 독립성 여부를 검정하는 카이제곱(Chi-square) 검정도 같이 수행된다. 이때 카이제곱 검정은 다음과 같은 기대 빈도와 실제 빈도 간의 차이에 의하여 계산된다.

$$X^2 = \sum \left(\frac{O_{ij} - \hat{E}_{ij}}{\hat{E}_{ij}} \right) O_{ij}$$

E_{ij} : 기대 빈도, O_{ij} : 실제 빈도,

상기의 수식에서 카이제곱(X^2)의 값이 커진다는 것은 기대 빈도와 실제 빈도 간의 차이가 크다는 것을 의미하며, 기대 빈도와 실제 빈도 간의 차이가 크다는 것은 두 변수 간의 연관성이 높다는 것을 의미한다.

5.4.1 교차분석 예시

교차분석의 예시 자료는 4장에서 사용한 data.csv 자료를 이용한다. 본 예시는 data.csv 자료에서 다음과 같은 범주형 자료들인 성별과 직업에 대하여 교차분석을 수행한다.

〈표 5-6〉 교차분석 예시 자료

고객번호	성별	직업
190105	남자	회사원
190106	남자	공무원
190107	남자	자영업
190108	남자	농어업
190109	남자	공무원

5.4.2 교차분석 실행

1) 작업 영역 설정 및 파일 불러오기

교차분석을 위하여 다음과 같이 우선 작업 영역을 설정하고 설정된 디렉터리(C:/WORK_R)에서 수집된 자료의 내용을 R 영역으로 가져와 데이터프레임으로 저장한다.

```
# 작업 영역 설정 및 자료 가져오기
setwd("C:/WORK_R")
options("width"=500)
data <- read.csv("data.csv", header = T, fileEncoding="EUC-KR")
```

2) 교차분석

교차분석을 위해서는 gmodels 패키지가 필요하다. 따라서 다음과 같이 install.packages() 함수를 이용하여 패키지를 우선 설치한다.

```
# 교차분석 패키지 설치
install.packages("gmodels")
```

교차분석은 "gmodels" 패키지의 CrossTable() 함수를 이용하여 분석할 수 있다. CrossTable() 함수의 사용 형식은 다음과 같다.

```
CrossTable(x, y, digits=3, max.width = 5, expected=FALSE, prop.r=TRUE,
prop.c=TRUE, prop.t=TRUE, prop.chisq=TRUE, chisq = FALSE, fisher=FALSE,
mcnemar=FALSE, resid=FALSE, sresid=FALSE, asresid=FALSE, missing.
include=FALSE, format=c("SAS","SPSS"), dnn = NULL, ...)

x: 숫자형 벡터값
y: 숫자형 벡터값
expected: 모든 열과 행에 카이스퀘어 값 표시
prop.r, prop.c, prop.t: 열, 행 테이블 백분율 포함
chisq, fisher, mcnemar: 카이스퀘어, 피셔, 맥네마르 검정 결과 포함
format: 출력 형식 지정
```

교차분석은 다음과 같이 패키지를 사용하기 위한 library(gmodels)를 실행한 후 CrossTable() 함수를 실행하면 된다. CrossTable()에 교차 분석할 행과 열 항목을 입력하면 된다. 두 변수 간의 독립성 여부를 검정하는 카이제곱(Chi-square) 검정이 필요하다면 옵션으로 "prop.chisq=TRUE"를 설정하면 된다.

```
# 교차분석
library(gmodels)
cross_table <-  CrossTable(data$성별, data$직업, digits=3, max.width = 5,
expected=TRUE, prop.r=TRUE, prop.c=TRUE, prop.t=TRUE, prop.chisq=TRUE, chisq =
FALSE, fisher=FALSE, mcnemar=FALSE )            # 교차분석
```

상기의 R 스크립트에서 생성된 cross_table을 실행하면 다음과 같은 직업과 성별 항목들에 대한 교차분석 실행 결과를 얻을 수 있다.

```
cross_table                                    # 직업과 성별에 대한 교차분석 결과

   Cell Contents
|-------------------------|
|                       N |
|              Expected N |
| Chi-square contribution |
|           N / Row Total |
|           N / Col Total |
|         N / Table Total |
|-------------------------|

Total Observations in Table:  90

             | data$직업
   data$성별 |    공무원 |    농어업 |    자영업 |    전문직 |    회사원 | Row Total |
-------------|-----------|-----------|-----------|-----------|-----------|-----------|
        남자 |         9 |        13 |        11 |         7 |        15 |        55 |
             |     7.333 |     7.944 |    10.389 |    10.389 |    18.944 |           |
             |     0.379 |     3.217 |     0.036 |     1.105 |     0.821 |           |
             |     0.164 |     0.236 |     0.200 |     0.127 |     0.273 |     0.611 |
             |     0.750 |     1.000 |     0.647 |     0.412 |     0.484 |           |
             |     0.100 |     0.144 |     0.122 |     0.078 |     0.167 |           |
-------------|-----------|-----------|-----------|-----------|-----------|-----------|
        여자 |         3 |         0 |         6 |        10 |        16 |        35 |
             |     4.667 |     5.056 |     6.611 |     6.611 |    12.056 |           |
             |     0.595 |     5.056 |     0.056 |     1.737 |     1.291 |           |
             |     0.086 |     0.000 |     0.171 |     0.286 |     0.457 |     0.389 |
             |     0.250 |     0.000 |     0.353 |     0.588 |     0.516 |           |
             |     0.033 |     0.000 |     0.067 |     0.111 |     0.178 |           |
-------------|-----------|-----------|-----------|-----------|-----------|-----------|
Column Total |        12 |        13 |        17 |        17 |        31 |        90 |
             |     0.133 |     0.144 |     0.189 |     0.189 |     0.344 |           |
-------------|-----------|-----------|-----------|-----------|-----------|-----------|

Statistics for All Table Factors

Pearson's Chi-squared test
------------------------------------------------------------
Chi^2 =  14.29367     d.f. =  4     p =  0.006414416
```

교차분석 실행 결과는 실제 빈도(N)와 기대 빈도(Expected N), 열 기준 비율(N / Row), 행 기준 비율(N / Col Total), 전체 비율(N / Table Total)이 포함된 교차표가 산출되고 기대 빈도와 실제 빈도 간의 차이를 검정하는 카이제곱(Chi-square) 검정 결과가 하단에 나타난다. 교차표에서 실제 빈도(N)와 행 기준 비율(N / Col Total)을 발췌하여 보고서용 교차 빈도표를 작성할 수 있다. 참고로 상기에서 보이는 바와 같이 카이스퀘어(Chi^2) 값이 14.29367이며 자유도(df)가 4로써 유의확률은 0.006414416이다. 유의확률이 0.05보다 작은 값을 가지고 있으므로 두 변수들 간은 상호 독립적이라고 할 수 있다. 즉 성별과 직업은 서로 간에 연관성이 없는 것으로 판단할 수 있다.

5.5 다차원 척도법

다차원 척도법(multi-dimensional scaling, MDS)은 자료들 사이의 유사성 또는 비유사성을 측정하여 2차원 또는 3차원 공간상에 점으로 표현하는 분석 방법으로 자료들 간의 근접성을 시각화하여 데이터 속에 잠재해 있는 패턴이나 구조를 찾아내는 통계 기법이다. 일반적으로 자료들 간의 거리 계산은 유클리드 거리 행렬을 사용한다. 유클리드 거리(Euclidean Distance)는 변수 값들의 차이를 제곱하여 합산한 거리로 다차원 공간에서 최단의 직선거리를 말한다. 유클리드 거리 측정법은 가장 일반적으로 사용되며 다음과 같이 계산된다.

$$\text{유클리드 거리} = \sqrt{\sum_{i=1}(X_{1i} - X_{2i})^2}$$

5.5.1 다차원 척도법 예시

다차원 척도법의 예시 자료는 4장에서 사용한 data.csv 자료를 이용한다. 본 예시는 data.csv 자료에서 다음과 같은 고객번호에 대하여 성별, 연령대, 직업, 주거지역, 쇼핑액, 이용만족도의 항목을 추출한 후 다차원 척도법을 수행한다. 성별, 연령대, 직업, 주거지역은 범주형 자료이고 쇼핑액, 이용만족도는 연속형 자료로 구성되어 있다.

〈표 5-7〉 다차원 척도법 예시 자료

고객번호	성별	연령대	직업	주거지역	쇼핑액	이용만족도
190105	남자	45-49세	회사원	소도시	195.6	4
190106	남자	25-29세	공무원	소도시	116.4	7
190107	남자	50세 이상	자영업	중도시	183.6	4
190108	남자	50세 이상	농어업	소도시	168	4
190109	남자	40-44세	공무원	중도시	169.2	4

5.5.2 다차원 척도법 실행

1) 작업 영역 설정 및 파일 불러오기

다차원 척도법을 위하여 다음과 같이 우선 작업 영역을 설정하고 설정된 디렉터리(C:/WORK_R)에서 수집된 자료의 내용을 R 영역으로 가져와 데이터프레임으로 저장한다. 다차원 척도법은 분석 대상 변수 값들의 차이를 근간으로 산출되기 때문에 변수 값들은 숫자이어야 한다. 따라서 다음과 같이 명목척도들은 as.numeric() 함수를 이용하여 숫자 값들로 변경해야 한다.

```
# 작업 영역 설정 및 자료 불러오기
setwd("C:/WORK_R")
options("width"=500)
data <- read.csv("data.csv", header = T, fileEncoding="EUC-KR")

# 다차원 척도법 자료 생성하기
data <- subset(data, select=c(고객번호,성별,연령대,직업,주거지역,쇼핑액,이용만족도))
data$성별 <  as.numeric(as.factor(data$성별))          # 숫자형으로 변경
data$연령대 <-  as.numeric(as.factor(data$연령대))
data$직업 <-  as.numeric(as.factor(data$직업))
data$주거지역 <-  as.numeric(as.factor(data$주거지역))
```

2) 다차원 척도법

다차원 척도법을 위해서는 MASS 패키지가 필요하다.
따라서 다음과 같이 install.packages() 함수를 이용하여 패키지를 우선 설치한다.

```
# 다차원 척도법 패키지 설치
install.packages("MASS")
```

다차원 척도법은 "MASS" 패키지의 isoMDS() 함수를 이용하여 분석할 수 있다. isoMDS() 함수의 사용 형식은 다음과 같다.

```
isoMDS(d, k = , ..)

d: 거리 구조 데이터
k: 최대 차원
```

다차원 척도법은 다음과 같이 패키지를 사용하기 위한 library(MASS)를 실행한 후 isoMDS() 함수를 실행하면 된다. isoMDS() 함수에 다차원 척도법 분석을 위하여 행렬 형식으로 항목들을 입력하면 된다.

```
# 다차원 척도법
library(MASS)
data_mat <- as.matrix(data[,-1])        # 자료를 행렬로 변경(고객번호 제외)
data_dist <- dist(data_mat)             # 행렬 자료에 대하여 유클리드 거리 산출
data_mds <- isoMDS(data_dist)           # 다차원 척도법을 위해 거리 행렬 자료를
                                          이차원 자료로 변경
```

상기의 R 스크립트에서 생성된 data_mds을 그래프로 실행하면 다음과 같은 고객번호 대상으로 자료들의 근접성 시각화 그래프를 얻을 수 있다.

```
# 다차원 척도법 시각화
plot(data_mds$point, type="n")
text(data_mds$point, labels=data$고객번호)
abline(v = 0, h = 0, lty = 2, lwd = 1)
```

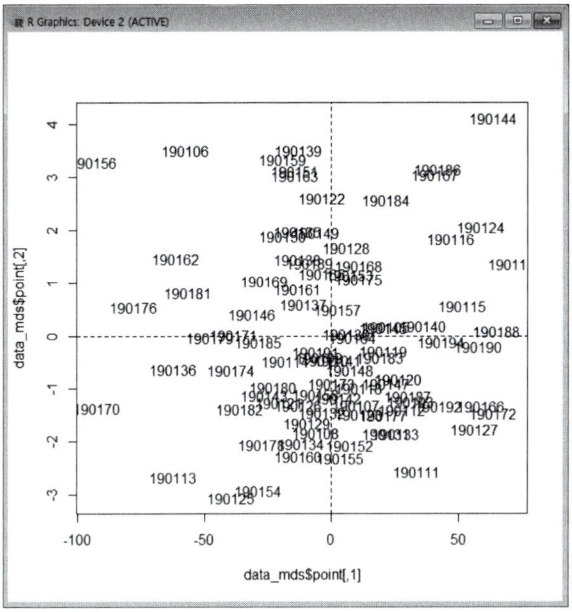

[그림 5-5] 고객별 다차원 척도법

5.6 그룹 분석

그룹 분석(frequency analysis)은 자료를 집단별로 나누어 그룹 함수를 적용한 분석 방법으로 빈도분석이 그룹별 빈도만을 산출하는 것에 비하여 그룹 분석은 빈도는 물론 그룹별 특정 값에 대한 합계, 평균, 표준편차, 중앙값, 최솟값, 최댓값와 같은 정보들을 제공하는 자료 분석 기법이다.

5.6.1 그룹 분석 예시

그룹 분석의 예시 자료는 4장에서 사용한 data.csv 자료를 이용한다. 본 예시는 data.csv 자료에서 다음과 같은 성별, 직업, 주거지역 등의 범주형 자료에 대하여 연속형 자료인 쇼핑액의 합계 및 평균에 대한 그룹 분석을 수행한다.

〈표 5-8〉 그룹 분석 예시 자료

고객번호	성별	직업	주거지역	쇼핑액
190105	남자	회사원	소도시	195.6
190106	남자	공무원	소도시	116.4
190107	남자	자영업	중도시	183.6
190108	남자	농어업	소도시	168
190109	남자	공무원	중도시	169.2

5.6.2 그룹 분석 실행

1) 작업 영역 설정 및 파일 불러오기

그룹 분석을 위하여 다음과 같이 우선 작업 영역을 설정하고 설정된 디렉터리(C:/WORK_R)에서 수집된 자료의 내용을 R 영역으로 가져와 데이터프레임으로 저장한다.

```
# 작업 영역 설정 및 자료 불러오기
setwd("C:/WORK_R")
options("width"=500)
data <- read.csv("data.csv", header = T, fileEncoding="EUC-KR")
```

2) 그룹 분석

그룹 분석을 위해서는 dplyr 패키지가 필요하다. 따라서 다음과 같이 install.packages() 함수를 이용하여 패키지를 우선 설치한다. dplyr 패키지는 Hadley Wickham가 작성한 데이터 처리에 특화된 R 패키지로 데이터 분석을 위한 R 패키지 중에서 전 세계에서 가장 활용 빈도가 높은 R 패키지이다. dplyr 패키지는 빅데이터를 분석에 필요한 형태로 만드는 데이터 전처리 과정에 주로 활용되고 있다.

```
# 그룹 분석 패키지 설치
install.packages("dplyr")
```

그룹 분석은 dplyr 패키지의 group_by() 함수와 summarise() 함수를 이용하여 분석할 수 있다. group_by() 함수와 summarise() 함수의 사용 형식은 다음과 같다.

```
group_by(data, …,)

data: 데이터프레임 숫자형 벡터값
..: 그룹 대상 필드들
```

```
summarise(data, sum()..)

data: 데이터프레임 숫자형 벡터값
...: 함수(적용 필드)

• [주요 적용 함수] sum(): 합계, mean(): 평균, median(): 중앙값, sd(): 표준편차,
                 var(): 분산, min(): 최솟값, max(): 최댓값, n(): 빈도
```

그룹 분석은 다음과 같이 패키지를 사용하기 위한 library(dplyr)를 실행한 후 group_by() 함수와 summarise() 함수를 실행하면 된다. group_by()에 그룹 분석할 필드를 입력하여 그룹 테이블을 생성한 후 summarise() 함수에 다음과 같이 적용할 함수, 예를 들면 합계를 산출하는 sum() 함수와 대상 변수를 입력하여 분석한다.

```
# 그룹 분석
library(dplyr)
```

```
# 주거 지역별 쇼핑액 총액
group_table <- group_by(data, 주거지역)                # 주거 지역별 그룹화
group_sum1 <- summarise(group_table, n = n(), sum(쇼핑액))

# 성별, 직업별 평균 쇼핑액
group_table1 <- group_by(data, 성별, 직업)
group_sum2 <- summarise(group_table1, n = n(), mean(쇼핑액))
```

상기의 R 스크립트에서 생성된 group_sum1을 실행하면 다음과 같은 주거지역 그룹별 쇼핑액의 합계를 얻을 수 있다.

```
group_sum1
  # A tibble: 3 x 3
    주거지역      n `sum(쇼핑액)`
    <chr>     <int>         <dbl>
  1 대도시       36         6364.
  2 소도시       30         5030.
  3 중도시       24         4284
```

또한 group_sum2을 실행하면 성별, 직업별 그룹들에 대한 평균 쇼핑액 자료를 얻을 수 있다.

```
group_sum2
  # A tibble: 9 x 4
  # Groups:   성별 [2]
    성별  직업       n `mean(쇼핑액)`
    <fct> <fct>  <int>          <dbl>
  1 남자  공무원     9           164.
  2 남자  농어업    13           173.
  3 남자  자영업    11           177.
  4 남자  전문직     7           186.
  5 남자  회사원    15           185.
  6 여자  공무원     3           171.
  7 여자  자영업     6           194.
  8 여자  전문직    10           161.
  9 여자  회사원    16           165.
```

5.7 탐색적 데이터 분석 도구

탐색적 데이터 분석(Exploratory Data Analysis, EDA)은 기존의 통계학이 정보의 추출에서 가설 검정 등에 치우쳐 자료가 가지고 있는 본연의 의미를 찾는 데 어려움이 있어, 이를 보완하고자 주어진 자료만 가지고도 충분한 정보를 찾을 수 있도록 제공된 다양한 자료 분석 기법으로 박스 플롯, 산포도, 및 3장에서 살펴본 히스토그램과 같은 도구들이 활용된다.

탐색적 데이터 분석 도구 작성 예시를 위하여 다음과 같이 우선 작업 영역을 설정하고 설정된 디렉터리(C:/WORK_R)에서 수집된 자료의 내용을 R 영역으로 가져와 다음과 같이 데이터프레임으로 저장한다.

```
# 예시 자료 불러오기
setwd("C:/WORK_R")
options("width"=500)
data <- read.csv("data.csv", header = T, fileEncoding="EUC-KR")
```

5.7.1 박스 플롯

박스 플롯(box plot)은 그림을 이용해 자료 집합의 범위와 중앙값을 빠르게 확인할 수 있는 목적으로 사용한다. 또한 통계적으로 이상치(outlier)가 있는지도 확인할 때도 이용된다. R에서는 박스 플록 작성을 위하여 boxplot() 함수를 제공한다. boxplot() 함수에서는 다음의 R 명령어와 같이 여러 개의 벡터값들을 동시에 등록하여 한 번에 여러 개의 박스 플롯을 그릴 수 있다.

```
# 박스 플롯 작성
x <- data$쇼핑1월
y <- data$쇼핑2월
z <- data$쇼핑3월
boxplot(x, y, z, names=c("1월쇼핑액","2월쇼핑액","3월쇼핑액"))
```

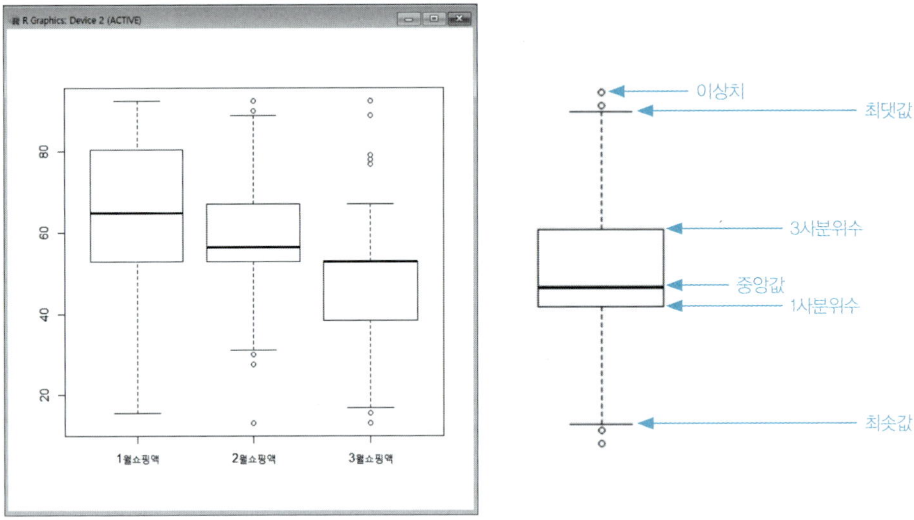

[그림 5-6] 박스 플롯

상기와 같이 박스 플롯은 상자와 실선 모양의 자료들로 표시된다. 박스 중앙의 표시는 중앙값을 나타내며 실선 및 박스의 상·하단으로 최솟값, 최댓값, 1사분위수, 3사분위수를 나타내며, 범위를 넘어가는 이상치(outlier)들은 작은 원 형태의 점으로 표시한다.

5.7.2 산포도

산포도(scatter plot)는 두 변수 간의 영향력을 보여주기 위해 가로축과 세로축에 자료를 점으로 그리는 데 사용된다. 산포도 작성을 위하여 R에서는 plot() 함수가 사용된다. 다음과 같이 가로축과 세로축에 자료들에 대한 산포도를 작성한 후 lm() 함수를 이용하여 회귀계수를 산출한 후 이를 저순위 그래프 함수인 abline() 함수를 사용하여 산포도에 회귀계수의 선을 추가하여 회귀식의 적합도를 시각적으로 파악할 수 있다.

```
# 산포도 작성
x <- data$쇼핑1월
y <- data$쇼핑2월
plot(x, y, xlab = "1월쇼핑액", ylab = "2월쇼핑액")     # 산포도 작성
```

```
k=lm(y~x)                                    # 회귀식 산출
abline(k)                                    # 경사가 회귀계수인 선 추가
```

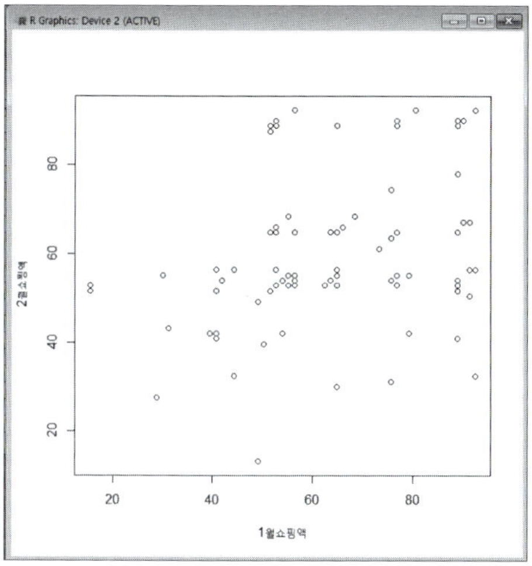

[그림 5-7] 산포도

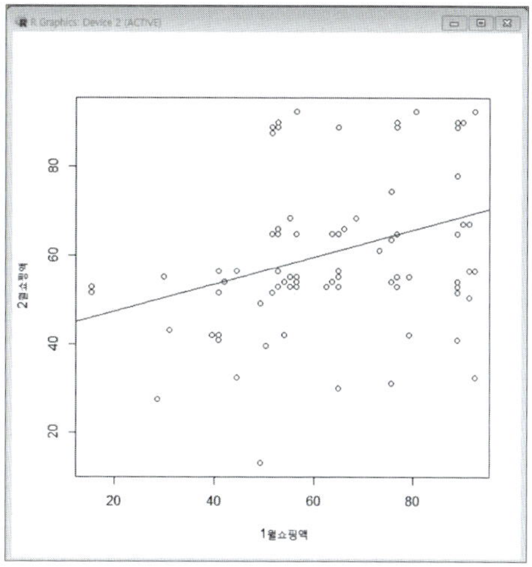

[그림 5-8] 회귀선 포함 산포도

5.7.3 줄기 잎 도표

줄기 잎 도표(stem and leaf diagram)는 줄기에 해당되는 단위를 정하고 그 단위 아래 단위의 자료를 잎의 크기 순서로 배열한 도표이다. 줄기 잎 도표는 자료 분포의 개략적인 형태를 알 수 있는 정보를 제공한다. 즉, 분포가 좌우대칭 형태인지, 편향(skewed)되었는지, 봉우리(modal)는 하나인지 다수인지와 이상치의 존재 여부를 쉽게 파악할 수 있도록 도와준다. R에서 줄기 잎 도표의 생성은 stem() 함수를 이용한다.

```
stem(data$소득)                              # 줄기 잎 도표 생성
   The decimal point is 3 digit(s) to the right of the |

  0 | 4
  1 |
  2 | 13356678999
  3 | 001113689
```

```
4 ¦ 00012333333356667779
5 ¦ 00111123445677788899999
6 ¦ 0011122356
7 ¦ 012345577
8 ¦ 25667
9 ¦ 245
```

상기의 결과를 보면 자료 값의 세 번째 자리가 줄기로 되어 있고 잎은 그 줄기에 해당되는 값들로, 1일 때 값이 없는 1개의 잎과 5일 때 23개 잎이 있는 자료가 있어 가장 많은 것으로 보여주고 있다.

5.7.4 Q-Q 도표

Q-Q 도표는 데이터가 특정 분포를 따르는지를 시각적으로 검토하는 방법이다. 일반적으로 자료가 정규분포를 따르고 있는지 분석하는 데 사용된다. Q는 분위수 Quantile의 약어로 Q-Q도는 비교하고자 하는 분포의 분위수끼리 좌표 평면에 표시하여 그린 그림이다. 분위수들을 차트에 그리고 데이터의 분위수와 비교하고자 하는 분포의 분위수 간에 직선 관계가 보이는지 확인한다. R에서 정규분포의 QQ 도표를 그리는 함수는 qqnorm()이고 qqline() 함수는 정규 분포에서 1Q와 3Q를 지나는 선을 그린다.

```
# Q-Q 도표 작성
qqnorm(data$소득, main= "소득")                # 정규분포 Q-Q 도표 작성
qqline(data$소득)                              # 1Q와 3Q를 지나는 선
```

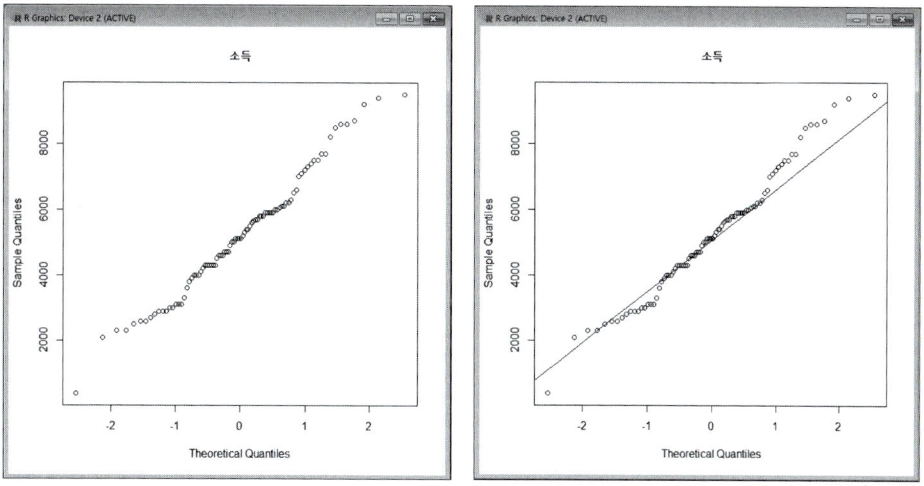

[그림 5-9] Q-Q 도표

상기의 결과를 보면 X축이 정규분포의 값(Theoretical Quantiles)이고, Y측은 소득의 값(Theoretical Quantiles)이다. 소득의 값이 정규분포의 값에 거의 비례하여 증가하는 것으로 나타났기 때문에 소득은 정규분포를 이루고 있는 것으로 판단될 수 있다.

연습문제

1 기술통계 기법인 빈도분석, 기술 분석, 교차분석, 다차원 척도법에 대하여 설명하시오.

2 자료를 구분하는 명목척도, 서열척도, 등간척도, 비율척도에 대하여 설명하시오.

3 http://ssra.or.kr.co.kr/bigdata/data.csv에서 data.csv 파일을 다운로드하여 R로 불러들여 data라는 데이터프레임 변수로 만들고, 이 데이터프레임의 성별, 연령대, 직업, 주거지역 변수들에 대하여 descr 패키지를 이용한 빈도분석을 수행하여 빈도표와 막대그래프를 작성하시오

4 상기 데이터프레임의 쇼핑액 변수에 대하여 psych 패키지를 이용한 기술 분석을 수행하여 표본 수, 평균, 표준편차, 중앙값, 최솟값, 중앙값, 최댓값, 범위, 왜도, 첨도, 표준오차 값을 산출하시오.

5 상기 데이터프레임을 이용한 교차분석을 수행하여 성별을 행, 연령대를 열로 하여 교차빈도표를 작성하시오.

6 상기 데이터프레임의 사번 변수에 대하여 쇼핑1월, 쇼핑2월, 쇼핑3월의 변수들을 다차원 분석을 수행하여 다차원 분석 그래프를 작성하시오.

7 상기 데이터프레임을 이용한 그룹 분석을 수행하여 연령대별 평균 이용만족도 점수를 산출하시오.

8 상기 데이터프레임의 쇼핑액 변수를 round() 함수를 이용하여 소수점을 제거한 후 박스 플롯를 작성하고 해석하시오.

9 상기 데이터프레임의 쇼핑액 변수를 round() 함수를 이용하여 소수점을 제거한 후 줄기 잎 도표를 작성하고 해석하시오.

10 상기 데이터프레임의 쇼핑액 변수를 round() 함수를 이용하여 소수점을 제거한 후 Q–Q 도표를 작성하고 해석하시오.

Chapter 6

데이터 추론통계

Chapter 6 데이터 추론통계

6.1 추론통계 개요

추론통계(inferential statistics)는 분석 대상 집단에서 표본(sample)을 수집하여 표본의 특성을 파악한 후, 모집단의 특성으로 일반화할 수 있는지 여부를 판단하여 모집단의 특성인 모수를 추정하는 통계분석을 의미한다. 모집단(population)은 정보를 얻고자 하는 대상이 되는 집단의 전체를 말한다. 예를 들면 서울의 통근 회사원, 22대 국회의원 선거 유권자 등과 같이 전체를 대상으로 자료를 수집할 수 없는 경우, 일반적으로 모집단으로 설정될 수 있으며 모수(parameter)는 모집단의 특성을 나타내는 정도로 서울의 통근 회사원의 평균 통근 시간, 22대 국회의원 선거 유권자의 투표율 등이 모집단의 모수가 될 수 있다. 따라서 추론통계는 표본을 기초로 모집단 전체의 특성이나 미래를 예측하는 것에 초점을 맞추고 있다.

추론통계는 [그림 6-1]에서와 같이 표본의 통계량을 이용하여 모수에 대한 추정을 통하여 모집단의 특성, 즉 모수를 추정한다. 추론통계의 핵심인 모수의 추정은 표본을 이용하여 모수를 얻는 것으로 예를 들면 표본평균을 계산함으로써 모평균의 값을 얻고, 표본 분산을 계산함으로써 모분산을 얻을 수 있다.

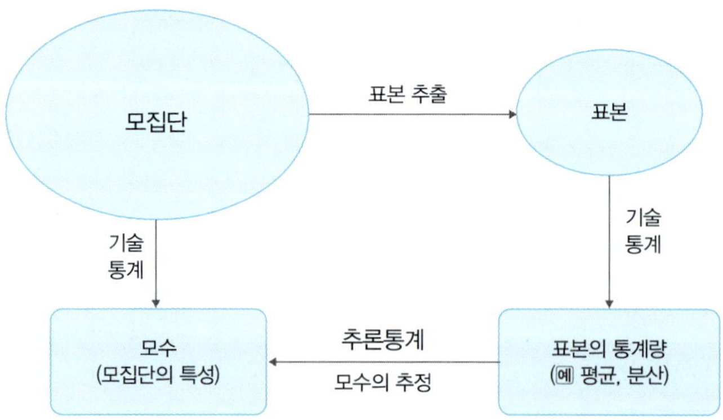

[그림 6-1] 추론통계

모수가 표본의 평균, 분산 등과 같은 특성 값을 근간으로 산출된 예상치이기 때문에 추론통계에서는 모수에 대한 오차율이 발생한다. 이러한 오차율은 표본의 수가 많아질수록 낮아지는 경향이 있다. 빅데이터 분석에서 수집된 데이터가 모집단 수에 근접할 경우 단순히 기술통계만 가지고도 모수를 추정할 수 있다. 그러나 수집된 데이터가 모집단 수에 근접하지 못할 경우 추론통계가 필요하다. 빅데이터 분석의 경우 추론통계는 기존의 적은 수의 표본에 의존한 모수추정보다 예측된 모수에 대한 정확도가 높아지는 장점이 있다.

6.1.1 주요 추론통계 분석 기법

주요 추론통계 기법은 집단 간 차이 여부를 분석하는 평균 차이 분석, 비율 차이 분석, 분산분석과 변수 간의 관계성에 초점을 맞추고 있는 상관관계 분석, 회귀분석 등이 있다. 〈표 6-1〉은 주요 추론통계 기법을 나타내고 있다.

〈표 6-1〉 주요 추론통계 기법

추론통계 기법	설명
평균 차이 분석	두 집단 간의 평균의 차이가 통계적으로 유의한지를 파악할 때 이용하는 통계 기법
비율 차이 분석	두 집단 간의 비율의 차이가 통계적으로 유의한지를 파악할 때 이용하는 통계 기법
분산분석	두 집단 이상의 평균치에 대한 차이를 검정하는 통계 기법
상관관계 분석	변수들 간의 관련성 여부 및 정도를 분석할 때 사용되는 통계 기법
회귀분석	변수들 사이의 인과관계를 규명하는 통계 기법

(1) 평균 차이 분석

평균 차이 분석(t-test) 또는 t-검정은 어떠한 항목이 두 집단 간의 평균의 차이가 통계적으로 유의한지를 파악할 때 이용하는 통계 기법이다. 예를 들면 특정 쇼핑몰에 대한 이용 만족도가 남성과 여성 간의 차이가 있는지를 알고자 할 때 평균 차이 분석을 사용한다.

(2) 비율 차이 분석

비율 차이 분석(proportion test)은 어떠한 항목에 대하여 두 집단 간의 비율의 차이가 통계적으로 유의한지를 파악할 때 이용하는 통계 기법이다. 예를 들면 쿠폰 선호 여부에 대하여 남성과 여성 간의 차이가 있는지를 알고자 할 때 비율 차이 분석을 사용할 수 있다. 평균 차이 분석이 수치형 자료의 차이를 검정하는 방법인 것에 반하여 비율 차이 분석은 예/아니오, 유/무와 같은 이항형 자료의 차이를 분석할 때 사용된다.

(3) 분산분석

분산분석(analysis of variance, ANOVA)은 두 표본 이상의 평균치에 대한 차이를 검정하는 통계 기법이다. 평균 차이 분석이 두 집단의 비교에 초점을 맞춘 검정 방법인 것에 반하여 일반적으로 분산분석은 세 집단 이상의 비교로 분산분석을 이용하여 집단별 차이가 어떤 값에 영향을 미치는 여부를 추론할 수 있다. 예를 들면 통계학을 수강한 학생들의 점수에 대해 학년별로 유의한 차이가 있는지를 확인할 수 있다.

(4) 상관관계 분석

상관관계 분석(correlation analysis)은 두 변수들 간의 관련성을 분석할 때 사용한다. 예를 들면, 쇼핑액과 지출액 간의 관련성 여부라든지, 응답자의 연간 자동차 주행거리와 연령과의 관련성 여부 등을 분석하고자 할 때 이용되는 분석 기법이다. 상관관계 분석은 변수들 간의 관련성 여부는 물론 관련성의 크기 정도에 대한 정보도 제공한다.

(5) 회귀분석

회귀분석(regression analysis)은 변수들 사이의 원인과 결과 즉, 인과관계를 규명하는 통계분석 방법이다. 회귀분석에서 다른 변수에 영향을 주는 원인에 해당하는 변수를 독립변수(independent variable)라고 하고, 영향을 받는 결과에 해당하는 변수를 종속변수(dependent variable)라고 한다. 회귀분석은 독립변수와 종속변수 사이의 선형방정식인 회귀식을 찾아내고, 종속변수에 대하여 영향을 미치는 독립변수들을 규명하는 데 목적이 있다. 예를 들면, 고객의 레스토랑 만족도에 음식 품질, 가격, 종업원 서비스, 분위기 중에서 어떠한 요인이 영향을 미치는지를 규명한다.

6.1.2 추론통계의 통계적 추정 및 가설검정

추론통계 분석에서 모수에 대한 추정은 분석 기법에 부합하는 확률분포를 이용하여 통계적 추정과 가설검정을 수행한다. 통계적 추정은 표본의 특성을 나타내는 통계량을 기초로 하여 모수를 추정하는 것을 의미하며, 가설검정은 모수에 대하여 특정한 가설을 세워 놓고 표본을 추출하여 통계량을 계산한 다음 이를 기초로 하여 모수에 대한 가설의 진위를 판단하는 것을 말한다. 확률분포(probability distribution)는 표본을 이용하여 모집단 특성을 추정하는 추론통계에서 모수 추정을 위한 기준으로, 추론통계에 주로 사용되는 확률분포는 정규분포, t-분포, F-분포, x^2-분포 등이 있다.

(1) 정규분포

정규분포(normal distribution)는 연속적이고 좌우대칭인 종 모양의 확률분포로써 실생활에서 관측하는 대부분의 자료들은 정규분포와 비슷한 형태를 가지고 있다. 중심극한정리에 따르면 표본의 크기가 커질수록 표본평균의 분포는 정규분포에 가까워진다. 따라서 표본의 평균이나 분산을 가지고 모집단의 평균이나 분산 등을 추정할 때 주로 사용된다.

(2) t-분포

t-분포(t-distribution, Student's t-Distribution)는 모집단이 정규분포를 하더라도 분산이 알려져 있지 않고 표본의 수가 적은 경우에 모평균에 대한 추정 및 가설검정에 유용하게 쓰이는 분포로써 자유도[1]에 의해 분포의 모양이 결정된다. t-분포는 모집단의 모수를 모를 때 두 집단의 모평균의 차이 검정, 즉 평균 차이 분석과 상관관계 분석, 회귀분석 등을 수행하는 데 주로 이용된다.

(3) F-분포

F-분포(F-distribution)는 동일한 분산을 가지고 있는 정규분포를 이루는 두 개의 모집단으로부터 추출된 표본 분산들 간의 비율이 이루는 분포로써 두 집단 간의 분산의 동일성을 검정

1) 통계적 추정을 할 때 표본자료 중 모집단에 대한 정보를 주는 독립적인 자료의 수로, 크기가 n인 표본의 관측값의 자유도는 n-1이다.

하는 데 주로 사용되는 분포이다. F-분포는 분자와 분모의 두 자유도에 의해 분포의 모양이 결정되며, 분산분석을 물론 회귀분석에서 회귀식의 유의성을 검정하는 데도 이용된다.

(4) χ^2–분포

χ^2-분포(χ^2-distribution) 또는 카이스퀘어 분포(chi-squared distribution)는 정규분포를 이루고 있는 모집단에서 각 표본의 표준화된 분산의 합이 이루는 분포로써 관찰 빈도와 기대 빈도 간의 차이를 검정하는 데 쓰이는 분포이다. χ^2-분포는 비대칭이고 긴 꼬리를 가지며 항상 양의 값을 가지고 있으며, 자유도에 의해 분포의 모양이 결정된다. 교차분석에서 관찰 빈도와 기대 빈도 간의 차이를 검정하거나 비율분석을 수행하는 데 이용된다.

추론통계의 가설검정은 모수에 대한 특정한 가설을 세워 놓고 표본에서 계산된 통계량을 기초로 하여 설정된 가설의 채택 여부를 판단하는 것으로 유의수준을 설정하여 놓고 추론통계를 통하여 산출된 유의확률이 설정된 유의수준보다 작은 값을 나타날 때 검증이 확인되었다고 한다. 즉, 가설이 채택되었다고 한다. 사회과학에서의 일반적인 유의수준은 0.05로 설정하며, 유의확률은 p-값으로 표시한다. 따라서 p-값이 0.05보다 적은 경우 가설을 채택한다.

6.2 평균 차이 분석

평균 차이 분석(t-test) 또는 t-검정은 두 집단 간 평균을 비교하는 통계분석 기법이다. 즉 평균 차이 분석은 두 집단 간 평균 차이에 대하여 통계적으로 차이가 있는지를 검정하는 통계 기법으로, 모집단의 분산이나 표준편차를 알지 못할 때 모집단을 대표하는 표본으로부터 추정된 분산이나 표준편차를 가지고 t-분포에 의존하여 검정하는 통계분석 기법이다. 평균 차이 분석은 두 집단 자료의 존재 유무나 두 집단의 동일성에 따라 독립 표본 t-검정, 대응 표본 t-검정으로 구분할 수 있다. 독립 표본 t-검정은 표본의 수가 다른 두 집단에 대한 비교 시 사용된다. 예를 들어 남녀 비율이 다른 한 학급에서 남학생과 여학생의 성적 차이의 유의성을 검정하는 경우에 사용된다. 대응 표본 t-검정은 표본의 수가 같은 두 집단이나 한 집단에 대한 특정 자극에 대한 전후 차이 비교 시 사용된다. 예를 들어 체중 조절에 대한 명상의 효과를 검증하기 위하여 한 학급의 학생들에 대하여 명상 전의 체중과 명상 후의 체중을 비교하여 차이를 검증하는 경우에 사용된다.

6.2.1 평균 차이 분석 예시

평균 차이 분석의 예시 자료는 4장에서 사용한 data.csv 자료를 이용한다. 본 예시는 data.csv 자료에서 독립 표본 평균 차이 분석을 위하여 남성과 여성의 성별 간 쇼핑 금액에 대하여 통계적으로 차이가 있는지에 대한 분석을 실시하고, 대응 표본 평균 차이 분석을 위하여 1월과 2월의 쇼핑 금액이 통계적으로 차이가 있는지에 대한 분석을 실시한다.

〈표 6-2〉 평균 차이 분석의 예시 자료

고객번호	성별	쇼핑액
190105	남자	195.6
190106	남자	116.4
190107	남자	183.6
190108	남자	168
190109	남자	169.2

독립 표본 평균 차이 예시 자료

쇼핑1월	쇼핑2월
76.8	64.8
44.4	32.4
66	66
62.4	52.8
63.6	54

대응 표본 평균 차이 예시 자료

6.2.2 독립 표본 평균 차이 분석 실행

1) 작업 영역 설정 및 기술통계 분석

독립 표본 평균 차이 분석을 위하여 다음과 같이 우선 작업 영역을 설정하고 설정된 디렉터리(C:/WORK_R)에서 수집된 자료의 내용을 R 영역으로 가져와 데이터프레임으로 저장한다. 데이터프레임 자료에서 subset() 함수를 이용하여 비교하려는 표본자료들인 남성 표본자료와 여성 표본자료를 각기 축출한다.

```
# 작업 영역 설정 및 데이터 불러오기
setwd("C:/WORK_R")
options("width"=500)
data <- read.csv("data.csv", header = T, fileEncoding="EUC-KR")

# 독립 표본 평균 차이 분석을 위한 표본자료 축출
data1 <-  subset(data, data$성별=='남자')            # 남성 표본자료
data2 <-  subset(data, data$성별=='여자')            # 여성 표본자료
```

생성된 독립 표본 평균 차이를 위한 분석 자료에 대하여 다음과 같이 남성 표본과 여성 표본에 대한 기술통계 분석을 실행하여 평균값들을 확인한다.

```
# 기술통계 분석
library(psych)                           # 기술통계 함수 describe( ) 지원 패키지
describe(data1$쇼핑액)                    # 남성 표본 기술통계 자료
  vars  n   mean    sd  median trimmed   mad  min   max range  skew kurtosis se
X1   1  55 177.14 30.87    180   178.19 28.47 81.6 244.8 163.2 -0.41    0.69  4.16

describe(data2$쇼핑액)                    # 여성 표본 기술통계 자료
  vars  n   mean    sd  median trimmed   mad  min   max range  skew kurtosis se
X1   1  35 169.58 41.73    168   170.11  39.14 80.4 238.8 158.4     0   -0.76  7.05
```

상기의 남성과 여성 표본들에 대한 기술통계량의 결과를 보면 남성 55명에 평균 쇼핑액은 177.14만원이고, 최소는 81.6만원, 최대는 244.8만원으로 나타났으며, 여성은 35명의 평균 쇼핑액은 169.59만원이고, 최소는 80.4만원, 최대 238.8만으로 나타나고 있다.

2) 독립 표본 평균 차이 분석

독립 표본 평균 차이 분석을 위하여 R에서 사용되는 기본 함수는 t.test() 함수이다. t.test() 함수의 사용 형식은 다음과 같다.

```
t.test(x, y = NULL, alternative = c("two.sided", "less", "greater"),
       mu = 0, paired = FALSE, var.equal = FALSE,
       conf.level = 0.95, …)

x: 숫자형 벡터값
y: 숫자형 벡터값
alternative: 검정 방법(양측, 단측)
mu: 평균
paired = FALSE: 독립 표본, paired = TRUE: 대응 표본
var.equal = FALSE: 등분산 가정 안 함, var.equal = TRUE: 등분산 가정
conf.level: 신뢰구간 지정
```

t.test() 함수를 이용한 평균 차이 분석을 수행한다. t.test() 함수 실행 시 독립 표본 평균 차이 분석은 별도의 옵션 선택 없이 비교하려는 표본들 남성의 쇼핑액과 여성의 소핑액들만 입력하여 실행한다.

```
# 독립 표본 평균 차이 분석
t_result <- t.test(data1$쇼핑액, data2$쇼핑액)
t_result

        Welch Two Sample t-test

 data:  data1$쇼핑액 and data2$쇼핑액
 t = 0.92362, df = 57.42, p-value = 0.3595
 alternative hypothesis: true difference in means is not equal to 0
 95 percent confidence interval:
  -8.833426 23.962777
 sample estimates:
 mean of x mean of y
  177.1418  169.5771
```

상기의 독립 표본 평균 차이 분석 결과를 살펴보면, 남성의 평균 쇼핑액은 177.1418만원이고 여성의 평균 쇼핑액은 169.5771만원으로 산출되었으며 t값은 0.92362이고 자유도(df)는

57.42로 유의확률(p-value)이 0.3595으로 나타났다. 남성과 여성의 평균 쇼핑액은 남성이 다소 높은 것으로 나타났으나 유의확률(p-value)은 0.3595로 나타났다. 독립 표본 평균 차이 분석에서는 유의확률(p-value)이 0.05보다 작아야 평균의 차이가 있는 것으로 평가한다. 따라서 검정 결과는 남성과 여성 성별 간의 쇼핑액은 차이가 없는 것으로 분석할 수 있다.

6.2.3 대응 표본 평균 차이 분석 실행

1) 작업 영역 설정 및 기술통계 분석

대응 평균 차이 분석을 위하여 다음과 같이 우선 작업 영역을 설정하고 설정된 디렉터리(C:/WORK_R)에서 수집된 자료의 내용을 R 영역으로 가져와 데이터프레임으로 저장한다. 데이터프레임 자료에서 비교하려는 표본 자료들인 쇼핑1월과 쇼핑2월 자료를 축출한다.

```
# 작업 영역 설정 및 데이터 불러오기
setwd("C:/WORK_R")
options("width"=500)
data <- read.csv("data.csv", header = T, fileEncoding="EUC-KR")

# 대응 표본 평균 차이 분석을 위한 표본자료 축출
data <- subset(data, select=c(고객번호, 쇼핑1월, 쇼핑2월))
```

생성된 대응 표본 평균 차이를 위한 분석 자료에 대하여 다음과 같이 표본들에 대한 기술통계 분석을 실행하여 평균값들을 확인한다.

```
# 기술통계 자료 생성
library(psych)                              # 기술통계 함수 describe( ) 지원 패키지
describe(data$쇼핑1월)                       # 쇼핑1월 기술통계 자료
   vars n  mean    sd median trimmed mad   min  max  range  skew  kurtosis se
X1    1 90 64.97 19.22 64.8     65.85 19.57 15.6 92.4  76.8 -0.24    -0.67 2.03

# 기술통계 자료 생성
library(psych)                              # 기술통계 함수 describe( ) 지원 패키지
describe(data$쇼핑2월)                       # 쇼핑2월 기술통계 자료
```

```
    vars n  mean   sd median trimmed mad  min  max range  skew  kurtosis se
X1  1  90  64.12 17.85 56.4   60.98   12.45 13.2 92.4  79.2  0.22   -0.36  1.88
```

상기의 기술통계량 결과를 쇼핑1월과 쇼핑2월 모두 90개의 동일 수량의 자료이며 1월 평균 쇼핑액은 64.97만원이고, 2월의 평균 쇼핑액은 64.12만원으로 나타나 1월의 평균 쇼핑액이 다소 높다.

2) 대응 표본 평균 차이 분석

대응 표본 평균 차이 검정을 위하여 R에서 사용되는 기본 함수는 평균 차이 검정에 사용되는 t.test() 함수이며, 독립 표본 평균 차이 검정과는 다르게 옵션으로 대응 표본 t-검정을 나타내는 'paired=TRUE'를 사용하여 분석을 수행한다.

```
# 대응 표본 t-검정
t_result <-  t.test(data$쇼핑1월, data$쇼핑2월, paired=TRUE )
t_result                                  # 대응 표본 t-검정 결과

                     Paired t-test

  data:  data$쇼핑1월 and data$쇼핑2월
  t = 1.7024, df = 89, p-value = 0.09216
  alternative hypothesis: true difference in means is not equal to 0
  95 percent confidence interval:
   -0.644027  8.350694
  sample estimates:
  mean of the differences
                 3.853333
```

상기의 결과를 살펴보면 상단에 대응 표본 평균 차이 검정을 나타내는 'Paired t-test'가 표시된다. t-값이 1.7024이고 자유도가 89로 유의확률은 0.09216로 산출되었다. 유의확률이 0.05를 이하이므로 쇼핑1월과 쇼핑2월의 평균 간의 차이는 있는 것으로 해석할 수 있다.

6.3 비율 차이 분석

비율 차이 분석은 어떠한 항목에 대하여 두 집단 간의 비율의 차이가 통계적으로 유의한지를 파악할 때 이용하는 통계 기법이다. 평균 차이 분석이 수치형 자료의 차이를 검정하는 방법인 것이 반하여 일반적으로 비율 차이 분석은 예/아니오와 같은 이항형 자료의 차이를 검정 시 사용된다. 예를 들면 신제품에 대한 설명 후 소비자들의 구매 의도 여부에 대한 비율, 또는 특정 브랜드에 대한 만족 또는 불만족 하는 사람들의 비율처럼 두 개의 반응값에 대한 비율값에 관심을 가질 경우에 사용된다.

6.3.1 비율 차이 분석 예시

비율 차이 분석의 예시 자료는 4장에서 사용한 data.csv 자료를 이용한다. 본 예시는 data.csv 자료에서 다음과 같은 이항형 자료인 쿠폰선호도에 대하여 남녀 성별 간 차이가 있는지에 대한 비율 차이 분석을 실시한다. 자료 형식은 고객별로 쿠폰 선호 여부에 대한 자료가 예/아니오로 구성되어 있다.

〈표 6-3〉 비율 차이 분석 예시 자료

고객번호	성별	쿠폰선호도
190105	남자	예
190106	남자	아니오
190107	남자	예
190108	남자	아니오

6.3.2 비율 차이 분석 실행

1) 작업 영역 설정 및 파일 불러오기

비율 차이 분석을 위하여 다음과 같이 우선 작업 영역을 설정하고 설정된 디렉터리(C:/

WORK_R)에서 수집된 자료의 내용을 R 영역으로 가져와 데이터프레임으로 저장한다.

```
# 작업 영역 설정 및 데이터 불러오기
setwd("C:/WORK_R")
options("width"=500)
data <- read.csv("data.csv", header = T, fileEncoding="EUC-KR")
```

2) 비율 차이 분석

비율 차이 분석을 위하여 R에서 사용되는 기본 함수는 prop.test() 함수이다. prop.test() 함수의 사용 형식은 다음과 같다.

```
prop.test(x, n, p = NULL,
          alternative = c("two.sided", "less", "greater"),
          conf.level = 0.95, correct = TRUE)

x: 발생 수
n: 실행 수
alternative: 검정 방법(양측, 단측)
conf.level: 신뢰구간 지정
```

prop.test() 함수를 이용한 비율 차이 분석에서는 발생 수 대비 실행 수로 비율 차이 분석을 수행한다. 따라서 분석에 앞서 자료에서 발생 수와 실행 수를 산출해야 한다. 본 예시의 남녀 성별 간 쿠폰선호도에 대한 비율 차이 분석에서의 발생 수는 성별 인원인 남성과 여성의 인원이 되며, 발생 수는 각기 남성과 여성의 성별에서의 쿠폰 선호 응답 수, 즉 '예'로 응답한 인원수가 된다. 따라서 우선 발생 수를 산출하기 위하여 다음과 같이 자료에서 남성과 여성의 수를 산출한다.

```
# 비율 차이 분석을 위한 자료 축출(발생 수)
n1 <- length(which(data$성별=="남자"))                # 남성 인원수
n2 <- length(which(data$성별=="여자"))                # 여성 인원수
```

```
n <- c(n1, n2)
n
  [1] 55 35
```

발생 수에 해당하는 성별 인원인 남성과 여성의 인원은 55명과 35명으로 산출되었고, 각기 성별 인원에서 쿠폰선호도를 '예'로 응답한 발생 수를 산출하기 위하여 다음과 같은 명령들을 실행한다.

```
# 비율 차이 분석을 위한 자료 축출(실행 수)
x1 <- length(which(data$성별=="남자"&data$쿠폰선호도=="예"))  # 남성 중 쿠폰 선호
x2 <- length(which(data$성별=="여자"&data$쿠폰선호도=="예"))  # 여성 중 쿠폰 선호
x <- c(x1, x2)
x
  [1] 22 26
```

각기 성별 인원에서 쿠폰선호도를 '예'로 응답한 발생 수는 남성의 경우 22명 여성의 경우 26명으로 산출되었다. 산출된 실행 수와 발생 수를 가지고 prop.test() 함수를 이용한 비율 차이 분석은 다음과 같다.

```
# 비율 차이 분석
prop_result <-  prop.test(x, n)
prop_result

     2-sample test for equality of proportions with continuity correction

  data:  x out of n
  X-squared = 8.7715, df = 1, p-value = 0.00306
  alternative hypothesis: two.sided
  95 percent confidence interval:
   -0.5604717 -0.1252426
  sample estimates:
     prop 1    prop 2
  0.4000000 0.7428571
```

상기의 비율 차이 분석 결과를 살펴보면 남성의 쿠폰선호도 비율은 0.4000000이고 여성의 쿠폰선호도 비율은 0.7428571으로 산출되어 여성이 쿠폰선호도가 높은 것으로 나타났다. 비율 차이 검정을 위한 통계량인 카이제곱값(X-squared)은 8.7715이고 자유도(df)는 1로 유의확률이 0.00306으로 나타났다. 비율 차이 분석에서는 유의확률(p-value)이 0.05보다 낮으면 비율의 차이가 있는 것으로 평가한다. 따라서 쿠폰선호도는 성별 간 차이가 있는 것으로 분석된다.

6.4 분산분석

분산분석(Analysis of variance, ANOVA)은 일반적으로 3개 이상의 집단에 대하여 차이를 비교하고자 할 때 사용되는 분석 기법으로 집단 내의 분산과 집단의 평균의 차이에 의한 집단 간 분산의 비교를 통해 생성된 F-분포를 이용하여 차이 검정을 수행하는 통계 기법이다. 분산분석은 표본의 수가 다른 집단들에 대한 비교 시 사용되는 일원 배치 분산분석과 표본의 수가 같은 집단들에 대한 비교시 사용되는 반복측정 분산분석으로 구분된다. 일원 배치 분산분석은 일반적으로 저소득, 중산층, 고소득층과 같이 모집단의 수가 차이가 있어 표본의 수를 인위적으로 통제하기 쉽지 않은 자료들에 대한 차이를 분석 시 활용되며, 반복측정 분산분석은 일반적으로 동일 집단에 대하여 셋 이상의 조건에 노출이 되어 측정된 결과를 분석할 때 사용된다. 예를 들면 동일 실험집단에 대하여 신약 효과가 월별로 차이가 있는지에 대한 분석 등을 수행할 때 사용된다.

6.4.1 분산분석 예시

분산분석의 예시 자료는 4장에서 사용한 data.csv 자료를 이용한다. 본 예시는 data.csv 자료에서 다음과 같은 자료를 가지고 일원 배치 분산분석을 위하여 주거 지역별 쇼핑 금액에 대하여 통계적으로 차이가 있는지에 대한 분석을 실시하고, 반복측정 분산분석을 위하여 1월, 2월, 3월의 3개월의 쇼핑 금액이 통계적으로 차이가 있는지에 대한 분석을 실시한다.

〈표 6-4〉 분산분석 예시 자료

고객번호	주거지역	쇼핑액
190105	소도시	195.6
190106	소도시	116.4
190107	중도시	183.6
190108	소도시	168
190109	중도시	169.2

일원 배치 분산분석 예시 자료

쇼핑1월	쇼핑2월	쇼핑3월
76.8	64.8	54
44.4	32.4	39.6
66	66	51.6
62.4	52.8	52.8
63.6	54	51.6

반복측정 분산분석 예시 자료

6.4.2 일원 배치 분산분석 실행

1) 작업 영역 설정 및 기술통계 분석

일원 배치 분산분석을 위하여 다음과 같이 우선 작업 영역을 설정하고 설정된 디렉터리(C:/WORK_R)에서 수집된 자료의 내용을 R 영역으로 가져와 데이터프레임으로 저장한다. 데이터프레임 자료에서 subset() 함수를 이용하여 비교하려는 표본 자료들인 주거 지역별 쇼핑액 표본자료를 축출한다.

```
# 작업 영역 설정 및 데이터 불러오기
setwd("C:/WORK_R")
options("width"=500)
data <- read.csv("data.csv", header = T, fileEncoding="EUC-KR")

# 데이터프레임 형식으로 저장된 자료
data <- subset(data, select=c(주거지역, 쇼핑액))
```

생성된 일원 배치 분산분석을 위한 분석 자료에 대하여 다음과 같이 표본자료 생성 및 기술통계 분석을 실행하여 표본들에 대한 평균값들을 확인한다.

```
# 기술통계 자료 생성 및 분석
data1 <-  subset(data, data$주거지역=="소도시")          # 소도시 표본자료
data2 <-  subset(data, data$주거지역=="중도시")          # 중도시 표본자료
data3 <-  subset(data, data$주거지역=="대도시")          # 대도시 표본자료

library(psych)                          # 기술통계 함수 describe( ) 지원 패키지
describe(data1$쇼핑액)                   # 소도시 표본 기술통계 자료
   vars n  mean   sd  median trimmed mad  min  max range  skew  kurtosis se
X1   1  30 167.68 41.96 169.2   169.3  37.36 80.4 238.8 158.4 -0.35   -0.47  7.66

describe(data2$쇼핑액)                   # 중도시 표본 기술통계 자료
   vars n  mean   sd  median trimmed mad   min   max range  skew  kurtosis se
X1   1  24 178.5  36.36 172.8   179.52 32.02 111.6 237.6   126 -0.05    -0.94 7.42

describe(data3$쇼핑액)                   # 대도시 표본 기술통계 자료
   vars n  mean   sd  median trimmed mad   min   max range  skew  kurtosis se
X1   1  36 176.77 28.52 176.4   176.08 28.47 112.8 244.8  132   0.24   -0.31  4.75
```

상기의 기술통계량 결과를 보면 소도시, 중도시, 대도시의 표본은 각기 20, 24, 그리고 36명이며, 평균 쇼핑액은 167.68만원, 178.5만원, 그리고 176.77만원으로 나타났다.

2) 일원 배치 분산분석

일원 분산분석을 위하여 R에서 사용되는 기본 함수는 aov() 함수이다. aov() 함수의 사용형식은 다음과 같이 입력 자료는 종속변수와 독립변수로 구성된 식으로 입력하게 되어 있다. 일원 배치 분산분석에서는 쇼핑액과 같은 대상 변수에 대하여 소도시, 중도시, 대도시의 집단별로 유의한 차이가 있는지를 분석하는 것이다. 따라서 분산분석에서 대상 변수를 종속변수, 집단을 독립변수라고 부르기도 한다.

```
aov(formula, data = NULL, …)

formula: 식 (종속변수~독립변수)
data: 데이터프레임
```

상기의 자료에서 주거지역에 따른 쇼핑액의 차이를 분석하기 위한 주거 지역별 분산분석은 쇼핑액이 종속변수가 되고 주거지역이 독립변수가 된다. 따라서 다음과 같이 식을 구성하여 일원 분산분석을 수행한다.

```
# 분산분석
aov_result1= aov(쇼핑액~주거지역 , data)
```

상기의 R 스크립트에서 생성된 주거 지역별 쇼핑액 분산분석 자료인 aov_result1, summary (aov_result1)를 실행하면 다음과 같은 이용만족도 분산분석 결과와 이용만족도 분산분석의 분산 분석표를 얻을 수 있다.

```
aov_result1                         # 주거 지역별 쇼핑액 분산분석 결과

  Call:
     aov(formula = 쇼핑액 ~ 주거지역, data = data)

  Terms:
                  주거지역 Residuals
  Sum of Squares    1956.23 109936.37
  Deg. of Freedom         2        87

  Residual standard error: 36.5475
  Estimated effects may be unbalanced


summary(aov_result1)                # 분산분석 결과표

                  Df Sum Sq Mean Sq F value Pr(>F)
  주거지역      2    1956    978.1   0.774  0.464
  Residuals    87 109935  1263.6
```

상기의 분산분석 결과표를 살펴보면 집단 간 자유도는 2이고 집단 내 자유도는 87로 평균제곱은 제곱값을 자유도로 나눈 값이고, F값은 집단 간 평균제곱을 집단 내 평균제곱으로

나눈 값이다. F값이 0774이고 분자의 자유도가 2이고 분모의 자유도가 87인 경우의 유의확률은 0.464로 산출되었다. 유의확률이 0.464로 0.05를 상회하므로 주거 지역별 고객들의 쇼핑액의 차이는 없는 것으로 해석할 수 있다.

6.4.3 반복측정 분산분석 실행

1) 작업 영역 설정 및 기술통계 분석

반복측정 분산분석을 위하여 다음과 같이 우선 작업 영역을 설정하고 설정된 디렉터리(C:/WORK_R)에서 수집된 자료의 내용을 R 영역으로 가져와 데이터프레임으로 저장한다.

```
# 작업 영역 설정 및 데이터 불러오기
setwd("C:/WORK_R")
options("width"=500)
data <- read.csv("data.csv", header = T, fileEncoding="EUC-KR")
```

생성된 반복측정 분산분석을 위한 분석 자료에 대하여 다음과 같이 표본들에 대한 기술통계 분석을 실행하여 평균값들을 확인한다.

```
# 기술통계 자료 생성
library(psych)                        # 기술통계 함수 describe( ) 지원 패키지
describe(data$쇼핑1월)                # 쇼핑1월 기술통계 자료
   vars n  mean   sd  median trimmed mad  min   max  range skew  kurtosis se
X1    1 90 64.97 19.22 64.8     65.85 19.57 15.6  92.4  76.8 -0.24    -0.67  2.03

# 기술통계 자료 생성
describe(data$쇼핑2월)                # 쇼핑2월 기술통계 자료
   vars n  mean  sd  median trimmed mad  min  max  range skew  kurtosis se
X1    1 90 61.12 17.85 56.4    60.98 12.45 13.2 92.4  79.2  0.22    -0.36  1.88

# 기술통계 자료 생성
describe(data$쇼핑3월)                # 쇼핑3월 기술통계 자료
```

```
   vars n  mean  sd  median trimmed mad  min  max  range skew  kurtosis se
X1  1   90 48.11 17.85  52.8    48  18.68 13.2  92.4  79.2  0.03    0.09  1.88
```

상기의 기술통계량 결과를 쇼핑1월, 쇼핑2월, 그리고 쇼핑3월 모두 90개의 동일 수량의 자료이며 1월 평균 쇼핑액은 64.97만원이고 2월의 평균 쇼핑액은 61.12만원, 3월의 평균 쇼핑액은 48.11만원으로 나타났다.

2) 반복측정 분산분석

반복측정 분산분석을 위한 aov() 함수의 인수가 독립변수와 종속변수로 구성된 식(formula)을 사용되기 때문에 새로운 데이터프레임을 생성하여 실행해야한다. 따라서 다음과 같이 as.data.frame() 함수를 이용하여 "쇼핑액"과 "월" 항목으로만 구성된 aov_data를 생성하여 반복측정 분산분석을 실행한다.

```
# 반복측정 분산분석을 위한 자료 구성
aov_data <-  as.data.frame(rbind(cbind(data$쇼핑1월, 1), cbind(data$쇼핑2월, 2),
cbind(data$쇼핑3월, 3)))
colnames(aov_data) <- c("쇼핑액","월")
aov_data                                  # 쇼핑액과 월 항목으로 구성된 데이터프레임
     쇼핑액 월
 1     76.8  1
 2     44.4  1
 3     66.0  1
 4     62.4  1
 5     63.6  1
 6     52.8  1
```

상기의 분석 자료 설정에서 생성한 aov_data를 사용하여 월별 쇼핑액의 차이를 분석하기 위한 반복측정 분산분석을 다음과 같이 수행을 한다.

```
# 반복측정 분산분석
aov_result2= aov(쇼핑액 ~ 월, aov_data)
```

상기의 R 스크립트에서 생성된 쇼핑액에 대한 월별 반복측정 분산분석 결과인 aov_result2, summary(aov_result2)를 실행하면 다음과 같은 반복측정 분산분석 결과와 분산 분석표를 얻을 수 있다.

```
aov_result2                                # 이용만족도 분산분석 결과

  Call:
     aov(formula = 쇼핑액 ~ 월, data = aov_data)

  Terms:
                      월 Residuals
  Sum of Squares  12801.8   90841.0
  Deg. of Freedom       1       268

  Residual standard error: 18.41084
  Estimated effects may be unbalanced

summary(aov_result2)                       # 분산분석 결과표
              Df Sum Sq Mean Sq F value    Pr(>F)
  월            1  12802   12802   37.77 2.87e-09 ***
  Residuals   268  90841     339
  ---
  Signif. codes:  0 '***' 0.001 '**' 0.01 '*' 0.05 '.' 0.1 ' ' 1
```

상기의 결과를 살펴보면 유의확률이 2.87e-09로 월별 차이는 있는 것으로 해석할 수 있다.

6.5 상관관계 분석

상관관계 분석(correlation analysis)은 두 변수 간에 어떠한 관련성 있는지를 분석하는 통계분석 기법이다. 즉 하나의 변수가 다른 변수 간의 관련성이 있는지의 여부와 어느 정도 관련성이 있는지를 파악하는 데 사용되는 분석 기법이다. 상관계수(correlation coefficient)는 두 변수 간의 관련성 정도를 나타내는 값으로 기본 개념은 다음과 같다.

$$(\text{상관계수})r = \frac{X\text{와 } Y\text{가 함께 변하는 정도}}{X\text{와 } Y\text{가 각각 변하는 정도}}$$

상관관계 분석은 교육 수준과 급여와의 관계, 거시적인 관점에서의 통화 증가율과 물가상승률과의 관계와 같이 서로 관계가 있을 것 같은 변수들의 관계를 분석할 때 사용된다.

6.5.1 상관관계 분석 예시

상관관계 분석의 예시 자료는 4장에서 사용한 data.csv 자료를 이용한다. 본 예시는 data.csv 자료에서 다음과 같은 자료로 성별, 연령대, 직업, 쇼핑액, 이용만족도 간에 관련성의 유무에 대한 분석을 실시한다. 자료 형식은 성별, 연령대, 직업은 범주형 자료로, 쇼핑액과 이용만족도는 수치형 자료로 구성되어 있다.

〈표 6-5〉 상관관계 분석 예시 자료

고객번호	성별	연령대	직업	쇼핑액	이용만족도
190105	남자	45-49세	회사원	195.6	4
190106	남자	25-29세	공무원	116.4	7
190107	남자	50세 이상	자영업	183.6	4
190108	남자	50세 이상	농어업	168	4
190109	남자	40-44세	공무원	169.2	4

6.5.2 상관관계 분석 실행

1) 작업 영역 설정 및 파일 불러오기

상관관계 분석을 위하여 다음과 같이 우선 작업 영역을 설정하고 설정된 디렉터리(C:/WORK_R)에서 수집된 자료의 내용을 R 영역으로 가져와 데이터프레임으로 저장한다.

```
# 작업 영역 설정 및 데이터 불러오기
setwd("C:/WORK_R")
options("width"=500)
data <- read.csv("data.csv", header = T, fileEncoding="EUC-KR")

# 데이터프레임 형식으로 저장된 자료
data <- subset(data, select=c(성별, 연령대, 직업, 쇼핑액, 이용만족도))
```

2) 상관관계 분석

두 변수 간의 상관관계 분석을 위하여 R에서 사용되는 기본 함수는 cor()와 cor.test() 함수이다. cor() 함수의 사용 형식은 다음과 같다. cor() 함수와 cor.test() 함수에서 지원하는 상관관계 분석 유형은 피어슨(pearson), 켄들(kendall), 그리고 스피어만(spearman) 방식이 있으며, 이 중 피어슨은 디폴트 값으로 사용되며, 분석 자료가 연속성 자료일 때 주로 사용된다. 반면에 켄들(kendall)과 스피어만(spearman) 방식은 분석 자료가 범주형 자료일 때 주로 사용된다.

```
cor(x, method = c("pearson", "kendall", "spearman"))
cor.test(x, method = c("pearson", "kendall", "spearman"))
x, y: 분석 변수
method: 상관관계 분석 유형
```

cor() 함수를 이용하여 쇼핑액과 이용만족도의 상관관계를 분석하면 다음과 같이 피어슨 상관계수가 산출된다.

```
cor(data$쇼핑액, data$이용만족도)
  [1] 0.02569807
```

상기의 cor() 함수의 결과는 단순히 상관계수 값만 산출하기 때문에 유의확률 정보를 제공하는 cor.test() 함수를 다음과 같이 수행한다.

```
cor.test(data$쇼핑액, data$이용만족도)

          Pearson's product-moment correlation

  data:  data$쇼핑액 and data$이용만족도
  t = 0.24115, df = 88, p-value = 0.81
  alternative hypothesis: true correlation is not equal to 0
  95 percent confidence interval:
   -0.1823636  0.2315569
  sample estimates:
         cor
  0.02569807
```

상기의 cor.test() 함수는 상관계수는 물론 유의확률(p-value) 정보를 제공하고 있지만 단지 두 개의 변수에 대한 상관관계 분석만 가능하다. 따라서 한 번에 여러 변수들에 대한 상관관계 분석을 수행할 경우 Hmisc 패키지의 rcorr() 함수를 사용하는 것이 바람직하다. rcorr() 함수의 사용 형식은 다음과 같다.

```
rcorr(x, y, type=c("pearson","spearman"))

x: 행렬 자료
y: x와 결합된 벡터 또는 매트리스형 자료
type: 상관계수 종류(pearson, spearman)
```

Hmisc 패키지의 rcorr() 함수를 이용한 상관관계 분석은 우선 상기의 자료에서 as.factor()와 as.numeric() 함수를 이용하여 분석하려는 표본 자료들을 다음과 같이 요인과 숫자로

변경한다. 데이터프레임으로 구성되어 있는 자료는 행렬 형식으로 변환하고 인수(type="pearson")를 사용하여 상관관계 분석을 수행한다.

```
# 상관관계 분석을 위한 자료 구성
data$성별 <-  as.numeric(as.factor(data$성별))
data$연령대 <-  as.numeric(as.factor(data$연령대))
data$직업 <-  as.numeric(as.factor(data$직업))
data
      성별  연령대  직업  쇼핑액  이용만족도
  1    1     5     5    195.6      4
  2    1     1     1    116.4      7
  3    1     6     3    183.6      4
  4    1     6     2    168.0      4

# 상관관계 분석
library(Hmisc)
pearson_result <- rcorr(as.matrix(data), type="pearson")
```

상기의 R 스크립트에서 생성된 pearson_result을 실행하면 다음과 같은 상관관계 분석 결과를 얻을 수 있다.

```
pearson_result                # 상관관계 분석 결과

            성별   연령대   직업   쇼핑액   이용만족도
 성별        1.00   0.03    0.31   -0.10     0.04
 연령대      0.03   1.00   -0.13    0.04     0.09
 직업        0.31  -0.13    1.00    0.05     0.09
 쇼핑액     -0.10   0.04    0.05    1.00     0.03
 이용만족도  0.04   0.09    0.09    0.03     1.00

 n= 90

 P
            성별   연령대   직업    쇼핑액   이용만족도
 성별              0.8093  0.0025  0.3266   0.6872
```

```
연령대     0.8093          0.2357  0.7209   0.3972
직업       0.0025  0.2357          0.6456   0.4133
쇼핑액     0.3266  0.7209  0.6456           0.8100
이용만족도 0.6872  0.3972  0.4133  0.8100
```

상기의 자료에서 보면 상단은 상관계수 값들, 표본 수(n= 90) 그리고 하단의 유의확률(p-values)들로 구성되어있다. 유의확률(p-values)이 0.05보다 낮은 것은 성별과 직업의 관계로 상관계수 값 및 유의확률은 0.31에 0.0025로 나타나고 있다. 따라서 결과에 따르면 '성별과 직업만 상관관계가 있다.'라고 할 수 있다.

6.6 회귀분석

회귀분석(regression analysis)은 변수들 사이의 인과관계를 규명하는 통계 분석 방법으로 일반적으로 회귀분석에서 다른 변수에 영향을 주는 원인에 해당하는 변수를 독립변수라고 하고, 영향을 받는 결과에 해당하는 변수를 종속변수라 부른다. 회귀분석은 독립변수와 종속변수 사이의 선형방정식(linear equation)인 회귀식을 근간으로 종속변수에 대한 독립변수들의 영향이 유의한지 여부를 파악하는 데 목적이 있다. 회귀분석을 이용하기 위해서는 종속변수와 독립변수 모두 등간척도 또는 비율척도와 같은 연속형 변수들로 측정되어야 한다.

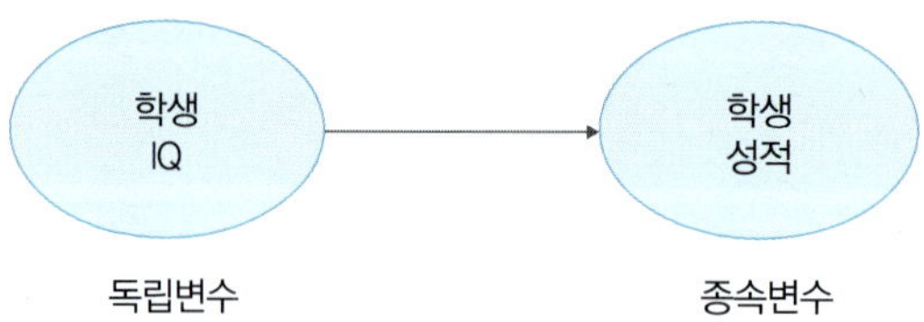

[그림 6-2] 회귀분석 모형

6.6.1 회귀분석 예시

회귀분석의 예시 자료는 4장에서 사용한 data.csv 자료를 이용한다. 본 예시는 data.csv 자료에서 다음과 같은 자료로 독립변수들은 품질, 가격, 서비스, 배송 등 자료이며 종속변수는 쇼핑만족도이다. 자료 형식은 모두 회귀분석을 위하여 수치형 자료로 구성되어 있다.

〈표 6-6〉 회귀분석 예시 자료

고객번호	품질	가격	서비스	배송	쇼핑만족도
190105	7	7	1	4	4
190106	7	4	7	7	7
190107	4	4	3	3	6
190108	3	3	4	6	5
190109	6	4	7	4	6

상기와 같은 예시의 경우 회귀분석은 [그림 6-3]과 같이 화살표를 이용하여 품질, 가격, 서비스, 배송이 쇼핑만족도에 영향을 미친다는 형태의 연구모형으로 표시할 수 있다.

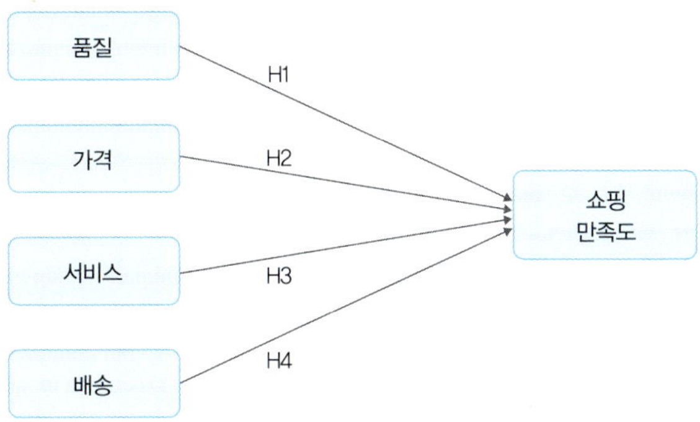

[그림 6-3] 쇼핑만족도 분석 모형

6.6.2 회귀분석 실행

1) 작업 영역 설정 및 파일 불러오기

회귀분석을 위하여 다음과 같이 우선 작업 영역을 설정하고 설정된 디렉터리(C:/WORK_R)에서 수집된 자료의 내용을 R 영역으로 가져와 데이터프레임으로 저장한다.

```
# 작업 영역 설정 및 데이터 불러오기
setwd("C:/WORK_R")
options("width"=500)
data <- read.csv("data.csv", header = T, fileEncoding="EUC-KR")

# 데이터프레임 형식으로 저장된 자료
data <- subset(data, select=c(성별, 연령대, 품질, 가격, 서비스, 배송, 쇼핑만족도))
```

2) 회귀분석

회귀분석을 수행하기 위하여 R에서 사용되는 기본 함수는 lm() 함수이다. lm() 함수의 사용 형식은 다음과 같다. 회귀분석의 lm() 함수는 분산분석의 aov() 함수에서와 식(formula)을 이용하여 독립변수와 종속변수에 대한 관계를 지정한다. 회귀분석에서는 분산분석과 다르게 다수의 독립변수를 사용할 수 있기 때문에 식에서 독립변수들을 '+' 기호로 연결하여 사용한다.

```
lm(formula, data, subset, weights, na.action,
   method = "qr", model = TRUE, x = FALSE, y = FALSE, qr = TRUE,
   singular.ok = TRUE, contrasts = NULL, offset, ...)

formula: 식 (종속변수~독립변수1+독립변수2+독립변수3...)
data: 적용할 모델의 변수를 포함하는 선택적 데이터프레임
subset: 관측치의 서브 세트를 지정하는 선택적 벡터
weights: 가중치의 선택적 벡터
```

회귀분석 실행을 위하여 우선 상기의 자료에서 쇼핑만족도를 종속변수로 품질, 가격, 서비스, 배송을 독립변수로 설정하여 lm() 함수를 실행한다.

```
# 회귀분석
regression_result <- lm(쇼핑만족도 ~ 품질 + 가격 + 서비스 + 배송, data)
```

상기의 R 스크립트에서 생성된 단순회귀분석 자료인 regression_result에 대한 summary()를 실행하면 다음과 같은 분석 결과를 얻을 수 있다.

```
summary(regression_result)            # 회귀분석 결과

Call:
lm(formula = 쇼핑만족도 ~ 품질 + 가격 + 서비스 + 배송, data = data)

Residuals:
    Min      1Q  Median      3Q     Max
-3.1961 -0.4318  0.1002  0.7117  2.0134

Coefficients:
            Estimate Std. Error t value Pr(>|t|)
(Intercept)  1.39013    0.50495   2.753 0.007218 **
품질         0.40740    0.08659   4.705 9.75e-06 ***
가격        -0.09453    0.09324  -1.014 0.313523
서비스       0.29154    0.07847   3.715 0.000363 ***
배송         0.15679    0.08350   1.878 0.063871 .
---
Signif. codes:  0 '***' 0.001 '**' 0.01 '*' 0.05 '.' 0.1 ' ' 1

Residual standard error: 1.034 on 85 degrees of freedom
Multiple R-squared:  0.5119,    Adjusted R-squared:  0.4889
F-statistic: 22.29 on 4 and 85 DF,  p-value: 1.312e-12
```

상기의 lm()을 이용한 회귀분석 결과에 대한 주요 내용을 보면 독립변수들의 예상치(Estimate), 표준오차, t-값, p-값을 보여준다. 회귀계수 추정치(Estimate)는 종속변수에 대한

영향의 크기 정도를 나타내는 추정치이고, 표준오차는 이 추청치에 대한 오차를 나타낸다. 따라서 t-값은 예상치를 표준오차로 나눈 수치이며, p-값은 t-값에 자유도를 고려한 수치이다. lm()의 결과는 비표준화 회귀계수 추정치만 제공한다. 따라서 표준화 계수를 산출하기 위하여 QuantPsyc 패키지의 lm.beta() 함수를 이용하여 다음과 같이 독립변수들에 대한 표준화 계수를 산출한다.

```
# 회귀계수의 표준화 계수 산출
library("QuantPsyc")
st_coef <- lm.beta(regression_result)          # 표준화 계수 산출
```

독립변수들에 대한 표준화 계수를 보기 위하여 st_coef을 실행한 결과는 다음과 같다.

```
st_coef                                          # 표준화 계수
        품질         가격       서비스         배송
  0.43071055  -0.08742092  0.34337934  0.16349520
```

상기의 표준화 계수 결과에서 보면 품질의 회귀계수 추정치는 0.43071055, 가격의 추정치는 -0.08742092, 서비스는 0.34337934이고 배송의 추정치는 0.16349520이다. 회귀분석 결과에서 유의확률(Pr)은 품질과 서비스는 0.05보다 적은 데 비하여 가격과 배송은 0.05를 상회하고 있다. 따라서 상기의 회귀분석 결과 쇼핑만족도에 대하여 품질과 서비스만 영향이 있는 것으로 분석할 수 있다. 또한 품질이 쇼핑만족도에 가장 큰 영향이 있는 것으로 판단할 수 있다.

연습문제

1 추론통계 기법인 평균 차이 분석, 비율 차이 분석, 분산분석, 상관관계 분석, 회귀분석에 대하여 설명하시오.

2 http://ssra.or.kr.co.kr/bigdata/data.csv에서 data.csv파일을 다운로드하여 R로 불러들여 data라는 데이터프레임 변수로 만들고 이 데이터프레임의 소득 변수에 대하여 성별 평균 차이 분석을 수행하고 결과를 해석하시오.

3 상기 데이터프레임에서 다음과 같이 만족 여부 변수를 생성한 후 만족 여부에 대한 성별 비율 차이 분석을 수행하고 결과를 해석하시오.

```
data$만족여부 <- ifelse((data$쇼핑만족도 >3), '만족', '불만족')
```

4 상기 데이터프레임의 소득 변수에 대하여 주거지역에 대한 분산분석을 수행하고 결과를 해석하시오.

5 상기 데이터프레임의 쇼핑액과 쇼핑만족도 간의 상관관계 분석을 수행하고 결과를 해석하시오.

6 상기 데이터프레임의 쇼핑액에 대한 소득, 이용만족도가 쇼핑만족도의 영향 유무를 알아보기 위한 회귀분석을 수행하고 결과를 해석하시오.

Chapter 7

데이터마이닝(Ⅰ)

Chapter 7 데이터마이닝(Ⅰ)

7.1 데이터마이닝 개요

데이터마이닝은 '대용량의 데이터로부터 기존에 알려지지 않은 실행 가능한 정보를 추출하는 지식 발견 과정'[1]으로 정의된다. 데이터마이닝은 다면적이고 복합적인 특성을 가지고 있는 대용량 데이터로부터 사전에 파악되지 않은 유용한 정보를 생성하는 지식 발견 과정으로, 구체적으로 올바른 의사결정을 위해 데이터에 필요한 내재 규칙이나 연관성 정보 등을 탐색하여 데이터 내의 패턴을 분석하는 작업 과정들을 말한다. 주요 데이터마이닝 분석 유형은 분류 분석, 예측 분석, 군집 분석, 연관 분석 등이 있으며, 이들 분석 유형을 수행하기 위하여 신경망, 의사결정나무와 같은 다양한 기계학습 알고리즘들이 주로 사용된다.

7.1.1 데이터마이닝 과정

데이터마이닝의 과정은 [그림 7-1]과 같이 대용량의 데이터로부터 목표 데이터를 선정하고 선정된 데이터를 정제하고 코드화와 같은 변환 단계를 걸친 후 데이터마이닝 분석을 수행한다. 이후 발견한 규칙이나 패턴에 대한 해석 및 평가를 통하여 최종적으로 지식화하는 과정을 거친다.

1) Data mining is a knowledge discovery process of extracting previously unknown, actionable information from very large databases(Simoudis 1996)

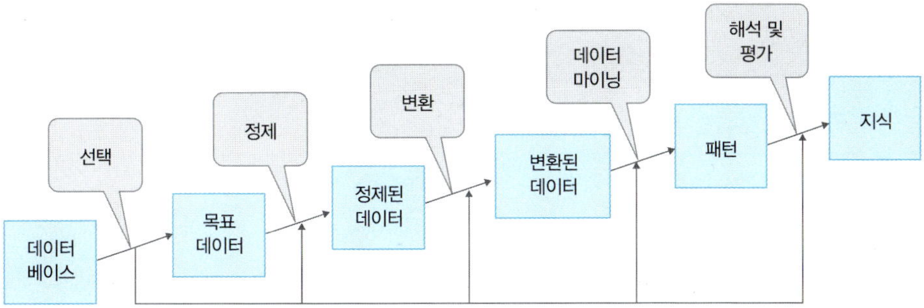

[그림 7-1] 데이터마이닝 과정[2)]

7.1.2 데이터마이닝 분석 유형

데이터마이닝의 분석 유형은 데이터마이닝의 목표에 따라 〈표 7-1〉에서와 같이 분류 분석, 예측 분석, 연관 분석 그리고 군집 분석의 4가지로 구분된다. 분류 분석은 자료에서 일정한 집단에 대한 특정 정의를 통해 새로운 자료에 대하여 집단의 명목형 값을 예측하여 신규 자료를 집단으로 분류하는 분석을 의미한다. 예측 분석은 연속형 속성이나 이항 변수에 대한 예측 모형을 기반으로 미래의 수치형 자료 값을 예측하는 분석을 말한다. 연관 분석은 대용량의 자료 안에서 존재하는 항목들 간의 연관규칙을 발견하는 분석으로, 장바구니 안에 동시에 들어가는 상품들의 관계를 규명하는 데 주로 사용되는 분석 유형이다. 마지막으로 군집 분석은 전체 자료를 유사한 특성을 가지는 다수 개의 군집(집단)들로 세분화하는 분석을 의미한다.

〈표 7-1〉 데이터마이닝 분석 유형

데이터마이닝 유형	설명
분류 분석	일정한 집단에 대한 특정 정의를 통해 신규 자료에 대하여 집단의 명목형 값을 예측하며 분류(예: 신규 고객 등급 분류)
예측 분석	연속형 속성이나 이항 변수에 대한 예측 모형을 기반으로 미래의 수치형 자료 값을 예측 (예: 수요예측, 은행의 대출 심사 여부)

2) Fayyad et al. (1996)

연관 분석	대용량의 자료 안에서 존재하는 항목 간의 연관규칙을 발견 (예: 장바구니 안에 동시에 들어가는 상품들의 관계 규명)
군집 분석	전체 자료를 유사한 특성을 가지는 군집(집단)으로 세분화 (예: 전체 고객에 대하여 고객 세분화)

(1) 분류 분석

분류 분석(classification)은 데이터마이닝 분석의 가장 기본적인 분석 유형으로 범주형 값을 포함한 이전 자료들에 대한 특정 정의를 통해, 즉 분류 규칙을 도출하여 범주형 값이 없는 자료들을 분류하는 것을 말한다. 예를 들어 쇼핑몰에서 신규 고객을 특정 정의에 따라 고객 등급으로 구분하는 것이 분류 분석이다. 데이터마이닝에서 분류 분석은 기계학습을 통해 분류 모형을 구축한 후 새로운 자료들에 대하여 분류 모형을 이용하여 분류 집단의 명목형 값[3]을 예측하는 형태로 수행된다.

(2) 예측 분석

예측 분석(forecasting)은 연속형 속성이나 이항 변수에 대한 예측 모형을 기반으로 미래의 수치형 자료 값을 예측하는 분석으로, 분류 분석이 명목형 값을 예측한다면 예측 분석은 연속형 값에 대하여 예측할 수 있게 해 준다는 공통점을 가진다. 데이터마이닝의 예측 분석은 주가 예측이나 매출, 소비 예측과 같은 연속형 값에 대한 예측과 신용카드의 사기 사용 여부와 특정 질병 여부와 같은 이항 변수에 대한 예측에 활용된다. 이항 변수에 대한 예측의 경우 2개의 값을 가지는 명목형 자료로 볼 수 있기 때문에 분류 분석으로 분류되기도 한다.

(3) 연관 분석

연관 분석(association)은 대용량 자료 안에 존재하는 항목들 간의 연관규칙을 발견하는 과정으로 일반적으로 상품 구매나 서비스와 같은 일련의 거래나 사건들의 연관성에 대한 규칙을 식별한다. 연관 분석은 마케팅에서 손님의 장바구니에 들어있는 구매 품목들 간의 관계를 분석한다는 의미에서 장바구니 분석(Market basket analysis, MBA)이라고도 불린다. 연관 분석은 상품들 간의 연관성 정보를 근간으로 상품 진열이나, 연관 서비스 추천과 같은 영업

3) 명목형(nominal data) 값은 남녀 구별, 결혼 여부, 좋아하는 색상, 출신 지역 등과 같이 단지 자료들이 서로 다르다는 것을 표시하는 이산형 자료(discrete data)나 범주형 자료(categorical data)를 의미한다.

및 마케팅 업무에 주로 활용된다.

(4) 군집 분석

군집 분석(clustering)은 소비자나 제품과 같은 관심 대상들이 지닌 다양한 특성들 예를 들면, 성별, 연령대, 학력, 거주지 등의 유사성을 바탕으로 세부적인 집단, 즉 군집으로 구분하는 기법으로 세분화 마케팅을 위한 고객 집단 분류에 유용하게 사용된다. 군집 분석은 미리 정의된 특성에 대한 정보를 가지지 않는다는 점에서 분류 분석과 다르다.

7.1.3 데이터마이닝 주요 기법

데이터마이닝 분석을 위한 주요 기법 또는 알고리즘은 [그림 7-2]와 같이 데이터마이닝의 분석 유형에 따라 다양하게 적용된다. 분류 분석의 경우 단순 베이즈 분석, K-최근접 이웃, 서포트 벡터 머신, 의사결정나무 분석, 신경망 분석 등의 데이터마이닝 분석 기법들이 활용된다. 예측 분석은 의사결정나무 분석, 신경망 분석, 서포트 벡터 머신 등의 데이터마이닝 분석 기법들이 활용된다. 연관 분석은 시차 연관성 분석 기법 그리고 군집 분석은 계층적 군집 분석과 K-평균 군집 분석 등의 데이터마이닝 분석 기법들이 활용된다.

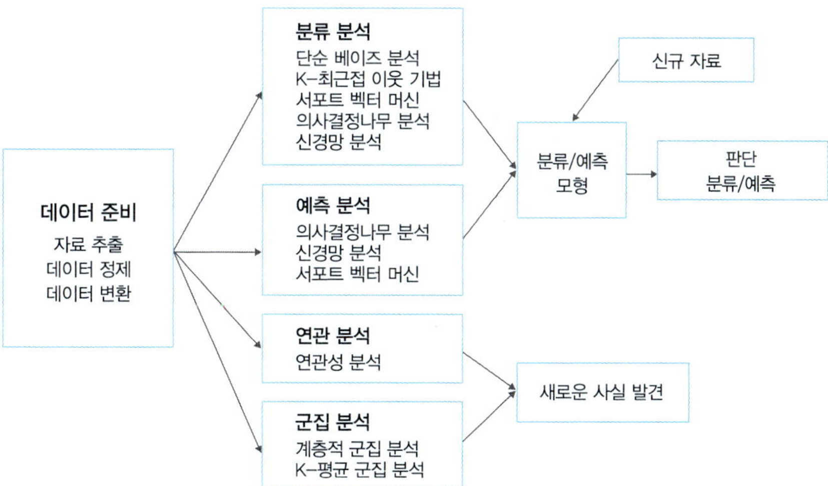

[그림 7-2] 데이터마이닝 주요 기법

7.1.4 기계학습과 데이터마이닝

대부분의 데이터마이닝 기법들은 기계학습 방식의 알고리즘을 이용하고 있다. 기계학습 또는 머신러닝(machine learning)은 별도의 프로그래밍 없이 컴퓨터를 인간처럼 학습시켜 스스로 규칙을 생성하는 것을 의미한다. 기계학습 방식은 [그림 7-3]에서와 같이 지도 학습과 비지도 학습으로 구분된다. 지도 학습(supervised learning)은 훈련 데이터(training data)로부터 예측 모형인 하나의 함수를 유추해내기 위한 기계학습 방식이며, 비지도 학습(unsupervised learning)은 입력자료에 대한 분류나 예측을 위한 특정한 목표값 없이 자료들 간의 관계 분석을 통하여 자료들이 어떻게 구성되었는지를 알아내는 기계학습 방식이다.

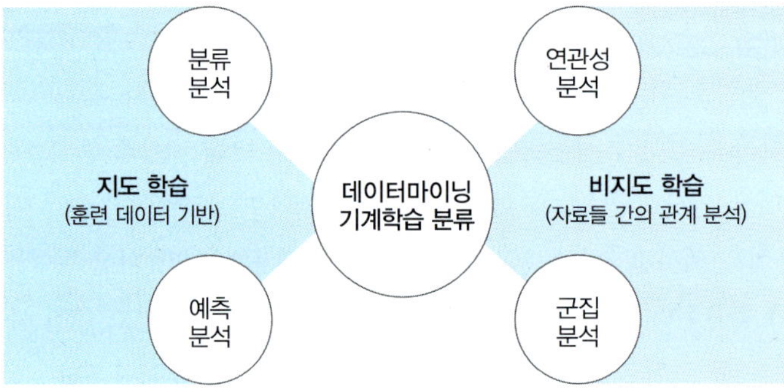

[그림 7-3] 기계학습과 데이터마이닝

[그림 7-3]에서와 같이 일반적으로 분류나 예측 분석 유형들의 대부분의 데이터마이닝 기법들은 지도 학습 방식을 따르고, 연관 분석과 군집 분석의 데이터마이닝 기법들은 비지도 학습 방식을 따른다.

7.1.5 데이터마이닝 활용

오늘날 데이터마이닝은 고객관계관리 및 영업 마케팅, 수요예측, 신용평가, 제품에 대한 품질개선, 부정행위 적발, 의료 및 항공업 분야 등 다양한 분야에서 활용되고 있다. 〈표 7-2〉는 데이터마이닝의 주요 적용 분야 및 활용 업무들을 보여준다.

〈표 7-2〉 데이터마이닝 활용 분야

적용 분야	활용 업무
영업 마케팅 및 고객관계관리	• 데이터마이닝의 분류 분석을 이용한 고객 세분화(segmentation)를 통해 타켓 마케팅을 수행하여 마케팅 효과를 높인다. • 데이터마이닝의 군집 분석을 이용한 고객들에 대한 이탈 분석(churn analysis)을 통해 이탈이 예상되는 고객들에 대한 관리를 지원한다. • 데이터마이닝의 장바구니 분석(market basket analysis, MBA)을 통해 고객이 어떤 제품을 구매할 것인가를 예측하여 상품 추천 및 제품 진열 전략 수립을 도와준다. • 데이터마이닝의 연관 분석 통해 교차 판매 상품을 발굴하고 구매를 유도한다.
제조 및 생산 분야	• 데이터마이닝은 제품의 판매 수요를 예측하여 생산계획 수립에 도움을 준다. • 데이터마이닝을 이용한 품질관리 시스템은 제품의 불량품을 찾고 그 원인을 밝히는 데 도움을 준다. • 데이터마이닝은 클레임 분석을 통하여 고객 서비스를 높여줄 수 있다. • 데이터마이닝은 생산설비 수명 예측 및 정비계획에 대한 수립을 지원하여 공장 가동 시간 극대화에 도움을 준다.
금융 분야	• 데이터마이닝을 이용한 신용대출 시스템은 개인의 신용 상태를 점수화하여 신용거래 대출 가능 여부를 결정한다. • 데이터마이닝을 이용한 부정 방지 시스템은 신용카드 사기, 보험료 부정 청구, 세금 포탈 등의 부정행위를 발견할 수 있는 패턴을 파악하여 이에 대한 피해를 방지한다. • 데이터마이닝은 주가 예측을 통해 주식을 매입하거나 매도할 시기를 결정하는 데 도움을 준다.
의료 분야	• 데이터마이닝은 방대한 의료 자료들에 대한 상호 연관 분석을 통해 의료 기술 발전을 지원한다. • 데이터마이닝을 이용한 진단 시스템은 암과 같은 특정 질병들에 대한 진단을 수행한다. • 데이터마이닝은 중병을 앓고 있는 환자의 인구통계, 증상과 그 원인을 파악하여 치료법 개발에 도움을 준다. • 데이터마이닝은 대량의 유전자 서열 데이터를 분석해 유전체 각 부분의 기능을 판단, 예측하여 신약 개발, 조기진단, 유전자 치료에 활용된다.
항공업 분야	• 데이터마이닝은 사업 이익을 극대화하기 위한 항공기 노선 추가의 타당성 분석을 지원한다. • 데이터마이닝을 이용한 항공기 예약시스템은 승객의 비행지와 최종 목적지에 대한 분석을 통해 가격 책정을 수행한다.

7.2 분류 분석

7.2.1 분류 분석의 개요

분류 분석(classification)은 데이터마이닝의 대표적인 분석 유형으로써 데이터 범주를 설명하는 모형을 생성하고 이를 통해 데이터에 대한 범주자료가 없는 상태에서 자동으로 이들을 분류하는 것을 말한다. 즉, 분류는 집단 분류의 기준이 되는 명목형 값을 예측하는 데 사용한다. 예를 들어, 꽃받침의 너비, 꽃받침의 길이, 꽃잎의 너비, 꽃잎의 길이를 가지고 꽃의 품종을 분류하는 분류 모형을 만들고 이를 통해 새로운 꽃에 대한 품종 분류를 수행하는 것이 분류 분석이다. 분류 분석의 주요 데이터마이닝 기법은 단순 베이즈 분석, K-최근접 이웃, 서포트 벡터 머신, 의사결정나무 분석, 신경망 분석 등이 있다.

7.2.2 분류 분석의 절차

분류 분석의 절차는 [그림 7-4]에서와 같이 예측 변수와 반응 변수가 포함된 학습 데이터를 가지고 단순 베이즈 분석, K-최근접 이웃, 서포트 벡터 머신, 의사결정나무 분석 또는 신경망 분석과 같은 기계학습 알고리즘을 이용하여 분류 모형을 만든다. 이후 생성한 분류 모형에 예측 변수만 있는 신규 데이터를 입력하여 범주형인 반응 변수를 산출하여 신규 데이터를 분류한다.

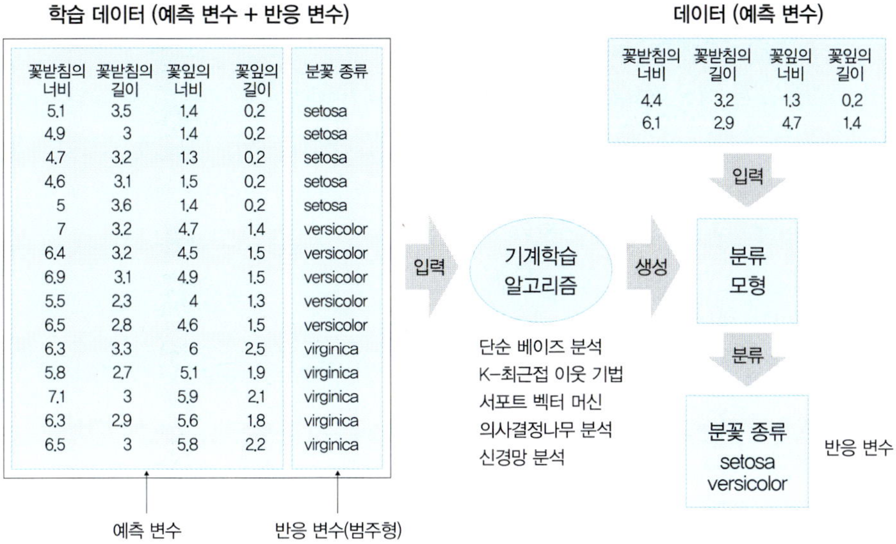

[그림 7-4] 분류 분석의 절차

상기의 분류 모형 구축의 세부적인 절차는 [그림 7-5]와 같은 단계들을 걸치면서 수행된다. 첫째, 학습 데이터의 일부를 훈련 데이터(training data)로, 나머지를 검증용 데이터(test data)로 분리한다. 훈련 데이터와 검증용 데이터의 비율을 7 대 3 정도로 배분한다. 둘째, 훈련 데이터로부터 분류 모형을 만든다. 셋째, 생성된 분류 모형을 검증용 데이터에 대해 적용해 성능을 평가한다. 성능이 만족스럽지 않다면 2단계로 돌아간다. 마지막으로 전체 데이터로부터 모형을 만들고 이를 최종 분류 모형으로 정한다.

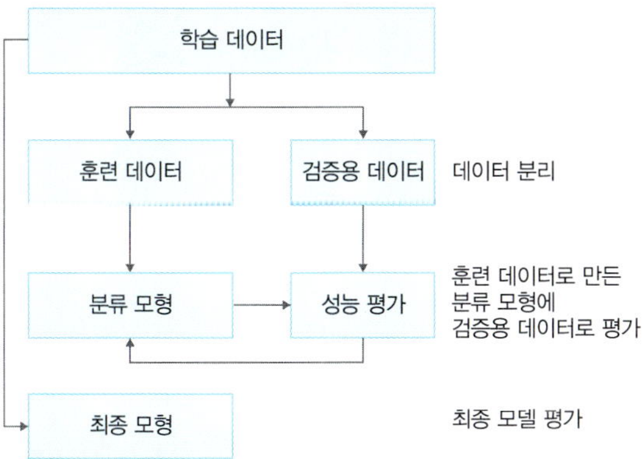

[그림 7-5] 분류 모형 구축 절차

7.2.3 분류 분석을 위한 예시 데이터

분류 분석을 위한 예시 자료는 iris 데이터이다. iris 데이터는 붓꽃(iris)의 3가지 종인 setosa, versicolor 그리고 virginica에 대해 꽃받침과 꽃잎의 너비와 길이를 정리한 데이터로 R에 기본으로 내장되어 있으며, 간단하고 크기가 작아 분류 분석에 대하여 이해하는 데 적합한 것으로 평가 받고 있다.

〈표 7-3〉 분류 분석 예시 자료

Sepal.Width	Sepal.Length	Petal.Width	Petal.Length	Species
5.1	3.5	1.4	0.2	Iris-setosa
4.9	3	1.4	0.2	Iris-setosa
4.7	3.2	1.3	0.2	Iris-setosa
4.6	3.1	1.5	0.2	Iris-setosa
5	3.6	1.4	0.2	Iris-setosa

Species: 붓꽃의 종별(setosa, versicolor, virginica), Sepal.Width: 꽃받침의 너비, Sepal.Length: 꽃받침의 길이, Petal.Width: 꽃잎의 너비, Petal.Length: 꽃잎의 길이

예시 자료인 iris에는 [그림 7-6]의 모양과 같이 붓꽃의 종별(setosa, versicolor, virginica)로 50개씩, 총 150개의 자료가 저장되어 있고, 꽃받침의 너비, 꽃받침의 길이, 꽃잎의 너비, 꽃잎의 길이는 수치형 자료로 붓꽃의 종별은 범주형 자료로 구성되어 있다.

[그림 7-6] 붓꽃의 모양[4)]

4) https://www.pluralsight.com/guides/designing-a-machine-learning-model

7.2.4 단순 베이즈 분류

1) 단순 베이즈 분류의 개요

단순 베이즈 분류(Naive Bayes Classifier)는 기계학습의 지도 학습을 사용한 가장 간단한 분석 기법 중 하나이다. 단순 베이즈 분류는 분류를 위하여 베이즈의 정리(Bayes's Theorem)[5]를 기본으로 하며, 사용되는 자료의 특성 값들이 서로 독립적이라고 가정하여 처리한다. 단순 베이즈 분류의 장점으로는 모형이 단순하고 계산 과정이 비교적 간단함에도 분류 성능이 우수하다는 점과 분류 시 자료의 독립성을 가정으로 하기 때문에 독립변수의 차원이 늘어날 때 기하급수적으로 많은 데이터를 필요로 하는 차원의 저주(curse of dimensionality) 문제를 완화할 수 있다는 장점이 있다. 그러나 단점으로는 단순히 학습에서 사용된 데이터만을 이용하여 확률값을 계산하고 그 크기를 비교하여 처리하기 때문에 학습 데이터에 따라 분류 성능의 차이가 크게 난다는 특징이 있다. 단순 베이즈 분류는 텍스트마이닝과 결합하여 스팸 메일을 분류하는 분야에서 많이 활용되고 있다. 스팸으로 처리한 메일들을 기준으로 분류 규칙을 설정한 후 새로운 메일이 스팸인지 아닌지를 판단한다.

2) 단순 베이즈 분류를 위한 필요 패키지

단순 베이즈 분류를 위한 필요 패키지는 e1071 패키지가 필요하다. 따라서 다음과 같이 install.packages() 함수를 이용하여 패키지를 우선 설치한다.

```
# 단순 베이즈 분류 패키지 설치
install.packages("e1071")
```

단순 베이즈 분류 모형을 생성하기 위하여 R에서 사용되는 함수는 e1071 패키지의 naiveBayes() 함수이다. naiveBayes() 함수의 사용 형식은 다음과 같다.

5) 통계학에서 두 확률 변수의 사전 확률과 조건부 확률(사후 확률) 사이의 관계에 대한 정리로 베이즈의 정리의 핵심인 조건부 확률은 한 사건이 발생 후 향후 다른 사건이 발생할 가능성을 의미한다.

```
naiveBayes(formula, data, …)

formula: 식 (종속변수~독립변수)
data: 훈련 데이터
```

3) 단순 베이즈 분류 실행 예시

예시 데이터인 iris 데이터를 가지고 단순 베이즈 분류를 위하여 다음과 같이 우선 R에 기본적으로 내장된 iris 데이터를 불러와 훈련용 데이터와 검증용 데이터를 만든다. 훈련용 데이터와 검증용 데이터의 수를 7 대 3으로 하여 구성한다. 훈련용 데이터를 가지고 단순 베이즈 분류 모형 구축을 지원하는 naiveBayes() 함수를 이용하여 단순 베이즈 분류 모형을 생성한다. 참고적으로 훈련용 데이터와 검증용 데이터 작성 시 무작위 표본추출로 인하여 분류 모형 구축 시마다 다른 결과가 산출될 수 있기 때문에 본 예시에는 표본추출 시 값들을 고정시키는 set.seed() 함수를 사용한다.

```
# 단순 베이즈 분류
library(e1071)                                   # 단순 베이즈 분류 패키지 불러오기
data <- iris                                     # iris 데이터 불러오기

# 훈련용 데이터와 검증용 데이터 작성
set.seed(1234)                                                # 표본 추출값 고정
idxs <- sample(1:nrow(data), as.integer(0.7*nrow(data)))     # data의 70% 표본추출
train <- data[idxs,]                                          # 훈련용 데이터 셋
test <- data[-idxs,]                                          # 검증용 데이터 셋

# 단순 베이즈 분류 모형 생성
model <- naiveBayes(Species ~ ., train)
```

생성된 분류 모형(model)에 대하여 검증용 데이터를 이용하여 분류 모형의 성능을 평가한다. 성능 평가는 반응 변수들의 실젯값과 예측값에 대한 비교를 통하여 이루어진다. 이를 위해 우선 검증용 데이터의 실젯값들과 predict() 함수를 이용하여 생성한 예측값들을 새

로운 데이터프레임(new)으로 구성하고 그 결과를 정오 분류표로 나타낸다. predict() 함수는 생성된 분류 모형에 예측 변수들을 입력하면 예측된 반응 변수 값을 생성하는 기능을 제공한다.

```
# 실젯값과 예측값의 데이터프레임 구성
new <- data.frame(실젯값=test$Species)                    # 실젯값
new$예측값 <- predict(model, test)                        # 분류(예측값 생성)

# 정오 분류표
predict_table <- table(new$예측값, new$실젯값)            # 정오 분류표 생성
names(dimnames(predict_table)) <- c("predicted", "observed")
```

생성된 정오 분류표를 실행하면 다음과 같은 결과들을 볼 수 있다. 정오 분류표는 열이 관측치(observed)를, 행이 예측치(predicted)를 나타내고 있다. 다음 결과를 보면 setosa는 실제 11개의 자료를 모두 setosa 예측하였으며, versicolor는 22개의 자료 중 21개는 versicolor로, 1개는 virginica로 예측하여 1개가 예측 오류가 있는 것으로 나타났으며, virginica는 12개는 모두 virginica로 예측한 것으로 나타났다.

```
predict_table                                              # 정오 분류표

            observed
predicted    setosa versicolor virginica
  setosa         11          0         0
  versicolor      0         21         1
  virginica       0          0        12
```

최종적으로 단순 베이즈 분류 모형에 대한 실젯값과 예측값 분류 결과 비율을 다음과 같이 산출해 보면 거의 97.8%의 예측 적중률이 있는 것으로 나타났다.

```
# 예측 적중률 산출
new$result <- ifelse(new$실젯값 == new$예측값, "Y", "N") # 관측/예측값 비교 결과
predict_prob <- sum(new$result=="Y")/length(new$result)  # 예측 확률
predict_prob
```

```
[1] 0.9777778
```

상기의 모형을 최종 예측 모형으로 설정하고 다음과 같이 새로운 붓꽃 자료인 꽃받침의 너비, 꽃받침의 길이, 꽃잎의 너비, 꽃잎의 길이의 예측 변수들인 값인 5.1, 3.7, 1.5, 0.3을 입력하면 분류 모형은 새로운 붓꽃을 종류별로 자동 분류할 수 있다. 다음의 결과를 보면 단순 베이즈 분류법의 분류 모형은 새로운 붓꽃을 versicolor로 분류한 것을 볼 수 있다.

```
# 신규 자료 생성
new_iris <- data.frame(5.1,  3.7,  1.5,  0.3)
names(new_iris) <- c("Sepal.Width", "Sepal.Length", "Petal.Width", "Petal.Length")
new_iris
   Sepal.Width Sepal.Length Petal.Width Petal.Length
  1          5.1           3.7          1.5          0.3

# 신규 자료 분류
p_iris <- predict(model, new_iris)                           # 분류
p_iris
  [1] versicolor
  Levels: setosa versicolor virginica
```

7.2.5 K-최근접 이웃 분석

1) K-최근접 이웃 분석의 개요

K-최근접 이웃(K-Nearest Neighbor) 분석 또는 k-NN은 분류에 사용되는 비모수 방식[6]의 기법으로 새로운 데이터가 들어왔을 때 기존 데이터의 그룹 중 어떤 그룹에 속하는지를 분류하는 방식이 일반적으로 사용된다. K-최근접 이웃 분석 알고리즘은 [그림 7-7]에서와 같이 새로 들어온 ★이 ■ 그룹에 가까운지 ▲ 그룹에 가까운지 또는 ● 그룹에 가까운지 파악하고, ★이 가까운 그룹 즉 ■ 그룹에 할당하여 '★은 ■ 그룹'으로 분류하는 방식이다.

6) 비모수 방식(nonparametric method)은 모집단에 대한 정보가 없는 경우에 사용되는 모수 추정 방식을 말한다.

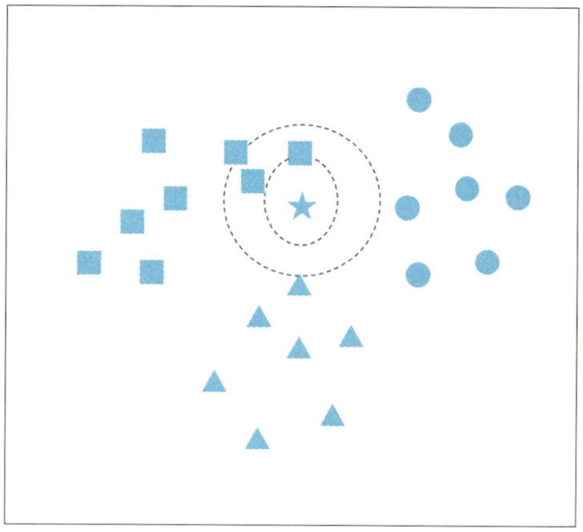

[그림 7-7] K-최근접 이웃 알고리즘

K-최근접 이웃 분석은 분류 알고리즘이 비교적 간단하여 구현하기 쉽고 수치형 자료의 분류 작업에서 성능이 좋다는 장점이 있다. 그러나 단점으로 데이터의 양이 많으면 분류 속도가 기하급수적으로 느려진다. 이러한 이유는 실질적으로 사전 계산을 할 수 없으므로 즉, 기계학습 과정을 통한 분류 모형이 따로 없기 때문에 분류 속도가 느리다. 또한, 범주화 대상의 종류, 즉 분류 차원이 많아지면 계산량이 많아진다는 단점도 있다. 한편 K-최근접 이웃 분석에서 K는 분류에 영향을 주는 주변의 개수를 의미한다. 일반적으로 K의 값이 커지면 이상적인 분류를 할 수 있으나, 너무 많은 분류 작업을 수행해야 하므로 분류 자체가 불가능할 경우가 발생한다. 따라서 K-최근접 이웃 분석에서는 K의 수를 최적화하여야 할 문제가 있다.

2) K-최근접 이웃 분석을 위한 필요 패키지

K-최근접 이웃 분석을 위해서는 DMwR 패키지가 필요하다. 그러나 최근 CRAN[7] repository에서 제외되어 install.packages("DMwR")로는 현재 설치가 불가능하다. 따라서 다음과 같이 DMwR 패키지 설치 시 사용되는 의존 패키지들을 먼저 설치한 후 install.packages() 함

7) CRAN(Comprehensive R Archive Network)은 R에 대한 동일한 최신 버전의 코드 및 문서를 저장하고 배포하기 위하여 구축된 전 세계의 파일 전송 서버 및 웹 서버 네트워크이다.

수를 이용하여 이전 DMwR 패키지 버전을 설치한다.

```
# K-최근접 이웃 분석 지원 패키지 설치
install.packages('abind')                          # DMwR 패키지의 의존 패키지
install.packages('zoo')                            # DMwR 패키지의 의존 패키지
install.packages('xts')                            # DMwR 패키지의 의존 패키지
install.packages('quantmod')                       # DMwR 패키지의 의존 패키지
install.packages('ROCR')                           # DMwR 패키지의 의존 패키지
install.packages("https://cran.r-project.org/src/contrib/Archive/DMwR/
DMwR_0.4.1.tar.gz", repos = NULL, type="source")   # 이전 DMwR 패키지 버전
```

K-최근접 이웃 분석을 위하여 R에서 사용되는 함수는 DMwR 패키지의 kNN() 함수이다. kNN() 함수의 사용 형식은 다음과 같다. K-최근접 이웃 분석은 기계학습을 통한 방식이 아니기 때문에 kNN() 함수에 훈련용 데이터와 검증용 데이터를 같이 입력한다.

```
kNN(form, train, test, norm = T, k,  …)

form: 식 (종속변수~독립변수)
train: 훈련용 데이터
train: 검증용 데이터
norm: 입력 데이터의 정규화 여부 (디폴트는 TRUE)
k: k값
```

3) K–최근접 이웃 분석 실행

K-최근접 이웃 분석을 위하여 다음과 같이 iris 데이터를 가지고 훈련용 데이터와 검증용 데이터를 만들고 K-최근접 이웃 분석 모형 구축을 지원하는 kNN() 함수를 이용하여 K-최근접 이웃 분류 분석을 실행한다. kNN() 함수를 이용하는 경우 검증용 데이터는 훈련용 데이터와 함께 입력되어야 한다. 또한 주변의 개수를 나타내는 K도 함께 입력한다. 본 예시에서는 K값을 3으로 임의 설정한다.

```
# K-최근접 이웃 분석
library(DMwR)
data <- iris

# 훈련용 데이터와 검증용 데이터 작성                        # 표본 추출값 고정
idxs <- sample(1:nrow(data), as.integer(0.7*nrow(data))) # data의 70% 표본추출
train <- data[idxs,]                                     # 훈련용 데이터 셋
test <- data[-idxs,]                                     # 검증용 데이터 셋

k <- 3                                                   # k값 설정

# K-최근접 이웃 분석 실행
result <- kNN(Species ~ ., train, test, norm=FALSE, k)
```

성능 평가는 우선 검증용 데이터의 실젯값들과 kNN() 함수의 결과 값들인 예측값 들을 새로운 데이터프레임으로 구성하고 다음과 같이 그 결과를 정오 분류표로 나타낸다.

```
# 실젯값과 예측값의 데이터프레임 구성
new <- data.frame(실젯값= test$ Species)                      # 관측값
new$예측값 <- result                                          # 예측값
predict_table <- table(new$예측값, new$실젯값)                 # 예측표
names(dimnames(predict_table)) <- c("predicted", "observed")
```

생성된 정오 분류표를 실행하면 다음과 같은 결과들을 볼 수 있다. K-최근접 이웃 분석 결과를 보면 versicolor, virginica에서 각각 1개의 오차가 있고 자료를 모두 정확하게 예측한 것으로 나타났다. 최종적으로 K-최근접 이웃 알고리즘 분류 모형에 대한 실젯값과 예측값 분류 결과 비율을 산출해 보면 95.6%의 예측 적중률이 있는 것으로 나타났다.

```
predict_table                                                 # 정오 분류표
```

```
             observed
predicted    setosa versicolor virginica
  setosa         11          0         0
  versicolor      0         20         1
```

```
    virginica       0          1        12

# 예측 적중률 산출
new$result <- ifelse(new$실젯값 == new$예측값, "Y", "N")
predict_prob <- sum(new$result=="Y")/length(new$result)        # 예측 확률
predict_prob
  [1] 0.9555556
```

상기의 훈련 데이터를 근간으로 한 모형이 최종 예측 모형으로 설정되면 다음과 같이 새로운 붓꽃에 대한 꽃받침의 너비, 꽃받침의 길이, 꽃잎의 너비, 꽃잎의 길이의 예측 변수들인 값인 5.1, 3.7, 1.5, 0.3을 입력하면 분류 모형은 붓꽃 종류를 분류할 수 있다. 다음의 결과를 보면 setosa로 분류한 것으로 볼 수 있다.

```
# 신규 자료 생성
new_iris <- data.frame(5.1,  3.7,  1.5,  0.3)
names(new_iris) <- c("Sepal.Width", "Sepal.Length", "Petal.Width", "Petal.Length")
new_iris
   Sepal.Width Sepal.Length Petal.Width Petal.Length
  1        5.1          3.7         1.5          0.3

p_iris <- kNN(Species ~ ., train, new_iris, norm=FALSE, k)       # 분류
p_iris
  [1] setosa
  Levels: setosa versicolor virginica
```

7.2.6 서포트 벡터 머신

1) 서포트 벡터 머신의 개요

서포트 벡터 머신(support vector machine, SVM)은 입력되는 데이터를 집단으로 분리하고 분석하는 기계학습 알고리즘으로 데이터 분리를 위해 데이터의 반대 집단에서 가장 멀리 떨어진 서포트 벡터(support vector)를 찾아서 두 집단으로 나누는 기준인 초평면(hyperplane)을 설정하고, 여백(margin)을 고려하여 분리한다. 서포트 벡터 머신을 이용하여 데이터를 집단으

로 분류를 할 때 다음 [그림 7-8]의 (a)와 같이 실제 입력 데이터들은 선형 분리가 가능한 경우도 있지만 [그림 7-8]의 (b)와 같이 선형 분리가 불가능한 상황인 경우도 있다. 이러한 경우, 고차원의 특정 공간에서 데이터를 분리하는 커널(kernel) 함수를 사용하여 비선형 문제를 해결해야 한다. 따라서 서포트 벡터 머신에서 커널 함수란 주어진 데이터를 고차원 특정 공간으로 사상(mapping)해주는 것을 의미한다.

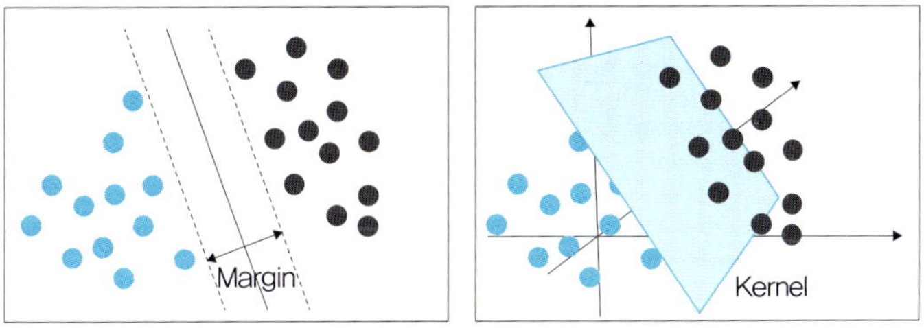

(a) 선형 분류 (b) 비선형 분류

[그림 7-8] 서포트 벡터 머신의 데이터 분류

서포트 벡터 머신은 예측의 정확도가 비교적 높고 사용이 쉽다는 장점을 가지고 있으며, 또한 예측의 정확도가 높은 것으로 알려진 신경망 기법에 비해서 과적합의 정도가 덜하다는 특징도 가지고 있다. 그러나 커널 함수의 적절한 파라미터를 설정하기 위해 여러 번 테스트해야 최적화 모형을 만들 수 있어 모형의 구축 시간이 오래 걸린다는 단점이 있고 결과에 대한 설명력도 다른 기법들이 비하여 떨어진다는 단점이 있다.

2) 과적합

과적합(overfitting)이란 기계학습에서 학습 데이터를 너무 과하게 학습(overfitting)하는 것을 의미하는 것으로 매우 복잡한 모형을 사용하여 학습 오차를 매우 작게 한 경우 예측 오차가 매우 커질 수 있는데, 이러한 현상을 과적합이라 한다. 일반적으로 학습 데이터는 실제 데이터의 부분집합이므로 과적합이 심한 경우 학습 데이터에 대해서는 오차가 감소하지만, 실제 데이터에 대해서는 오차가 증가하게 된다. 다음 [그림 7-9]에서와 같이 검정색 점들과 회색 점들을 집단으로 분류하는 경우 빨간색 선은 과적합이 된 분류 기준이고 검정색 선은 적절한 분류 기준으로 평가될 수 있다. 따라서 기계학습에서 예측률이 높은 분류 모형을 생성하기 위해서는 과적합을 제거하기 위한 절차가 필요하다.

[그림 7-9] 과적합 모형

3) 서포트 벡터 머신 위한 필요 패키지

서포트 벡터 머신 분석을 지원하는 패키지는 e1071이다. e1071 패키지는 이미 단순 베이즈 분류 분석을 위하여 이미 설치한 적이 있다. 서포트 벡터 머신 분석을 위하여 사용되는 함수는 e1071 패키지의 svm() 함수이고 svm() 함수의 사용 형식은 다음과 같다. svm() 함수는 분류 분석과 예측 분석 모두를 지원하기 때문에 분석 유형(type)을 지정해야 하며, 분리 기준이 되는 커널 함수 형식도 설정해야 한다.

```
svm(formula, data, type=, kernel=, cost=, gamma=)

formula: 식 (종속변수~독립변수)
data: 훈련 데이터
type: 분석 유형
    - 분류 분석: C-classification / 예측(회귀) 분석: eps-regression
kerne: 커널 함수 형식
    - 선형: linear, 방사형: radial, 다항: polynomial, 시그모이드: sigmoid
cost, gamma: 커널 함수의 파라미터
```

서포트 벡터 머신 분석을 위해서는 우선 선형 또는 비선형인지의 서포트 벡터 분류 방식을 선택해야 하고 비선형인 분류 즉, 커널 함수를 이용하는 경우 커널 함수 형식과 관련 파라미터들을 선택하여야 한다. 커널 함수 형식은 방사형 방식(Radial Basis Function, RBF), 다항(Polynomial), 시그모이드(Sigmoid) 방식 등이 있으며, 파라미터에 대한 세부적인 정의는 〈표 7-4〉와 같다. 파라미터들은 커널 함수들을 작성하는 수식(equation)의 변수 값들에 해당된다. 따라서 커널 함수들 관련 파라미터 값을 받아 수식을 구성하고 자료들에 대한 분류를 수행한다.

〈표 7-4〉 서포트 벡터 머신 분류 방식

구분	설명	
선형(linear) 분류	커널 함수를 적용하지 않은 방식. 선형 방식	
커널 함수(비선형) 분류	커널 함수 형식	파라미터
	방사형(RBF) 방식	Cost, Gamma
	다항(Polynomial) 방식	Cost, Gamma, Coef, Degree
	시그모이드((Sigmoid) 방식	Cost, Gamma, Coef

※ 파라미터

- Cost: 과적합을 막는 정도를 지정하는 파라미터(기본값: 1)
- Gamma: 하나의 데이터 표본이 영향력을 행사하는 거리를 결정(기본값: 1)
- Degree: 특성 공간(feature space)의 차원 개수로 다항 커널 함수 수식의 모수(기본값: 3)
- Coef: 다항과 시그모이드 커널 함수 수식의 모수(기본값: 0)

※ 다항(Polynomial) 수식 예시

$$Polynormial = (ru'v + Coefo)^{degree}$$

참고로 선형 방식은 텍스트마이닝의 문서 분류 등에서 주로 발생하는 희박 행렬(sparse matrix)[8] 방식의 자료를 처리할 때 유용하며, 다항 커널은 이미지 처리에, 시그모이드 커널은 딥러닝을 위한 신경망에 대한 프록시(proxy)[9]로 주로 사용되며, 방사형은 자료에 관한 사전 정보가 없을 때 일반적으로 사용되는 것으로 알려져 있다.

8) 텍스트마이닝의 문서 분류를 수행하기 위해서는 단어들로 이루어진 자료를 1과 0로 구성된 행렬 구조로 변환시키는 작업을 수행해야 한다. 이때 만들어진 행렬의 값들이 대부분 0으로 비어 있기 때문에 희박 행렬이 된다(10장 텍스트마이닝의 공간 벡터 모델링 참조).

9) 딥러닝에서 신경망 기법을 이용한 주 분석 이전에 처리하는 역할로, 일종의 전처리에 해당한다.

4) 서포트 벡터 머신 분석 실행

서포트 벡터 머신 분석을 위하여 다음과 같이 iris 데이터를 가지고 훈련용 데이터와 검증용 데이터를 만들고, 훈련용 데이터를 가지고 서포트 벡터 머신 분석 모형 구축을 지원하는 svm() 함수를 이용하여 서포트 벡터 머신 모형을 생성한다. 서포트 벡터 머신 분석에서 커널 함수를 사용하는 경우 커널 함수의 유형과 파라미터들을 설정해 주어야 한다. 본 예시에서는 RBF 커널 방식을 의미하는 radial과 cost와 gamma을 10과 0.1로 임의 설정한다. 서포트 벡터 머신 분석은 분류와 예측 기법 모두를 지원하므로 예시에서는 분류 분석 유형을 지정하는 'C-classification'을 설정한다.

```
# 서포트 벡터 머신 분석
library(e1071)
data <- iris

# 훈련용 데이터와 검증용 데이터 작성
set.seed(1234)                                                # 표본 추출값 고정
idxs <- sample(1:nrow(data), as.integer(0.7*nrow(data)))     # data의 70% 표본추출
train <- data[idxs,]                                          # 훈련용 데이터 셋
test <- data[-idxs,]                                          # 검증용 데이터 셋

# 서포트 벡터 머신 분석 모형 생성
model <- svm(Species ~ . , train, type = "C-classification", kernel = "radial",
cost = 10, gamma = 0.1)
```

성능 평가는 우선 검증용 데이터의 실젯값들과 svm() 함수의 예측값들을 신규 데이터프레임으로 구성하고 그 결과를 정오 분류표로 나타낸다.

```
# 실젯값과 예측값의 데이터프레임 구성
new <- data.frame(실젯값= test$Species)                           # 관측값
new$예측값 <- predict(model, test, decision.values = TRUE)     # 예측값

# 정오 분류표
predict_table <- table(new$예측값, new$실젯값)                   # 정오 분류표 작성
names(dimnames(predict_table)) <- c("predicted", "observed")
```

생성된 정오 분류표를 실행하면 다음과 같은 결과들을 볼 수 있다. 결과를 보면 setosa는 실제 11개의 자료를 모두 setosa 예측하였으며, versicolor는 역시 18개 모두 versicolor로 예측하였다. 단지 virginica만 1개가 예측 오류가 있는 것으로 나타났다.

```
predict_table
           observed
 predicted    setosa versicolor virginica
   setosa         11          0         0
   versicolor      0         20         0
   virginica       0          1        13
```

따라서 서포트 벡터 머신 분류 모형에 대한 실젯값과 예측값 분류 결과 비율을 산출해 보면 97.8%의 예측 적중률이 있는 것으로 나타났다.

```
# 예측 적중률 산출
new$result <- ifelse(new$실젯값 == new$예측값, "Y", "N")
predict_prob <- sum(new$result=="Y")/length(new$result)  # 예측 확률
predict_prob
  [1] 0.9777778
```

서포트 벡터 머신의 경우 최적화 모형을 만들기 위해서는 커널 함수의 파라미터를 설정하기 위한 여러 번 테스트해야 한다. 이러한 과정을 서포트 벡터 머신 튜닝(tuning)이라 하며 이를 위하여 tune() 함수를 이용한다. 다음과 같이 cost의 범위(10^(-1:2))와 여러 개의 gamma 값들(.1,.5,1,2)을 입력 값들로 서포트 벡터 머신 튜닝을 하면 다음과 같이 cost는 1, gamma는 0.1 이라는 최적의 파라미터 값들에 대한 결과들을 산출한다. 참고로 cost와 gamma의 기본값은 1이다.

```
# 서포트 벡터 머신 튜닝
cost_range <- 10^(-1:2)                                  # cost 파라미터의 범위
gamma__range <- c(.1,5,1,2)                              # gamma 파라미터의 범위
svm_tune <- tune(svm, train.x = Species ~ ., data = train, kernel="radial",
ranges=list(cost=cost_range, gamma=gamma__range))
```

```
svm_tune
  Parameter tuning of 'svm':

  - sampling method: 10-fold cross validation

  - best parameters:
   cost gamma
    1   0.1

  - best performance: 0.04636364
```

상기의 튜닝 결과를 보면 cost가 1, gamma가 0.1일 때 최적으로 나타났다. 따라서 cost는 1, gamma는 0.1로 설정한 후 새로운 서포트 벡터 머신 분류 모형을 설정한 후 평가를 하면 다음과 같은 결과를 얻을 수 있다.

```
model <- svm(Species ~ . , train, type = "C-classification", kernel = "radial",
cost = 1, gamma = 0.1)

new <- data.frame(실젯값= test$ Species)                              # 관측값
new$예측값 <- predict(model, test, decision.values = TRUE)    # 예측값

predict_table <- table(new$예측값, new$실젯값)                    # 정오 분류표 작성
names(dimnames(predict_table)) <- c("predicted", "observed")
predict_table
                     observed
  predicted     setosa versicolor virginica
    setosa          11          0         0
    versicolor       0         20         1
    virginica        0          1        12
```

7.2.7 의사결정나무 분석

1) 의사결정나무 분석 개요

의사결정나무(decision tree) 분석은 의사결정 규칙(decision rule)을 도식화하여 전체 집단을 2개의 소집단으로 차례로 분류하면서 예측을 수행하는 분석 기법으로 분석 과정이 [그림 7-10]과 같이 나무 구조에 의해서 표현되기 때문에 사용자가 분석 과정을 쉽게 이해하고 설명할 수 있다는 장점을 가지고 있다. 의사결정나무는 목표변수가 이상형인 경우의 분류 나무(classification tree)와 연속형인 경우의 회귀 나무(regression tree)로 구분된다.

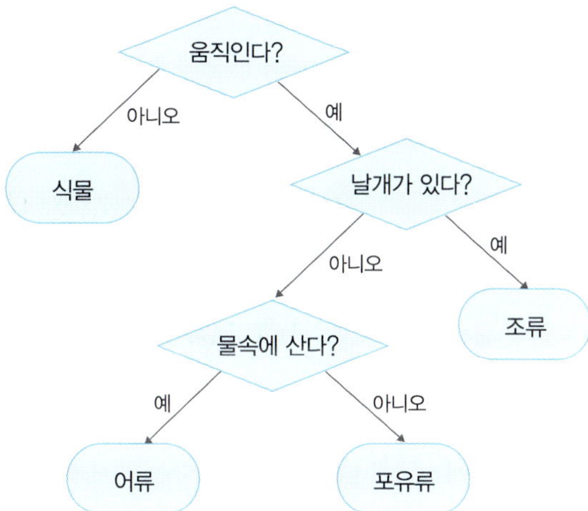

[그림 7-10] 의사결정나무

의사결정나무는 분류 또는 예측을 목적으로 하는 두 가지 경우 모두에 사용될 수 있으며, 예측의 정확도보다는 예측 분석 과정에 대한 설명이 필요한 경우에 더 유용하게 사용된다. 따라서 의사결정나무 분석은 마케팅, 고객관계관리, 시장 및 광고조사, 제약 및 의료 연구, 제품 생산 및 품질관리 등의 다양한 실생활 분야에서 활용되고 있으며, 특히 금융업의 고객들의 신용 점수화나 신용카드 부정 사용 적발과 같이 예측 결과에 대한 이유나 설명이 필요한 분야에서 활발하게 활용되고 있다.

2) 의사결정나무 분류 분석을 위한 필요 패키지

의사결정나무 분류 분석을 위한 기본 패키지는 "rpart"이다. 다음과 같이 install.packages() 함수를 이용하여 패키지를 설치하고 또한 의사결정나무 분석 모형을 그래픽으로 볼 수 있도록 지원하는 패키지인 "rpart.plot" 패키지도 함께 설치한다.

```
# 의사결정나무 분석 지원 패키지 설치
install.packages("rpart")                    # 의사결정나무의 분류 패키지
install.packages("rpart.plot")               # 의사결정나무 그래픽 지원 패키지
```

의사결정나무 분류 분석을 위하여 R에서 사용되는 함수는 rpart 패키지의 rpart() 함수이다. rpart() 함수의 사용 형식은 다음과 같다.

```
rpart(formula, data, …)

formula: 식 (종속변수~독립변수)
data: 훈련 데이터
```

3) 의사결정나무 분류 분석 실행 예시

의사결정나무 분류 분석을 위하여 다음과 같이 iris 데이터를 가지고 훈련용 데이터 셋과 검증용 데이터 셋을 만들고, 훈련용 데이터를 가지고 의사결정나무 분류 모형 구축을 지원하는 rpart() 함수를 이용하여 의사결정나무 분류 모형을 생성한다.

```
# 의사결정나무 분류 분석
library(rpart)                                             # 패키지 불러오기
data <- iris

# 훈련용 데이터와 검증용 데이터 작성
set.seed(1234)                                             # 표본 추출값 고정
idxs <- sample(1:nrow(data), as.integer(0.7*nrow(data)))  # data의 70% 표본추출
train <- data[idxs,]                                       # 훈련용 데이터 셋
```

```
test <- data[-idxs,]                                    # 검증용 데이터 셋

# 의사결정나무 분류 분석 모형 구축
model <- rpart(Species ~ ., data=train)
```

의사결정나무 분석 모형을 그래픽으로 볼 수 있도록 지원하는 패키지인 "rpart.plot" 패키지의 rpart.plot() 함수를 이용하여 [그림 7-11]과 같이 분류를 진행하는 의사결정과정을 볼 수 있다. 다음의 [그림 7-11]에서 보면 Petal.Length가 2.6보다 작으면 setosa로 분류되고, 그렇지 않은 자료 중 Petal.Width가 1.8보다 적으면 versicolor로, 그렇지 않으면 virginica로 분류되는 것으로 알 수 있다. 즉, 의사결정나무 분류 분석 기법은 분류의 결과를 설명하는 기능을 제공한다.

```
# 의사결정나무 분석 모형을 그래픽 지원 패키지 사용
library(rpart.plot)                                     # 패키지 불러오기
rpart.plot(model)
```

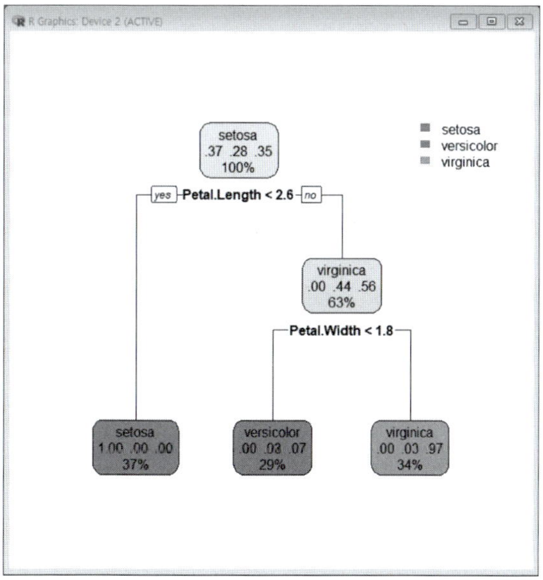

[그림 7-11] 의사결정나무 분류 진행 과정

성능 평가는 우선 검증용 데이터의 실젯값들과 predict() 함수의 예측값들을 새로운 데이터프레임으로 구성하고 그 결과를 정오 분류표로 나타낸다.

```
new <- data.frame(실젯값= test$Species)                                    # 실젯값
new$예측값 <- predict(model, newdata=test, type= "class")          # 분류(예측값)

# 정오 분류표
predict_table <- table(new$예측값, new$실젯값)                        # 예측표
names(dimnames(predict_table)) <- c("predicted", "observed")
```

생성된 정오 분류표를 실행하면 다음과 같은 결과들을 볼 수 있다. 결과를 보면 setosa는 실제 13개의 자료를 모두 setosa 예측하였으며, versicolor는 24개의 자료 중 21개는 versicolor, 3개는 virginica로 예측하여 3개가 예측 오류가 있는 것으로 나타났으며, virginica는 10개의 자료 모두를 virginica로 예측한 것으로 나타났다.

```
predict_table
               observed
  predicted    setosa versicolor virginica
    setosa         11          0         0
    versicolor      0         21         3
    virginica       0          0        10
```

따라서 의사결정나무 분류 모형에 대한 실젯값과 예측값 분류 결과 비율을 산출해 보면 93.3%의 예측 적중률이 있는 것으로 나타났다.

```
# 예측 적중률 산출
new$result <- ifelse(new$실젯값 == new$예측값, "Y", "N")
predict_prob <- sum(new$result=="Y")/length(new$result)          # 예측 확률
predict_prob
  [1] 0.9333333
```

7.2.8 신경망 분석

1) 신경망 분석 개요

신경망(neural network) 분석 또는 인공신경망 분석은 인간의 두뇌에서 이루어지는 학습과 기억의 과정을 모방하여 다층 구조에서 학습을 통해 문제해결을 위한 최적의 모형을 구축하여 예측하는 분석 기법으로 뉴런과 시냅스, 망(network)으로 구성되어 있는 생물학적 신경 시스템이 정보 수용, 연산, 출력의 기능을 수행하며 복잡한 정보를 효율적으로 처리하고 학습하는 기능을 모방하고 있다. 신경망은 [그림 7-12]와 같이 입력층, 히든층, 출력층으로 구성되어 있다. 입력층(input layer)은 입력변수에 일대일로 대응되는 노드인 뉴런(neuron)들로 구성되어 있으며, 히든층(hidden layer)에는 입력층의 뉴런과 이들 뉴런의 가중치(weight)의 결합으로 생성되는 히든층의 뉴런들이 존재한다. 히든층에서의 층(layer)의 개수에 따라 모형의 복잡도가 결정되며 히든층의 층수가 2개 이상이 되는 경우 다층(multi layer) 구조라고 한다. [그림 7-12]는 단층의 히든층으로 구성되어 있다. 출력층(output layer)에는 히든층에서의 뉴런과 그들의 가중치가 결합하여 생성되는 뉴런들이 존재하며, 예측하고자 하는 종속변수의 형태에 따라 출력층의 개수가 결정된다. 히든층과 출력층에 존재하는 뉴런은 이전 층에서의 입력값과 가중치를 합을 계산하는 기능과 뉴런의 가중합을 입력값으로 신호를 출력하는 활성화 함수 기능을 수행한다.

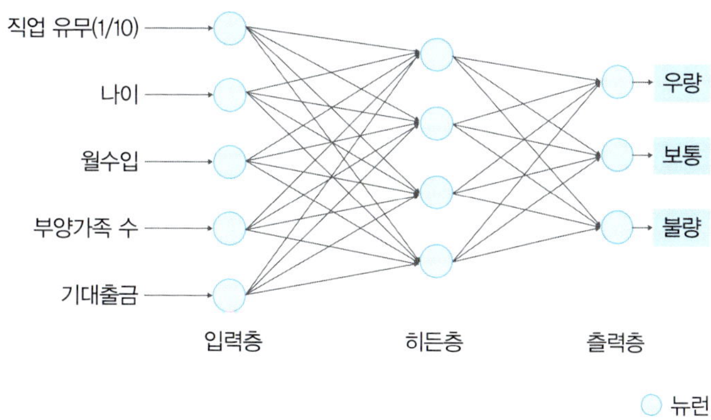

[그림 7-12] 신경망

활성화 함수(activation function)는 뉴런의 핵심 중에서도 가장 중요한 요소로 신경망을 통과해 온 값을 최종적으로 어떤 값으로 만들지를 결정한다. 의사결정나무 기법과 같이 신경망 기법은 종속변수를 연속형, 이항형 또는 명목형으로 사용하는가에 따라 분류 분석 또는 예측 분석으로 구분되어 사용될 수 있다.

2) 신경망 분류 분석을 위한 필요 패키지

신경망 분류 분석을 위하여 일반적으로 nnet 패키지가 사용된다. 따라서 다음과 같이 install.packages() 함수를 이용하여 nnet 패키지를 우선 설치한다. 참고적으로 생성된 신경망 분석 모형을 보기 위한 그래픽 파일을 가져오기 위하여 사전에 필요한 패키지인 "downloader" 패키지도 함께 설치한다.

```
# 신경망 분석 패키지 설치
install.packages("nnet")                                    # 신경망 패키지 설치
install.packages("downloader")
```

신경망 분류 분석을 위하여 R에서 사용되는 함수는 nnet 패키지의 nnet() 함수로 nnet() 함수의 사용 형식은 다음과 같다.

```
nnet(formula, data, size, ...)

formula: 식 (종속변수~독립변수)
data: 훈련 데이터
size: 히든층의 개수
```

3) 신경망 분류 분석 실행 예시

신경망 분류 분석을 위하여 다음과 같이 iris 데이터를 가지고 훈련용 데이터와 검증용 데이터를 만들고, 훈련용 데이터를 가지고 신경망 분류 모형 구축을 지원하는 nnet() 함수를 이용하여 신경망 분류 모형을 생성한다. 모형 구축에서 히든층의 개수를 설정하는 size는 2

개로 임의 설정한다.

```
# 신경망 분류 분석
library(nnet)
data <- iris

# 훈련용 데이터와 검증용 데이터 작성
set.seed(1234)                                          # 표본 추출값 고정
idxs <- sample(1:nrow(data), as.integer(0.7*nrow(data))) # data의 70% 표본추출
train <- data[idxs,]                                    # 훈련용 데이터 셋
test <- data[-idxs,]                                    # 검증용 데이터 셋

# 신경망 분류 모형 구축
model <- nnet(Species ~ ., data = train, size = 2)
```

상기의 설정된 신경망 분류 모형은 다음과 같이 신경망 모형 시각화를 지원하는 R 프로그램을 이용하여 볼 수 있다. R 프로그램이 정식으로 패키지로 등록된 것이 아니기 때문에 R 소스를 인터넷에서 불러들이는 source_url() 함수를 이용하여 깃허브(github)[10]에 있는 지원 프로그램을 다음과 같이 직접 불러와야 한다.

```
# 신경망 모형 시각화
library(downloader)
source_url( "https://gist.githubusercontent.com/fawda123/5086859/raw/17fd6d2adec
4dbcf5ce750cbd1f3e0f4be9d8b19/nnet_plot_fun.r" , prompt = FALSE)
plot.nnet(model)
```

10) 깃허브(github)는 방대한 양의 R, 파이선, Java 등의 다양한 프로그램의 오픈소스(open source)를 저장하고 무료로 배포하는 서버로써 R의 공식 저장소인 CRAN(Comprehensive R Archive Network)에서 제공하지 않은 비공식적인 R 패키지들도 저장되어 있다.

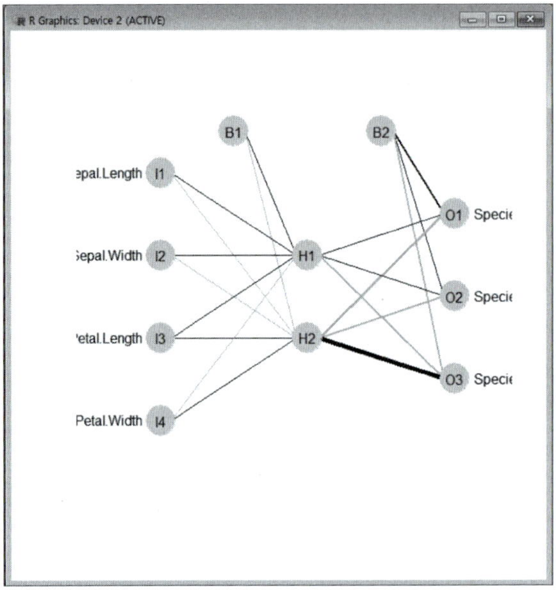

[그림 7-13] 신경망 결과

성능 평가는 우선 검증용 데이터의 실젯값들과 predict() 함수의 예측값들을 새로운 데이터프레임으로 구성하고 그 결과를 정오 분류표로 나타낸다.

```
new <- data.frame(실젯값= test$Species)                    # 실젯값
new$예측값 <- predict(model, test, type = "class")         # 분류(예측값)

# 정오 분류표 작성
predict_table <- table(new$예측값, new$실젯값)
names(dimnames(predict_table)) <- c("predicted", "observed")
```

생성된 정오 분류표를 실행하면 다음과 같은 결과들을 볼 수 있다. 결과를 보면 setosa는 실제 12개 자료를 모두 setosa 예측하였으며, versicolor는 21개의 자료 중 19개를 versicolor로 예측하였고 virginica는 13개의 자료 모두를 virginica로 예측하는 것으로 나타났다.

```
predict_table                                              # 정오 분류표
```

```
              observed
predicted    setosa versicolor virginica
  setosa         11          1         0
  versicolor      0         19         0
  virginica       0          1        13
```

따라서 신경망 분류 모형에 대한 실젯값과 예측값 분류 결과 비율을 산출해 보면 95.6%의 예측 적중률이 있는 것으로 나타났다.

```
# 예측 적중률 산출
new$result <- ifelse(new$실젯값 == new$예측값, "Y", "N")
predict_prob <- sum(new$result=="Y")/length(new$result)          # 예측 확률
predict_prob                                                     # 예측 적중률
  [1] 0.9555556
```

7.2.9 비정규 자료 분류 분석

비정규 자료 분류 분석은 학습을 위한 예측 변수들이 정규화되어 있지 않은 경우에 이를 정규화 작업을 수행하고 분류 분석을 수행하는 것을 의미한다. 이전 예시 자료인 iris의 경우 꽃받침의 너비, 꽃받침의 길이, 꽃잎의 너비, 꽃잎의 길이가 모두 동일 단위로 정규화되어 있는 상태라 별도의 정규화 작업 없이 단순 베이즈 분석, K-최근접 이웃, 신경망 분석 등의 데이터마이닝 기법 사용이 가능하나 자료가 정규화되어 있지 않은 경우 분류 분석을 위해서는 학습 데이터에 대한 정규화 작업이 수행되어야 한다. 서포트 벡터 머신이나 의사결정나무의 경우 별도의 정규화 작업 없이 분류 분석이 가능하다. 현실 세계의 대부분의 자료들이 정규화되어 있지 않기 때문에 분류 분석을 수행할 때 필수적으로 정규화 작업을 수행하는 것이 바람직하다. 정규화(normalization)는 예측 변수들의 값의 범위를 비슷하게 만들어 주는 작업으로 다음과 같은 공식을 사용해서 예측 변수 값의 범위를 0과 1 사이로 변경한다.

$$X' = \frac{X - X_{\min}}{X_{\max} - X_{\min}}$$

X : 예측 변수, $X_{\max}$: 최댓값, $X_{\min}$: 최솟값

1) 비정규 자료 분류 분석을 위한 예시 데이터

비정규 자료 분류 분석을 위한 예시 자료는 glass.csv 데이터이다. glass.csv 데이터는 유리를 구성하는 성분들과 그에 따른 유리 유형에 대한 값들로 구성된 214개 데이터 셋으로 종속변수 성격의 유리 유형(type)은 플로트 건물 유리, 건물 유리, 플로트 차량 유리, 차량 유리, 컨테이너 유리, 식기 유리, 헤드램프의 7가지 범주형 자료로 구성되어 있다. 다음에서 보이는 봐와 같이 glass.csv 데이터의 예측 변수들은 단위가 다르고 크기 또한 편차가 크다. 본 예시 자료인 glass.csv의 원시 자료는 UC 얼바인 머신러닝 저장소[11]에서 제공하고 있다.

〈표 7-5〉 비정규 자료 분류 분석 예시 자료

Id	RI	Na	Mg	Al	Si	K	Ca	Ba	Fe	Type
1	1.52101	13.64	4.49	1.1	71.78	0.06	8.75	0	0	1
2	1.51761	13.89	3.6	1.36	72.73	0.48	7.83	0	0	1
3	1.51618	13.53	3.55	1.54	72.99	0.39	7.78	0	0	3
4	1.51766	13.21	3.69	1.29	72.61	0.57	8.22	0	0	2
5	1.51742	13.27	3.62	1.24	73.08	0.55	8.07	0	0	7

Id: 번호, RI: 굴절률, Na: 나트륨, Mg: 마그네슘, Al: 알루미늄, Si: 실리콘, K: 칼륨, Ca: 칼슘, Ba: 바륨, Fe: 철, Type: 유리 종류

[유리 유형] 1. 플로트 건물 유리. 2 건물 유리, 3 플로트 차량 유리, 4 차량 유리, 5. 컨테이너 유리, 6. 식기 유리, 7. 헤드램프

2) 단순 베이즈 분류 실행 예시

비정규화 예시 데이터인 glass.csv 데이터를 가지고 단순 베이즈 분류를 위하여 다음과 같이 학습 데이터는 normalize() 함수를 이용하여 정규화한 후 훈련용 데이터와 검증용 데이터를 만든다. 이후 naiveBayes() 함수를 이용하여 단순 베이즈 분류 모형을 생성한다.

```
# 단순 베이즈 분류
library(e1071)
setwd("C:/WORK_R")
```

11) https://archive.ics.uci.edu/ml/datasets/glass+identification

```
options("width"=500)
data <- read.csv("glass.csv", header = T, fileEncoding="EUC-KR")
data <- data[-1]                                        # id 제외
org_type <- data[,10]                                   # 반응 변수

# 훈련용 데이터, 검증용 데이터 정규화
normalize <- function(x) {                              # 정규화 함수
return((x-min(x)) / (max(x)-min(x)))
}
data <- as.data.frame(lapply(data, normalize))          # 정규화 수행
data$Type <- factor(org_type)                           # 반응 변수 요인화

head(data)                                              # 정규화 결과
         RI        Na        Mg        Al        Si           K        Ca Ba        Fe Type
1 0.4328358 0.4375940 1.0000000 0.2523364 0.3517857 0.009661836 0.3085502  0 0.0000000    0
2 0.2835821 0.4751880 0.8017817 0.3333333 0.5214286 0.077294686 0.2230483  0 0.0000000    0
3 0.2208077 0.4210526 0.7906459 0.3894081 0.5678571 0.062801932 0.2184015  0 0.0000000    0
4 0.2857770 0.3729323 0.8218263 0.3115265 0.5000000 0.091787440 0.2592937  0 0.0000000    0
5 0.2752414 0.3819549 0.8062361 0.2959502 0.5839286 0.088566828 0.2453532  0 0.0000000    0
6 0.2111501 0.3097744 0.8040089 0.4143302 0.5642857 0.103059581 0.2453532  0 0.5098039    0

# 훈련용 데이터와 검증용 데이터 작성
set.seed(1234)                                          # 표본 추출값 고정
idxs <- sample(1:nrow(data), as.integer(0.7*nrow(data)))  # data의 70% 표본추출
train <- data[idxs,]                                    # 훈련용 데이터 셋
test <- data[-idxs,]                                    # 검증용 데이터 셋

model <- naiveBayes(Type ~ ., train)                # 단순 베이즈 분류 모형 생성

# 실젯값과 예측값의 데이터프레임 구성
new <- data.frame(실젯값=test$Type)                     # 실젯값
new$예측값 <- predict(model, test)                      # 분류(예측값)

# 정오 분류표
predict_table <- table(new$예측값, new$실젯값)          # 정오 분류표 생성
names(dimnames(predict_table)) <- c("predicted", "observed")
predict_table
```

```
                observed
predicted  1  2  3  5  6  7
        1  6  2  2  0  0  0
        2  1  4  0  6  0  0
        3  9 16  2  0  0  1
        5  0  1  0  1  1  2
        6  0  1  0  0  2  1
        7  0  0  0  0  0  7
```

```
# 예측 적중률 산출
new$result <- ifelse(new$실젯값 == new$예측값, "Y", "N") # 관측/예측값 비교 결과
predict_prob <- sum(new$result=="Y")/length(new$result)  # 예측 확률
predict_prob
  [1] 0.3384615
```

비정규화 예시 데이터인 glass.csv에 대한 단순 베이즈 분류는 상기의 예측 적중률에서 보이는 바와 같이 매우 낮은 수치를 보여주고 있다. 다른 데이터마이닝 기법이 고려될 필요가 있다.

3) 신경망 분류 실행 예시

비정규화 예시 데이터인 glass.csv 데이터를 가지고 신경망 분류 모형을 생성하고 검증을 하면 다음과 같다.

```
# 신경망 분류 분석
library(nnet)
setwd("C:/WORK_R")
options("width"=500)
data <- read.csv("glass.csv", header = T, fileEncoding="EUC-KR")
data <- data[-1]                                        # id 제외
org_type <- data[,10]                                   # 반응 변수

# 훈련용 데이터, 검증용 데이터 정규화
normalize <- function(x) {                              # 정규화 함수
return((x-min(x)) / (max(x)-min(x)))
```

```
}
data <- as.data.frame(lapply(data, normalize))          # 정규화 수행
data$Type <- factor(org_type)                           # 반응 변수 요인화

# 훈련용 데이터와 검증용 데이터 작성
set.seed(1234)                                          # 표본 추출값 고정
idxs <- sample(1:nrow(data), as.integer(0.7*nrow(data))) # data의 70% 표본추출
train <- data[idxs,]                                    # 훈련용 데이터 셋
test <- data[-idxs,]                                    # 검증용 데이터 셋

# 신경망 분류 모형 구축
model <- nnet(Type ~ ., data = train, size = 6)
new <- data.frame(실젯값= test$Type)                    # 실젯값
new$예측값 <- predict(model, test, type = "class")      # 분류(예측값)

# 정오 분류표 작성
predict_table <- table(new$예측값, new$실젯값)
names(dimnames(predict_table)) <- c("predicted", "observed")
predict_table                                           # 정오 분류표
           observed
  predicted  1  2  3  5  6  7
          1  3  5  2  0  0  1
          2 13 17  2  0  0  1
          3  0  1  0  0  0  0
          5  0  0  0  7  0  2
          6  0  1  0  0  2  0
          7  0  0  0  0  1  7

# 예측 적중률 산출
new$result <- ifelse(new$실젯값 == new$예측값, "Y", "N")
predict_prob <- sum(new$result=="Y")/length(new$result) # 예측 확률
predict_prob                                            # 예측 적중률
  [1] 0.5538462
```

상기의 신경망 분류 모형은 예측 적중률 측면에서 단순 베이즈 분류보다 다소 높은 수치를 보여주고 있으나 55% 수준으로 낮은 수치를 보여 주고 있다. 따라서 예측 변수에 대한 선별

을 통하여 예측 적중률이 높은 분류 모형을 구축할 필요가 있다.

4) 의사결정나무 분류 분석

의사결정나무 분류 분석의 경우 단순 베이즈 분류나 신경망 분류와 다르게 예측 변수별 분리를 통하여 분류 모형을 생성하기 때문에 예측 변수들에 대한 정규화 작업을 수행할 필요가 없다. 따라서 다음과 같이 glass.csv 데이터를 가지고 바로 훈련용 데이터 셋과 검증용 데이터 셋을 만들고, 훈련용 데이터를 가지고 의사결정나무 분류 모형 구축을 지원하는 rpart() 함수를 이용하여 의사결정나무 분류 모형을 생성한다.

```
# 의사결정나무 분류 분석
library(rpart)                                                # 패키지 불러오기
setwd("C:/WORK_R")
options("width"=500)
data <- read.csv("glass.csv", header = T, fileEncoding="EUC-KR")
data <- data[-1]                                              # id 제외

data$Type <- factor(data$Type)                                # 반응 변수의 요인화

# 훈련용 데이터와 검증용 데이터 작성
set.seed(1234)                                                # 표본 추출값 고정
idxs <- sample(1:nrow(data), as.integer(0.7*nrow(data)))     # data의 70% 표본추출
train <- data[idxs,]                                          # 훈련용 데이터 셋
test <- data[-idxs,]                                          # 검증용 데이터 셋

# 의사결정나무 분류 분석 모형 구축
model <- rpart(Type ~ ., data=train)

# 의사결정나무 분석 모형을 그래픽 지원 패키지 사용
library(rpart.plot)                                           # 패키지 불러오기
rpart.plot(model)

new <- data.frame(실젯값= test$Type)                           # 실젯값
new$예측값 <- predict(model, newdata=test, type= "class")   # 분류(예측값)
```

```
# 정오 분류표
predict_table <- table(new$예측값, new$실젯값)          # 예측표
names(dimnames(predict_table)) <- c("predicted", "observed")

predict_table
           observed
  predicted  1  2  3  5  6  7
          1 11  5  3  0  0  1
          2  5 17  0  7  3  2
          3  0  2  1  0  0  0
          5  0  0  0  0  0  0
          6  0  0  0  0  0  0
          7  0  0  0  0  0  8

# 예측 적중률 산출
new$result <- ifelse(new$실젯값 == new$예측값, "Y", "N")
predict_prob <- sum(new$result=="Y")/length(new$result) # 예측 확률
predict_prob
  [1] 0.5692308
```

상기의 의사결정나무 분류 모형은 예측 적중률 측면에서 단순 베이즈 분류이나 신경망보다 다소 높은 수치인 57% 수준을 보여 주고 있다.

연습문제

1 데이터마이닝의 분석 유형인 분류 분석, 예측 분석, 군집 분석 그리고 연관 분석에 대하여 설명하시오.

2 기계학습의 학습 방법인 지도 학습(supervised learning)과 비지도 학습(unsupervised Learning)에 대하여 설명하시오.

3 http://ssra.or.kr/bigdata/job.csv에서 파일을 R로 불러들여 job이라는 데이터프레임 변수로 만들고, 이 데이터프레임의 직무에 대하여 야외활동성, 사교성, 보수성을 가지고 단순 베이즈 분류 분석을 수행하고 결과를 해석하시오.

야외활동성	사교성	보수성	직무
10	22	5	고객 서비스
14	17	6	고객 서비스
19	33	7	관리 업무
14	29	12	생산 업무
14	25	7	생산 서비스
20	25	12	고객 서비스

4 상기 데이터에 대한 K-최근접 이웃 분류 분석을 수행하고 결과를 해석하시오.

5 상기 데이터에 대한 서포트 벡터 머신 분류 분석을 수행하고 결과를 해석하시오.

6 상기 데이터에 대한 의사결정나무 분류 분석을 수행하고 결과를 해석하시오.

7 상기 데이터에 대한 신경망 분류 분석을 수행하고 결과를 해석하시오.

8 상기 데이터에 대한 단순 베이즈 분류 분석을 수행하고 결과를 해석하시오.

9 상기 데이터에 대한 가장 높은 예측 적중률을 보인 기계학습 기법을 이용하여 야외활동성이 20점, 사교성이 15점, 보수성이 10점으로 측정된 신입 사원의 직무를 부여해 보시오.

Chapter 8

데이터마이닝(Ⅱ)

8.1 예측 분석
8.2 연관 분석
8.3 군집 분석

Chapter 8 데이터마이닝(Ⅱ)

8.1 예측 분석

8.1.1 예측 분석의 개요

예측 분석은 연속형 속성이나 이항 변수에 대한 예측 모형을 세움으로써 미래 데이터의 경향을 예측한다. 분류 분석이 범주형 값을 예측한다면 예측은 연속형 속성에 대한 모형을 생성한 후 값을 예측할 수 있게 해 준다는 유사점을 가진다. 데이터마이닝의 예측 분석은 주가 예측이나 매출, 소비 예측과 같은 연속형 속성에 대한 예측 분석과 대출 상환 여부와 질병 여부와 같은 이항 변수에 대한 예측 분석에 주로 활용된다. 예측 분석은 입력변수에 대한 관계나 반응변수에 대한 예측을 통해 예측 모형 구축을 수행하며, 예측은 범주형 변수가 아니라 수치형 변수의 값을 예측한다는 점을 제외하고는 분류 분석과 유사하다. 특히 이항 변수에 대한 예측의 경우 분류 기법과 동일시되기도 한다. 예측 분석에 사용되는 주요 분석 기법은 의사결정나무 예측 기법과 신경망 예측 기법 등이 있다. 반응 변수 구분에 따른 예측 분석은 [그림 8-1]과 같이 구분된다.

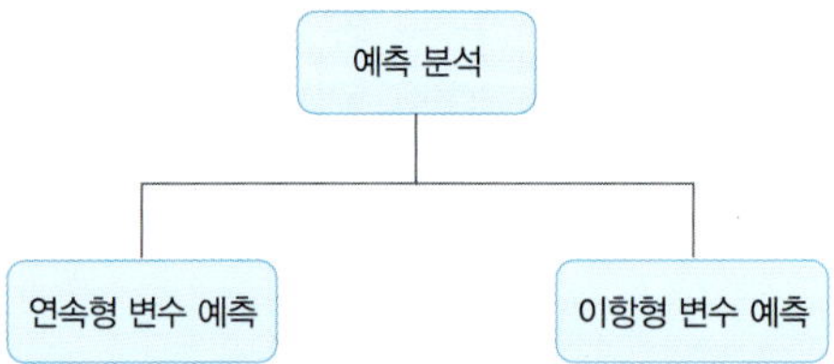

[그림 8-1] 예측의 분석의 구분

8.1.2 연속형 변수의 예측 분석의 절차

연속형 변수의 예측 분석은 [그림 8-2]와 같이 예측 변수와 반응 변수가 포함된 학습 데이터를 가지고 의사결정나무 분석 또는 신경망 분석과 같은 기계학습 알고리즘을 가지고 예측 모형을 만든다. 이후 생성한 예측 모형에 예측 변수만 있는 자료를 입력하여 연속형 반응 변수를 산출하여 데이터를 예측한다.

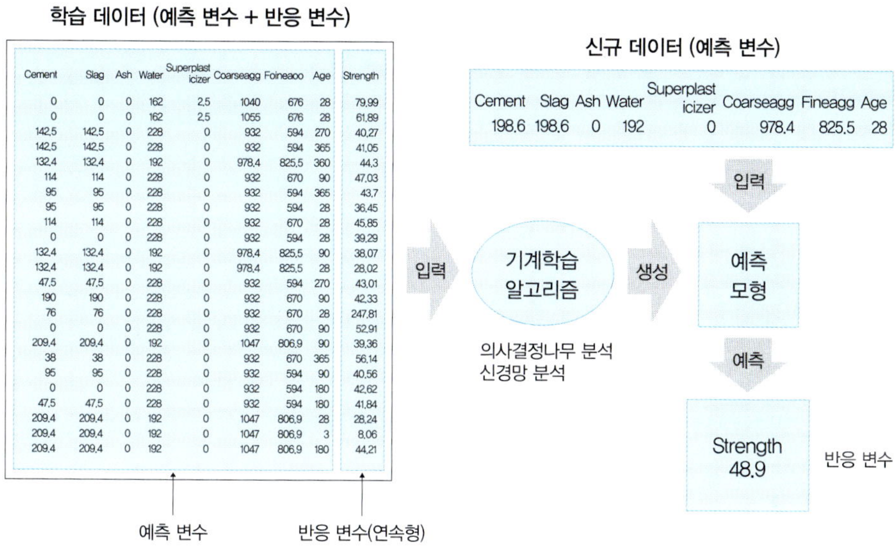

[그림 8-2] 연속형 변수의 예측 분석의 절차

8.1.3 연속형 변수의 예측 분석을 위한 예시 데이터

연속형 변수의 예측 분석을 위한 예시 자료는 Concrete_Data.csv 자료를 이용한다. Concrete_Data.csv 자료는 연속형 변수인 콘크리트의 강도(Strength)에 영향을 미치는 것으로 추정되는 요소들인 시멘트, 스래그, 애쉬, 물, 고성능 감수제, 굵은 골재, 미세 골재, 기간 등의 정보를 포함하는 총 1,030개의 자료가 저장되어 있다. 본 예시 자료인 Concrete_Data.csv의 원시 자료는 UC 얼바인 머신러닝 저장소[1]에서 제공하고 있다. 다음에서 보이는 바와 같

1) http://archive.ics.uci.edu/ml/datasets/concrete+compressive+strength

이 모든 예측 변수 및 반응 변수들이 연속형 자료로 구성되어 있다.

〈표 8-1〉 연속형 변수 예측 분석 예시 자료

Cement	Slag	Ash	Water	Superplasticizer	Coarseagg	Fineagg	Age	Strength
540	0	0	162	2.5	1040	676	28	79.99
540	0	0	162	2.5	1055	676	28	61.89
332.5	142.5	0	228	0	932	594	270	40.27
332.5	142.5	0	228	0	932	594	365	41.05
198.6	132.4	0	192	0	978.4	825.5	360	44.3

Cement: 시멘트, Slag: 스래그, Ash: 애쉬, Water: 물, Superplasticizer: 고성능 감수제, Coarseagg: 굵은 골재, Fineagg: 미세 골재, Age: 기간, Strength: 콘크리트 강도

8.1.4 연속형 변수 예측 의사결정나무 분석

1) 연속형 변수 예측 의사결정나무 분석을 위한 필요 패키지

연속형 변수 예측 의사결정나무 분석을 위한 필요 패키지는 party 패키지가 필요하다. 따라서 다음과 같이 install.packages() 함수를 이용하여 패키지를 우선 설치한다.

```
# 연속형 변수 예측 의사결정나무 패키지
install.packages("party")                                    # 패키지 설치
```

연속형 변수 예측 의사결정나무 분석을 위하여 R에서 사용되는 함수는 party 패키지의 ctree() 함수이다. ctree() 함수의 사용 형식은 다음과 같다.

```
ctree(formula, data, …)

formula: 식 (종속변수~독립변수)
data: 훈련 데이터
```

2) 예측 의사결정나무 분석 실행 예시

의사결정나무 예측 분석을 위하여 다음과 같이 Concrete_Data.csv 데이터를 가지고 훈련용 데이터와 검증용 데이터를 만든다. 콘크리트 데이터 셋이 1,030개의 비교적 많은 양의 데이터를 가지고 있으므로 본 예측 분석 예시에서는 훈련용 데이터와 검증용 데이터의 수를 7 대 3으로 하여 다음과 같이 구성한다. 이후 훈련용 데이터를 가지고 의사결정나무 분류 모형 구축을 지원하는 ctree() 함수를 이용하여 의사결정나무 예측 모형을 생성한다.

```
# 연속형 변수의 예측 의사결정나무 분석
library(party)
setwd("C:/WORK_R")
options("width"=500)
data <- read.csv("Concrete_Data.csv", header = T, fileEncoding="EUC-KR")

# 훈련용 데이터와 검증용 데이터 작성
idxs <- sample(1:nrow(data), as.integer(0.7*nrow(data)))
traindata <- data[idxs,]
testdata <- data[-idxs,]

c("전체자료"=nrow(data), "학습자료"=nrow(traindata), "검정자료"=nrow(testdata))
  전체자료 학습자료 검정자료
      1030      721      309

# 의사결정나무 모형 구축
model <- ctree(Strength ~., traindata )
```

이후 검증용 데이터의 실젯값들과 predict() 함수의 예측값들을 검증용 데이터에 추가 필드(Strength)로 구성하고 그 결과를 비교 분석한다.

```
new <- data.frame(실젯값= testdata$Strength)              # 실젯값
new$Strength <- predict(model, testdata)                  # 예측값

# 검증용 데이터 결괏값
head(new)
```

```
  실젯값 Strength
1  39.29 41.98135
2  28.02 34.09368
3  43.01 41.98135
4  44.21 33.20897
5  53.30 43.10444
6  52.12 43.10444
```

8.1.5 연속형 변수 예측 신경망 분석

1) 연속형 변수 예측 신경망 분석을 위한 필요 패키지

연속형 예측 신경망 분석을 위한 필요 패키지는 neuralnet 패키지가 필요하다. 따라서 다음과 같이 install.packages() 함수를 이용하여 패키지를 우선 설치한다.

```
# 연속형 변수 예측 신경망 분석 패키지
install.packages("neuralnet")                          # 패키지 설치
```

연속형 예측 신경망 분석을 위하여 R에서 사용되는 함수는 neuralnet 패키지의 neuralnet() 함수이다. neuralnet() 함수의 사용 형식은 다음과 같다.

```
neuralnet(formula, data, ..)

formula: 식 (종속변수~독립변수)
data: 데이터프레임
```

2) 연속형 예측 신경망 분석 실행 예시

신경망 예측 분석을 위하여 다음과 같이 Concrete_Data.csv 데이터를 가지고 훈련용 데이터와 검증용 데이터를 만든다. 본 예시에서도 훈련용 데이터와 검증용 데이터의 수를 7 대 3으로 하여 다음과 같이 구성한다. neuralnet() 함수를 이용하는 경우 모형을 구축하기 위

한 훈련용 데이터는 정규화(normalization)[2]되어야 한다. 따라서 다음과 같이 normalize() 함수를 이용하여 값들을 정규화 시킨다.

```
# 연속형 예측 신경망 분석
library(neuralnet)
setwd("C:/WORK_R")
options("width"=500)
data <- read.csv("Concrete_Data.csv", header = T, fileEncoding="EUC-KR")
idxs <- sample(1:nrow(data), as.integer(0.7*nrow(data)))
traindata <- data[idxs,]                                      # 훈련용 데이터
testdata <- data[-idxs,]                                      # 검증용 데이터

# 훈련용 데이터, 검증용 데이터 정규화
normalize <- function(x) {                                    # 정규화 함수
return((x-min(x)) / (max(x)-min(x)))                          # 결괏값 내보내기
}
norm_testdata <- as.data.frame(lapply(testdata, normalize))   # 정규화 수행
norm_traindata <- as.data.frame(lapply(traindata, normalize))
norm_traindata$Strength <- traindata$Strength    # 반응 변수 원래 데이터로 변환
```

정규화된 훈련용 데이터(norm_traindata)를 가지고 신경망 예측 모형 구축을 지원하는 neuralnet() 함수를 이용하여 신경망 예측 모형(model)을 생성한다.

```
# 신경망 모형 구축
model <- neuralnet(Strength
 ~ Cement+Slag+Ash+Water+Superplasticizer+Coarseagg+Fineagg+Age, norm_traindata )
```

이후 검증용 데이터의 실젯값들과 신경망 예측 모형에서 결괏값을 산출하기 위해서는 predict() 함수 대신에 compute() 함수가 필요하다. compute() 함수를 이용하여 산출한 예측값들을 검증용 데이터에 추가 필드(Strength)로 구성하고 그 결과를 비교 분석한다.

```
new <- data.frame(실젯값= testdata$Strength)              # 실젯값
new$Strength = compute(model, norm_testdata[-length(norm_testdata)])$net.result
```

2) 정규화는 데이터의 범위를 일치시키거나 분포를 유사하게 만들어 주는 등의 작업을 말한다.

```
# 테스트데이터 결괏값
head(new)
    실젯값 Strength
  1 40.27  56.14974
  2 38.07  47.78296
  3 28.02  23.60623
  4 47.81  23.47387
  5 52.91  49.10486
  6 56.14  56.16237
```

8.1.6 이항형 변수의 예측 분석의 절차

이항형 변수의 예측 분석은 [그림 8-3]과 같이 예측 변수와 반응 변수가 포함된 학습 데이터를 가지고 의사결정나무 분석 또는 신경망 분석과 같은 기계학습 알고리즘을 가지고 예측 모형을 만든다. 이후 생성한 예측 모형에 예측 변수만 있는 데이터를 입력하여 이항형 반응 변수를 산출하여 데이터를 예측한다.

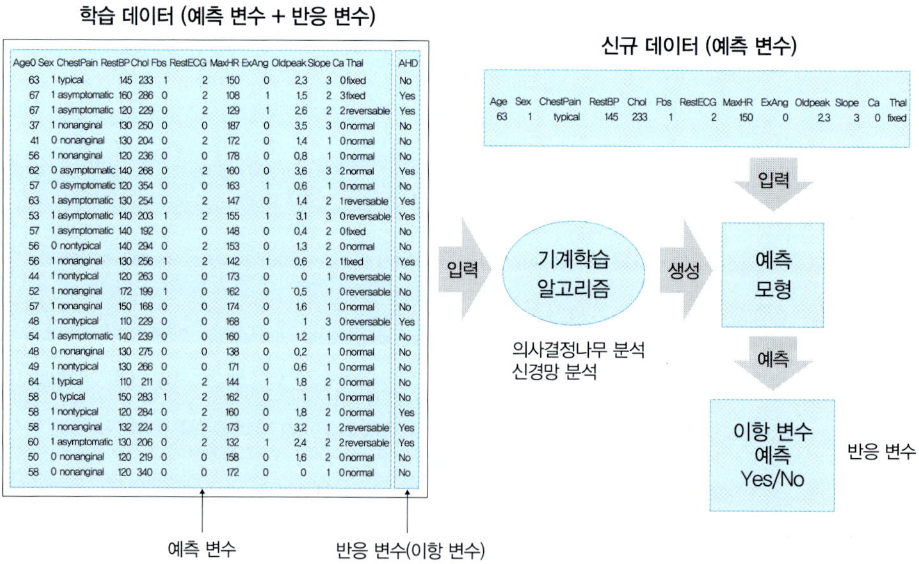

[그림 8-3] 이항형 변수의 예측 분석의 절차

8.1.7 이항형 예측 분석을 위한 예시 데이터

이항형 변수의 예측 분석을 위한 예시 자료는 Heart.csv 자료를 이용한다. Heart.csv 자료는 환자의 심장 질환의 존재 여부를 포함하는 흉부외과 환자 303명의 관찰 데이터로 AHD 컬럼에는 심장병 여부가 이항 변수(Yes/No)로 기록되어 있다. 본 예시 자료인 Heart.csv의 원시 자료는 UC 얼바인 머신러닝 저장소[3]에서 제공하고 있다.

〈표 8-2〉 이항형 변수 예측 분석 예시 자료

Sex	ChestPain	RestBP	Chol	Fbs	RestECG	MaxHR	ExAng	Oldpeak	Slope	Ca	Thal	AHD
1	typical	145	233	1	2	150	0	2.3	3	0	fixed	No
1	asymptomatic	160	286	0	2	108	1	1.5	2	3	normal	Yes
1	asymptomatic	120	229	0	2	129	1	2.6	2	2	reversable	Yes
1	nonanginal	130	250	0	0	187	0	3.5	3	0	normal	No
0	nontypical	130	204	0	2	172	0	1.4	1	0	normal	No

Sex: 성별, ChestPain: 흉통 유형, RestBP: 휴식 혈압, Chol: 콜레스테롤 수치, Fbs: 금식 혈당, RestECG: 심전도 결과, MaxHR: 최대 심박수, ExAng: 협심 증상, Oldpeak: 우울 증상, Slope: 피크 운동, Ca: 채색된 혈관의 수, Thal: 결함 여부, AHD: 심장병 유무

8.1.8 이항형 예측 의사결정나무 분석

1) 이항형 변수 예측 의사결정나무 분석을 위한 필요 패키지

이항형 변수 예측 의사결정나무 분석을 위한 필요 패키지는 tree 패키지가 필요하다. 또한 예측 정확도를 쉽게 산출하기 위해 caret 패키지도 필요하다. caret 패키지는 'classification and regression training'의 약어로 기계학습의 분류 및 예측 분석 과정에서 유용하게 사용될 수 있는 다양한 함수들을 지원한다. 따라서 다음과 같이 install.packages() 함수를 이용하여 패키지를 우선 설치한다.

3) https://archive.ics.uci.edu/ml/datasets/Heart+Disease

```
# 이항형 변수 예측 의사결정나무 패키지 설치
install.packages("tree")                      # 패키지 설치
install.packages("caret")                     # 기계학습 과정 지원 패키지
```

연속형 변수 예측 의사결정나무 분석을 위하여 R에서 사용되는 함수는 tree 패키지의 tree() 함수이다. tree() 함수의 사용 형식은 다음과 같다.

```
tree(formula, data, ..)

formula: 식 (종속변수~독립변수)
data: 데이터프레임
```

2) 이항형 변수 예측 의사결정나무 분석 절차

이항형 변수 예측 의사결정나무 분석의 세부적인 모형 구축 절차는 성장, 가지치기, 타당성 평가 및 해석 및 예측 단계를 걸치면서 수행된다. 성장(growing) 단계는 각 마디에서 적절한 최적의 분리 규칙을 찾아서 나무를 성장시키는 과정으로써 적절한 정지 규칙을 만족하면 중단한다. 가지치기(pruning) 단계는 예측오차를 크게 할 위험이 높거나 부적절한 추론 규칙을 내포하고 있는 가지 또는 불필요한 가지를 제거한다. 타당성 평가 단계는 검증용 자료를 이용하여 의사결정나무를 평가한다. 마지막으로 해석 및 예측 단계는 구축된 나무 모형을 해석하고 예측 모형을 설정한 후 예측에 적용한다.

3) 이항형 예측 의사결정나무 분석 실행 예시

의사결정나무 예측 분석을 위하여 우선 자료를 확인하고 명목형 자료들에 대하여 연산이 가능한 요인으로 변경하는 전처리 작업을 수행한다. 분석 자료인 Heart.csv에 대하여 데이터프레임으로 구성한다. 자료를 살펴보면 ChestPain(흉통 유형), Thal(결함 여부) 그리고 AHD(심장병 유무)가 문자로 구성된 명목척도임을 알 수 있다. 따라서 이들 변수들에 대하여 as.factor() 함수를 이용하여 계산 가능한 요인 변수들로 구성한 후 다음과 같이 훈련용 데이터 셋(train)과 검증용 데이터 셋(test)을 만든다.

본 예시에서는 훈련용 데이터 셋과 검증용 데이터 셋의 자료수를 7 대 3으로 하여 다음과 같이 구성한다. 이후 훈련용 데이터를 가지고 의사결정나무 분류 모형 구축을 지원하는 tree() 함수를 이용하여 의사결정나무 예측 모형을 생성한다.

```
# 이항형 예측 의사결정나무 분석
library(tree)
setwd("C:/WORK_R")
data <- read.csv("Heart.csv", header = T, fileEncoding="EUC-KR")
head(data)

# 전처리 NA 삭제, 문자형 -> 요인 변환
data <- na.omit(data)                                    # NA 삭제
data$ChestPain <- as.factor(data$ChestPain)
data$Thal <- as.factor(data$Thal)
data$AHD <- as.factor(data$AHD)
str(data)                                                # 요인으로 변경 확인

# 의사결정나무 예측 분석 모형 구축
set.seed(1234)
idxs <- sample(1:nrow(data), as.integer(0.7*nrow(data)))
traindata <- data[idxs,]
testdata <- data[-idxs,]
treemod <- tree(AHD~. , data=traindata)
```

의사결정나무 예측 분석 모형은 일반적인 그래프 작성에 사용되는 plot() 함수와 text() 함수를 이용하여 [그림 8-4]와 같이 분류를 진행하는 의사결정과정을 볼 수 있다.

```
# 의사결정나무 예측 분석 모형 시각화
plot(treemod)                                            # 마디 시각화
text(treemod)                                            # 노드 시각화
```

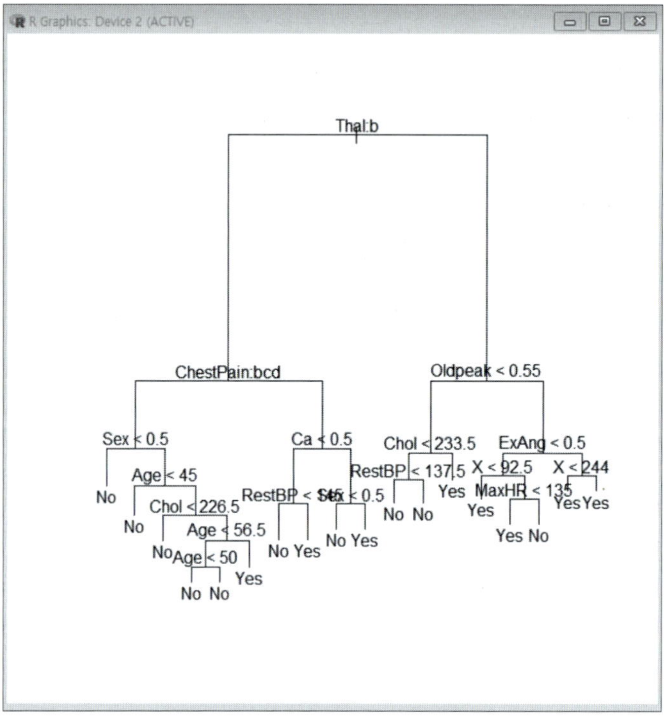

[그림 8-4] 의사결정나무 예측 모형

생성된 의사결정나무 모형의 정확도 확인을 위하여 다음과 같이 caret 패키지의 confusion Matrix() 함수를 이용하여 쉽게 예측률을 확인한다. 다음에서 보면 정오표 는 다양한 예측 적중률 수치들을 보여준다. 예측 정확도(Accuracy)는 0.7667로 그다지 높은 편이 아니다.

```
# 예측 적중률 산출
library(caret)
treepred <- predict(treemod, testdata, type='class')
confusionMatrix(treepred, testdata$AHD)

  Confusion Matrix and Statistics

            Reference
  Prediction No Yes
         No  38  14
```

```
Yes  7  31

               Accuracy : 0.7667
                 95% CI : (0.6657, 0.8494)
    No Information Rate : 0.5
    P-Value [Acc > NIR] : 1.941e-07

                  Kappa : 0.5333

 Mcnemar's Test P-Value : 0.1904

            Sensitivity : 0.8444
            Specificity : 0.6889
         Pos Pred Value : 0.7308
         Neg Pred Value : 0.8158
             Prevalence : 0.5000
         Detection Rate : 0.4222
   Detection Prevalence : 0.5778
      Balanced Accuracy : 0.7667

       'Positive' Class : No
```

상기와 같이 성장(growing)시킨 의사결정나무는 최적화 예측 모형으로 만들기 위해서는 과적합 문제를 해결하기 위한 오차를 크거나 부적절한 추론 규칙을 가지고 있는 불필요한 가지를 제거해야 한다. 가지치기 단계는 다음과 같이 tree 패키지의 cv.tree() 함수를 이용하여 가장 적게 분류가 잘못된(misclasss)된 size를 식별하고 prune.misclass() 함수를 이용하여 가지치기를 시행한다.

```
# 과적합 문제해결
cv.trees <- cv.tree(treemod, FUN=prune.misclass )
plot(cv.trees)
```

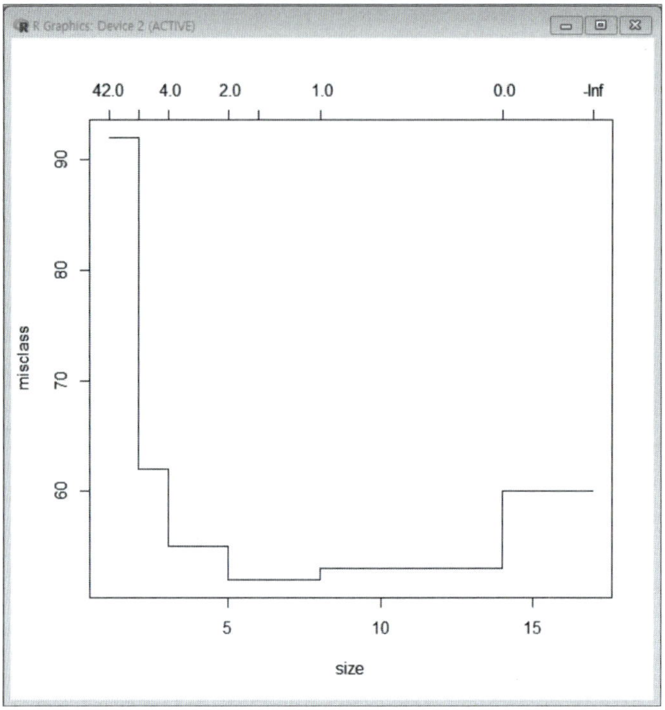

[그림 8-5] 의사결정나무 과적합 식별

[그림 8-5]에서 보면 5~8개 사이의 가지일 때 가장 misclass가 작을 것임을 알 수 있다. 따라서 best를 그중에 하나인 6로 설정하고 다음과 같이 가지치기를 수행한다.

```
# 의사결정나무 예측 분석 모형 가지치기
prune.trees <- prune.misclass(treemod, best=6)
plot(prune.trees)
text(prune.trees, pretty=0)
```

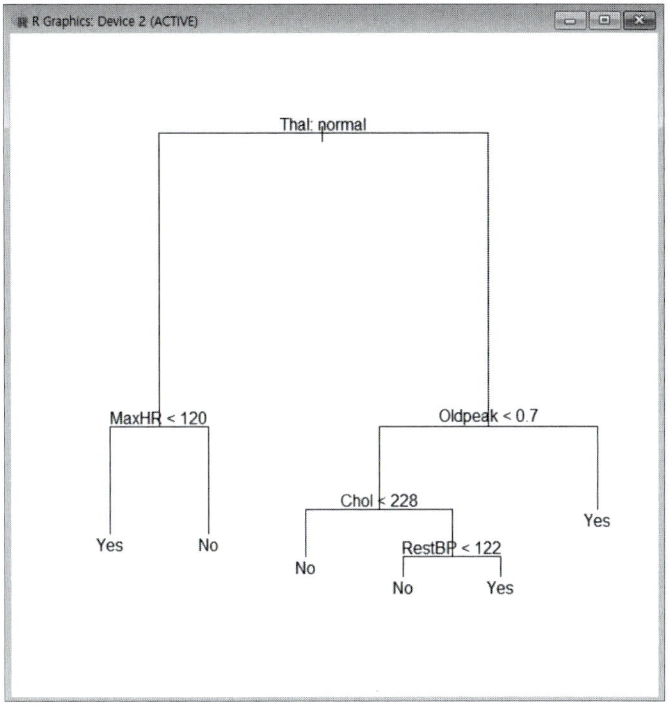

[그림 8-6] 의사결정나무 가지치기 후 모형

가지치기 후 의사결정나무 모형 평가를 위하여 정오 분류표를 산출하는 caret 패키지의 confusionMatrix() 함수를 이용하여 다시 한 번 정오 분류표를 확인하면 다음과 같다. 결과를 보면 실젯값과 예측값 분류 결과 비율을 보면 0.7778%의 예측 적중률이 있는 것으로 나타나 조금 높아진 것을 알 수 있다.

```
# 가지치기 후 예측 적중률 산출
treepred <- predict(prune.trees, testdata, type='class')
confusionMatrix(treepred, testdata$AHD)
  Confusion Matrix and Statistics


            Reference
  Prediction No Yes
         No  38  13
         Yes  7  32
```

```
               Accuracy : 0.7778
                 95% CI : (0.6779, 0.8587)
    No Information Rate : 0.5
    P-Value [Acc > NIR] : 5.682e-08

                  Kappa : 0.5556

 Mcnemar's Test P-Value : 0.2636

            Sensitivity : 0.8444
            Specificity : 0.7111
         Pos Pred Value : 0.7451
         Neg Pred Value : 0.8205
             Prevalence : 0.5000
         Detection Rate : 0.4222
   Detection Prevalence : 0.5667
      Balanced Accuracy : 0.7778

       'Positive' Class : No
```

8.2 연관 분석

8.2.1 연관 분석의 개요

연관 분석은 데이터 안에 존재하는 항목간의 연관규칙(association rule)을 발견하는 과정으로 상품을 구매하거나 서비스를 받는 등의 일련의 거래나 사건들의 연관성에 대한 규칙을 생성한다. 연관 분석은 마케팅에서 고객의 장바구니에 담겨져 있는 품목들 간의 관계를 파악한다는 의미에서 장바구니 분석(market basket analysis, MBA)이라고도 한다.

1) 연관 분석의 활용

월마트에서 맥주를 구매하는 사람이 기저귀를 구매할 가능성이 높다는 규칙의 발견으로 시작된 연관 분석은 오늘날 다양한 분야에서 활발하게 활용되고 있다. 〈표 8-3〉은 연관 분석의 주요 적용 분야 및 활용 업무들을 보여준다.

〈표 8-3〉 연관 분석 활용 분야

적용 분야	활용 업무
유통업	장바구니 분석을 통해 상품 추천, 상품 진열, 상품 패키징, 번들링, 홈쇼핑의 방송 순서나 카탈로그 배치 등에서 활용한다.
온라인 쇼핑몰	온라인 쇼핑몰, 인터넷 서점, 온라인 여행사 등에서는 연관규칙을 이용하여 책이나 상품에 대한 추천을 한다.
서비스업	백화점, 호텔 등 서비스업에서는 연관규칙을 통하여 고객들이 특정 서비스를 받은 후 다음에 어떤 서비스를 원하는지 미리 알 수 있고, 이를 통해 고객 서비스 향상에 사용한다.
금융업	신용 카드사나 은행에서는 고객들의 기존 금융 서비스 내역으로부터 대출과 같은 특정한 서비스를 받을 가능성이 높은 고객들을 식별한다.
의료 분야	암 데이터 분석에서 단백질 서열과 자주 발견되는 DNA 패턴을 찾거나 증상과 질병 간 연관관계를 식별한다.

2) 연관규칙 지표

연관규칙(association rule)은 특정 사건이 발생하였을 때 함께 발생하는 또 다른 사건의 규칙들을 의미한다. 연관성 분석을 수행하면 상당수의 연관 규칙들이 도출되기 때문에 이들 규칙들에 대한 효용성을 분석할 필요가 있다. 이러한 연관규칙의 효용성을 표시하는 지표는 지지도, 신뢰도, 그리고 향상도가 있다.

(1) 지지도

지지도(support)는 규칙의 중요성에 대한 척도로 다음 수식과 같이 두 품목 X와 Y의 지지도는 전체 거래 항목 중 항목 X와 항목 Y가 동시에 포함하는 거래의 비율이다. 지지도의 값이 클수록 자주 발생하는 거래를 의미한다.

$$Support = \frac{n(X \cap Y)}{N}$$

(2) 신뢰도

신뢰도(confidence)는 신뢰성에 대한 척도로 다음 수식과 같이 항목 X가 일어난 상황하에서 항목 Y가 일어날 확률, 즉 조건부 확률로 X를 구매한 경우, 이 중에서 얼마나 항목 Y 구매로 이어지는지를 의미이다. 신뢰도의 값이 클수록 X 구매 시 Y 구매율이 높음을 의미한다.

$$Confidence = P(Y \mid X)$$

(3) 향상도

향상도(lift)는 다음 수식과 같이 항목 X를 구매한 경우 그 거래가 항목 Y를 포함하는 경우와 항목 Y를 임의로 구매되는 경우의 비율로 항목 X와 Y의 구매 패턴이 독립적인지, 아니면 서로 관계가 있는지를 의미한다.

$$Lift = \frac{P(Y \mid X)}{P(Y)} = \frac{P(X \cap Y)}{P(X).P(Y)}$$

향상도의 값은 1을 기준으로 다음과 같은 항목 간의 관계를 나타낸다.

- Lift 〉1: 항목 간 양의 상관관계에 있음. (예 햄버거와 콜라)
- Lift =1: 항목 간 독립적인 관계에 있음. (예 자동차와 치약)
- 0 〈 Lift 〈1: 항목 간 음의 상관관계에 있음. (예 지사제와 변비약)

8.2.2 연관 분석의 절차

연관 분석은 [그림 8-7]에서와 같이 거래 데이터에 대하여 거래 항목들 간의 연관성 분석을 통하여 지지도, 신뢰도, 향상도와 같은 지표들을 포함한 거래 항목들 간의 연관 규칙들을 생성한다. 이후 생성된 연관 규칙들에 기반을 두어 새로운 사실들을 발견한다.

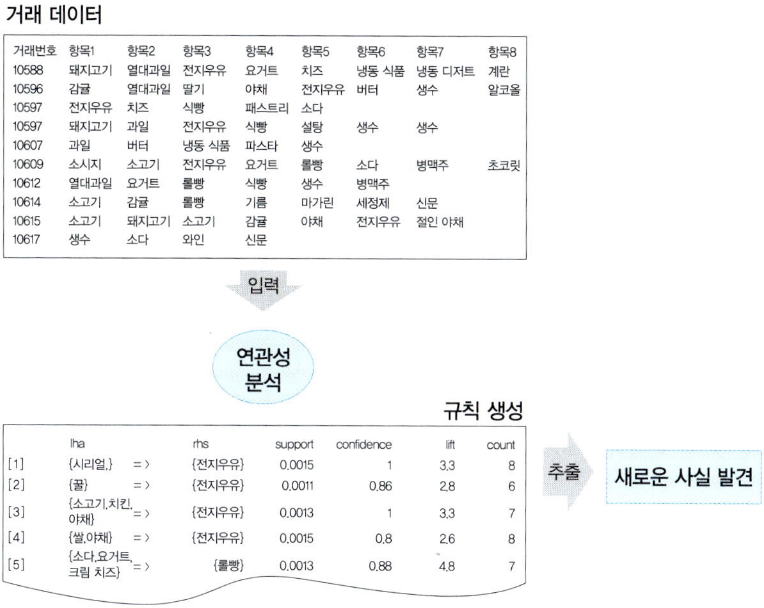

[그림 8-7] 연관 분석의 절차

8.2.3 연관 분석의 예시

연관 분석을 위한 예시 자료는 다음과 같은 mart_data.csv 자료를 이용한다. mart_data.csv는 마트의 거래 데이터로 거래 번호별 마트에서 구입된 품목들로 구성되어 있다. 총 5,491개의 거래 데이터의 정보가 저장되어 있다. 본 예시 자료인 mart_data.csv의 원시 자료는 datasets 패키지의 Groceries 데이터이다.

〈표 8-4〉 연관 분석 예시 자료

거래번호	항목1	항목2	항목3	항목4	항목5	항목6	항목7	항목8	항목9
10588	돼지고기	열대과일	전지우유	요거트	치즈	냉동식품	냉동디저트	계란	
10596	감귤	열대과일	딸기	야채	전지분유	버터	생수	알코올	
10597	전지우유	치즈	식빵	패스트리	소다				
10605	돼지고기	과일	전지우유	식빵	설탕	생수	소다	야채	버터
10607	과일	버터	냉동식품	파스타	생수				

8.2.4 연관 분석의 실행

1) 연관 분석을 위한 필요 패키지

연관 분석을 위해서는 연관 분석을 지원하는 패키지인 "arules"와 연관관계 그래프 작성을 지원하는 부가적인 "arulesViz" 패키지가 필요하다. 따라서 다음과 같이 install.packages() 함수를 이용하여 패키지들을 우선 설치한다.

```
# 연관 분석을 위한 필요 패키지 설치
install.packages("arules")                    # 연관 분석 지원 패키지
install.packages("arulesViz")                 # 연관관계 그래프 지원 패키지
```

연관 분석을 위하여 R에서 사용되는 함수는 "arules" 패키지의 apriori() 함수이다. apriori() 함수의 사용 형식은 다음과 같다.

```
apriori(data, parameter = , appearance = , control = )

data: 거래 데이터(transactions)
parameter: 연관관계 지표 조건 지정(예 supp, = 0.001, conf = 0.08)
appearance: 특정 항목 연관관계 지정
control: 알고리즘 성능 제어
```

2) 연관 분석

apriori() 함수를 이용한 연관 분석을 위해서는 입력 데이터가 거래 형식의 데이터로 구성되어 있어야 한다. 따라서 다음과 같이 우선 마트의 거래데이터에서 거래번호를 제거한 후 이를 거래파일(basket_data.csv)로 생성한 후 read.transactions() 함수를 이용하여 거래데이터(data.trans) 형식으로 자료를 생성한다. read.transactions() 함수는 예시 데이터와 같은 트랜잭션 형식의 파일을 읽어 R의 거래 형식의 데이터 구조인 거래 객체(transactions object)로 생성한다.

```
# 연관 분석 패키지 불러오기 및 거래 자료 가져오기
library(arules)
library(arulesViz)
setwd("C:/WORK_R")
options("width"=500)
data <- read.csv("mart_data.csv", header = T, fileEncoding="EUC-KR")

# 거래번호 제거 후 저장
write.csv(data[-1], file = "basket_data.csv", row.names = FALSE, quote = FALSE)

# 거래번호 제거된 파일은 거래 형식의 데이터 구조로 생성
data.trans <- read.transactions("basket_data.csv", format = "basket", sep=",", skip = 1)
inspect(data.trans)
```

거래데이터에 대하여 apriori() 함수를 이용하여 연관 규칙들을 생성하기 전에 itemFrequencyPlot() 함수를 이용한 다음과 같은 명령을 수행하여 상위 20개의 거래 항목들에 대한 빈도분석을 수행한다.

```
# 거래 항목들에 대한 빈도분석
itemFrequencyPlot(data.trans, topN=20, type="absolute")
```

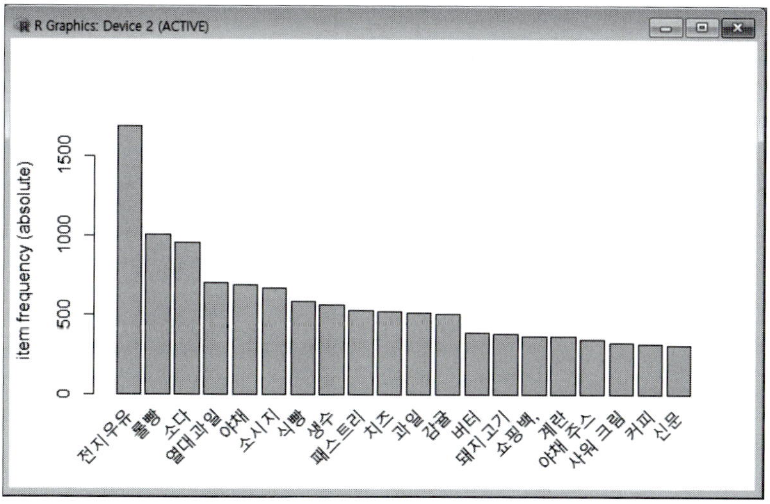

[그림 8-8] 거래 항목들에 대한 빈도분석

상기의 빈도분석 결과를 보면 전지우유, 롤빵, 소다 등이 거래가 많은 항목인 것을 확인할 수 있다. 거래 항목들에 대한 빈도분석을 통해 거래 항목들에 대한 현황을 살펴본 후 apriori() 함수를 이용하여 연관 규칙들을 생성한다. 이때 연관규칙 지표들을 이용하여 생성될 연관규칙 수를 제한할 수 있다. 다음의 경우 연관규칙 지표 지지도(supp)가 0.001 이상이고 신뢰도(conf)가 0.8 이상인 연관 규칙들만 생성한다.

```
rules <- apriori(data.trans, parameter = list(supp = 0.001, conf = 0.8))  # 연관규칙 생성
rules                                                                    # 연관규칙의 개수
  set of 74 rules
```

상기의 명령으로 생성된 연관규칙은 74개이며 개별 연관 규칙들은 inspect() 함수를 이용하여 확인할 수 있다. 다음의 명령은 상위 20개의 연관 규칙들을 보여 주고 있다. 연관 규칙들에서 lhs은 연관규칙의 왼쪽 항목들을, rhs은 연관규칙의 오른쪽 항목들을 나타낸다. support는 연관규칙의 지지도, confidence는 신뢰도, lift는 향상도를, 그리고 coverage는 lhs의 지지도, count는 규칙의 수를 나타낸다.

```
inspect(rules[1:20])            # 상위 20개의 연관 규칙들
     lhs                            rhs       support     confidence coverage    lift      count
[1]  {꿀}                        => {전지우유} 0.001092697 0.8571429 0.001274813  2.603192  6
[2]  {시리얼,요거트}              => {전지우유} 0.001274813 0.8750000 0.001456930  2.657425  7
[3]  {쌀,치즈}                   => {전지우유} 0.001456930 0.8888889 0.001639046  2.699607  8
[4]  {머스타드,신문}              => {전지우유} 0.001092697 0.8571429 0.001274813  2.603192  6
[5]  {생선,양파}                 => {전지우유} 0.001274813 0.8750000 0.001456930  2.657425  7
[6]  {소주,와인}                 => {병맥주}   0.003278091 0.8181818 0.004006556  9.558801  18
[7]  {돼지고기,절인 야채}          => {전지우유} 0.001456930 0.8000000 0.001821162  2.429646  8
[8]  {식빵,허브}                 => {버터}     0.001092697 0.8571429 0.001274813 11.621164  6
[9]  {롤빵,허브}                 => {전지우유} 0.002731743 0.8333333 0.003278091  2.530881  15
[10] {버터,양파}                 => {전지우유} 0.003824440 0.8076923 0.004735021  2.453008  21
[11] {소다,소주,와인}             => {병맥주}   0.001456930 1.0000000 0.001456930 11.682979  8
[12] {소주,신문,캔맥주}           => {소다}     0.001092697 0.8571429 0.001274813  4.209813  6
[13] {롤빵,야채,허브}             => {전지우유} 0.001821162 0.9090909 0.002003278  2.760961  10
[14] {밀가루,사워 크림,야채}       => {전지우유} 0.001456930 1.0000000 0.001456930  3.037058  8
[15] {디저트,버터우유,요거트}      => {전지우유} 0.001821162 0.8333333 0.002185394  2.530881  10
[16] {버터우유,요거트,크림 치즈}   => {전지우유} 0.001456930 0.8000000 0.001821162  2.429646  8
[17] {버터우유,사워 크림,소시지}   => {전지우유} 0.001092697 0.8571429 0.001274813  2.603192  6
[18] {롤빵,버터우유,사워 크림}     => {전지우유} 0.001092697 0.8571429 0.001274813  2.603192  6
```

```
[19] {과일,버터우유,소시지}      => {전지우유} 0.001092697 0.8571429 0.001274813 2.603192  6
[20] {버터우유,소시지,요거트}    => {전지우유} 0.001639046 1.0000000 0.001639046    3.037
```

생성된 연관 규칙들은 sort() 함수를 이용하여 특정 연관 분석 지표에 따라 다양하게 정렬시킬 수 있다. 다음의 명령은 신뢰도를 기준으로 생성된 연관 규칙들을 정렬시키고 있다.

```
rules <- sort(rules, by="confidence", decreasing=TRUE)  # 연관규칙 정렬
```

apriori() 함수의 appearance 파라미터를 이용한 다음과 같은 명령어를 사용하여 특정 품목(예, 전지우유)에 대하여 미리 구매하는 품목들을 찾을 수 있다.

```
# 전지우유 사기 전에 사는 항목들
rules <- apriori(data.trans, parameter=list(supp=0.001,conf = 0.08), appearance
= list(default="lhs",rhs="전지우유"))

rules <- sort(rules, decreasing=TRUE,by="confidence")
inspect(rules[1:5])
    lhs                          rhs        support     confidence coverage    lift     count
  [1] {밀가루,사워 크림,야채}   => {전지우유} 0.001456930  1  0.001456930 3.037058  8
  [2] {버터우유,소시지,요거트} => {전지우유} 0.001639046  1  0.001639046 3.037058  9
  [3] {마가린,설탕,치즈}        => {전지우유} 0.001092697  1  0.001092697 3.037058  6
  [4] {딸기,버터,사워 크림}     => {전지우유} 0.001456930  1  0.001456930 3.037058  8
  [5] {딸기,버터,소시지}        => {전지우유} 0.001456930  1  0.001456930 3.037058  8
```

다음과 같은 plot() 명령어를 이용하여 [그림 8-9]와 같은 연관 규칙들을 이용한 품목별 연관 네트워크 그래프를 작성할 수 있다.

```
# 연관 네트워크 그래프
library(arulesViz)
plot(rules[1:50], method="graph", main="50개의 연관규칙")
```

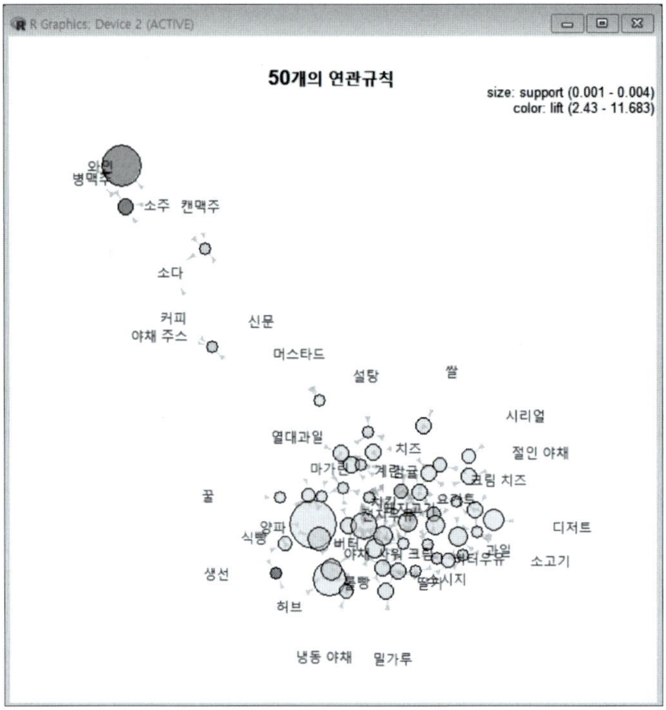

[그림 8–9] 연관 네트워크 그래프

참고적으로 다음과 같은 명령어들로 다양한 연관관계를 분석할 수 있는 그래프를 작성할 수 있다.

```
plot(rules, method = "grouped")
plot(rules, method = "paracoord", control = list(reorder = TRUE))
```

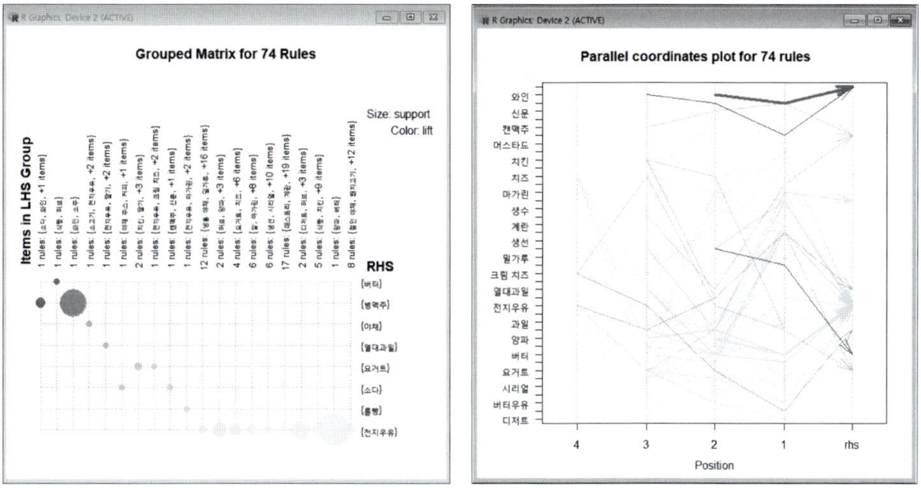

[그림 8-10] 연관관계 분석 그래프

8.3 군집 분석

8.3.1 군집 분석의 개요

군집 분석(cluster analysis)은 소비자, 제품과 같은 관심 대상들이 지니고 있는 다양한 특성의 유사성을 바탕으로 세분적인 집단으로 나누어 주는 기법이다. 군집 분석은 대상들을 분류하기 위한 명확한 기준이 존재하지 않거나 기준이 밝혀지지 않은 상태에서 자료들을 집단으로 분류하는데, 단순히 자료들 간의 거리(distance) 또는 유사성(similarity)을 이용하여 군집(cluster)으로 나누는 방식을 사용한다. 군집 분석은 실무적 차원에서 소비자의 상품 구매 행동이나 생활 방식에 따라 소비자군을 분류하여 시장 세분화와 같은 마케팅 전략 수립에서도 유용하게 사용된다.

1) 군집 분석 유형

군집 분석의 유형은 순차적으로 군집화해 나가는 계층적인 군집화 방법과 군집의 수를 미리 정해 놓고 수행하는 비계층적인 군집화 방법으로 구분된다. [그림 8-11]에서와 같이 계층적인 군집화의 대표적인 군집 분석 기법은 계층적 군집 분석이고, 비계층적인 군집화의 대표적인 군집 분석 기법은 K-평균 군집 분석이다. 계층적 군집 분석은 군집이 형성되는 과정을 정확하게 파악할 수 있는 장점이 있는 반면에 자료의 크기가 크면 분석하는 데 어려움이 있다. K-평균 군집 분석은 많은 자료를 빠르고 쉽게 분류할 수 있는 장점이 있는 반면에 군집의 수를 미리 정해 주어야 하고, 군집을 형성하기 위한 초기값에 따라 군집 결과가 달라지는 단점이 있다. 계층적인 군집 분석과 K-평균 군집 분석은 상호 보완적인 군집 분석으로 활용 가능하다. 계층적인 군집 분석을 통하여 적절한 군집의 수를 정하고, 이 군집 수에 근거하여 K-평균 군집 분석을 실행하여 대상들을 군집화할 수 있다.

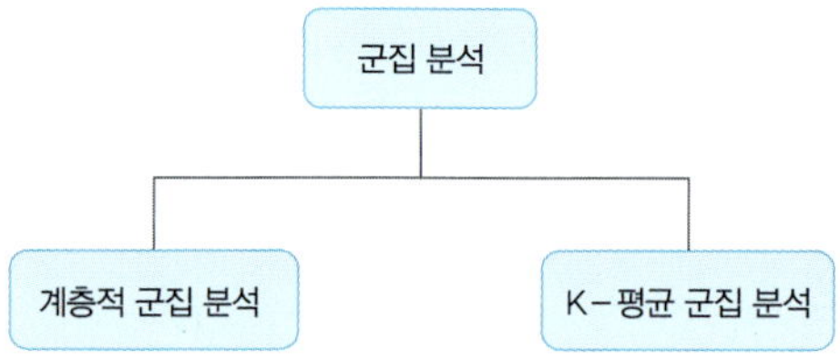

[그림 8-11] 군집 분석 유형

8.3.2 계층적 군집 분석

계층적인 군집 분석(hierarchical clustering method)은 계층적 트리 모형을 이용해 개별 개체들을 순차적, 계층적으로 유사한 개체 내지 그룹과 통합하여 군집화를 수행하는 기법이다. 계층적인 군집 분석은 사전에 군집 수를 정하지 않고 처음에 n개의 군집으로부터 시작하여 점차 군집의 개수를 줄여나가는 방법으로, 계층적인 군집 분석을 위해서는 대상 특성에 대한 유사성을 측정하기 위한 군집 간 거리 측정 방법과 군집 연결 방법이 선택되어야 한다.

(1) 군집 간 거리 측정 방법

군집 간 거리 측정 방법은 대상 특성에 대한 유사성을 측정하기 위한 방법으로 유클리드 거리 측정법, 유클리드 제곱 거리 측정법, 맨해튼 거리 측정법, 체비셰프 거리 측정법, 캔버라 거리 측정법, 민코우스키 거리 측정법 등이 있다.

〈표 8-5〉 군집 간 거리 측정 방법

측정 방법	설명
유클리드 거리 측정법 (Euclidean Distance Measure)	변수 값들의 차이를 제곱하여 합산한 거리로 다차원 공간에서 최단의 직선거리
유클리드 제곱 거리 측정법 (Squared Euclidean Distance Measure)	유클리드 거리를 제곱한 거리
맨해튼 거리 측정법 (Manhattan Distance Measure)	변수 값들의 차이를 절댓값으로 하여 합한 거리
체비셰프 거리 측정법 (Chebychev Distance Measure)	변수 값의 최대 차이의 최댓값인 거리
캔버라 거리 측정법 (Canberra Distance Measure)	변수 값들의 차이를 절댓값으로 하여 합한 거리를 변수 값들의 차이를 합산한 거리로 나눈 것을 의미
민코우스키 거리 측정법 (Minkowski Distance Measure)	거리를 산정하는 일반 식에 함수에 포함된 지수들을 조정하여 다양한 방식의 거리를 구함.

(2) 군집 연결 방법

계층적 군집화에서 두 군집 간의 거리를 근간으로 군집을 연결하는 방법은 최단 연결법, 최장 연결법, 평균 연결법, 중앙값 연결법, 중심 연결법, 와드 연결법 등이 있다.

〈표 8-6〉 군집 연결 방법

연결 방법	설명
최단 연결법 또는 단일 연결법 (single linkage method)	군집에서 선택된 하나의 관측치와 나머지의 다른 관측치 또는 군집과의 거리를 계산하여 가장 가까운 거리에 있는 군집 또는 관측치를 연결하여 군집을 형성하는 방법
최장 연결법 또는 완전 연결법 (complete linkage method)	군집에서 선택된 하나의 관측치와 나머지의 다른 관측치 또는 군집과의 거리를 계산하여 가장 멀리 떨어진 거리에 있는 군집 또는 관측치를 연결하여 군집을 형성하는 방법

평균 연결법 (average linkage)	군집 내의 모든 관측들의 평균과 나머지의 다른 관측치 또는 군집과의 거리를 계산하여 최단 거리에 있는 군집 또는 관측치를 연결하여 군집을 형성하는 방법
중앙값 연결법 (median linkage)	평균 연결법과 유사한 방법으로 자료가 연속형 변수가 아닌 경우에 평균 대신에 중앙값을 기준으로 연결하는 방식
중심 연결법 (centroid linkage)	군집 내의 관측들의 중심과 나머지의 다른 관측치 또는 군집의 중심과의 거리를 계산하여 최단 거리에 있는 군집 또는 관측치를 연결하여 군집을 형성하는 방법
와드 연결법 (Ward linkage)	군집 평균과 군집 내 유클리디언 최소 증가 방식으로 군집 간의 거리에 기반을 두는 다른 연결법과는 달리 군집 내 오차제곱합에 기초하여 군집을 형성하는 방법

1) 덴드로그램을 이용한 계층적 군집 분석

계층적인 군집 분석에서는 다음 [그림 8-12]와 같은 덴드로그램을 통하여 군집의 단계를 보여 준다. 덴드로그램(dendrogram)은 각 단계에서 관측치의 군집화를 통해 형성된 그룹과 이들의 유사성 수준을 표시하는 트리(tree) 모양의 다이어그램으로 대상들의 군집화 과정을 시각적으로 보여준다. 계층적인 군집 분석은 덴드로그램의 적절한 수준에서 트리를 잘라 전체 자료를 몇 개 군집으로 설정한다. 다음의 [그림 8-12]는 절단점 아래의 3개의 군집으로 나누어진 것을 예시적으로 보여 주고 있다.

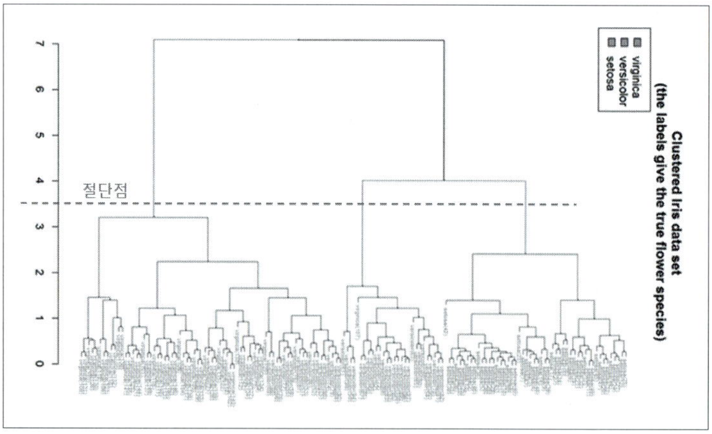

[그림 8-12] 덴드로그램

2) 계층적 군집 분석 예시 자료

계층적 군집 분석 예시 자료는 4장에서 사용한 data.csv 자료를 이용한다. 본 예시는 data.csv 자료에서 다음과 같은 고객번호에 대하여 성별, 연령대, 직업, 주거지역 항목을 추출한 후 이들 항목에 대한 계층적 군집 분석을 실시한다.

〈표 8-7〉 계층적 군집 분석 예시 자료

고객번호	성별	연령대	직업	주거지역
190105	남자	45-49세	회사원	소도시
190106	남자	25-29세	공무원	소도시
190107	남자	50세 이상	자영업	중도시
190108	남자	50세 이상	농어업	소도시
190109	남자	40-44세	공무원	중도시

3) 계층적 군집 분석의 필요 패키지

계층적 군집 분석을 위하여 R에서 사용되는 기본 함수는 hclust() 함수이다. hclust() 함수는 R의 기본 패키지 내의 함수이며 사용 형식은 다음과 같다.

```
hclust(d, method="complete", ..)

d: dist() 함수에 의해 생성된 거리 행렬
method: 군집 방법
(ward.D: 와드 연결법, ward.D2: 와드 연결법, single: 최단 연결법, complete: 최장
연결법, average: 평균 연결법, median: 중위수 연결법, centroid: 중심 연결법)
```

상기 hclust() 함수의 군집 방법(method)은 와드 연결법, 최단 연결법, 최장 연결법, 평균 연결법, 중위수 연결법, 그리고 중심 연결법을 사용할 수 있으며, hclust() 함수의 인수 d는 dist() 함수에 의해 만들어지는 거리 행렬로 dist() 함수의 사용 형식은 다음과 같다.

```
dist(x, method="euclidean", ..)

x: 행렬 또는 데이터프레임
method: 거리 측정법
(euclidean: 유클리드 거리 측정법, maximum: 체비셰프 거리 측정법, manhattan:
맨해튼 거리 측정법, canberra:캔버라 거리 측정법, minkowski: 민코우스키 거리 측
정법)
```

dist() 함수의 거리 측정법(method)는 유클리드 거리 측정법, 체비셰프 거리 측정법, 맨해튼 거리 측정법, 캔버라 거리 측정법, 그리고 민코우스키 거리 측정법 등을 사용할 수 있다.

4) 계층적 군집 분석 실행 예시

계층적 군집 분석을 위하여 다음과 같이 우선 작업 영역을 설정하고 설정된 디렉터리(C:/WORK_R)에서 수집된 자료의 내용을 R 영역으로 가져와 데이터프레임으로 저장한다.

```
# 계층적 군집 분석
setwd("C:/WORK_R")
options("width"=500)
data <- read.csv("data.csv", header = T, fileEncoding="EUC-KR")

# 계층적 군집 분석 자료 생성하기
data <- subset(data, select=c(성별, 연령대, 직업, 주거지역))
```

계층적 군집 분석을 위하여 다음과 같이 우선 명목형 자료들에 대하여 거리 계산이 가능한 요인화 및 수치형 자료로 변경하는 전처리 작업을 수행한다. 이후 dist() 함수를 이용하여 다양한 거리 측정법에 의한 거리 행렬을 산출한 후 hclust() 함수로 다양한 거리 측정법에 의한 계층적 군집 분석들을 수행한다.

```
# 계층적 군집 분석 자료 변환
data$성별 <- as.numeric(as.factor(data$성별))
data$연령대 <- as.numeric(as.factor(data$연령대))
```

```
data$직업 <- as.numeric(as.factor(data$직업))
data$주거지역 <- as.numeric(as.factor(data$주거지역))
clu_data <- subset(data, select=c(성별, 연령대, 직업, 주거지역))

# 유클리드 거리 측정법에 의한 거리 행렬 산출
dx= dist(clu_data, method="euclidean")

# 최단 연결법에 의한 계층적 군집 분석
clu_result1 <- hclust(dx, method="single")

# 최장 연결법에 의한 계층적 군집 분석
clu_result2 <- hclust(dx, method="complete")

# 평균 연결법에 의한 계층적 군집 분석
clu_result3 <- hclust(dx, method="average")

# 중위수 연결법에 의한 계층적 군집 분석
clu_result4 <- hclust(dx, method="median")

# 중심 연결법에 의한 계층적 군집 분석
clu_result5 <- hclust(dx, method="centroid")

# 와드 연결법에 의한 계층적 군집 분석
clu_result6 <- hclust(dx, method="ward.D")
```

상기 명령으로 생성된 계층적 군집 분석 결과들인 clu_result들에 대하여 그래프 함수인 plot()을 이용하여 다음과 같이 실행하여 [그림 8-13]과 같은 군집화 과정을 보여 주는 덴드로그램들을 표시할 수 있다.

```
# 덴드로그램 작성
par(mfrow=c(3,2))                                    # 3열 2행
plot(clu_result1, hang=-1, main="최단연결법")
plot(clu_result2, hang=-1, main="최장연결법")
plot(clu_result3, hang=-1, main="평균연결법")
plot(clu_result4, hang=-1, main="중위수연결법")
plot(clu_result5, hang=-1, main="중심연결법")
plot(clu_result6, hang=-1, main="와드연결법")
```

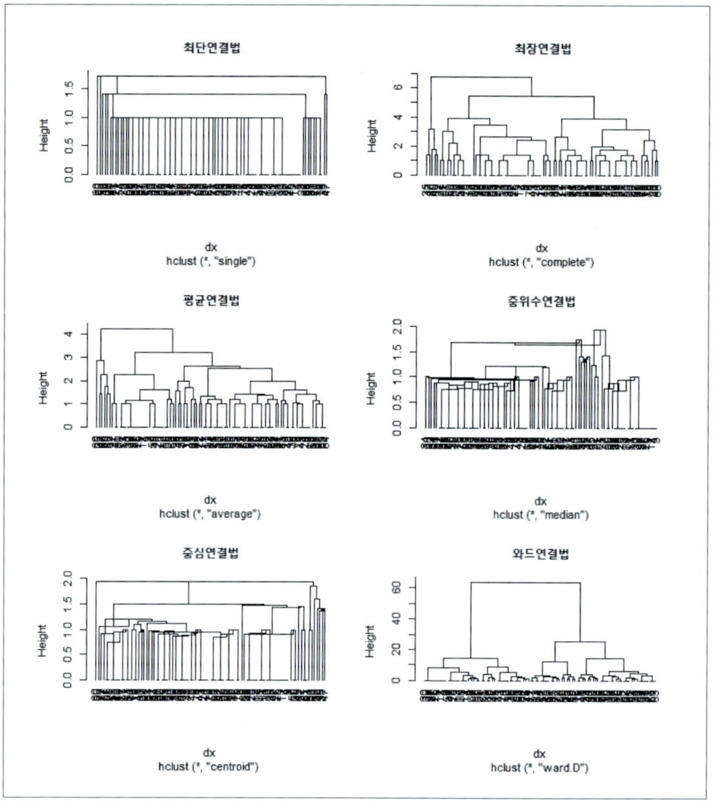

[그림 8-13] 계층적 군집 분석 실행 결과

8.3.3 K-평균 군집 분석

K-평균 군집 분석(K-means clustering)은 사전 정보 없이 지정한 군집의 숫자에 따라 대상들을 군집들에 할당하여 분류하는 통계분석 기법이다. K-평균 군집 분석을 위해서는 계층적 군집 분석과 다르게 사전에 군집의 수를 지정해야 한다. 따라서 탐색적인 차원에서 계층적 군집 분석을 통해 군집의 수를 산출하고 K-평균 군집 분석을 수행하는 것이 바람직하다.

1) K-평균 군집 분석 예시

K-평균 군집 분석 예시 자료는 계층적 군집 분석에서 사용한 data.csv 자료를 이용한다. 다음과 같은 고객번호에 대하여 성별, 연령대, 직업, 주거지역 항목을 추출한 후 자료들에 대하여 K-평균 군집 분석을 실시한다.

〈표 8-8〉 K-평균 군집 분석 예시 자료

고객번호	성별	연령대	직업	주거지역
190105	남자	45-49세	회사원	소도시
190106	남자	25-29세	공무원	소도시
190107	남자	50세 이상	자영업	중도시
190108	남자	50세 이상	농어업	소도시
190109	남자	40-44세	공무원	중도시

2) K-평균 군집 분석 필요 패키지

K-평균 군집 분석을 위하여 R에서 사용되는 기본 함수는 kmeans() 함수이다. kmeans() 함수의 R의 기본 패키지 내의 함수이며 사용 형식은 다음과 같다.

```
kmeans(x, centers, ..)

x: 숫자형 행렬 또는 데이타프레임
centers: 군집 수
```

3) K-평균 군집 분석 실행 예시

K-평균 군집 분석을 위하여 다음과 같이 우선 작업 영역을 설정하고 설정된 디렉터리(C:/WORK_R)에서 수집된 자료의 내용을 R 영역으로 가져와 데이터프레임으로 저장한다.

```
# K-평균 군집 분석
```

```
setwd("C:/WORK_R")
options("width"=500)
data <- read.csv("data.csv", header = T, fileEncoding="EUC-KR")

# 데이터프레임 형식으로 저장된 자료
data <- subset(data, select=c(성별, 연령대, 직업, 주거지역))
```

우선 상기의 자료에서 subset() 함수를 이용하여 비교하려는 표본 자료들을 각기 추출한다. 이후 임의로 3개의 군집으로 설정한 후 kmeans()을 이용하여 K-평균 군집 분석을 수행한다.

```
# 군집 분석 자료 생성
data$성별 <- as.numeric(as.factor(data$성별))
data$연령대 <- as.numeric(as.factor(data$연령대))
data$직업 <- as.numeric(as.factor(data$직업))
data$주거지역 <- as.numeric(as.factor(data$주거지역))
clu_data <- subset(data, select=c(성별, 연령대, 직업, 주거지역))

# 군집이 3개인 K-평균 군집 분석
clu_result <- kmeans(clu_data, 3)
```

상기의 R 스크립트에서 생성된 K-평균 군집 분석 자료인 clu_result을 실행하면 다음과 같은 군집 분석 실행 결과를 얻을 수 있다.

```
clu_result                                        # K-평균 군집 분석 결과
 K-means clustering with 3 clusters of sizes 42, 17, 31

 Cluster means:
       성별     연령대       직업  주거지역
 1 1.571429 4.261905 4.690476 2.452381
 2 1.176471 5.352941 1.294118 2.588235
 3 1.258065 5.806452 2.903226 2.774194

 Clustering vector:
  1  2  3  4  5  6  7  8  9 10 11 12 13 14 15 16 17 18 19 20 21 22 23 24 25 26 27 28 29 30
 31 32 33 34 35 36 37 38 39 40 41 42 43 44 45 46 47 48 49 50 51 52 53 54 55 56 57 58 59 60 61 62
```

```
  2  2  3  3  2  3  2  3  3  1  1  2  1  2  1  1  3  3  3  2  2  2  3  3  3  1  3  3  3  3
 3  1  1  1  1  1  1  3  3  1  1  1  3  3  3  3  1  2  1  2  2  1  1  3  1  2  1  1  2  2  1  3
63 64 65 66 67 68 69 70 71 72 73 74 75 76 77 78 79 80 81 82 83 84 85 86 87 88 89 90
 1  1  3  2  1  1  1  3  1  1  1  3  1  1  1  3  1  1  1  1  3  3  1  3  1  1  2  1

 Within cluster sum of squares by cluster:
 [1] 137.78571  28.00000  32.90323
  (between_SS / total_SS =  50.5 %)

 Available components:

 [1] "cluster"      "centers"      "totss"        "withinss"     "tot.withinss"
"betweenss"    "size"         "iter"         "ifault"
```

상기의 K-평균 군집 분석 결과를 보면 3개의 군집에 42, 17, 31개로 표본이 군집화 되었고 세부적으로 군집화 벡터(clustering vector)를 보면 90개의 표본이 3개의 군집 중에 하나에 속해 있는 것을 볼 수 있다.

연습문제

1 MASS 패키지에서 제공하는 보스톤(Boston) 집값 데이터을 이용하여 집값에 대한 연속형 변수 예측 의사결정나무 분석을 수행하고 결과를 해석하시오.

```
library(MASS)
View(boston)
```

Data: Boston

	crim	zn	indus	chas	nox	rm	age	dis	rad	tax	ptratio
1	0.00632	18.0	2.31	0	0.5380	6.575	65.2	4.0900	1	296	15.3
2	0.02731	0.0	7.07	0	0.4690	6.421	78.9	4.9671	2	242	17.8
3	0.02729	0.0	7.07	0	0.4690	7.185	61.1	4.9671	2	242	17.8
4	0.03237	0.0	2.18	0	0.4580	6.998	45.8	6.0622	3	222	18.7
5	0.06905	0.0	2.18	0	0.4580	7.147	54.2	6.0622	3	222	18.7
6	0.02985	0.0	2.18	0	0.4580	6.430	58.7	6.0622	3	222	18.7
7	0.08829	12.5	7.87	0	0.5240	6.012	66.6	5.5605	5	311	15.2
8	0.14455	12.5	7.87	0	0.5240	6.172	96.1	5.9505	5	311	15.2
9	0.21124	12.5	7.87	0	0.5240	5.631	100.0	6.0821	5	311	15.2
10	0.17004	12.5	7.87	0	0.5240	6.004	85.9	6.5921	5	311	15.2
11	0.22489	12.5	7.87	0	0.5240	6.377	94.3	6.3467	5	311	15.2
12	0.11747	12.5	7.87	0	0.5240	6.009	82.9	6.2267	5	311	15.2
13	0.09378	12.5	7.87	0	0.5240	5.889	39.0	5.4509	5	311	15.2
14	0.62976	0.0	8.14	0	0.5380	5.949	61.8	4.7075	4	307	21.0
15	0.63796	0.0	8.14	0	0.5380	6.096	84.5	4.4619	4	307	21.0
16	0.62739	0.0	8.14	0	0.5380	5.834	56.5	4.4986	4	307	21.0
17	1.05393	0.0	8.14	0	0.5380	5.935	29.3	4.4986	4	307	21.0
18	0.78420	0.0	8.14	0	0.5380	5.990	81.7	4.2579	4	307	21.0
19	0.80271	0.0	8.14	0	0.5380	5.456	36.6	3.7965	4	307	21.0

978 보스턴 주택 가격, 506개 타운의 주택 가격 중앙값 (단위 1,000달러)

crim: 범죄율, indus: 비소매 상업지역 면적 비율, nox: 일산화질소 농도, rm: 주택당 방 수, lstat: 인구 중 하위 계층 비율, b: 인구 중 흑인 비율, ptratio: 학생/교사 비율, zn: 25,000평방피트 초과 거주지역 비율, chas: 찰스 강의 경계에 위치한 경우는 1, 아니면 0, age: 1940년 이전에 건축된 주택의 비율, rad: 방사형 고속도로까지의 거리, dis: 직업센터의 거리, tax: 재산세율

2 상기 데이터에 대한 연속형 변수 예측 신경망 분석을 수행하고 결과를 해석하시오.

3 https://www.kaggle.com/burak3ergun/loan-data-set에서 loan_data_set.csv 파일을 R로 불러들여 loan라는 데이터프레임 변수로 만들고, 이 데이터프레임의 대출 여부에 대한 이항형 변수 예측 의사결정나무 분석을 수행하고 결과를 해석하시오.

```
setwd("C:/WORK_R")
loan <- read.csv("loan_data_set.csv", header = T, fileEncoding="EUC-KR")
View(loan)
```

Data: loan

	Loan_ID	Gender	Married	Dependents	Education	Self_Employed	ApplicantIncome	CoapplicantIncome
1	LP001002	Male	No	0	Graduate	No	5849	0.00
2	LP001003	Male	Yes	1	Graduate	No	4583	1508.00
3	LP001005	Male	Yes	0	Graduate	Yes	3000	0.00
4	LP001006	Male	Yes	0	Not Graduate	No	2583	2358.00
5	LP001008	Male	No	0	Graduate	No	6000	0.00
6	LP001011	Male	Yes	2	Graduate	Yes	5417	4196.00
7	LP001013	Male	Yes	0	Not Graduate	No	2333	1516.00
8	LP001014	Male	Yes	3+	Graduate	No	3036	2504.00
9	LP001018	Male	Yes	2	Graduate	No	4006	1526.00
10	LP001020	Male	Yes	1	Graduate	No	12841	10968.00
11	LP001024	Male	Yes	2	Graduate	No	3200	700.00
12	LP001027	Male	Yes	2	Graduate		2500	1840.00
13	LP001028	Male	Yes	2	Graduate	No	3073	8106.00
14	LP001029	Male	No	0	Graduate	No	1853	2840.00
15	LP001030	Male	Yes	2	Graduate	No	1299	1086.00
16	LP001032	Male	No	0	Graduate	No	4950	0.00
17	LP001034	Male	No	1	Not Graduate	No	3596	0.00
18	LP001036	Female	No	0	Graduate	No	3510	0.00
19	LP001038	Male	Yes	0	Not Graduate	No	4887	0.00
20	LP001041	Male	Yes	0	Graduate		2600	3500.00
21	LP001043	Male	Yes	0	Not Graduate	No	7660	0.00

Loan_ID:대출한 고객의 고유한 ID, loan_status: 상환 여부, Principal: 고객이 대출받은 금액, terms: 대출금 지급까지 걸린 기간, effective_date: 실제 계약 효과가 발휘하기 시작한 날짜, due_date: 대출금 납부 기한 날짜, paid_off_time: 고객이 은행에 모두 상환한 날짜, 시간, past_due_days: 고객이 은행에 대출금을 모두 상환하는 데 걸린 기간, age: 고객의 나이, education: 고객의 교육 수준, Gender:고객의 성별
loan_status: 종속변수, PAIDOFF: 기한 내에 대출금 모두 상환, COLLECTION: Data 수집 당시까지 미납(연체), COLLECTION_PAIDOFF: 기한은 지났지만 대출금 모두 상환

4 상기 데이터에 대한 이항형 변수 예측 신경망 분석을 수행하고 결과를 해석하시오.

5 http://ssra.or.kr.co.kr/bigdata/dvdtrans.csv에서 파일을 R로 불러들여 dvd라는 데이터 프레임 변수로 만들고 연관 분석을 수행하고 결과를 해석하시오.

6 iris 데이터를 가지고 계층형 군집 분석을 수행하고 결과를 해석하시오.

7 iris 데이터를 가지고 K-평균 군집 분석을 수행하고 결과를 해석하시오.

제3부

비정형 데이터 분석

Chapter 9

텍스트마이닝

Chapter 9 텍스트마이닝

9.1 텍스트마이닝 개요

텍스트마이닝(text mining)은 자연어 처리 기술을 기반으로 비정형 텍스트 문서에서 알려지지 않은 관계 또는 패턴을 도출하여 의미 있고 활용성이 높은 정보 또는 지식을 창출하는 일련의 과정을 의미한다. 일반적으로 텍스트마이닝은 텍스트 문서에서 자연어 처리 기술을 이용하여 구조화된 데이터를 추출하고, 이를 통계분석이나 데이터마이닝 기법을 이용하여 정보를 얻고 지식을 창출한다. 데이터를 이용하여 정보를 획득한다는 관점에서 데이터마이닝과 유사하나, 데이터마이닝이 구조화된 데이터로부터 정보를 축출한다면, 텍스트마이닝은 비정형 데이터로부터 정보를 축출하는 차이점이 있다. 따라서 텍스트마이닝의 주요 분석 기법들은 텍스트 문서들을 기반으로 한 주제어 분석, 동시 출현 단어 분석, 토픽 모델링, 감성 분석 등이 있다.

9.1.1 텍스트마이닝 과정

텍스트마이닝의 과정은 [그림 9-1]에서와 같이 웹, 소셜네트워크서비스(social networking service, SNS), 블로그 등으로부터 획득한 텍스트를 형태소 분석[1]과 같은 자연어 처리 기술을 이용하여 구조화된 데이터로 변경하고 구조화된 데이터에 대하여 정제·변환한 후 텍스트마이닝을 수행한다. 이후 발견한 규칙이나 패턴에 대한 해석 및 평가를 통하여 지식화하는 과정을 거친다.

1) 형태소는 자연어의 '최소 의미 단위'로, 형태소 분석(morphological analysis)은 형태소보다 큰 단위인 어절, 문장 등을 최소 의미 단위인 형태소로 분절하는 과정을 의미한다.

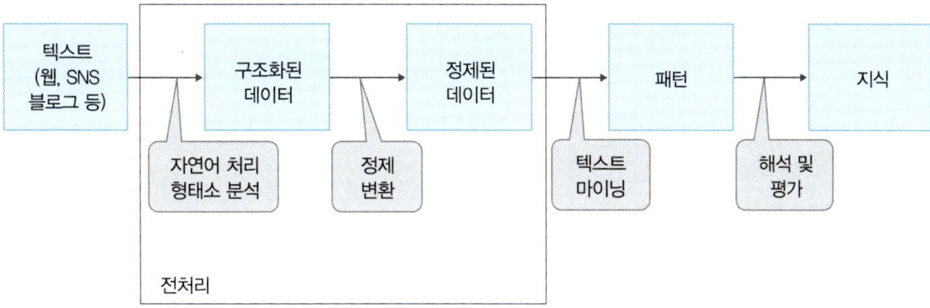

[그림 9-1] 텍스트마이닝 과정

9.1.2 텍스트마이닝 기법

텍스트마이닝에서 주로 사용되는 기법은 텍스트 문서에서 강조하는 핵심 단어들을 도출하는 주제어 분석, 벡터 공간 모델[2]을 근간으로 문서 내에서 동시에 빈번하게 출현하는 단어들을 식별하는 동시 출현 단어 분석 및 문서들에서 주제인 토픽들을 추출해 주는 토픽 모델링, 그리고 문서에서 의견, 감정 등을 추출해 내는 감성 분석 등 있다.

〈표 9-1〉 텍스트마이닝 기법

분석 기법	설명
주제어 분석	특정 문서에서 강조하는 주제어들을 도출하는 것으로 그 문서에서 자주 등장하는 단어가 그 문서의 주제어라는 전제하에 수행되는 텍스트마이닝 기법
동시 출현 단어 분석	동시 출현 단어 분석은 단어 간의 상관관계를 계산하여 문서 내에서 동시에 빈번하게 출현하는 단어를 분석하는 텍스트마이닝 기법
토픽 모델링	비구조화된 대량의 텍스트 자료들로부터 의미 있는 주제인 토픽들을 추출해 주는 텍스트마이닝 기법
감성 분석	텍스트를 분석하여 글쓴이의 의견, 감정 등을 추출해 내는 텍스트마이닝 기법으로 오피니언마이닝 시 활용됨.

2) 벡터 공간 모델(vector space model)은 텍스트 문서를 단어, 색인 등의 식별자로 구성된 벡터로 표현하는 대수적 모델로 텍스트 문서의 단어들을 수치형 벡터로 변환하여 벡터 공간 모델로 구성하면 통계분석 및 데이터마이닝이 가능하다.

(1) 주제어 분석

주제어 분석(keyword analysis)은 특정 문서에서 강조하는 핵심 단어들 즉, 주제어들을 도출하는 것으로 그 문서에서 자주 등장하는 단어가 그 문서의 주제어라는 전제하에 수행되는 텍스트마이닝 기법이다. 일반적으로 주제어 분석은 비구조화된 텍스트 자료들로부터 형태소 분석을 통해 단어들을 추출한 후 그 단어들의 출현 빈도를 산출한 후 출현 빈도가 높은 단어들을 주제어로 도출한다.

(2) 동시 출현 단어 분석

동시 출현 단어 분석(co-occurrence analysis)은 단어 간의 상관관계를 계산하여 문서 내에서 동시에 빈번하게 출현하는 단어를 파악하는 텍스트마이닝 기법으로 문서들에 대한 벡터 공간 모델링과 이를 이용한 단어들 간의 상관계수를 산출하여 유의미한 단어쌍을 추출한다. 동시 출현 단어 분석은 일반적으로 추출된 유의미한 단어쌍들에 대한 네트워크 분석을 통하여 문서들 내에서 단어들 간에 어떠한 관계를 이루고 있는지를 파악하는 데 활용된다.

(3) 토픽 모델링

토픽 모델링(topic modeling)은 비구조화된 텍스트 자료들의 글뭉치로부터 의미 있는 주제, 즉 토픽들을 추출해 주는 확률모델 알고리즘 기반 텍스트마이닝 기법이다. 토픽 모델링 기법은 대량의 텍스트 문서 자료로부터 맥락과 관련된 단서들을 이용하여 해석 가능성이 높은 주제들을 추출해 주는 특징 때문에 최근 문헌 연구를 수행하는 새로운 기법으로 적용 분야가 확대되고 있다.

(4) 감성 분석

감성 분석(sentiment analysis)은 텍스트 문서를 분석하여 작성자의 의견, 감정, 평가, 태도 등의 주관적인 정보 등을 추출해 내는 텍스트마이닝 기법이다. 감성 분석은 방대한 자료를 정량적인 방법을 이용하여 분석하기 때문에 분석 결과에 대한 신뢰성이 높고 예측 자료로써 효과적이다. 따라서 최근 소비자의 제품 및 서비스에 대한 온라인 리뷰 평가, 소셜네트워크상의 사회 이슈 파악, 선거에서의 유권자의 여론 분석 등은 물론 환자의 심리 상태 분석과 같은 임상의학에 이르는 다양한 응용 분야에서 널리 활용되고 있다.

9.1.3 텍스트마이닝 주요 기술

텍스트마이닝은 통계분석이나 데이터마이닝과 같은 데이터 분석 기술 이외에 형태소 분석과 같은 자연어 처리 기술과 벡터 공간 모델링 기술 등이 필요하다. 형태소 분석은 문장을 최소 의미 단위인 형태소로 분리하는 과정으로 자연어 처리에서 가장 기본적인 절차이다. 형태소 분석이 완료된 후에만 텍스트마이닝, 검색엔진, 기계번역 또는 자연어 처리 인공지능 시스템과 같은 자연어 처리 응용 시스템들이 개발될 수 있다. 벡터 공간 모델링은 단어로 구성된 구조화된 데이터를 계산이 가능한 벡터 형식으로 변환하는 것으로 벡터 공간 모델링을 통해 생성된 자료에 대하여 통계분석 또는 데이터마이닝이 수행된다.

1) 자연어 처리 기술

자연어 처리(Natural Language Processing, NLP)는 컴퓨터를 통하여 사람의 언어를 처리하고 활용하려는 학문 분야로 기계가 사람의 언어를 이해하고, 이를 바탕으로 다양한 정보 처리에 적용함으로써 보다 빠르고 편리한 정보를 획득하는 데 기반이 되는 기술이다. 자연어 처리 기술은 형태소 분석이 필요한 주제어 분석, 동시 출현 단어 분석, 토픽 모델링, 감성 분석과 같은 통계 기반의 텍스트마이닝은 물론 자동 문서 분류, 문서의 군집화, 논문 유사도 분석, 스팸메일 처리 등의 기계학습을 기반으로 한 텍스트마이닝 응용 분야, 그리고 검색엔진, 챗봇, 기계번역, 자연어 인식 등과 같은 인공지능 응용 분야에 이르기까지 다양한 분야에서 포괄적으로 활용된다.

(1) 자연어 처리 단계

자연어 처리는 형태소 분석, 구문 분석, 의미 분석 그리고 화용 분석의 4단계로 구분된다. 형태소 분석(morphological analysis)은 문장을 최소 의미 단위로 분석하는 단계로 자연어 형태의 문장을 형태소로 분리하는 과정이다. 구문 분석(syntax analysis)은 문장의 구조와 형태를 파악하는 단계로 문법을 이용하여 문장의 구조를 찾아내는 과정이다. 의미 분석(sementic analysis)은 구문 분석 결과에 해석을 가하여 문장이 가진 의미를 파악하는 과정이고, 마지막으로 화용 분석(pragmatic analysis)은 문장의 숨은 의미나 대화의 내용을 이해하는 과정이다. 〈표 9-2〉는 자연어 처리 분석 단계들을 보여준다.

〈표 9-2〉 자연어 처리 분석 단계

분석 단계	설명
형태소 분석 단계	문장을 형태소로 분리하는 과정
구문 분석 단계	문장의 구조와 형태를 파악하는 과정
의미 분석 단계	문장이 가진 의미를 파악하는 과정
화용 분석 단계	문장의 숨은 의미나 대화의 내용을 이해하는 과정

자연어에 대한 정확한 이해가 필요한 검색엔진, 챗봇, 기계번역과 같은 인공지능 응용 분야의 경우 상기의 모든 단계를 포함하는 자연어 처리 기술이 필요하다. 그러나 텍스트마이닝의 경우 일반적으로 문서와 같은 비구조화된 데이터를 단어들로 구성된 구조화된 데이터로 변경하여 통계 또는 데이터마이닝을 이용하여 지식화하는 과정을 수행한다. 따라서 텍스트마이닝에서는 비구조화된 데이터인 문장을 분석하여 형태소 기반의 구조화된 데이터로 변경하는 형태소 분석 기술만 주로 활용된다.

(2) 형태소 분석 기술 및 태깅

형태소 분석(morphological Analysis)은 최소 의미 단위인 형태소보다 단위가 큰 언어 단위인 구문, 어절, 문장 등을 분석하여 형태소로 분리하는 과정을 말한다. 텍스트마이닝의 경우 형태소 분석을 통하여 생성된 형태소에 대하여 의미가 부여된 단어로 활용하기 위해서는 품사 태깅 절차가 필요하다. 품사 태깅은 형태소의 뜻과 문맥을 고려하여 그것에 마크업을 하는 것으로, 예를 들면 다음과 같은 문장은 형태소 분석 과정에서 다음과 같이 형태소의 분절과 품사를 표시하는 품사 태깅 작업이 일어난다.

> 아버지 가방에 들어가신다.
> → 아버지/보통명사 + 가방/보통명사 + 에/조사 + 들어가신/동사 + 다/어미

텍스트마이닝을 위하여 한글 처리를 지원하는 R 패키지들은 상기와 같은 형태소 분석 및 태깅 기능을 통하여 문서에서 명사, 형용사와 같은 주요 품사들의 단어를 추출하는 기능을 제공한다.

2) 벡터 공간 모델링

벡터 공간 모델링(vector space modeling)은 문서 내 단어들을 계산 가능한 수치로 변환하는 것으로 벡터 공간 모델링의 일반적인 방법은 문서들을 문서-단어 행렬(Document-Term Matrix, DTM), 단어-문서 행렬(Term-Document Matrix, TDM) 또는 단어 빈도-역문서 빈도(Term Frequency-Inverse Document Frequency, TF-IDF)로 구성하는 것이다. 벡터 공간 모델링은 동시 출현 단어 분석, 토픽 모델링 등의 텍스트마이닝 기법 및 문서 분류, 문서의 그룹화 분석 등의 기계학습 기반의 다양한 텍스트마이닝 응용에 활용된다. 벡터 공간 모델링의 일반적인 절차는 문서들을 분석을 위한 구조인 말뭉치(코퍼스)로 구성하고, 이를 단어 빈도, 단어 빈도-역문서 빈도 등을 이용하여 계산 가능한 행렬, 즉 벡터 공간 모델로 구성한다.

(1) 코퍼스

코퍼스(corpus)는 언어학에서 구조를 이루고 있는 텍스트 문서들의 집합을 말하며, 통계분석 및 텍스트마이닝의 규칙 및 패턴의 생성 등을 위한 분석 대상 문서들의 기본 구조로 사용된다. 하나의 코퍼스는 〈표 9-3〉과 같이 보통 다수의 문서(Doc)들로 구성되며, 문서들은 일반적으로 통계분석을 위하여 구조화된 자료, 즉 단어들로 구성된다. 따라서 일반적으로 코퍼스를 생성하기 위해서는 사전에 문서들에 대한 형태소 분석을 통하여 단어들을 추출해야 한다.

〈표 9-3〉 코퍼스 구조

Doc1	창의	나눔	세상	한양		
Doc2	지역	인재	창의	세계	인재	양성
Doc3	미래	글로벌	국가	중추	대학	
Doc4	지역	사회	세계	미래	도약	국내
Doc5	예禮지智학學	창의	개척인재	양성		
Doc6	경남	중심	아시아	세계		

상기와 같이 단어들로 구성된 코퍼스는 문서-단어 행렬(DTM), 단어-문서 행렬(TDM) 또는 단어 빈도-역문서 빈도(TF-IDF)를 생성하는 데 기초 자료가 된다.

(2) 문서-단어 행렬과 단어-문서 행렬

문서-단어 행렬(Document-Term Matrix, DTM)은 다수의 문서에서 등장하는 각각의 단어들의 빈도를 행렬로 표현한 것을 의미한다. DTM은 단어 빈도(Term Frequency, TF)를 근간으로 하며 TF는 특정한 단어가 문서 내에 얼마나 빈번하게 출현하는지를 나타내는 값으로 특정한 단어가 많이 등장할수록 그 단어는 문서에서 중요한 단어로 간주된다. DTM은 [그림 9-2]와 같이 문서를 열로, 단어를 행으로 구성하고 문서에 나타나는 단어의 빈도수를 행렬의 값으로 표시한다.

Docs \ Terms	세상	창의	세계	양성	인재	지역	창의적	국가	글로벌	미래	중추	향한	거점	국내	국립대
1	1	1	0	0	0	0	0	0	0	0	0	0	0	0	0
2	0	0	1	1	2	1	1	0	0	0	0	0	0	0	0
3	0	0	0	0	0	0	0	1	1	1	1	1	0	0	0
4	0	0	1	0	0	1	0	0	0	1	0	0	1	1	1
5	0	0	0	0	1	0	0	0	0	0	0	0	0	0	0
6	0	0	1	0	0	0	0	0	0	0	0	0	0	0	0

[그림 9-2] 문서-단어 행렬

단어-문서 행렬(Term-Document Matrix, TDM)은 DTM에서 행과 열의 위치가 바뀐 행렬로 TDM은 [그림 9-3]과 같이 열은 단어를, 행은 문서를 나타내어 특정 단어에 대하여 서로 다른 문서들을 비교할 수 있게 도와준다.

Terms \ Docs	1	2	3	4	5	6
세상	1	0	0	0	0	0
창의	1	0	0	0	0	0
세계	0	1	0	1	0	1
양성	0	1	0	0	0	0
인재	0	2	0	0	1	0
지역	0	1	0	1	0	0
창의적	0	1	0	0	0	0
국가	0	0	1	0	0	0
글로벌	0	0	1	0	0	0
미래	0	0	1	1	0	0
중추	0	0	1	0	0	0
향한	0	0	1	0	0	0
거점	0	0	0	1	0	0
국내	0	0	0	1	0	0
국립대	0	0	0	1	0	0

[그림 9-3] 단어-문서 행렬

(3) 단어 빈도-역문서 빈도

단어 빈도-역문서 빈도(Term Frequency-Inverse Document Frequency, TF-IDF)는 DTM 내의 각 단어들마다 중요한 정도를 출현 빈도 대신에 단어 빈도-역문서 빈도라는 가중치로 설정하는 방법으로 DTM을 만든 후, TF-IDF 가중치를 산출하여 작성한다. TF-IDF 가중치는 단어 빈도(TF)와 역문서 빈도(IDF)를 곱한 값으로 다수의 문서들을 기반으로 어떤 단어가 특정 문서 내에서 얼마나 중요한가를 나타낸다. TF-IDF를 산출하기 위해 사용되는 단어 빈도, 문서 빈도 그리고 역문서 빈도의 의미는 다음과 같다.

- 단어 빈도(Term Frequency, TF): 특정한 단어가 문서 내에 출현하는 빈도
- 문서 빈도(Document Frequency, DF): 여러 문서 내에서 특정한 단어가 출현하는 빈도
- 역문서 빈도(Inverse Document Frequency, IDF): 문서 빈도(DF) 값의 역수
- 단어 빈도-역문서 빈도(TF-IDF): 단어 빈도(TF)와 역문서 빈도(IDF)를 곱한 수치

단어 빈도-역문서 빈도(TF-IDF)로 구성된 행렬은 [그림 9-4]와 같이 기존의 DTM에 문서의 단어들에 대하여 빈도 대신 가중치가 부여된 행태로 구성된다.

	Terms								
Docs	세상	창의	세계	양성	인재	지역	창의적	국가	글로벌
1	1.292481	1.292481	0.000000	0.000000	0.000000	0.000000	0.000000	0.000000	0.000000
2	0.000000	0.000000	0.1666667	0.4308271	0.5283208	0.2641604	0.4308271	0.000000	0.000000
3	0.000000	0.000000	0.000000	0.000000	0.000000	0.000000	0.000000	0.5169925	0.5169925
4	0.000000	0.000000	0.1111111	0.000000	0.000000	0.1761069	0.000000	0.000000	0.000000
5	0.000000	0.000000	0.000000	0.000000	0.3962406	0.000000	0.000000	0.000000	0.000000
6	0.000000	0.000000	0.2500000	0.000000	0.000000	0.000000	0.000000	0.000000	0.000000

[그림 9-4] 단어 빈도-역문서 빈도

(4) 벡터 공간 모델의 활용

벡터 공간 모델은 동시 출현 단어 분석, 토픽 모델링 등의 텍스트마이닝 기법에서는 물론 문서 분류, 문서의 그룹화 등의 기계학습 기반의 다양한 텍스트마이닝 활용에 훈련 및 검증을 위한 자료로 활용된다. 문서 분류 또는 자동 문서 분류는 문서들의 공간 벡터 모델을 예측 변수로 하고 문서의 분류를 반응 변수로 구성하여 단순 베이즈 분석, K-최근접 이웃 기법, 서포트 벡터 머신, 의사결정나무 분석, 신경망 분석 등과 같은 데이터마이닝의 분류 분

석 기법들을 이용하여 문서들을 분류한다. 실무적인 활용으로 스팸 분류기가 있으며, 스팸 분류기는 데이터마이닝 기법으로 단순 베이즈 분류 분석이 주로 활용된다. 문서의 그룹화는 공간 벡터 모델을 이용하여 동일 단어들을 포함하는 문서들로 군집화하는 분석 기법으로 생성된 공간 벡터 모델을 대상으로 비지도 학습을 수행하여 분석한다. 일반적으로 문서의 그룹화에서는 데이터마이닝 기법으로 K-평균 군집 분석이 주로 활용된다. 또한 시각적으로 분석하기 위하여 다차원 척도법 활용도 가능하다.

9.2 주제어 분석

9.2.1 주제어 분석 개요

주제어 분석(keyword analysis)은 텍스트 데이터로부터 형태소 분석을 이용하여 주제어를 추출하는 텍스트마이닝 기법이다. 주제어 분석은 특정 문서에서 강조하는 핵심 단어들인 주제어를 도출하는 것으로 그 문서에서 자주 등장하는 단어가 그 문서의 주제어라는 전제하에 수행되는 텍스트마이닝 기법이다. 일반적으로 주제어 분석은 분석 대상인 텍스트 문서가 강조하는 내용을 추론할 수 있다. 예를 들어 대통령 연설문에서 핵심 단어인 주제어들을 산출하면 그 연설문이 전반적으로 강조하는 내용을 유추할 수 있다.

9.2.2 주제어 분석 절차

주제어 분석은 [그림 9-5]에서와 같이 텍스트 자료들로부터 형태소 분석 및 데이터 정제를 수행하는 전처리 과정을 통하여 단어들로 이루어진 구조화된 자료를 구성한다. 이후 빈도 분석을 통하여 이들 단어들의 출현 빈도를 산출한 후 단어들에 대한 워드클라우드와 같은 시각화를 수행하여 주제어 분석을 수행한다.

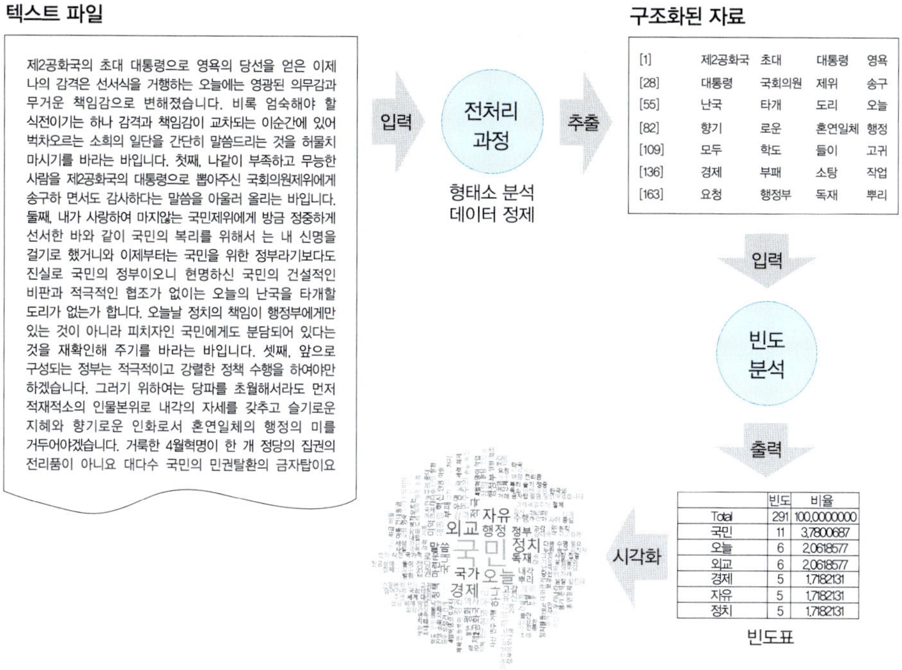

[그림 9-5] 주제어 분석 절차

9.2.3 주제어 분석 예시 데이터

주제어 분석을 위한 예시 자료는 p2_address.txt 자료를 이용한다. p2_address.txt는 다음과 같이 우리나라 2대 대통령인 윤보선 대통령 취임 연설문로써 대통령 취임 연설문은 국내외적으로 주제어 분석에 대한 예시 자료로 자주 활용된다.

[주제어 분석 예시 자료]

제2공화국의 초대 대통령으로 영욕의 당선을 얻은 이제 나의 감격은 선서식을 거행하는 오늘에는 영광된 의무감과 무거운 책임감으로 변해졌습니다. 비록 엄숙해야 할 식전이기는 하나 감격과 책임감이 교차되는 이 순간에 있어 벅차오르는 소회의 일단을 간단히 말씀드리는 것을 허물치 마시기를 바라는 바입니다. 첫째, 나같이 부족하고 무능한 사람을 제2공화국의 대통령으로 뽑아주신 국회의원 제위에게 송구하면서도 감사하다는 말씀을 아울러 올리는 바입니다. 둘째, 내가 사랑하여 마지않는 국민 제위에게 방금 정중하게 선서한 바와 같이 국민의 복리를 위해서는 내 신명을 걸기로 했거니와 이제부터는 국민을 위한 정부라기보다도 진실로 국민의 정부이오니 현명하신 국민의 건설적인 비판과 적극적인 협조가 없이는 오늘의 난국을 타개할 도리가 없는가 합니다. …

9.2.4 주제어 분석 실행

1) 주제어 분석을 위한 필요 패키지

주제어 분석을 위한 필요 패키지는 한글 처리를 위한 KoNLP 패키지와 전처리 시 필요한 stringr 패키지, 구조화된 단어 자료에 대한 빈도분석에 필요한 descr 패키지, 그리고 워드클라우드 시각화 시 필요한 wordcloud 패키지와 RColorBrewer 패키지가 필요하다. 다음과 같이 이들 패키지들을 우선 설치한다.

KoNLP(Korean Natural Language Processing) 패키지는 R에서 한국어를 처리를 위해 제작된 거의 유일한 패키지로 R에서 한글 처리 작업에서 가장 일반적으로 사용되어 왔다. KoNLP 패키지는 텍스트마이닝의 기본 기술인 형태소 분석 기능으로 텍스트 문서에서 명사나 특정 품사를 추출하는 함수들과 한글 사전을 사용할 수 있는 기능 등을 제공하고 있어 텍스트마이닝을 수행하는 데 필수적인 패키지이다. 그러나 설치 시 문제점들이 해결되지 않아 KoNLP 패키지는 2020년 2월 21일부로 CRAN repository에서 제외되어 install.packages("KoNLP")로는 현재 설치가 불가능하다. 따라서 오픈소스를 위한 무상 서비스를 수행하는 깃허브(github)에 접속하여 설치를 하여야만 한다. 깃허브(github)의 KoNLP 패키지 설치는 다음과 같이 3단계의 명령어들로 구성된다. 첫번째 단계는 rJava를 설치하는 단계로 rJava은 R과 자바(JAVA)를 연계해 주는 프로그램으로 KoNLP 패키지가 자바를 기반으로 개발되어 있기 때문에 기본적으로 설치되어야 한다. 이를 위해 multilinguer 패키지와

install_jdk() 함수를 실행하여 rJava를 설치한다. install_jdk() 함수 실행 전에 반드시 윈도우에서 최신 Java 버전이 설치되어 있어야 한다(50페이지 참조). 두번째 단계는 KoNLP 패키지 설치 시 참조 또는 이용되는 패키지들을 설치라는 단계로 KoNLP 패키지 설치 이전에 이들 패키지들이 R에 적재되어 있어야 한다. 세번째 단계는 깃허브의 KoNLP 패키지를 설치하는 단계로 깃허브에 소스가 있는 외부 패키지를 설치할 때 사용되는 install_github() 함수를 이용하여 설치한다. 다음의 설치 명령들은 반드시 '관리자 권한'으로 R을 실행한 후 수행해야 한다.

```
# rJava 설치
install.packages("multilinguer")
library(multilinguer)
install_jdk()

# KoNLP 패키지 설치 시 참조 또는 이용되는 패키지 설치
install.packages(c("hash", "tau", "Sejong", "RSQLite", "devtools", "bit", "rex",
"lazyeval", "htmlwidgets", "crosstalk", "promises", "later", "sessioninfo",
"xopen", "bit64", "blob", "DBI", "memoise", "plogr", "covr", "DT", "rcmdcheck",
"rversions"), type = "binary")

# 깃허브의 KoNLP 패키지 설치
install.packages("remotes")
remotes::install_github('haven-jeon/KoNLP', upgrade = "never",
INSTALL_opts=c("--no-multiarch"))
```

참고적으로 설치 후 library("KoNLP") 실행 시 다음과 같은 에러가 발생할 경우 http://ssra.or.kr/bigdata/scala-library-2.11.8.jar를 실행하여 파일을 다운로드 받아 C:\Program Files\R\R-4.4.1\library\KoNLP\java에 복사하고 KoNLP 패키지를 다시 수행하여야 한다.

```
library("KoNLP")
Fail to locate 'scala-library-2.11.8.jar'. Recommand to locate 'scala-library-
2.11.8.jar' manually on C:/Program Files/R/R-4.4.1/library/KoNLP/java Checking
user defined dictionary!
```

KoNLP 패키지 설치 후 주제어 분석을 위한 필요 패키지들을 다음과 같이 설치한다.

```
# 전처리 시 필요 패키지 설치
install.packages("stringr")                  # 문자열 처리 패키지

# 빈도분석을 위한 패키지 설치
install.packages("descr")                    # 빈도분석 패키지

# 워드클라우드 시각화 시 필요 패키지 설치
install.packages("wordcloud")                # 워드클라우드 패키지
install.packages("RColorBrewer")             # 색상 지원 패키지
```

전처리 시 텍스트로부터 형태소 분석을 통하여 명사인 주제어 단어를 추출하는 데 사용되는 함수는 KoNLP 패키지의 extractNoun() 함수이다. extractNoun() 함수의 사용 형식은 다음과 같다.

```
extractNoun(text)

text: 텍스트
```

2) 주제어 분석 실행 예시

연설문에 대한 주제어 분석을 위하여 우선 다음과 같이 관련 패키지들을 불러온 후 연설문 파일(p2_address.txt)에서 한 라인씩 읽어 들이고 텍스트 데이터를 정제하여 벡터형 변수에 저장한다.

```
# 주제어 분석을 위한 패키지 불러오기
library("KoNLP")                             # 한글 자연어 처리 패키지
library(stringr)                             # 문자열 처리 패키지
library("wordcloud")                         # 워드클라우드 패키지
library("RColorBrewer")                      # 색상 지원 패키지
```

```
# 작업 영역 설정 및 데이터 불러오기
setwd("C:/WORK_R")                              # 작업 디렉터리 설정
address <- readLines("p2_address.txt")          # 연설문 한 라인씩 읽어 들이기
address <- iconv(address, from = "euc-kr", to = "UTF-8")
                                               # R 기본 한글 인코딩 UTF-8로 변환
# 텍스트 데이터 정제
address <- address[address != ""]              # 벡터내 Null 원소 제거
address <- gsub("[[:punct:]]", "", address)    # 구두점 제거
```

라인별로 구성된 텍스트 형식의 연설문 변수(address)에서 형태소 분석을 위한 extractNoun() 함수를 이용하여 명사들만 추출하여 단어들로 구성된 구조화된 자료를 만든다. 참고적으로 sapply() 함수는 자료들을 적용 대상 함수(extractNoun)에 한 번에 처리할 수 있는 기능을 제공한다.

```
# 각 라인마다 명사 단어들만 남기기
addNouns <- sapply(address, extractNoun, USE.NAMES=F)
addNounsList <- unlist(addNouns)                # 단어들만 가져오기
addNounsList
```

이후 부적절 단어인 불용어들을 제거하고, 2글자 이상의 단어만 필터링과 같은 정제 과정을 거쳐, 최종 2글자 이상의 단어들의 목록인 정제가 완료된 구조화된 데이터를 만든다. 현재의 예시에서는 특별히 제외되어야 할 불용어가 없으나 필요에 따라 불용어 단어들을 stopWord 변수에 등록하여 분석에서 제외할 수 있다.

```
# 불용어 단어 제거
stopWord <- c()                                 # 불용어 단어 등록
addNounsList <- addNounsList[! addNounsList%in% stopWord]
# 2글자 이상의 단어만 필터링
addLastData <- Filter(function(x) {
nchar(x) >= 2
},addNounsList)

# 최종 2글자 이상의 단어들의 목록
```

```
addLastData                                      # 연설문 단어 목록
  [1]   "제2공화국"      "초대"          "대통령"
  [4]   "영욕"          "당선"          "감격"
  [7]   "선서"          "거행"          "오늘"
  [10]  "영광"          "의무감"        "책임감"
  [13]  "엄숙"          "식전"          "하나"
  [16]  "감격"          "책임감"        "교차"
  [19]  "순간"          "벅차오르는"     "소회"
  [22]  "허물"          "바입니"        "첫째"
  [25]  "부족"          "무능"          "사람"

# 연설문의 단어 수
length(addLastData)
  [1] 298
```

연설문 단어 목록인 addLastData는 연설문의 구조화된 자료로 단어 수는 298개로 산출되었다. 다음 단계는 상기의 구조화된 자료에 대하여 빈도분석을 수행하는 것이다. 빈도분석에 필요한 descr 패키지를 불러온 후 빈도분석 함수인 freq()을 실행하여 빈도표를 다음과 같이 생성한다.

```
# 단어들에 대한 빈도분석
library(descr)
freq_table <- freq(addLastData, plot=FALSE)            # 빈도분석
freq_table <- as.data.frame(freq_table)
freq_table <- freq_table[order(freq_table$Frequency, decreasing = TRUE),]
freq_table                                             # 주제어 빈도표
            Frequency      Percent
  Total           298  100.0000000
  국민             11    3.6912752
  오늘              6    2.0134228
  외교              6    2.0134228
  경제              5    1.6778523
  국가              5    1.6778523
  자유              5    1.6778523
  정치              5    1.6778523
  행정              4    1.3422819
```

```
국내                       3   1.0067114
독재                       3   1.0067114
```

상기의 주제어 빈도표를 이용하여 대통령 연설문에 대한 주제어 분석은 출현 빈도가 높은 단어들을 파악하는 것으로 국민, 오늘, 외교, 경제, 국가, 자유 단어들이 연설문의 주제어들임을 알 수 있다. 일반적으로 주제어 분석은 단어들의 빈도표 산출 이외에 출현 단어들에 대한 워드클라우드와 같은 시각화를 수행하여 주제어 시각화 분석을 수행한다. 따라서 다음과 같은 워드클라우드 시각화 단계를 수행한다. 워드클라우드 시각화를 위해서는 우선 table() 함수를 이용하여 단어들의 빈도수를 산출하고 다음과 같이 다양한 인수를 이용하여 wordcloud() 함수를 호출하여 수행한다.

```
# 워드클라우드 시각화
ListWordCount = table(addLastData)              # 테이블 형태 변환해서 저장
windows()
windowsFonts(font=windowsFont("맑은 고딕"))      # 폰트 설정

# 워드클라우드 시각화 함수 실행
wordcloud(
names(ListWordCount),
freq=ListWordCount,
scale=c(5,0.2),              # 최대 빈도, 최소 빈도 단어의 폰트 크기
rot.per=0.1,                 # 90도 회전해서 보여줄 단어 비율
min.freq=1, max.words=100,   # 빈도 1 이상, 100 미만
random.order=F,              # True: 랜덤 배치, False: 최대 빈도 단어를 중앙 배치
random.color=T,              # True: 색 랜덤, False: 빈도순
colors=brewer.pal(11, "Paired"), # 11은 사용할 색상 개수, 두 번째는 색상 타입 이름
family="font")
```

워드클라우드 시각화 과정을 걸쳐서 나타난 연설문에 대한 최종적인 주제어 시각화 화면은 [그림 9-6]에서와 같이 보인다. 워드클라우드는 일반적으로 빈도수가 높은 단어들을 중앙에 큰 글씨로 표시하여 사람들이 직관적으로 주제어를 인지할 수 있도록 도와준다.

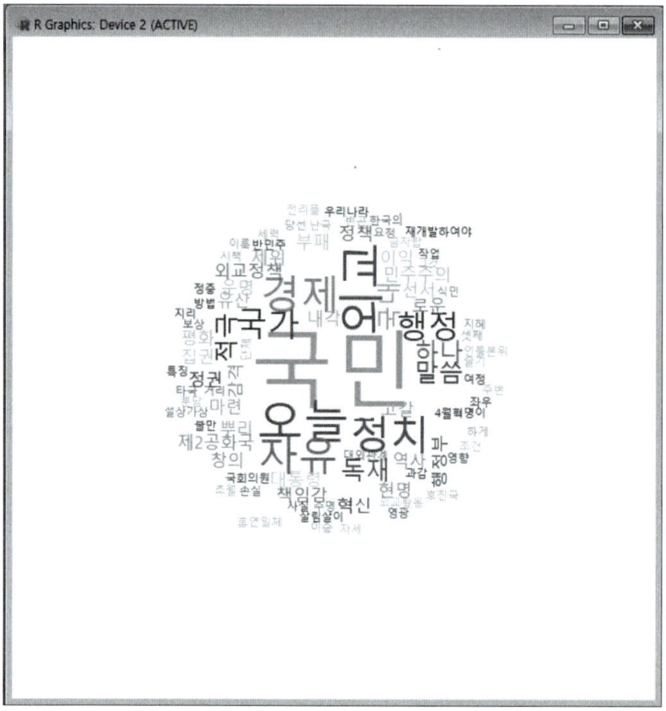

[그림 9-6] 연설문 주제어 워드클라우드

9.3 동시 출현 단어 분석

9.3.1 동시 출현 단어 분석 개요

동시 출현 단어 분석(co-occurrence term analysis)은 한 문장, 문단 또는 텍스트 단위에서 동시에 빈번하게 출현하는 단어를 파악하고 단어 간의 상관관계를 계산하여 동시 출현 단어들 간의 연관성을 분석하는 텍스트마이닝 기법으로 동시 출현이 높은 단어들을 파악하고 이를 통하여 수집된 문서들에서 연관 단어들을 근간으로 주요한 주제를 찾는 데 활용된다.

9.3.2 동시 출현 단어 분석 절차

동시 출현 단어 분석은 [그림 9-7]에서와 같이 문장 또는 문단 단위의 텍스트 자료들로부터 형태소 분석과 정제를 수행하는 전처리 과정을 통하여 코퍼스와 공간 벡터 모델링을 이용하여 구조화된 자료를 구성한다. 이후 연관성 분석을 통하여 단어들 간의 인접행렬(adjacency matrix)을 산출하여 동시 출현이 높은 단어들을 파악하고 또한 동시 출현 네트워크(co-occurrence networks) 시각화를 수행하여 단어들 간의 전체적 연관성을 파악한다.

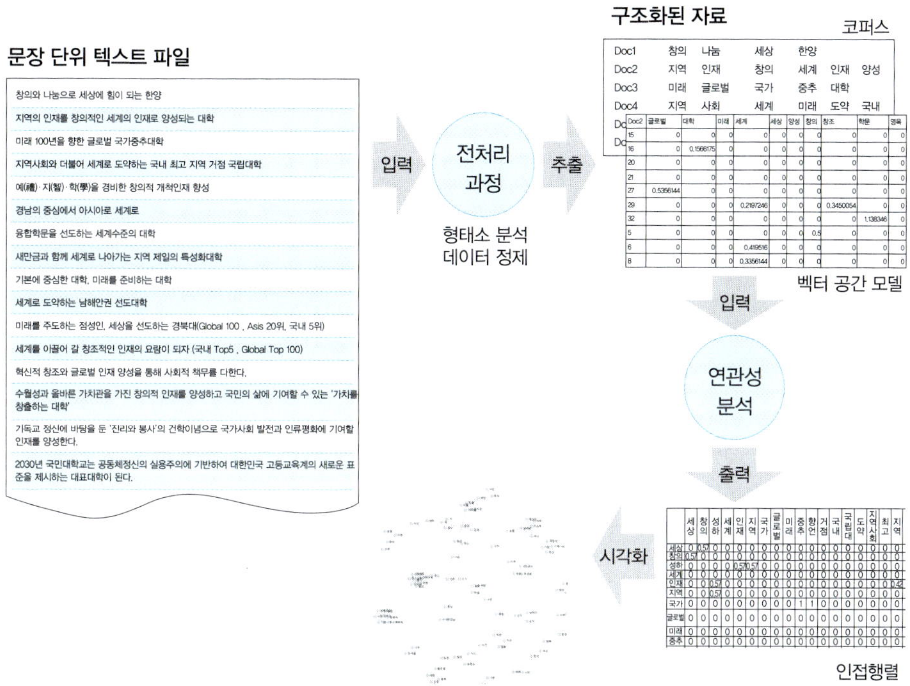

[그림 9-7] 동시 출현 단어 분석 절차

9.3.3 동시 출현 단어 분석 예시 데이터

동시 출현 단어 분석을 위한 예시 자료는 vision.csv 자료를 이용한다. vision.csv는 대학들의 비전(vision)을 포함한 자료로써 예시 자료는 다음과 같이 국내 32개 대학의 대학명과 그들의 비전에 대한 텍스트 문장들로 구성되어 있다.

〈표 9-4〉 동시 출현 단어 분석 예시 자료

대학	비전
한양대	창의와 나눔으로 세상에 힘이 되는 한양
인천대	지역의 인재를 창의적인 세계의 인재로 양성하는 대학
충북대	미래 100년을 향한 글로벌 국가 중추 대학
목포대	지역사회와 더불어 세계로- 미래로 도약하는 국내 최고 지역 거점 국립대학
경상대	예(禮)·지(智)·학(學)을 겸비한 창의적 개척 인재 양성

9.3.4 동시 출현 단어 분석 실행

1) 동시 출현 단어 분석을 위한 필요 패키지

동시 출현 단어 분석을 위한 필요 패키지는 한글 처리 시 필요한 KoNLP 패키지, 텍스트마이닝에 필요한 tm 패키지, 그리고 네트워크 시각화 시 필요한 sna 패키지가 필요하다. tm 패키지는 텍스트마이닝을 위한 기본 패키지로 문서들에 대한 코퍼스(copus) 작성과 단어 빈도(Term Frequency,TF), 문서 빈도(Document Frequency, DF), 단어 빈도-역문서 빈도(TF-IDF) 기반의 다양한 벡터 공간 모델링(vector space modeling)을 위한 함수들을 지원한다.

```
# 텍스트마이닝을 위한 tm 패키지 설치
installed.packages("tm")
```

참고적으로 tm 패키지 설치 후 한글 처리에 문제가 발생하는 경우 이전 버전을 설치하여 해결할 수 있다. 그러나 R에서 최신 버전이 아닌 이전 버전을 설치하는 것을 다소 복잡하다. CRAN에 모든 이전 버전의 패키지들이 아카이브(archive)에 보존되어 있으나 이들은 소스(source) 상태로 저장되어 있어, 이전 버전을 설치하기 위해서는 소스 상태의 패키지를 다운로드하여 운영체계에 맞는 실행 가능한 파일로 변경을 시켜야한다. 따라서 소스를 실행 가능한 파일로 변경하는 데 필요한 Rtools 소프트웨어를 우선 설치해야 한다. Rtools 소프트웨어 설치는 다음의 웹사이트에서 방문하여 소프트웨어를 다운로드하여 설치할 수 있다.

https://cran.r-project.org/bin/windows/Rtools/

상기의 웹사이트에 Rtools 소프트웨어를 설치한 후 R 패키지 설치 명령 함수인 install.packages() 대신에 다음과 같은 명령어로 tm 패키지를 설치한다. 설치 명령은 반드시 '관리자 권한'으로 R을 실행한 후 수행해야 한다.

```
# 이전 버전 tm 패키지 설치
require(remotes)
install_version("tm", version = "0.7-5", repos = "http://cran.us.r-project.org")
installed.packages()[,c("Package","Version")]      # tm 패키지 버전 확인
```

R에서 네트워크 시각화를 수행하려고 할 때 제일 많이 쓰는 패키지는 igraph 패키지이나 igraph를 이용한 네트워크 분석은 11장에서 자세하게 살펴보기 때문에 본 장에서는 네트워크 시각화를 지원하는 또 다른 패키지인 sns 패키지를 이용하여 동시 출현 단어 네트워크 시각화를 수행한다. 이를 위하여 다음과 같은 명령으로 sns 패키지를 설치한다.

```
# 네트워크 시각화 시 필요 패키지 설치
install.packages("sna")                            # 네트워크 그래프 작성 패키지
```

tm 패키지의 다수의 문서 또는 문장으로 구성된 코퍼스 작성 시 사용되는 함수는 Corpus() 함수이다. Corpus() 함수의 사용 형식은 다음과 같으며, 생성된 코퍼스 변수는 inspect() 함수로 내용을 확인할 수 있다.

```
Corpus( data )

data: VectorSource(문서로 구성된 벡터)
```

tm 패키지에서는 벡터 공간 모델링 함수로 Corpus() 함수로 생성된 코퍼스를 단어를 행으로 문서를 열로 구성된 문서-단어 행렬(DTM)을 생성할 때 사용되는 함수인 TermDocumentMatrix() 함수와 문서를 열로 단어를 행으로 구성하는 단어-문서 행렬(TDM)을 생성을 위한 DocumentTermMatrix() 함수를 지원한다. TermDocumentMatrix() 함수와 DocumentTermMatrix() 함수의 사용 형식은 다음과 같다.

```
TermDocumentMatrix(x, control = list())
DocumentTermMatrix(x, control = list())

x: Corpus
control: list ()에 세부 옵션 설정
 - stopWord: 불용어들로 구성된 벡터
 - removePunctuation=TRUE: 구두점 제외
 - removeNumbers=TRUE: 숫자 제외
 - wordLengths: 단어 수 범위
 - weighting: 행렬 내의 지표 산출값 설정
             weightTf: TF, , weightTfIdf: TF-IDF
             weightBin: 0 또는 1, weightSMART: 사용자 정의
```

TermDocumentMatrix() 함수와 DocumentTermMatrix() 함수의 control 옵션에서 weighting은 벡터 공간 모델의 행렬 내의 값 설정을 지정한다. weightTf는 단어 빈도(TF)로 weightTfIdf는 단어 빈도-역문서 빈도(TF-IDF)로 산출하고 weightBin은 단어에 출현하면 횟수와 관계없이 1 아니면 0으로 산출한다. weightSMART는 사용자가 다양하게 공식을 구성하여 행렬 내의 값들을 산출할 수 있다. weightTf가 기본값으로 설정되어 있어 weighting은 옵션을 지정하기 않을 경우 단어 빈도 지표로 산출된다.

한글로 구성된 코퍼스의 경우 TermDocumentMatrix() 함수와 DocumentTermMatrix() 함수에서 다른 옵션들과 weighting=weightTfIdf 옵션을 같이 사용할 경우 단어 빈도-역문서 빈도(TF-IDF)가 산출되지 않을 수 있다. weightTfIdf() 함수는 TermDocumentMatrix( ) 함수와 DocumentTermMatrix() 함수로 생성한 행렬인 TDM 또는 DTM를 TF-IDF 값으로 변경해 준다. weightTfIdf() 함수의 사용 형식은 다음과 같다.

```
weightTfIdf(matix )

matrix: dtm 또는 tdm
```

2) 동시 출현 단어 분석 실행 예시

동시 출현 단어 분석을 위하여 우선 다음과 같이 관련 패키지들을 불러온 후 대학 비전 파일(vision.csv)에서 가져온 후 텍스트 데이터를 구조화된 데이터로 생성 및 정제하고 텍스트 마이닝을 위하여 대학 비전들의 단어들로 구성된 코퍼스를 작성한다.

```
# 동시 출현 단어 분석을 위한 패키지 불러오기
library(KoNLP)                                   # 한글 자연어 처리 패키지
library(tm)                                      # 텍스트마이닝 지원 패키지

# 작업 영역 설정 및 데이터 불러오기
setwd("C:/WORK_R")
data <- read.csv("vision.csv", header = T, fileEncoding="EUC-KR")
                                                 # 대학 비전 csv 파일 읽기
text <- as.vector(data$비전)                     # 비전만 읽기

# 텍스트 자료 정제
text <- gsub("[[:punct:]]", "", text)            # 구두점 제거
text <- gsub("[[:digit:]]", "", text)            # 숫자 제거

TermsList <- sapply(text, extractNoun, USE.NAMES=F)    # 명사 단어 추출

# 코퍼스 작성
corpus <- Corpus(VectorSource(TermsList))        # 문서들에 대한 코퍼스 작성
inspect(corpus)
```

생성된 코퍼스(copus)를 가지고 DocumentTermMatrix() 함수를 이용하여 문서-단어 행렬(DTM)을 생성한다. 다음 명령에서는 불용어들을 제외시키는 stopWord 옵션을 이용하여 문서 전체에 공통적으로 사용되는 "대학"과 고유명사인 "경북대", "국민", "고려", "광운" 등을 제외하기 위한 불용 단어로 설정한다. 또한 단어의 길이는 wordLengths을 이용하여 4자리 이상 20자리 이하로 설정한다. 한글은 한 문자가 두 글자로 구성하기 때문에 한글의 경우 두 글자 이상 열 자리 이하의 단어만으로 문서-단어 행렬이 구성된다. weighting은 weightTfIdffh로 설정한다.

```
# 문서-단어 행렬
stopWord <- c("대학","경북대","국민","고려","광운")          # 불용어 설정
dtm <- DocumentTermMatrix(corpus, control=list(corpus, control=list(
removePunctuation=TRUE, stopwords=stopWord,
removeNumbers=TRUE, wordLengths=c(4, 20), weighting=weightTfIdf)))
```

inspect() 함수를 이용하여 생성한 문서-단어 행렬(DTM)을 확인한다. 상기의 DocumentTermMatrix() 함수 수행 시 weighting 옵션을 weightTfIdffh로 설정하였으나, 실질적으로 생성된 문서-단어 행렬은 weighting 적용이 되지 않은 결과가 나온 것을 볼 수 있다.

```
inspect(dtm)                                          # 문서-단어 행렬 확인
  <<DocumentTermMatrix (documents: 32, terms: 102)>>
  Non-/sparse entries: 167/3074
  Sparsity           : 95%
  Maximal term length: 6
  Weighting          :  term frequency (tf)
  Sample             :
      Terms
  Docs 글로벌  대학 미래 선도 세계 세상 인재 지역 창의 창조
    11      0    0    1    1    0    1    0    0    0    0
    12      0    0    0    0    1    0    1    0    0    1
    13      1    0    0    0    0    0    1    0    0    1
    14      0    0    0    0    0    0    1    0    1    0
    15      0    0    0    0    0    0    1    0    0    0
    16      0    1    0    0    0    0    0    0    0    0
    2       0    0    0    0    1    0    2    1    1    0
    25      0    0    0    1    1    0    0    0    0    0
    29      0    0    0    0    1    0    0    0    0    1
    4       0    0    1    0    1    0    0    1    0    0
```

상기의 결과를 보면 문서의 수는 32개의 102개의 단어가 term frequency (tf)로 산출된 것을 볼 수 있다. 다음과 같이 weightTfIdf() 함수를 사용하여 산출된 문서-단어 행렬(DTM)을 단어 빈도-역문서 빈도(TF-IDF) 행렬로 변경할 수 있다.

```
dtm <- weightTfIdf(dtm)
inspect(dtm)                          # 단어 빈도-역문서 빈도(TF-IDF) 행렬
  <<DocumentTermMatrix (documents: 32, terms: 94)>>
  Non-/sparse entries: 165/2843
  Sparsity           : 95%
  Maximal term length: 7
  Weighting          : term frequency - inverse document frequency   (normalized)
    (tf-idf)
  Sample             :
      Terms
  Docs      글로벌        대학        미래        세계        세상  자부  존경  창의  창조
    11 0.0000000 0.0000000 0.2033417 0.0000000 0.3794486    0    0    0    0
    15 0.0000000 0.0000000 0.0000000 0.0000000 0.0000000    0    0    0    0
    16 0.0000000  0.1725027 0.0000000 0.0000000 0.0000000    0    0    0    0
    20 0.0000000 0.0000000 0.0000000 0.0000000 0.0000000    2    0    0    0
    21 0.0000000 0.0000000 0.0000000 0.0000000 0.0000000    0    5    0    0
    27 0.6695180 0.0000000 0.0000000 0.0000000 0.0000000    0    0    0    0
    3   0.5356144 0.0000000 0.3660150 0.0000000 0.0000000    0    0    0    0
    32 0.0000000 0.0000000 0.0000000 0.0000000 0.0000000    0    0    0    0
    6  0.0000000 0.0000000 0.0000000  0.4195180 0.0000000    0    0    0    0
    8  0.0000000 0.0000000 0.0000000 0.3356144 0.0000000    0    0    0    0
```

상기의 단어 빈도-역문서 빈도(TF-IDF) 행렬을 통해 문서 내에서의 특정 단어의 중요성을 확인 할 수 있다. 예를 들면 1번 문서에서 '세상'이 다른 단어들보다 중요도가 높음을 알 수 있다.

본격적인 동시 출현 단어들을 분석하기 위하여 생성된 코퍼스로 가지고 TermDocumentMatrix() 함수를 이용하여 단어-문서 행렬(TDM)을 생성한다. 이때 weighting은 단어에 출현하면 1 아니면 0으로 표시되는 weightBin 옵션을 지정한다.

```
# 단어-문서 행렬 작성
tdm <- TermDocumentMatrix(corpus, control=list(
removePunctuation=TRUE, stopwords=stopWord,
removeNumbers=TRUE, wordLengths=c(4, 20), weighting=weightBin))
```

단어-문서 행렬(TDM)을 기반으로 연관 단어들을 산출하기 위하여 다음과 같이 단어-문서 행렬(TDM)을 as.matrix() 함수를 이용하여 계산 가능한 행렬 변수로 생성한 후 빈도수 높은 30개 단어를 선정하고 이들 단어들 간의 인접행렬 생성을 생성한다.

```
# 중요 단어 산출
tdm.matrix <- as.matrix(tdm)                              # tdm 행렬 변수
word.count <- rowSums(tdm.matrix)                         # 단어별 빈도수 산출
word.order <- order(word.count, decreasing=TRUE)          # 빈도별 순서 설정

freq.words <- tdm.matrix[word.order[1:30], ]              # 빈도수 높은 30개 단어 선정
co.matrix <- freq.words %*% t(freq.words)                 # 단어별 인접행렬 생성
co.matrix
```

```
Terms   창조 미래 글로벌 인재 세계 정신 국민 양성 평화 학문 지식 대한 민국 대표
  창조     5    0     2    2    2    0    0    1    0    1    1    0    0    0
  미래     0    5     0    0    0    0    1    0    0    0    0    0    0    0
  글로벌   2    0     4    1    0    0    0    1    0    0    0    1    1    1
  인재     2    0     1    4    1    1    1    3    1    0    0    0    0    0
  세계     2    0     0    1    3    1    0    0    0    0    2    0    0    0
  정신     0    0     0    1    1    3    1    1    1    0    1    1    1    1
  국민     0    1     0    1    0    1    3    1    0    0    0    1    1    1
  양성     1    0     1    3    0    1    1    3    1    0    0    0    0    0
  평화     0    0     0    1    0    1    0    1    2    1    0    0    0    0
  학문     1    0     0    0    0    0    0    0    1    2    0    0    0    0
```

상기의 인접행렬 결과를 보면 '창조', '미래', '글로벌' 등이 동시 출현이 높은 단어들임을 알 수 있다.

동시 출현 단어 분석에서는 동시 출현 네트워크(co-occurrence networks)를 이용하여 특정 텍스트 단위에서 공동으로 출현한 단어의 집합적 상호 연결을 표현할 수 있다. 따라서 이를 위해 다음과 같은 네트워크 시각화 단계를 수행한다. 네트워크 시각화를 위해서는 우선 네트워크에서 노드 간의 관계(경로)를 설정하는 인접행렬을 생성하고 이를 네트워크 시각화 함수를 호출하여 네트워크 그래프를 그린다.

인접행렬을 생성하기 위하여 우선 다음과 같이 단어 빈도-역문서 빈도(TF-IDF) 행렬 계산 가능한 행렬형 변수로 생성한다.

```
# 문서-단어 행렬형 변수로 생성
M <- as.matrix(dtm)                          # 행렬형 변수로 생성
M
     Terms
Docs      세상   창의      성하      세계      인재  지역국가 글로벌
   1 1.7075187 1.500 0.0000000 0.0000000 0.0000000 0.0000000 0 0.0000000
   2 0.0000000 0.500 0.8333333 0.2796787 0.8050125 0.5691729 0 0.0000000
   3 0.0000000 0.000 0.0000000 0.0000000 0.0000000 0.0000000 1 0.5356144
   4 0.0000000 0.000 0.0000000 0.1864524 0.0000000 0.3794486 0 0.0000000
   5 0.0000000 0.600 0.0000000 0.0000000 0.4830075 0.0000000 0 0.0000000
   6 0.0000000 0.000 0.0000000 0.4195180 0.0000000 0.0000000 0 0.0000000
   7 0.0000000 0.000 0.0000000 0.3356144 0.0000000 0.0000000 0 0.0000000
```

상기의 계산 가능한 행렬 M에 대하여 상관계수 분석을 통한 연관성 분석을 수행하여 단어들 간의 인접행렬을 생성하고, 주대각선(principal diagonal) 성분은 0으로 설정하고 행렬 내의 값이 관계성이 낮은 수치(0.5)는 관계를 삭제하기 위하여 0으로 설정한다. 네트워크 내에 좀 더 많은 경로를 생성하고 싶은 경우 상관계수의 값을 0.5보다 작게 하면 된다.

```
# 인접행렬 작성
g <- cor(M)                                  # 상관계수 분석
diag(g) <- 0                                 # 대각선 성분 0 설정
g[g < 0.5 ] <- 0                             # 상관계수 0.5 이하는 관계 삭제
g                                            # 인접행렬 작성
```

생성된 인접행렬에 대한 네트워크 그래프 작성은 sna 패키지의 gplot() 함수를 이용하여 작성한다. 기초 자료인 인접행렬 자료와 노드의 레이블 이름과 크기 그리고 그래프 모드를 인수로 하여 gplot() 함수를 실행하여 [그림 9-8]과 같은 네트워크 그래프를 작성한다. 참고로 "graph"로 설정된 그래프 모드는 방향성이 없는 무방향(undirected) 그래프 형식의 네트워크 그래프를 의미한다.

```
# 네트워크 그래프 작성
library(sna)
gplot(g, label=colnames(g), gmode="graph", label.cex=0.6, vertex.cex=1)
```

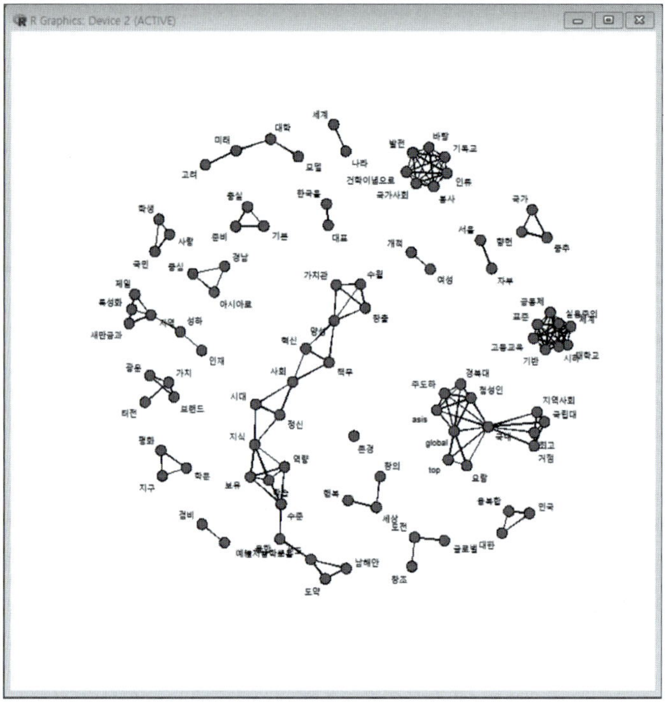

[그림 9-8] 대학 비전 동시 출현 단어 네트워크 그래프

9.4 토픽 모델링

9.4.1 토픽 모델링 개요

토픽 모델링(topic modeling)은 텍스터마이닝 기법들 중의 하나로써 비구조화된 텍스트 자료들의 코퍼스로부터 의미 있는 주제에 해당하는 토픽들을 추출해 주는 확률모델 알고리즘이다. 초기에는 확률적 잠재 의미 분석(pLSA) 기법이 사용되었으나 최근에는 주로 잠재 디리

클레 할당(Latent Dirichlet Allocation, LDA) 기법 혹은 LDA의 변형 기법들이 사용되고 있다. LDA 기법은 특정 문서가 어떠한 주제들을 다루고 있는지 예측하는 모델로 [그림 9-9]와 같이 문서를 구성하는 단어들을 확률적으로 계산하여 이 결과를 토픽을 구성하는 주제어들로 추출한다. 토픽 모델링 기법은 방대한 텍스트 자료로부터 확률에 근간하여 해석 가능성이 높은 주제들을 추출해 주는 특성 때문에 최근 다양한 분야의 문헌 연구 기법으로 적용 분야가 확대되고 있다.

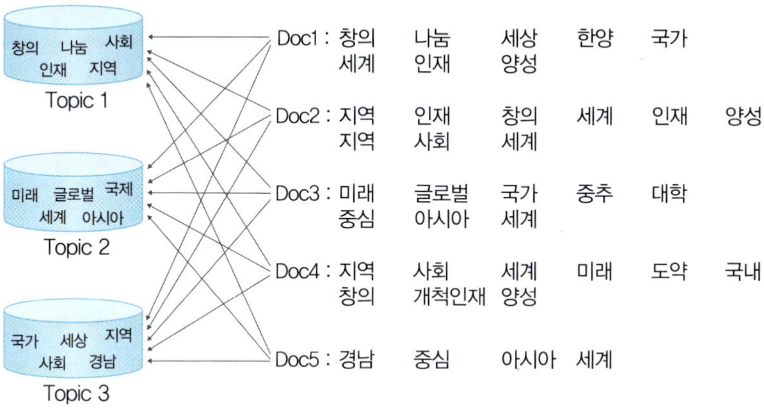

[그림 9-9] 토픽 모델링

9.4.2 토픽 모델링 절차

토픽 모델링은 [그림 9-10]에서와 같이 문장 또는 문단 단위의 텍스트 자료들로부터 코퍼스로 구성한 후, 형태소 분석과 정제를 수행하는 전처리 과정을 통하여 단어들로 이루어진 구조화된 자료를 구성한다. 이후 토픽 모델링을 통하여 다수의 토픽들을 추출한다.

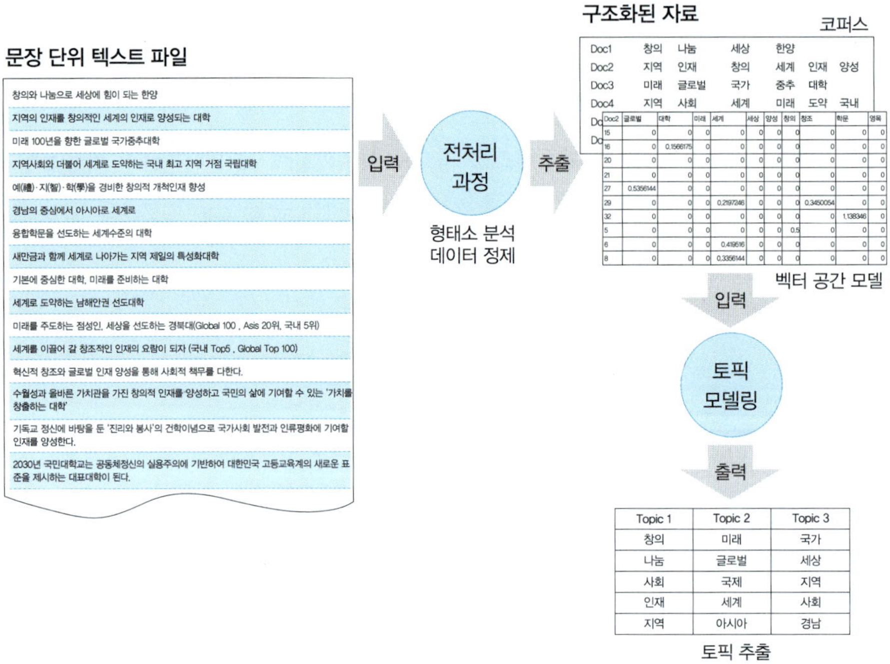

[그림 9-10] 토픽 모델링 절차

9.4.3 토픽 모델링 예시 데이터

토픽 모델링을 위한 예시 자료는 ck_data.csv 자료를 이용한다. ck_data.csv는 국내 대학들의 CK 사업(University for Creative Korea: 대학 특성화 사업)에 대한 자료이다. 예시 자료는 다음과 같이 389개 대학 특성화(CK) 사업단명이 문장들로 구성되어 있다.

〈표 9-5〉 토픽 모델링 예시 자료

대학명	사업단명
가천대학교	수학기반 금융미드필더 양성 사업단
가톨릭대학교	지역사회심리사업단
경기대학교	지역공동체의 통합안전망과 회복탄력성 강화를 위한 사업단
단국대학교	켐바이오 글로벌 전문인력 양성 사업단
아주대학교	인문학과 문화콘텐츠의 선순환적 융합 교육

9.4.4 토픽 모델링 실행

1) 토픽 모델링을 위한 필요 패키지

토픽 모델링을 위한 필요 패키지는 전처리 시 필요한 KoNLP 패키지, 텍스트마이닝에 필요한 tm 패키지, 토픽 모델링에 필요한 topicmodels 패키지가 필요하다. 다음과 같이 install.packages() 함수를 이용하여 이들 패키지들을 우선 설치한다. topicmodels 패키지는 토픽 모델링을 위한 기본 패키지로 일반적으로 사용되는 LDA 방식과 상관 토픽 모델(Correlated Topics Models, CTM) 방식 등의 토픽 모델링 함수들을 지원한다.

```
# 토픽 모델링을 위한 패키지 설치
install.packages("topicmodels")                    # 토픽 모델링 기본 패키지
```

토픽 모델링을 위한 기본 함수는 topicmodels 패키지의 LDA() 함수이다. LDA() 함수의 사용 형식은 다음과 같다. 다음의 LDA() 함수의 입력값이 문서-단어 행렬(TDM)이기 때문에 토픽 모델링을 수행하기 위해서는 자료에 대한 공간 벡터 모델링이 선행되어야 한다.

```
LDA(dtm)

dtm: 문서-단어 행렬
```

2) 토픽 모델링 실행 예시

토픽 모델링을 위하여 우선 다음과 같이 관련 패키지들을 불러온 후 CK 대학 특성화 사업 자료인 ck_data.csv를 가져온 후 구조화된 데이터로 생성 및 정제하고 텍스트마이닝을 위하여 대학 사업명별 코퍼스로 작성한다.

```
# 토픽 모델링을 위한 패키지 불러오기
library(KoNLP)
library(tm)
```

```
library(topicmodels)

# 작업 영역 설정 및 데이터 불러오기
setwd("C:/WORK_R")
data <- read.csv("ck_data.csv", header = T, fileEncoding="EUC-KR")  # csv 파일 읽기
text <- as.vector(data$사업단명      )

# 텍스트 자료 정제
text <- gsub("[[:punct:]]", "", text)                # 구두점 제거
text <- gsub("[[:digit:]]", "", text)                # 숫자 제거

TermsList <- sapply(text, extractNoun, USE.NAMES=F)  # 명사 단어 추출

# 코퍼스 작성
corpus <- Corpus(VectorSource(TermsList))            # 문서들에 대한 코퍼스 작성
inspect(corpus)

# 불용어 설정
stopWord <- c()

# 문서-단어 행렬
dtm <- DocumentTermMatrix(corpus, control=list(corpus, control=list(
removePunctuation=TRUE, stopwords=stopWord,
removeNumbers=TRUE, wordLengths=c(4, 20))))
```

CK 사업별 생성된 코퍼스로 근간으로 토픽 모델링을 수행한다. 예시 토픽 모델링에서는 토픽 수를 3개로 임의 설정하였다.

```
# 토픽 모델링
lda <- LDA(dtm, k = 3)                         # k는 토픽 수(3개 토픽 추출)
term <- terms(lda, 10)                         # 10단어까지
term                                           # 토픽
```

```
       Topic 1     Topic 2     Topic 3
 [1,]  "사업"       "양성"       "사업"
 [2,]  "인재"       "사업"       "창의"
 [3,]  "전문인력"    "인재"       "인재"
 [4,]  "인재양성"    "양성사업"    "인재양성"
 [5,]  "융합"       "융합"       "양성"
 [6,]  "양성사업"    "인재양성"    "융합"
 [7,]  "창의"       "지역"       "교육"
 [8,]  "창조"       "창의"       "특성화"
 [9,]  "양성"       "인력양성"    "창조"
[10,]  "인력양성"    "글로벌"      "글로벌"
```

다음과 같은 명령어들로 대학의 CK 사업들이 어떠한 토픽에 할당되었는지 확인할 수 있다.

```
# 토픽 순위
top_topics <- apply(posterior(lda)$topics, 1, which.max)      # 문서별 토픽 순위
head(data.frame(topic=top_topics), 20)
doc_topic <- cbind(top_topics , text )                        # 문서별 토픽
head(doc_topic)
    top_topics text
  1 "1"        "수학기반 금융미드필더 양성 사업단"
  2 "2"        "린스타트업leanstartup기반디자인특성화사업단"
  3 "2"        "Cube 시스템에 의한 바이오융합 인재양성"
  4 "2"        "기업맞춤형 EduEcoSystem 기반 소프트웨어 인재 양성"
  5 "3"        "통합적 휴먼서비스 인재양성"
  6 "3"        "바람개비 보건과학 사업단"
```

연습문제

1 텍스트마이닝 기법인 주제어 분석, 동시 출현 단어 분석, 토픽 모델링, 감성 분석에 대하여 설명하시오.

2 텍스트마이닝의 자연어 처리 기술에 대하여 설명하시오.

3 공간 벡터 모델링 기술에 대하여 설명하시오.

4 행정안전부 국가기록원 대통령기록관(http://pa.go.kr/research/contents/speech/index.jsp)에서 초대 대통령인 이승만 대통령의 취임사를 가지고 주제어 분석을 수행하시오.

5 RISS 학술연구정보서비스(http://www.riss.kr/)에서 '빅데이터 분석'을 키워드로 검색을 수행하여 관련 논문 제목들을 수집한 후, 논문 제목에서 동시 출현 단어 분석을 수행하시오.

6 5번에서 수집한 자료에 대하여 토픽 모델링을 수행하시오.

Chapter 10

오피니언마이닝

Chapter 10 오피니언마이닝

10.1 오피니언마이닝

10.1.1 오피니언마이닝 개요

오피니언마이닝(opinion mining)은 자연어 처리를 기반으로 한 텍스트마이닝의 한 분야로 텍스트 문서를 분석하여 문서 내의 의견이나 평가, 태도, 감성 등을 추출해 내는 기법이다. 텍스트에 대한 정확한 오피니언마이닝을 위해서는 문서에 나타난 의견의 양극성을 분석하는 감성 분석(sentiment analysis)이 가장 핵심적이다. 최근 감성 분석은 상품의 리뷰 및 설문조사 응답에 대한 평가, 온라인 및 소셜미디어 내의 소비자의 반응, 특정 사건에 대한 여론 동향 등 다양한 분야에서 적용되고 있다. 오피니언마이닝은 데이터마이닝, 텍스트마인닝과 알려지지 않은 사실을 발견한다는 공통점이 있으나 [그림 10-1]에서와 같이 사실이 아닌 태도나 감성을 추출한다는 점에서 차이가 있다.

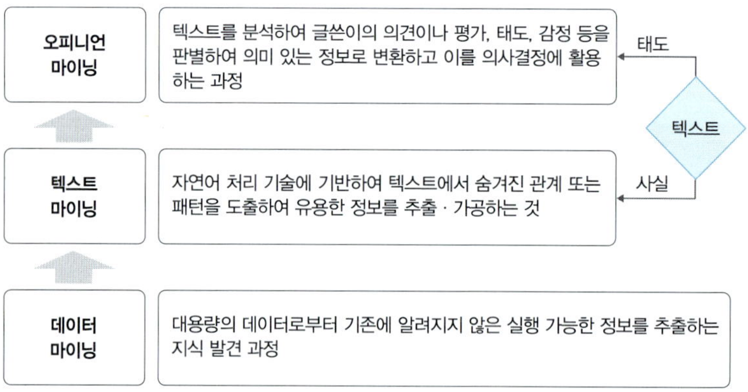

[그림 10-1] 데이터마이닝, 텍스트마이닝, 오피니언마이닝의 차이[1)]

1) SK플래닛 블로그

오피니언마이닝은 감성 분석, 의견 추출, 감성 마이닝, 정서 분석, 리뷰 마이닝 등과 같은 다양한 동의어들이 있으며, 이 중 감성 분석이 오피니언마이닝과 더불어 가장 많이 그리고 일반적으로 사용되고 있는 용어이다.

10.1.2 오피니언마이닝 과정

오피니언마이닝 과정은 [그림 10-2]와 같이 웹, SNS, 문서 등으로부터 획득한 텍스트를 형태소 분석기와 같은 자연어 처리 기술을 이용해 구조화된 데이터로 변경한다. 이후 구조화된 데이터를 정제·변환한 후 오피니언마이닝을 수행한다. 일반적으로 오피니언마이닝은 감성 사전을 기반으로 한 감성 분석을 수행하고, 이후 발견한 의견이나 감성에 대한 해석 및 평가를 통하여 지식화하는 과정을 걸친다.

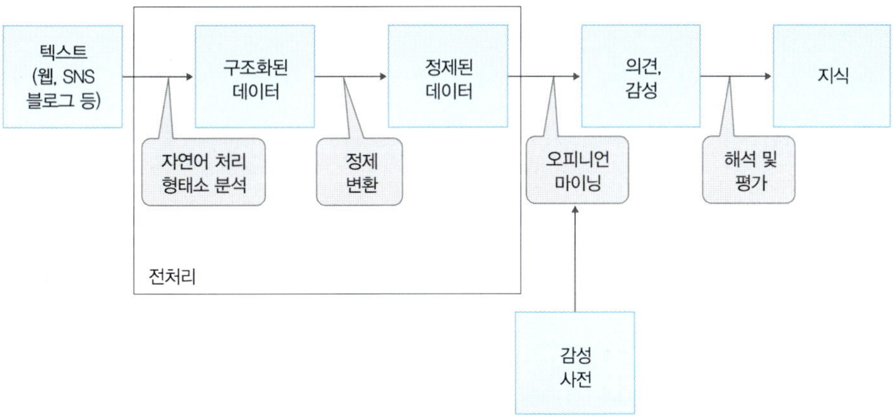

[그림 10-2] 오피니언마이닝 과정

10.2 감성 분석

10.2.1 감성 분석의 개요

감성 분석(sentiment Analysis)이란 텍스트의 정보(information)를 추출하는 텍스트마이닝과는 다르게 어떤 주제에 대한 주관적인 인상, 감정(emotions), 태도, 개인의 의견들을 텍스트로부터 뽑아내는 분석을 의미한다. 일반적으로 감성이나 태도는 찬성/반대, 좋음/싫음 같이 2진 형식으로 표현된다. 즉, 감성 분석은 주어진 텍스트에서 긍정, 부정 혹은 중립을 파악하는 것을 기본으로 한다. 따라서 감성 분석을 수행하기 위해서는 감성들에 대한 긍정 또는 부정 등의 감성을 나타내는 단어 모음인 감성 사전의 구축이 선행되어야 한다. 최근 감성 분석은 실무적으로 영화 리뷰에 대한 시청자의 감성을 분석하거나 온라인 쇼핑몰의 제품에 대한 고객들의 구매 후기 분석에 주로 사용된다.

10.2.2 감성 사전

감성 사전이란 [그림 10-3]과 같이 긍정적이거나 부정적인 감성을 나타내는 단어들을 모아 놓은 사전을 의미한다. 범용적인 감성 사전은 영어에는 SentiWordnet, LIWC 등이 있고 국내에도 몇몇 감성 사전이 구축되어 있다. 그러나 감성 사전을 구성하는 단어들은 분석 영역별로 긍정과 부정이 일반적인 기준과 다를 경우가 일반적이다. 따라서 감성 분석을 위해서는 분석 영역에 맞는 정확한 감성 사전을 구축하는 것이 무엇보다 중요하다.

단어	평가	단어	평가	단어	평가
궁금하다	부정	솔직하다	긍정	즐기다	긍정
귀엽다	긍정	쉽다	긍정	차갑다	부정
답답하다	부정	신기하다	긍정	창피하다	부정
대단하다	긍정	심하다	부정	헌신적	긍정
따뜻하다	긍정	싸우다	부정	화내다	부정
멋지다	긍정	아름답다	긍정	환히	긍정
무관심	부정	어렵다	부정	흥미롭다	긍정
무기력	부정	열정	긍정	무섭다	부정
소중한	긍정	재미있다	긍정	신산하다	긍정

[그림 10-3] 감성 사전

10.2.3 감성 분석의 절차

감성 분석은 [그림 10-4]에서와 같이 텍스트 자료들로부터 형태소 분석 및 정제를 수행하는 전처리 과정을 통하여 단어들로 이루어진 구조화된 자료를 구성한다. 이후 빈도분석을 통하여 이들 단어들의 출현 빈도를 산출한 후 감성 사전을 근간으로 출현 단어들에 대한 감성 점수를 산출하고 최종적으로 시각화를 수행한다.

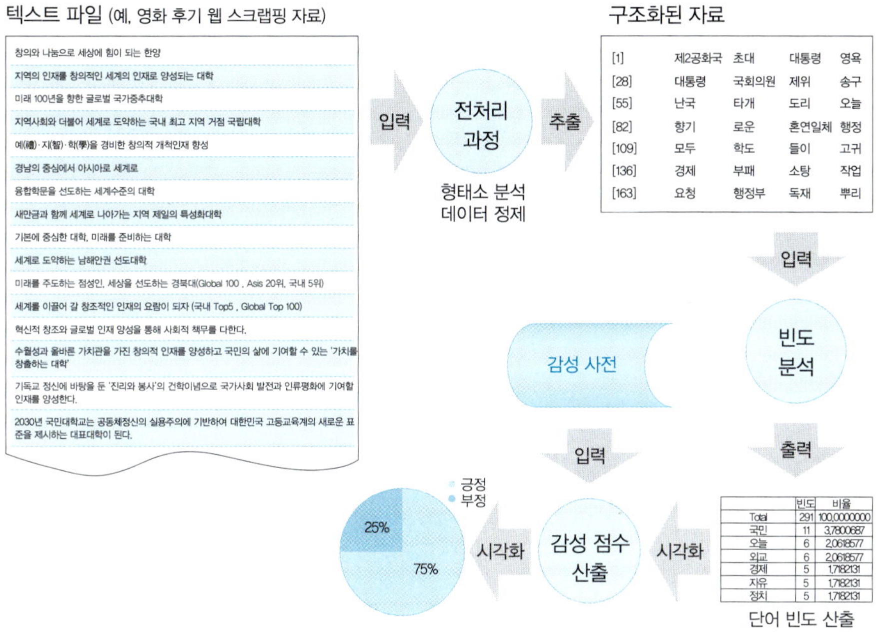

[그림 10-4] 감성 분석의 절차

10.2.4 감성 분석 예시 데이터

감성 분석을 위한 예시 데이터는 영화 후기 자료이다. 예시 데이터는 국내에서 개봉된 영화인 〈미션 임파서블〉에 대한 네이버 영화 후기 자료로, 웹 스크래핑을 통하여 4,824개의 후기 자료를 수집한다.

[감성 분석 예시 자료]

- 탐 크루즈가 고생하는거보니 막판엔 눈물 나올라했음. 영화비 8천원에 이렇게 보는게 미안할정도. 나 나이 먹는거보다 탐 크루즈가 나이먹는게 더 싫음. 미션임파서블 오래오래 보고싶어서. 분명 미션 클리어할거 아는데도 심...

- 인랑 따위랑 비교가안돼
- 시사회에서 봤는데 난 이쯤되면 톰 크루즈의 한계는 진짜 어디까진지 궁금하다.
- 야 니들 이런 헐리웃대작과 한국영화가 같은 관람료인게 정상이라고 생각하냐? 한국영화는 그냥 4000원이 적당하다.
- 미션임파서블 앞 시리즈 하나도 안봤는데 이해할수있나요? ㅠ ㅠ 보는걸추천하면 공감, 앞 시리즈 모르면 반대 비공감 해주세요.. ㅠㅠ
- 헬기 조정도 직접하고 초반에 프랑스 상공 위에서 떨어지는 장면도 직접 했다네요. 대스타 이름값 합니다. 영화를 보시면 탐크루즈가 존경스럽기까지 합니다.
- 최고의 액션, 노 스턴트, 시원하고 짜릿하다. 월타 gv로 봤고 강추합니다

10.2.5 감성 분석 실행

1) 감성 분석을 위한 필요 패키지

감성 분석을 위한 필요 패키지는 감성 분석 대상이 되는 자료를 웹 스크래핑하기 위한 rvest 패키지, 한글 처리를 위한 KoNLP 패키지와 전처리 시 필요한 stringr 패키지, 빈도분석을 위한 descr 패키지가 필요하다. 다음과 같이 install.packages() 함수를 이용하여 이들 패키지들을 우선 설치한다.

```
# KoNLP 패키지 설치(9장 주제어 분석 참조)

# 전처리 시 필요 패키지 설치
install.packages("stringr")                          # 문자열 처리 패키지
```

KoNLP 패키지에서 명사뿐만 아니라 형용사도 되는 감성 단어를 추출하기 위해서는 품사의 태그를 달아주는 함수는 SimplePos09() 함수 또는 SimplePos22() 함수를 사용해야 한다. SimplePos09() 함수는 문장의 형태소들을 9가지의 품사로 구분해 태그를 달아주는 함수이며, 참고로 SimplePos22() 함수는 형태소들을 22가지의 좀 더 세부적인 품사로 태그를 달아주는 함수이다. 이들 함수의 사용 형식은 다음과 같다.

```
SimplePos09(sentence)

sentence: 문장

※ 출력 태그 종류: S: 기호, F: 외국어, N: 체언, P: 용언, N: 수식언,
                I: 독립언, J: 관계언, E: 어미, X: 접사 (9개의 품사)
```

다음과 같이 install.packages() 함수를 이용하여 빈도분석을 위한 descr 패키지를 설치한다.

```
# 빈도분석을 위한 패키지 설치
install.packages("descr")                              # 빈도분석을 위한 패키지
```

2) 감성 분석 실행 예시

감성 분석을 위하여 네이버 영화 후기 사이트에서 웹 스크래핑하여 감성 분석을 하기 위한 후기 데이터를 수집하여 파일로 저장하였다. 후기는 다음과 같이 500페이지에 대하여 웹 스크래핑하고 정제 전처리 과정을 통하여 all.reviews.txt로 저장되었다.

본 예시의 자료는 [그림 10-5]에 보이는 바와 같이 네이버 영화 후기 웹페이지에서 영화 코드 번호 '154222'인 톰 크루즈 주연의 〈미션 임파서블: 폴아웃〉의 영화 후기들로 다음과 같은 웹 스크래핑을 수행하여 수집하였다. 참고로 네이버 영화 PC 서비스 페이지는 2023년 3월 31일부로 운영이 종료되어 다음과 같은 웹 스크래핑이 불가능하기 때문에 예시 파일로 제공된 all.reviews.txt를 사용하여 감정분석을 수행해야 한다.

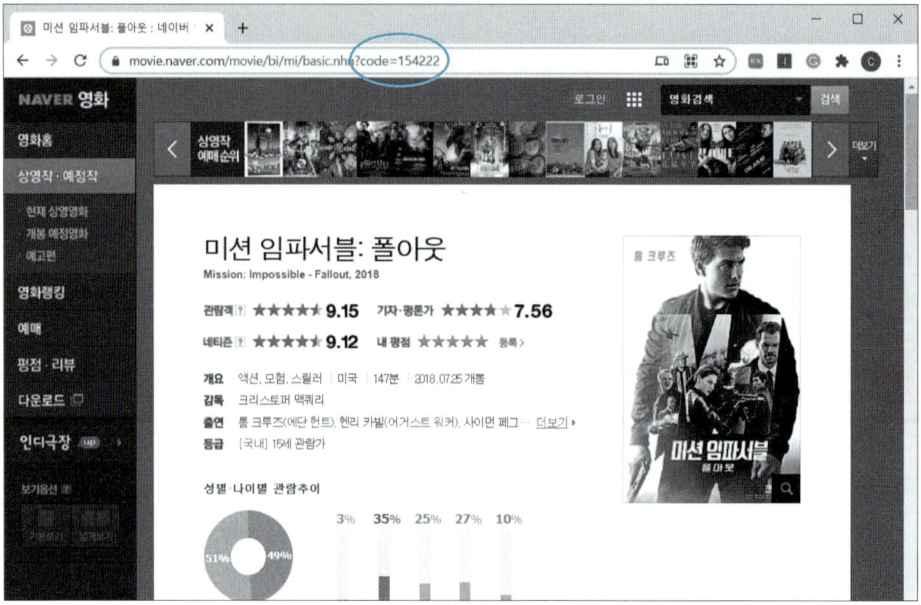

[그림 10-5] 네이버 영화

영화 후기에 대한 웹 스크래핑을 위하여 우선 다음과 같이 관련 패키지들을 불러온 후 네이버 영화 후기 사이트에서 미션 임파서블: 폴아웃(code=154222) 영화로 설정한 url_base을 생성한다.

```
# 웹 스크래핑 패키지 로드
library(rvest)                              # 웹 스크래핑 패키지
library(stringr)                            # 문자열 처리 패키지
setwd("C:/WORK_R")

# 네이버 영화 후기 사이트 미션 임파서블: 폴아웃
url_base <- "https://movie.naver.com/movie/bi/mi/pointWriteFormList.nhn?code=154222&page="
all.reviews <- c()
```

〈미션 임파서블〉 영화 후기에 대한 스크랩핑은 다음의 명령어와 같이 url_base에 1부터 500까지 페이지 번호를 증가시켜 〈미션 임파서블〉 영화 후기 500개의 웹페이지에 대한 영화 후기 자료를 스크랩핑한다. 네이버 영화 후기의 웹페이지는 기본적으로 10개의 후기들로

구성되어 있다. 따라서 전체 웹 영화 후기 수량은 5,000개가 된다. 웹 스크래핑한 영화 후기 자료는 특수문자 제거, 공백문자 제거, 줄 바꿈 제거, 리뷰가 없는 내용 제거와 같은 기초 전처리 과정 후 감성 분석을 위하여 all.reviews.txt 파일로 저장한다. str_detect() 함수는 stringr 패키지의 함수로 문자열에서 특정 문자(열)를 찾는 데 사용된다.

```
# 미션 임파서블: 폴아웃 영화 후기 스크랩핑
for (i in 1:500) {
  newr <- NULL
  url <- paste(url_base, i, sep='')                    # url_base 번호 증가
  htxt <- read_html(url)                               # html 코드 불러오기
  reviews <- html_nodes(htxt, css='.score_reple') %>% html_nodes('p')
  reviews <- html_text(reviews)                        # html 태그 제외(리뷰 텍스트)
  reviews <- gsub("<.+?>¦\t","", reviews)              # 특수문자 제거
  reviews <-  str_trim(reviews)                        # 앞뒤 공백문자 제거
  reviews <- str_replace_all(reviews, "[\r\n]" , "")      # 줄 바꿈 제거
  if( length(reviews) == 0 ) { break }                 # 리뷰가 없는 내용은 제거
  all.reviews <- c(all.reviews, reviews)               # 결괏값 저장
}

# 불필요 내용 필터링
all.reviews <- all.reviews[!str_detect(all.reviews,"평점")] # 불필요한 단어 제거
all.reviews

writeLines(all.reviews,  "all.reviews_new.txt")          # 후기 내용 파일을 저장
```

〈미션 임파서블〉 영화 후기에 대한 감성 분석을 위하여 우선 다음과 같이 관련 패키지들을 불러온 후 웹 스크래핑 한 영화 후기 파일(all.reviews.txt)에서 한 라인씩 읽어 들인다. 라인별로 구성된 변수(reviews)에서 명사와 용어(형용사)들을 추출하여 구조화된 자료를 생성하기 위하여 다음과 같은 ko.words() 사용자 함수를 생성한다. ko.words() 함수는 KoNLP에서 제공하는 품사의 태그를 붙여주는 SimplePos09 () 함수를 이용하여 만든다.

```
# 감성 분석을 위한 패키지 불러오기
library(KoNLP)                                        # 한글 자연어 처리 패키지
library(stringr)                                      # 문자열 처리 패키지
```

```
# 작업 영역 설정 및 영화 후기 파일 불러오기
setwd("C:/WORK_R")
options("width"=500)
reviews <- readLines("all.reviews.txt")
reviews <- iconv(reviews, from = "euc-kr", to = "UTF-8") # R 기본 한글 인코딩
reviews
```

ko.words() 함수는 KoNLP에서 제공하는 품사의 태그를 붙여주는 SimplePos09 () 함수를 근간으로 작성되었고 태그가 명사인 N과 형용사와 같은 용언들을 나타내는 태그인 P가 포함된 한글을 나타내는 정규식([가-힣]+)을 이용하여 형태소를 추출하고 추출된 형태소가 용언인 경우 '다' 뒤에 붙여 축출된 단어의 뜻을 명확하게 한다.

```
# 명사/형용사 추출 함수 생성
ko.words <- function(doc) {
  d <- as.character(doc)
  pos <- paste(SimplePos09(d))                    # 형태소 분석
  extracted <- str_match(pos, '([가-힣]+)/[NP]') # 형태소에서 한글 명사, 용언 추출
   extracted[,2] <- ifelse(str_detect( extracted[,1], "/P"), paste(extracted[,2],
'다'), paste(extracted[,2]))                     # 용언에 '다' 첨부
  extracted[,2] <- gsub(" ", "", extracted[,2]) # 단어의 공백 삭제
  keyword <- extracted[,2]
  keyword[!is.na(keyword)]
}
```

라인별로 구성된 텍스트 형식의 영화 후기 자료에서 ko.words() 함수를 이용하여 명사와 형용사들만 추출하여 단어들로 구성된 구조화된 자료를 만든다. 참고적으로 sapply() 함수는 자료들을 적용 대상 함수에 한 번에 처리할 수 있는 기능을 제공한다. 이후 부적절 단어 제거와 같은 정제 과정을 걸쳐 단어들의 목록인 정제가 완료된 영화 후기에 대한 구조화된 데이터(reviewsTerms)를 만든다. length() 함수를 이용하면 영화 후기 자료에서 추출된 단어가 27,668개임을 확인할 수 있다.

```
# 구조화된 자료(단어 산출)
reviewsTermsList <- sapply(reviews, ko.words, USE.NAMES=F)
```

```
reviewsTerms <- unlist(reviewsTermsList)

# 부적절 단어 설정 및 제외
stopWord <- c('영화', '톰', '크루즈', '시리즈', '톰크루즈', '하다', '보다' )
reviewsTerms <- reviewsTerms[! reviewsTerms %in% stopWord] # 부적절 단어 제외
head(reviewsTerms)                                         # 구조화된 자료 보기
  [1] "공감누르면" "편"         "애인"        "볼수잇"      "음"          "년"

# 출현 단어 수 확인
length(reviewsTerms)
  [1] 27668
```

감성 분석의 다음 단계는 상기의 구조화된 단어 자료에 대하여 빈도분석을 수행하는 것이다. 빈도분석에 필요한 descr 패키지를 불러온 후 빈도분석 함수인 freq()을 실행하여 빈도표를 다음과 같이 생성한다.

```
# 단어 빈도 산출
library(descr)
freq_table <- freq(reviewsTerms, plot=FALSE)
freq_table <- as.data.frame(freq_table)
freq_table <- freq_table[order(freq_table$Frequency, decreasing = TRUE),]
rownum <- length(rownames(freq_table))
  head(freq_table)
         Frequency     Percent
  Total      27668 100.0000000
  액션         567   2.0492988
  최고         440   1.5902848
  진짜         373   1.3481278
  있다         225   0.8132138
  않다         214   0.7734567
```

감성 분석을 위해서는 감성 사전이 사전에 구축되어 있어야 한다. 본 예시에서는 이전에 산출된 단어의 빈도표를 이용하여 감성 사전을 구축한다. 우선 단어 빈도표에 단어의 긍정/부정 평가를 설정하기 위한 pos_neg라는 항목을 추가하여 words.csv라는 감성 사전 작성을 위한 파일을 만든다.

```
# 감성 사전 구축
words_table <- freq_table                        # 단어 빈도표
words_table$pos_neg <- ""                        # 긍정/부정 평가 항목 설정
write.csv(words_table, "words.csv", fileEncoding='EUC-KR')
```

Excel 2013

이후 감성 사전 구축을 위해 윈도우에서 마이크로오피스의 엑셀(excel)을 실행한다. [그림 10-6]에서와 같이 엑셀에서 R에서 생성한 words.csv를 불러들여 pos_neg 항목에 단어가 긍정적인 의미이면 대문자 "P"를, 부정적인 의미이면 대문자 "N"을 기입하여 단어별 긍정/부정 감성 평가를 등록한 후 메뉴에서 '다른 이름으로 저장'을 사용하여 최종 감성 사전 파일인 words_dic.scv을 생성한다.

```
# -------------
# 엑셀에서 감성 사전 구축
# words.csv 파일 pos_neg 항목에 단어가 긍정 의미: 대문자 "P", 부정 의미: 대문자 "N"
# words.csv 파일을 words_dic.scv로 변경
# --------
```

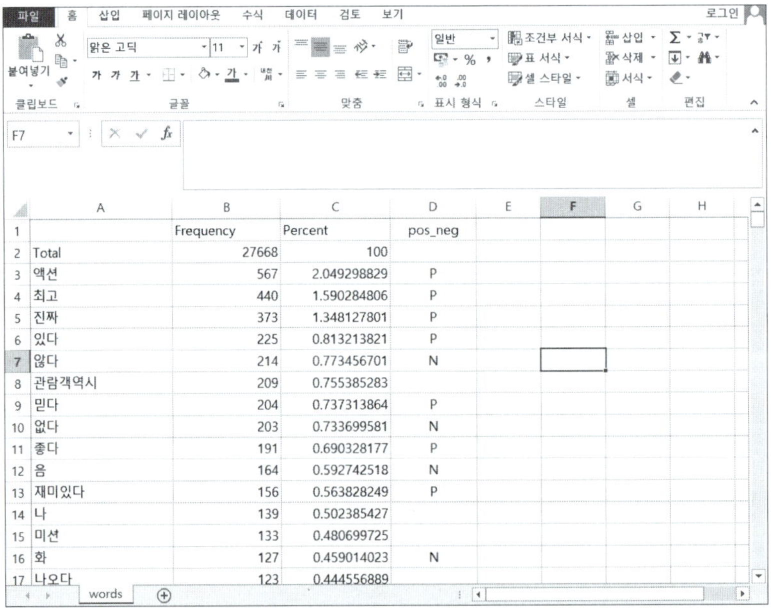

[그림 10-6] 감성 사전 구축

감성 분석을 위하여 상기에서 생성한 감성 사전 파일인 words_dic.csv을 불러와 다음과 같이 긍정 단어 목록(posWord), 부정 단어 목록(negWord)을 생성한다. 이후 단어 빈도표인 freq_table에 대하여 감성 평가 목록을 참조하여 긍정 감성 점수와 부정 감성 점수를 각각 산출한다.

```
# 감성 평가 목록 생성
freq_table <- words_dic <- read.csv("words.csv", header = T, fileEncoding="EUC-
KR")                                                # 감정분석 빈도 데이터
words_dic <- read.csv("words_dic.csv", header = T, fileEncoding="EUC-KR")
posWord <- as.vector(t(subset(words_dic, pos_neg == "P")[1]))    # 긍정 단어
negWord <- as.vector(t(subset(words_dic, pos_neg == "N")[1]))    # 부정 단어

# 감성 점수 산출
pos_count <- c()
neg_count <- c()
freq_table <- words_dic
rownum <- nrow(freq_table)                          # 데이터프레임의 row 수
rownames(freq_table) <- freq_table$X
for(i in 1:rownum) {
    if (rownames(freq_table)[i] %in% posWord == TRUE)
            pos_count[i] <- freq_table$Frequency[i]
    else if (rownames(freq_table)[i] %in% negWord == TRUE)
            neg_count[i] <- freq_table$Frequency[i]
}
pos_count_sum <- sum(pos_count[!is.na(pos_count)])
neg_count_sum <- sum(neg_count[!is.na(neg_count)])

pos_count_sum                                                    # 긍정 점수
  [1] 2377

neg_count_sum                                                    # 부정 점수
  [1] 708
```

일반적으로 감성 분석은 [그림 10-7]과 같이 파이 차트와 같은 시각화를 수행하여 감성 평가를 직관적으로 인지하도록 도와준다. 따라서 다음과 같은 파이 차트를 이용한 감성 분석

시각화를 수행한다.

```
# 감성 분석 시각화 (파이 차트)
c_data <- c( pos_count_sum, neg_count_sum)                    # 감성 분포
lbls <- c("긍정", "부정")                                      # 라벨
pct = round(c_data/sum(c_data)*100)
lbls <- paste(lbls, pct)                                      # 라벨에 백분율 추가
lbls <- paste(lbls,"%",sep="")                                # 라벨에 % 추가
pie(c_data,labels=lbls, main="미션 임파서블: 폴아웃 감성 분석") # 라벨 포함 파이 차트
```

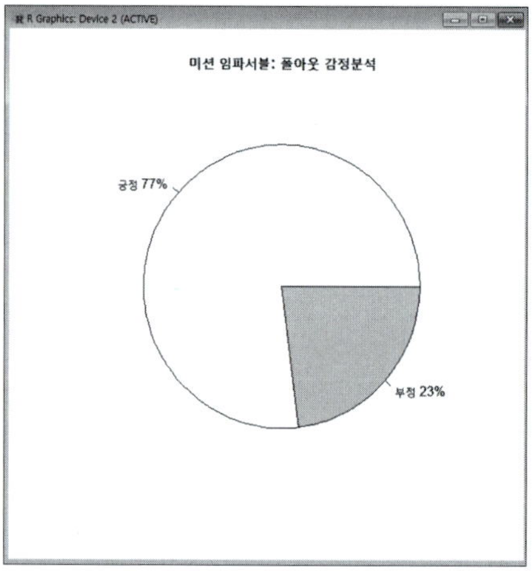

[그림 10-7] 감성 분석 결과

10.3 기계학습 기반 감성 분석

10.3.1 기계학습 기반 감성 분석의 개요

기계학습 기반의 감성 분석은 감성 사전과 빈도분석을 이용하는 전통적인 감성 분석이 아니라 데이터마이닝 분류 기법의 기계학습 알고리즘인 단순 베이즈 분류(Naive Bayes Classifier)나 서포트 벡터 머신(support vector machine, SVM) 등을 이용하여 감성 분석을 수행하는 것을

의미한다. 기계학습 기반의 감성 분석은 텍스트마이닝의 문서 분류 기법을 이용하는 것으로 데이터마이닝의 분류 기법과 같이 긍정 또는 부정에 대한 평가가 있는 문서에 대하여 문서-단어 행렬(DTM)을 훈련 데이터로 활용하여 구축한 감성 분석 모형을 활용한다. 기계학습 기반의 감성 분석은 신규 자료에 대하여 찬성 또는 반대, 긍정 또는 부정, 기쁨, 노여움, 슬픔, 또는 즐거움 등 같은 감성 평가를 수행한다.

10.3.2 기계학습 기반의 감성 분석의 절차

기계학습 기반의 감성 분석은 [그림 10-8]에서와 같이 텍스트 자료들로부터 형태소 분석과 정제를 수행하는 전처리 과정을 통하여 코퍼스와 공간 벡터 모델링을 이용하여 구조화된 자료를 구성한 후 단순 베이지 분류나 서포트 벡터 머신과 같은 기계학습 알고리즘을 통하여 감성 분석 모형을 생성한다. 이후 생성한 감성 분석 모형에 신규 텍스트 자료를 공간 벡터 모델로 구성하고 입력하여 반응변수인 평가 점수를 산출한다.

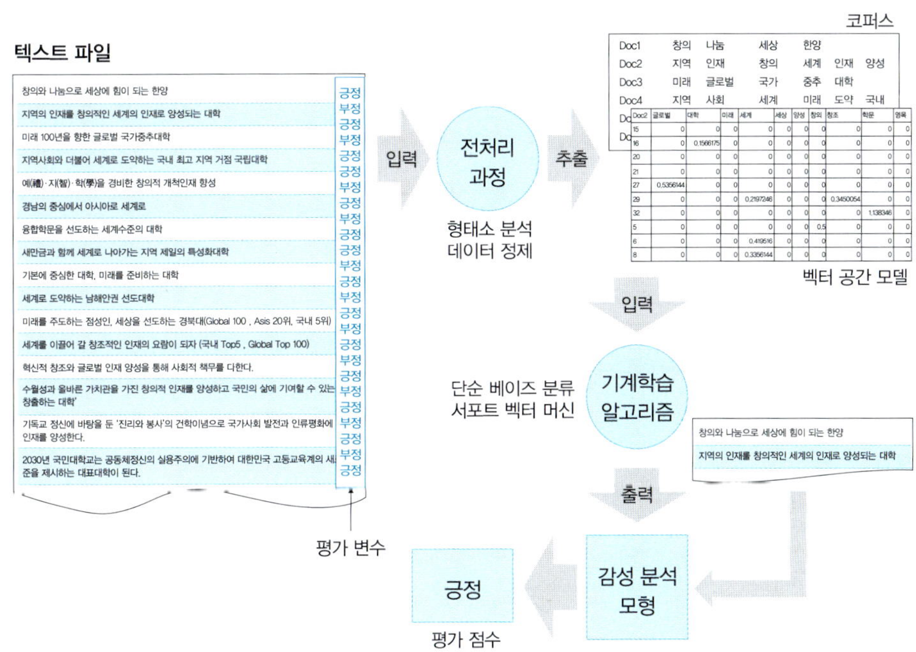

[그림 10-8] 기계학습 기반의 감성 분석의 절차

10.3.3 기계학습 기반의 감성 분석 예시 데이터

기계학습 기반의 감성 분석을 위한 예시 데이터는 다음과 같은 영화 후기 자료이다. 예시 데이터는 국내에서 개봉된 영화인 〈기생충〉에 대한 네이버 영화 후기 자료로 웹 스크래핑을 통하여 1,000개의 수치형 자료인 평점(score)과 텍스트 자료인 후기 자료(reviews)를 수집하고 이에 대하여 기계학습을 수행한다. 기계학습을 위하여 평점은 감성 분석 실행 과정에서 긍정과 부정의 이항형 반응변수로 변환한다.

〈표 10-1〉 기계학습 기반의 감성 분석 예시 자료

score	reviews
10	전 가정부가 집 벨 누를 때부터 이 영화는 장르가 바뀐다... 역대급 꿀잼 영화
9	반지하가 제일 아래인 줄 알았다. 내려가 보니 지하도 있었다.
8	뭔가 모를 불쾌한 영화였다. 영화가 불쾌하다는 게 아니라 보는 내내 가슴에 뭔가 영화에서 나오는 수석이 얹혀져 있는 영화다.
8	관람객 나 또한 누군가의 사람 사는 냄새에 얼굴 찌푸리진 않았었나.
10	누군가의 냄새를 맡고, 평가하고, 묘사할 수 있는 것 또한 권력. 냄새로 서로를 알아보고 경계하고 구분 짓는 동물들의 세계와 우리 사회는 참 닮아있다.

10.3.4 기계학습 기반의 감성 분석 실행

1) 기계학습 기반의 감성 분석을 위한 필요 패키지

기계학습 기반의 감성 분석을 위한 필요 패키지는 감성 분석 대상이 되는 자료를 웹 스크래핑하기 위한 rvest 패키지, 한글 처리를 위한 KoNLP 패키지와 전처리 시 필요한 stringr 패키지, 기계학습을 위한 e10710 패키지가 필요하다. 기계학습은 서포트 벡터 머신 기법을 이용하며, 다음과 같이 이들 패키지들을 우선 설치한다.

```
# KoNLP 패키지 설치(9장 주제어 분석 참조)

# 전처리 시 필요 패키지 설치
install.packages("stringr")                        # 문자열 처리 패키지
```

서포트 벡터 머신 분석을 지원하는 패키지는 e10710이다. e1071 패키지는 단순 베이즈 분류 분석을 위하여 이미 설치한 적이 있다.

```
# 기계학습 패키지 설치
install.packages("e1071")                                    # 문자열 처리 패키지
```

2) 기계학습 기반의 감성 분석 실행 예시

기계학습 기반의 감성 분석을 위하여 네이버 영화 후기 사이트에서 웹 스크래핑을 하여 감성 분석하기 위한 후기 데이터를 수집하고 파일로 저장하였다. 자료는 100페이지에 대하여 평점과 후기를 웹 스크래핑하고 정제 전처리 과정을 통하여 movie_review.csv로 저장되었다. 자료 수집은 위한 웹 스크래핑은 아래와 같다. 참고로 네이버 영화 PC 서비스 운영이 종료되어 웹 스크래핑이 불가능하기 때문에 예시 파일로 제공된 movie_review.csv를 사용하여 감정 분석을 수행해야 한다.

```
# 웹 스크래핑 패키지 로드
library(rvest)                                    # 웹 스크래핑 패키지
library(stringr)                                  # 문자열 처리 패키지
setwd("C:/WORK_R")

# 네이버 영화 후기 기생충
url_base <- "https://movie.naver.com/movie/bi/mi/pointWriteFormList.nhn?code=154222&page="
all_reviews <- c()
```

기계학습 기반의 감성 분석을 위한 자료에 대한 스크랩핑은 다음의 명령어와 같이 url_base에 1부터 100까지 페이지 번호를 증가시켜 〈기생충〉 영화 후기 100개의 웹페이지에 대한 영화 후기와 평점 자료를 스크랩핑한다.

```
# 기생충 영화 후기 스크랩핑
for (i in 1:100) {
  newr <- NULL
  url <- paste(url_base, i, sep='')                # url_base 번호 증가
```

```
  htxt <- read_html(url)                                # html 코드 불러오기
  score <- html_nodes(htxt, css='.star_score')
  score <- html_text(score)
  score <- str_trim(score)                              # 평점
  reviews <- html_nodes(htxt, css='.score_reple') %>% html_nodes('p')
  reviews <- html_text(reviews)                         # 실제 리뷰의 텍스트만
  reviews <- gsub("<.+?>|\t","", reviews)               # 특수문자 제거
  reviews <- str_trim(reviews)
  reviews <- str_replace_all(reviews, "[\r\n]" , "")    # 영화 후기
  newr <- data.frame(score, reviews)
  all_reviews <- rbind(all_reviews, newr)
}
View(all_reviews)

write.csv(all_reviews, "movie_review_new.csv", row.names=FALSE),
fileEncoding='EUC-KR'                                   # 저장하는 코드
```

기계학습 기반의 감성 분석을 위하여 우선 다음과 같이 관련 패키지들을 불러온 후 웹 스크래핑한 영화 후기 파일인 movie_review.csv을 읽어 들이고, 영화 후기 자료(reviews)에서 명사와 용어(형용사)들을 추출하여 구조화된 자료를 생성하기 위하여 다음과 같은 ko.words() 사용자 함수를 생성한다.

```
# 감성 분석을 위한 패키지 불러오기
library(KoNLP)                              # 한글 자연어 처리 패키지
library(stringr)                            # 문자열 처리 패키지

# 작업 영역 설정 및 영화 후기 파일 불러오기
setwd("C:/WORK_R")
options("width"=500)
reviewdata <- read.csv("movie_review.csv", header = T, fileEncoding='EUC-KR')
                                            # csv 파일 읽기
reviews <- reviewdata$reviews

# 명사/형용사 추출 함수 생성
ko.words <- function(doc) {
```

```
  d <- as.character(doc)
  pos <- paste(SimplePos09(d))                          # 형태소 분석
  extracted <- str_match(pos, '([가-힣]+)/[NP]') # 형태소에서 한글 명사, 용언 추출
   extracted[,2] <- ifelse(str_detect( extracted[,1], "/P"), paste(extracted[,2],
'다'), paste(extracted[,2]))                             # 용언에 '다' 첨부
  extracted[,2] <- gsub(" ", "", extracted[,2])         # 단어의 공백 삭제
  keyword <- extracted[,2]
  keyword[!is.na(keyword)]
}
```

라인별로 구성된 텍스트 형식의 영화 후기 자료에서 ko.words() 함수를 이용하여 명사와 형용사들만 추출하여 단어들로 구성된 구조화된 자료를 만든다.

```
# 구조화된 자료(단어 산출)
reviewsTermsList <- sapply(reviews, ko.words, USE.NAMES=F)
reviewsTerms <- unlist(reviewsTermsList)
```

기계학습의 대상이 되는 단어를 추출하기 위하여 구조화된 자료에 대한 빈도분석을 수행한다. 기계학습의 대상이 되는 단어는 2글자 이상으로 단어의 출현 빈도를 5번 이상인 단어들을 기계학습의 대상이 된 단어로 선정한다. 이렇게 선정된 자료는 245개로 확인된다.

```
# 2글자 이상의 단어만 필터링
reviewsTerms <- Filter(function(x) {
nchar(x)>=2
}, reviewsTerms)

# 최종 2글자 이상의 단어들의 목록
reviewsTerms                                            # 목록 확인

# 빈도분석 및 단어 선정
library(descr)
freq(reviewsTerms, plot=FALSE)
df <- data.frame(freq(reviewsTerms, plot=FALSE))
df$name <- rownames(df)
```

```
key_words <- df$name[df$Frequency > 5]
length(key_words)
  [1] 245
```

기계학습의 대상이 된 단어를 선정한 후 이들 단어들만 포함된 구조화된 자료를 생성하기 위하여 다음과 같이 자료에 대한 2차 정제를 수행한다.

```
# 2차 자료 정제(출현 빈도 높은 단어로 구성)
szTermsCiontents <- reviewsTermsList
szTermsContents_list <- c()
for (i in 1:1000) {
 szTerms <- unlist(szTermsCiontents[i])
 szTerms <- szTerms[szTerms%in% key_words]
 szTerms <- paste(szTerms,collapse=" ")
 szTermsContents_list <- append(szTermsContents_list, szTerms)
}
new_reviews <- data.frame(reviews=szTermsContents_list, score=reviewdata$score)
new_reviews <- subset( new_reviews, new_reviews$reviews != "")         # 제거

reviews <- new_reviews$reviews
reviews
  [1] "않다 못하다 반지하"
  [2] "보다 영화중 충격적 근데 보다 걷다"
  [3] "지하철 순간 관객 자신 알다"
  [4] "가정부 영화 장르"
  [5] "황금종려상 수상작 보다 있다 자체 좋다"
  [6] "알다 내리다 지하 있다"
  [7] "뭔가 모르다 불쾌한 영화 영화 아니다 보다 가슴 뭔가 영화 나오다 영화"

length(reviews)
  [1] 910

# 단어로 분리
split.words <- function(doc) {
  d <- as.character(doc)
  words <- strsplit(d, " ")
```

```
}

reviewsTermsList <- sapply(reviews, split.words, USE.NAMES=F)
```

기계학습을 위하여 정제가 완료된 상기의 구조화된 자료를 문서-단어 행렬의 벡터 공간 모델을 구성한다. 이전 장에서는 문서-단어 행렬을 구성하기 위하여 tm 패키지의 DocumentTermMatrix() 함수를 사용하였으나, tm 패키지의 경우 한글 처리에 문제가 발생한다. 따라서 다음과 같이 matrix() 함수를 이용하여 문서 수를 행으로 출현 단어 수를 열로 하는 문서-단어 행렬을 생성한 후 구조화된 자료로부터 행렬에 해당하는 단어 빈도수를 산출한다.

```
# 문서-단어 행렬(DTM) 생성
col_cnt  <- length(key_words) -1                    # 문서-단어 행렬 열의 수
row_cnt <- length(reviews)                          # 문서-단어 행렬 행의 수

m_cont <- col_cnt*row_cnt
x <- rep(0, m_cont)                                 # 행렬 값 초기 값 0
dtm <- matrix(x, ncol=col_cnt)                      # 문서-단어 행렬 생성
colnames(dtm) <- key_words[-length(key_words)]

# 문서-단어 행렬 내의 단어 빈도수 산출
for (i in 1:row_cnt) {
 terms <- unlist(strsplit(reviews[i], " "))
 for (ix in 1: length(terms)) {
    term <- terms[ix]
     for (j in 1:col_cnt) {
            if (colnames(dtm)[j] == term) {
                dtm[i,j] <-  dtm[i,j] +1
            }
    }
 }
}

dtm.df <- data.frame(dtm)
```

상기의 생성된 문서-단어 행렬에 기계학습을 위하여 평점을 기반으로 반응변수를 등록한다. 다음과 같이 평점이 5 이상인 경우는 긍정값 1로 5 이하는 0으로 반응변수를 설정한다. View() 함수를 통하여 실행한 [그림 10-9]에서 보면 문서-단어 행렬 마지막에 설정된 1과 0으로 구성된 반응변수(score)가 추가된 것을 볼 수 있다.

```
dtm.df$score <- ifelse((new_reviews$score > 5), 1, 0)    # 반응변수 등록
View(dtm.df)
```

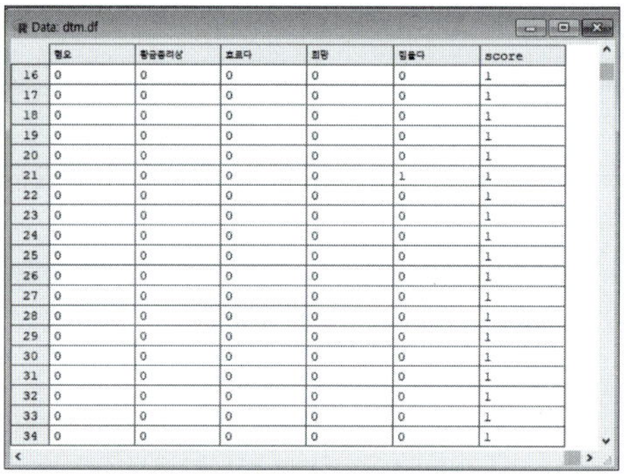
Data: dtm.df

	필요	황금종려상	흐르다	희망	힘들다	score
16	0	0	0	0	0	1
17	0	0	0	0	0	1
18	0	0	0	0	0	1
19	0	0	0	0	0	1
20	0	0	0	0	0	1
21	0	0	0	0	1	1
22	0	0	0	0	0	1
23	0	0	0	0	0	1
24	0	0	0	0	0	1
25	0	0	0	0	0	1
26	0	0	0	0	0	1
27	0	0	0	0	0	1
28	0	0	0	0	0	1
29	0	0	0	0	0	1
30	0	0	0	0	0	1
31	0	0	0	0	0	1
32	0	0	0	0	0	1
33	0	0	0	0	0	1
34	0	0	0	0	0	1

[그림 10-9] 문서-단어 행렬(DTM)

기계학습 기반의 감성 분석은 상기의 [그림 10-9]의 자료를 훈련용 자료와 검정용 자료를 7 대 3으로 구성하여 감성 분석 모형을 구성한다. 감성 분석 모형은 감정 분석 모형 구축에서 주로 활용되는 기계학습 기법인 서포트 벡터 머신(SVM)을 이용한다. svm() 함수는 7장의 서포트 벡터 머신 분류 방식에서 설명한 대로 선형 방식이 텍스트마이닝의 문서 분류 등에서 주로 발생하는 희박 행렬의 자료를 처리할 때 유용하기 때문에 커널 함수 없이 수행한다.

```
# 기계학습 패키지 불러오기
library(e1071)

# 훈련 데이터와 검정 데이터의 비율: 7 대 3
data <- dtm.df
idxs <- sample(1:nrow(data), as.integer(0.7*nrow(data)))
traindata <- data[idxs,]                              # 훈련용 데이터 셋
testdata <- data[-idxs,]                              # 훈련용 데이터 셋
```

```
# 서포트 벡터 머신 분석 모형 생성
model <- svm(score ~ . , traindata, type = "C-classification")
```

구축된 감성 분석 모형의 성능 평가는 우선 검증용 데이터의 실젯값들과 svm() 함수의 예측값들을 신규 데이터프레임으로 구성하고, 그 결과를 정오 분류표로 나타낸다.

```
# 실젯값과 예측값의 데이터프레임 구성
new <- data.frame(실젯값= testdata$score)                        # 관측값
new$예측값 <- predict(model, testdata, decision.values = TRUE)    # 예측값

# 정오 분류표
predict_table <- table(new$예측값, new$실젯값)                # 정오 분류표 작성
names(dimnames(predict_table)) <- c("predicted", "observed")
```

생성된 정오 분류표를 실행하면 다음과 같은 결과들을 볼 수 있다. 결과를 보면 부정적인 후기는 158개의 자료 중 111개는 부정으로 예측하였고, 44는 긍정으로 산출한 예측 오류가 있는 것으로 나타났으며, 긍정적인 후기는 60개만 긍정적인 후기로, 55개를 부정적인 후기로 예측 오류가 높은 것으로 나타났다.

```
predict_table
           observed
  predicted   0   1
          0 157  75
          1  13  28
```

따라서 생성된 감성 분석 모형에 대한 실젯값과 예측값 분류 결과 비율을 산출해 보면 67.8%의 예측 적중률이 있는 것으로 나타났다.

```
# 예측 적중률
new$result <- ifelse(new$실젯값 == new$예측값, "Y", "N")  # 관측값과 예측값 비교 결과
predict_prob <- sum(new$result=="Y")/length(new$result)        # 예측 확률
predict_prob
  [1] 0.6776557
```

연습문제

1 데이터마이닝, 텍스트마이닝, 오피니언마이닝의 유사점과 차이점에 대하여 설명하시오.

2 감성 사전에 대하여 설명하시오.

3 네이버 영화 후기에서 〈극한직업〉 코드 번호(167651)에 대한 리뷰 자료를 수집하여 감성 분석을 하시오.

4 3번 리뷰 자료에 대하여 서포트 벡터 머신 기반을 이용한 기계학습 기반의 감성 분석을 수행하시오

Chapter 11

소셜네트워크 분석

Chapter 11 소셜네트워크 분석

11.1 소셜네트워크 분석 개요

소셜네트워크 분석(social network analysis)은 다수의 점과 이들을 연결하는 선으로 구성된 네트워크 그래프로 사람, 조직과 같은 사회적 객체들에 대한 구조를 분석하는 과정을 의미한다. 소셜네트워크 분석에서는 객체인 노드(node) 사이의 거리를 2차원 평면으로 표시하고, 그들 사이의 관계를 선으로 표시함으로써 자료의 수치만으로는 그들 간의 관계성을 파악하기 어려운 연결 구조를 한눈에 파악할 수 있도록 도와준다. 따라서 소셜네트워크 분석은 기존의 특정 분포도에 근간한 통계 기법들에서 제공하지 못하는 다양한 정보를 직관적인 시각화 방법을 통하여 제공할 수 있다. 특히 최근 소셜네트워크 분석은 실무적으로 사람들의 영향력, 관심사, 성향 및 행동 패턴, 그리고 소문의 중심인 인플루언서(influencer)를 추출하고, 이를 통해 인맥 정보를 제공하여 효과적인 마케팅을 위한 도구로 활용되고 있다.

11.1.1 소셜네트워크 분석 과정

소셜네트워크 분석 과정은 [그림 11-1]에서와 같이 소셜네트워크서비스(SNS)나 웹사이트 또는 고객의 데이터로부터 사용자 정보를 포함하는 프로파일 추출[1]을 통하여 구조화된 데이터를 구성하고 구성된 데이터를 정제·변환한 후 네트워크 분석을 통한 소셜네트워크 그래프를 작성하여 분석을 수행한다. 이후 발견한 사실이나 패턴에 대한 해석 및 평가를 통하여 지식화하는 과정을 걸친다.

1) 프로파일 추출은 수집된 방대한 양의 데이터로부터 개인 특성과 같은 객체의 특성 정보를 추출하는 것을 의미한다.

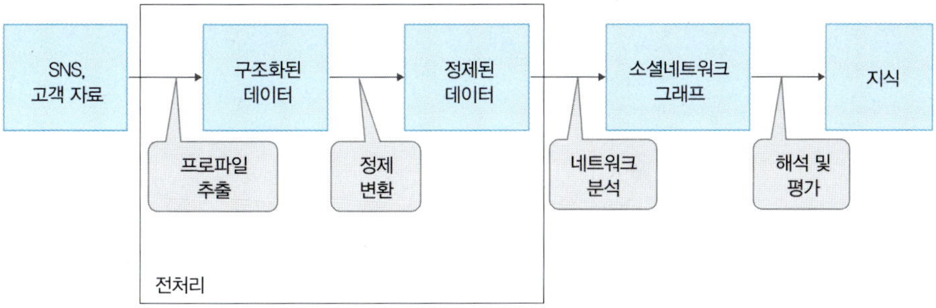

[그림 11-1] 소셜네트워크 분석 과정

11.1.2 네트워크 분석

소셜네트워크 분석은 네트워크 분석 기법에 기반하고 있다. 네트워크 분석(network analysis) 기법은 수학의 그래프 이론(graph theory)[2]에 근간하고 있으며, 개인과 집단과 같은 객체들 간의 관계를 점과 선을 이용한 네트워크 그래프로 시각화하여, 객체들 간의 관계성의 구조나, 확산 및 진화 과정을 계량적으로 분석하는 기법을 말한다. 네트워크 분석은 객체의 속성에 중점을 둔 기존의 통계적인 분석 기법들과 달리, 객체들 간의 상호 관계에 초점을 맞춘 분석 방법이다. 네트워크 분석에서는 [그림 11-2]와 같이 점에 해당하는 노드(node) 사이의 거리를 2차원 평면으로 표시하고, 그들 사이의 관계를 연결선(edge)으로 표시함으로써 자료의 수치만으로는 그 모습을 파악하는데 쉽지 않은 연결 구조를 한눈에 파악할 수 있도록 도와준다. 즉 네트워크 분석은 네트워크 구조와 네트워크 형태의 특징을 도출하고, 네트워크 노드들의 관계성으로 전체의 특징을 설명하거나 전체를 구성하는 네트워크 노드의 영향력 등을 설명하는 것을 목적으로 한다.

2) 그래프 이론은 점과 선으로 연결된 네트워크와 관련된 수학 연구의 한 분야이다. 초기 그래프 이론은 수학 문제(Konigsberg Bridge Problem) 해결을 위하여 시작되었지만, 화학, 생물학, 공학은 물론 최근 사회과학, 언어학 및 컴퓨터과학 분야에서 응용되면서 수학 연구의 중요한 영역으로 성장했다.

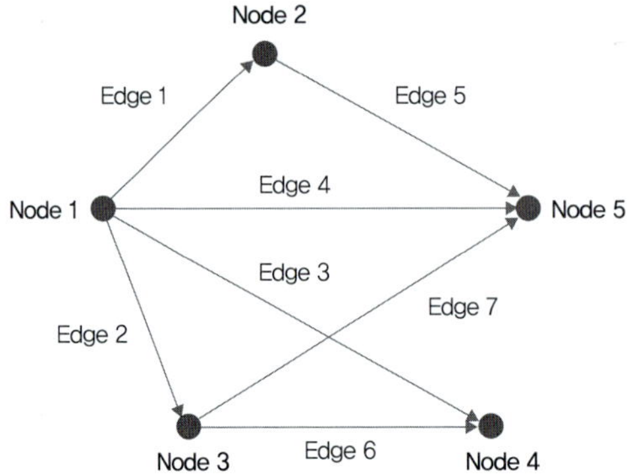

[그림 11-2] 네트워크 그래프

소셜네트워크 분석의 기반이 되는 네트워크 분석은 주변의 많은 것들 예를 들면 인터넷 네트워크, 도로 네트워크, 화합물 구조, 논문 인용 관계, 유전정보, 전염병 전파, 통신망, 전력망 등이 네트워크 형태로 표현될 수 있기 때문에 최근 사회학, 경제학, 경영학을 비롯한 사회과학 분야에서뿐만 아니라 물리학, 의학, 생물학 등의 자연과학 분야 그리고 공학 분야에서도 많이 활용되고 있다.

11.1.3 네트워크 분석 지표

네트워크의 전체적인 구조나 네트워크 노드의 영향력 등을 분석하기 위하여 다양한 네트워크 분석 지표들이 사용된다. 이들 네트워크 분석 지표는 네트워크에서 노드의 상대적 중요성을 나타내는 척도인 중심성과 네트워크에서 노드들의 밀집 정도를 나타내는 밀도, 그리고 노드 수와 연결선 수 등으로 구분된다.

(1) 중심성

중심성(centrality) 분석 지표는 네트워크에서 각각의 노드들의 상대적 중요성을 나타내는 척도를 의미한다. 중심성 분석 지표는 그 계산 방법에 따라 다음과 같이 연결 정도 중심성, 근접 중심성, 중개 중심성 그리고 고유벡터 중심성으로 구분된다.

- 연결 정도 중심성(degree centrality): 연결이 많은 노드가 네트워크에서 중요한 노드라는 시각으로, 연결 정도 중심성 지표는 하나의 노드가 연결되어 있는 노드 수를 근간으로 산출된다.
- 근접 중심성(closeness centrality): 다른 노드들과 근접할수록 중요한 노드라는 시각으로, 근접 중심성 지표는 다른 노드들과의 근접 거리를 근간으로 산출된다.
- 중개 중심성(betweenness centrality): 노드 간 경로(중개 점)에 있는 노드가 중요한 노드라는 시각으로, 중개 중심성 지표는 노드를 몇 개의 경로가 지나가는가를 근간으로 산출된다.
- 고유벡터 중심성(eigenvector centrality): 중요한 노드와 연결된 노드가 중요한 노드라는 시각으로, 연결된 노드의 중요성을 근간으로 산출된다.

상기의 중심성 분석 지표들은 목적에 따라 각 노드가 네트워크 구조 내에서 얼마나 중심에 위치해 있는지를 파악하는 데 활용된다.

(2) 밀도

밀도(density)는 네트워크에서 노드 간의 전반적인 연결 정도 수준을 의미하며, 노드 간 연결 가능한 총 수 대비 실제로 연결된 총 연결 수로 산출된다. 따라서 밀도는 네트워크 내의 노드 간 연결이 많을수록 그 네트워크의 밀도는 높다고 할 수 있다. 밀도는 네트워크의 전체적인 구조를 분석하기 위해 사용된다.

(3) 노드 수, 연결선 수

노드(node) 수와 연결선(edge) 수는 네트워크에서의 노드와 연결선 수를 의미한다. 노드와 연결선 수는 네트워크의 전체적인 규모와 복잡성을 분석하기 위해 사용된다. 즉 노드가 많은 네트워크는 규모가 큰 네트워크를 의미하며, 연결선 수가 많은 네트워크는 밀도가 높은 네트워크를 의미한다.

11.1.4 소셜네트워크 분석 기법

소셜네트워크 분석 기법은 네트워크 모드에 의하여 구분된다. 모드(mode)는 네트워크 분석의 대상이 되는 객체 즉, 네트워크상에 노드들인 소셜 엔티티(social entity)의 집합을 의미하며, 네트워크 모드에 따라 원-모드 소셜네트워크와 투-모드 소셜 네트워크로 구분된다. [그림 11-3]에서와 같이 원-모드 소셜네트워크(one-mode social network)는 동일 차원의 소셜 엔티티들로 구성된 네트워크로 친구나 동료들 간의 네트워크와 같이 개인 인맥 또는 회사들 간의 비즈니스 관계를 나타내는 네트워크들을 의미한다. 투-모드 소셜 네트워크(two-mode social network)는 두 개의 소셜 엔티티 집합들 간의 관계 데이터로부터 생성된 네트워크로 개인 회원과 동호회, 영화배우와 소속사, 기업과 문화재단 관계와 같이 차원이 다른 두 개의 소셜 엔티티 집합들이 결합된 소셜네트워크를 의미한다.

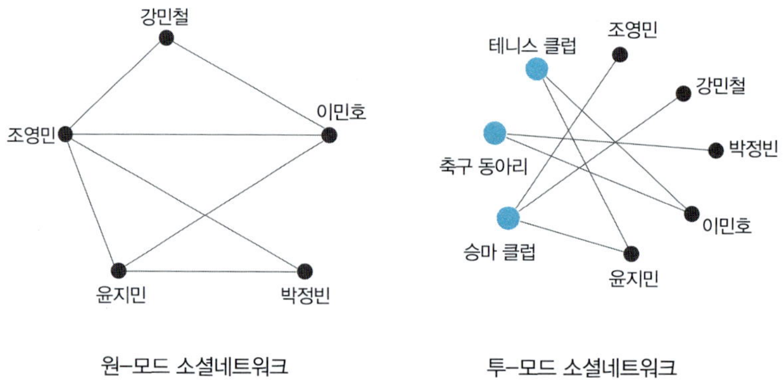

[그림 11–3] 소셜네트워크 모드

따라서 소셜네트워크 분석 기법은 〈표 11–1〉와 같이 소셜네트워크 모드에 따라 원-모드 소셜네트워크 분석과 투-모드 소셜 네트워크 분석으로 구분된다.

〈표 11–1〉 소셜네트워크 분석 기법

분석 기법	설명
원–모드 소셜네트워크 분석	동일 차원의 객체로 불리는 소셜 엔티티들(social entities)로 구성된 소셜네트워크 분석 기법
투–모드 소셜 네트워크 분석	두 개의 소셜 엔티티 집합 간의 관계 데이터로부터 생성된 소셜네트워크 분석 기법

소셜네트워크 분석을 위한 일반적인 유형의 소셜네트워크는 원-모드 소셜네트워크이다. 따라서 일차원 객체들 간의 소셜네트워크 분석을 위하여 투-모드 소셜네트워크를 원-모드 소셜네트워크로 변환하여 사용되기도 한다.

11.2 원-모드 소셜네트워크 분석

11.2.1 원-모드 소셜네트워크 분석 개요

일반적으로 소셜네트워크 분석은 동일 차원의 객체로 불리는 소셜 엔티티들(social entities)로 구성된 소셜네트워크, 즉 원-모드 소셜네트워크(one-mode social network)에 대한 분석이다. 원-모드 소셜네트워크 분석 단계는 [그림 11-4]에서와 같이 동일 차원의 사람 또는 집단인 객체들 간의 관계 테이블을 구성한 후 이를 근접 매트릭스로 생성한 후 이 근접 매트릭스에 근간하여 네트워크 그래프로 생성한다.

사람	사람
강민철	이민호
강민철	조영민
조영민	이민호
윤지민	박정빈
윤지민	이민호
….	….

관계 테이블

	강민철	이민호	박정빈	윤지민	조영민
강민철	–	1	0	0	1
이민호	1	–	0	1	1
박정빈	0	0	–	1	1
윤지민	0	0	1	–	1
조영민	1	1	0	1	–

근접 매트릭스

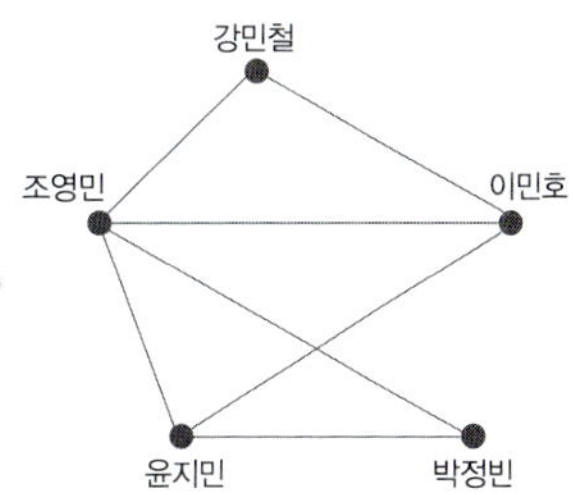

네트워크 그래프

[그림 11-4] 원-모드 소셜네트워크 분석 단계

관계 테이블(relationship table)은 상기 [그림 11-4]에서 보이는 바와 같이 관계가 있는 객체들을 같은 행으로 구성한 테이블을 의미하며, 근접 매트릭스(adjacency matrix)는 객체들 간의 관계를 정사각형 행렬로 표시한 것으로 근접 매트릭스의 행 또는 열 이름들은 네트워크 그래프에서의 노드들이 된다.

11.2.2 원-모드 소셜네트워크 분석 실행 절차

원-모드 소셜네트워크 분석 단계에 근간한 실행 절차는 [그림 11-5]에서와 같이 다양한 경로로 획득한 자료에 대하여 텍스트마이닝과 전처리 과정을 통하여 특정 차원들의 자료로만 구성된 구조화된 객체들의 관계로 이루어진 관계 테이블을 설정하고, 이를 근접 매트리스 분석을 통하여 근접 매트리스를 구성한다. 이후 네트워크 그래프 작성을 통하여 소셜네트워크 분석을 실시한다.

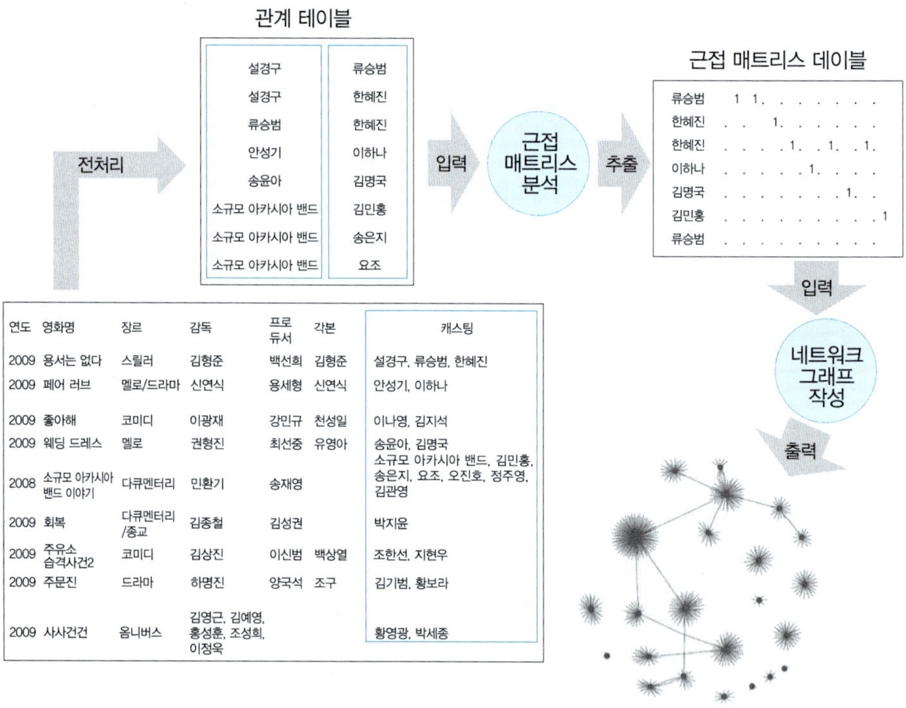

[그림 11-5] 원-모드 소셜네트워크 분석 실행 절차

11.2.3 원-모드 소셜네트워크 예시 데이터

원-모드 소셜네트워크 분석을 위한 예시 데이터는 movies.csv 데이터이다. movies.csv 데이터는 영화진흥위원회(https://www.kofic.or.kr/)가 제공하는 한국영화 제작 상황판을 근

간으로 구성되었다. 예시 데이터는 2008년부터 2010년까지의 99개의 선별된 한국영화 관련 데이터로 다음과 같이 영화명, 장르, 감독, 프로듀서, 각본, 캐스팅 및 크랭크인, 크랭크업, 투자사, 배급사, 제작사, 연락처, 개봉(예정) 등의 영화 정보 등이 포함되어 있다.

〈표 11-2〉 원-모드 소셜네트워크 분석 예시 자료

연도	영화명	장르	감독	프로듀서	각본	캐스팅
2009	용서는 없다	스릴러	김형준	백선희	김형준	설경구, 류승범, 한혜진
2009	페어 러브	멜로/드라마	신연식	용세형	신연식	안성기, 이하나
2009	아빠가 여자를 좋아해	코미디	이광재	강민규	천성일	이나영, 김지석
2009	웨딩 드레스	멜로	권형진	최선중	유영아	송윤아, 김명국
2009	주유소 습격사건 2	코미디	김상진	이신범	백상열	조한선, 지현우

11.2.4 원-모드 소셜네트워크 분석 실행

원-모드 소셜네트워크 분석 실행은 동일 영화에 출연한 배우들 즉, 영화별로 구성된 예시 데이터의 캐스팅 항목 정보를 활용하여 개인 차원의 배우들 간의 관계성을 분석한다. 본 예시의 원-모드 소셜네트워크 분석은 같이 출연한 영화가 많은 경우 배우들은 높은 관계성을 가지고 있는 것으로 가정된다.

1) 소셜네트워크 분석을 위한 필요 패키지

소셜네크워크 분석을 위한 필요 패키지는 네트워크 그래프를 지원하는 패키지인 igraph 패키지와 데이터를 정제 시 필요한 stringr 패키지가 필요하다. 다음과 같이 install.packages() 함수를 이용하여 이들 패키지들을 우선 설치한다.

```
# 네트워크 그래프 지원 패키지 설치
install.packages("igraph")                    # 네트워크 그래프 지원 패키지

# 전처리 시 필요 패키지 설치
install.packages("stringr")                   # 문자열 처리 패키지
```

필요에 따라 추가적으로 다음과 같이 "rgl" 패키지를 설치하면 네트워크 그래프를 3차원으로 표현할 수도 있다.

```
# 3차원 그림으로 보기
install.packages("rgl")
```

2) 원-모드 소셜네트워크 분석 실행 예시

한국영화 배우들에 대한 원-모드 소셜네트워크 분석을 위하여 우선 다음과 같이 관련 패키지들은 불러오고 분석 자료를 가져온다.

```
# 패키지 불러오기
library(igraph)                                    # 네트워크 그래프 지원 패키지
library(stringr)                                   # 문자열 처리 패키지

# 분석 자료 가져오기
setwd("C:/WORK_R")
movie_data <- read.csv("movies.csv", header = T, fileEncoding="EUC-KR")
View(movie_data)                                   # 자료 보기
```

관계 테이블 작성을 위하여 예시 데이터의 캐스팅 항목에서 다음과 같이 영화배우들을 추출하여 관계 테이블을 작성한다. 예시 데이터의 캐스팅 항목의 영화배우들은 ','로 구분되어 있기 때문에 자료를 분리시키는 stringr 패키지의 strsplit() 함수를 이용하여 영화별로 출연 배우들이 포함된 벡터형 자료로 구성하고, 출연 영화배우들 간의 관계성을 설정하기 위하여 생성된 벡터형 자료를 매트리스 자료로 변경한다. 이후 igraph 패키지의 get.data.frame() 함수를 이용하여 매트리스 자료를 관계 테이블로 변경하여 전체 관계 테이블을 작성한다.

```
# 관계 테이블 생성
relation_table <- NULL
for(i in 1:nrow(movie_data))
  {
```

```
            # 영화별 영화배우의 벡터 자료 생성
            v <- unlist(strsplit(as.character(movie_data$캐스팅[i]), split=","))
            # 벡터 자료를 매트릭스로 변경
            n_row <- length(v)
            n_col <- length(v)
            mat <- matrix(1, nrow=n_row, ncol=n_col)
            colnames(mat) <- v
            rownames(mat) <- v
            # 매트릭스 자료를 관계 테이블로 생성
            tmp <- get.data.frame(graph_from_adjacency_matrix(mat, mode="lower"))
            relation_table <- rbind(relation_table, tmp)
    }
head(relation_table)
     from    to
  1  설경구  설경구
  2  설경구  류승범
  3  류승범  류승범
  4  설경구  한혜진
  5  류승범  한혜진
  6  한혜진  한혜진
```

상기에 생성된 관계 테이블이 공백과 다른 특수 문자들이 포함되어 있어 다음과 같이 자료의 정제 작업을 위한 전처리를 수행한다.

```
# 관계 테이블 정제 및 전처리
relation_table$from <- trimws(relation_table$from)       # 공백 제거
relation_table$to <- trimws(relation_table$to)           # 공백 제거
relation_table <- subset(relation_table, from!=to)       # 동일 자료 제거
relation_table <- na.omit(relation_table)                # NA 자료 제거
```

이후 단계는 근접 매트릭스를 생성하는 단계로 상기 관계 테이블에 대하여 다음과 같이 igraph 패키지의 graph_from_data_frame() 함수를 이용하여 소셜네트워크 오브젝트를 생성하고 as_adjacency_matrix() 함수를 이용하여 작성된 근접 매트릭스를 확인한다.

```
# 소셜네트워크 오브젝트 생성 및 근접 매트리스 확인
g <- graph_from_data_frame(relation_table, directed = F) # 소셜네트워크 오브젝트
as_adjacency_matrix(g)                                   # 근접 매트리스 보기
  280 x 280 sparse Matrix of class "dgCMatrix"
     [[ suppressing 280 column names ‘설경구’, ‘류승범’, ‘안성기’ ... ]]

  설경구            . 1 . . . . . . . . . . . . . . . . . . . . . . . . . . . . . . . . . . . . . . .
  류승범            1 . . . . . . . . . . . . . . . . . . . . . . . . . . . . . . . . . . . . . . . .
  안성기            . . . . . . . . . . . . . . . . . . . . . . . . . . . . . . . . . . . . . . . . .
  이나영            . . . . . . . . . . . . . . . . . . . . . . . . . . . . . . . . . . . . . . . . .
  송윤아            . . . . . . . . . . . . . . . . . . . . . . . . . . . . . . . . . . . . . . . . .
  조한선            . . . . . . . . . . . . . . . . . . . . . . . . . . . . . . . . . . . . . . . . .
  김기범            . . . . . . . . . . . . . . . . . . . . . . . . . . . . . . . . . . . . . . . . .
  서태지 밴드(서태지 . . . . . . . . 1 1 1 . . . . . . . . . . . . . . . . . . . . . . . . . . . . . .
  안성훈            . . . . . . 1 . 1 1 . . . . . . . . . . . . . . . . . . . . . . . . . . . . . . .
  김석중            . . . . . . . 1 1 . 1 . . . . . . . . . . . . . . . . . . . . . . . . . . . . . .
  최현진            . . . . . . . 1 1 1 . . . . . . . . . . . . . . . . . .
```

상기의 근접 매트리스를 보면 280명의 영화배우들이 열과 행 이름으로 구성되어 영화배우들 간 관계있는 경우는 1로, 없는 경우로 0으로 대부분이 0로 구성된 희소행렬(sparse matrix)로 구성되어 있다. 소셜네트워크 오브젝트가 생성되면 plot() 함수를 이용하여 네트워크 그래프를 작성한다. 네트워크의 형상을 나타내는 레이아웃(layout)은 노드끼리 뭉치거나 연결선이 겹치는 것을 방지해 소셜네트워크 모양이 미적으로 보기 좋아 가장 일반적으로 사용되는 'layout.fruchterman.reingold' 알고리즘을 이용한다. 추가적으로 다음과 같이 노드에 대한 vertex.size 옵션과 연결선에 대한 edge.arrow.size 옵션을 이용하여 그래프에서의 노드의 크기와 연결선의 화살표 크기를 지정할 수 있다.

```
# 소셜네트워크 그래프 작성
plot(g, layout=layout.fruchterman.reingold, vertex.size =2, edge.arrow.size = 2)
```

상기의 명령어로 생성된 원-모드 소셜네트워크는 [그림 11-6]과 같이 나타난다.

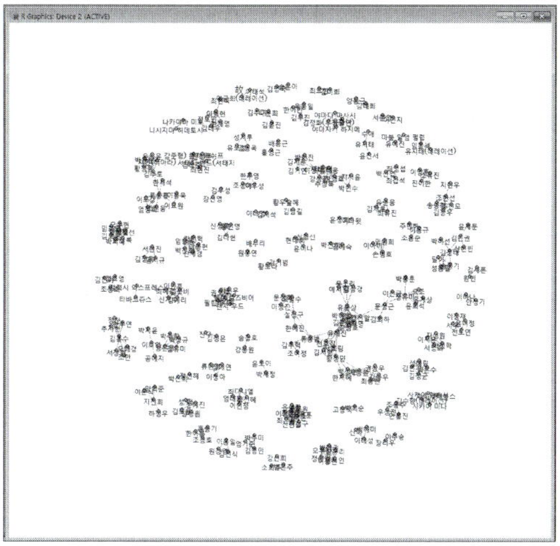

[그림 11-6] 소셜네트워크 그래프

igraph 패키지를 이용한 소셜네트워크 그래프 작성 시 그래프 모양은 상기에서 사용한 'layout.fruchterman.reingold' 레이아웃 알고리즘이외에 [그림 11-7]의 소셜네트워크 그래프 레이아웃 예시와 같이 "layout.circle", "layout.grid", "layout.random", "layout.spring", "layout.kamada.kawai" 등과 같은 다양한 레이아웃 알고리즘을 사용하여 표현할 수 있다.

circle 레이아웃

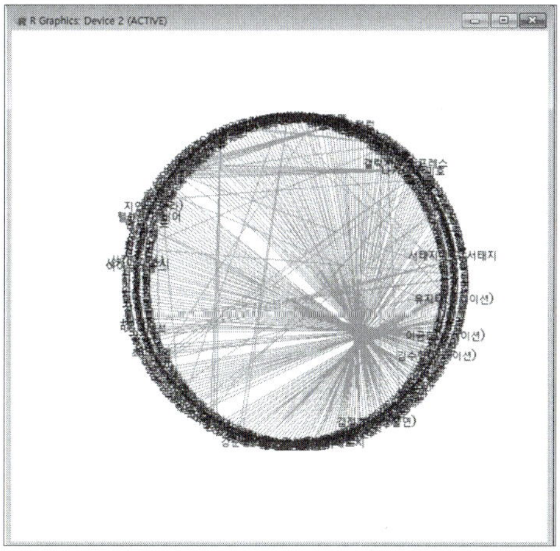

kamada.kawai 레이아웃

[그림 11-7] 소셜네트워크 그래프 레이아웃 예시

또한 소셜네트워크 그래프는 〈표 11-3〉과 〈표 11-4〉에서와 같은 노드와 연결선에 대한 옵션들을 이용하여 노드와 연결선의 색상과 모양을 다양하게 표현할 수 있다.

〈표 11-3〉 노드 옵션

옵션	설명
vertex.color	노드 색상
vertex.frame.color	노드 테두리 색상
vertex.shape	노드 모양: none, circle, square, csquare, rectangle, crectangle, vrectangle, pie, raster, sphere
vertex.size	노드의 크기
vertex.size2	노드의 두 번째 크기
vertex.label	노드에 레이블을 지정하는 데 사용되는 문자형 벡터
vertex.label.family	범례의 글꼴
vertex.label.font	글꼴: 1 plain, 2 bold, 3 italic, 4 bold italic, 5 symbol
vertex.label.cex	글꼴 크기
vertex.label.dist	범례와 노드 사이의 거리
vertex.label.degree	노드와 관련된 범례 위치: 0 오른쪽, pi 왼쪽, "pi/2 아래, – pi/2" 위

〈표 11-4〉 연결선 옵션

에지 옵션	설명
edge.color	선 색상
edge.width	선 너비
edge.arrow.size	화살표 크기
edge.arrow.width	화살표 너비
edge.lty	선 유형: 0 또는 ‘blank’, 1 또는 ‘solid’, 2 또는 ‘dashed’, 3 또는 ‘dotted’, 4 또는 ‘dotdash’, 5 또는 ‘longdash’, 6 또는 ‘twodash’
edge.label	선에 범례를 지정하는 데 사용되는 문자형 벡터
edge.label.family	범례의 글꼴
edge.label.font	글꼴: 1 plain, 2 bold, 3, italic, 4 bold italic, 5 symbol
edge.label.cex	글꼴 크기
edge.curved	선 곡률, 범위: 0–1
arrow.mode	선의 화살표 유형: 0 화살표 없음, 1 뒤, 2 앞, 3 양쪽

3) 원-모드 소셜네트워크 분석 지표

(1) 네트워크 분석 지표

상기에서 생성된 소셜네트워크 오브젝트에 대하여 다양한 네트워크 분석 지표 지원 함수들을 이용하여 분석 지표들을 생성하고, 네트워크와 노드들의 중심성 정도를 분석할 수 있다. 네트워크 분석 지표인 노드 수와 연결선 수는 다음과 같이 vcount()와 ecount() 함수를 이용하여 생성할 수 있다. 상기 소셜네트워크 오브젝트에 대한 노드 수는 280로 나타나 소셜네트워크의 영화배우 수는 280명임을 알 수 있다.

```
# 노드 수 에지 수
vcount(g)                              # 노드(node) 수
  [1] 280

ecount(g)                              # 에지(edge) 수
  [1] 425
```

네트워크 밀도에 대한 분석 지표는 다음과 같은 graph.density() 함수 명령으로 산출할 수 있다.

```
# 네트워크 밀도
graph.density(g)
  [1] 0.0108807
```

(2) 노드 중심성 분석 지표

네트워크에서 노드의 중요도를 나타내는 분석 지표들인 연결성 정도 중심성, 근접 중심성, 중개 중심성 그리고 고유벡터 중심성 지표들은 다음과 같이 degree(), closeness(), betweenness() 그리고 eigen_centrality() 함수를 이용하여 생성할 수 있다. 중심성 함수들의 'normalized=TRUE' 옵션은 분석 지표 값들을 정규화하여 보여 준다.

```
# 연결 정도 중심성 지표
degree(g)                                    # 노드의 연결 정도
degree(g, normalized=TRUE)                   # 노드의 연결 정도 값의 정규화
          설경구      류승범      안성기      이나영      송윤아
               5           7           1           1           1
 서태지 밴드(서태지     안성훈      김석중      최현진      김정은
               4           4           4           4           1
          배용근      지진희      서준영      나문희      감우성
               1           3           1           2           1

# 근접 중심성 지표
closeness(g)                                 # 노드의 근접 중심성
closeness(g, normalized=TRUE)                # 노드의 근접 중심성의 정규화

# 근접 중심성 지표
betweenness(g)                               # 노드의 중개 중심성
betweenness(g, normalized=TRUE)              # 노드의 중개 중심성의 정규화

# 고유벡터 중심성 지표
eigen_centrality(g)                          # 고유벡터 중심성
```

상기의 노드들 연결 정도 중요성 지표들 다음과 같은 명령어들을 사용하여 내림차순으로 정렬하면 소셜네트워크에서 영화배우들의 연결 중심성 순위를 볼 수 있다.

```
# 연결 정도 중심성 정렬
df <- data.frame(degree=degree(g, normalized=TRUE)) # 연결 정도 중심성
df$name <- rownames(df)
rownames(df) <- NULL
df <- df[order(-df$degree),]                        # 연결 중심성 내림차순 정렬
head(df)
        degree    name
110 0.04659498 유해진
57  0.03584229 유준상
33  0.03225806 강신일
73  0.02867384 이성재
144 0.02867384 방동원
```

```
145 0.02867384 진다은
```

상기의 연결 정도 중심성 내림차순 정렬 자료에서 보면 "유해진", "유준상", "강신일" 등이 다른 영화배우들과 높은 연결 관계를 가지고 있는 중심 배우임을 알 수 있다.

11.2.5 소셜네트워크 시각화 분석 전용 프로그램 활용

R의 그래프 기능을 이용하여 노드 수가 많은 소셜네트워크를 시각화 분석할 경우 [그림 11-7] 소셜네트워크 그래프에서 보이는 바와 같이 그래프가 작고 복잡하여 시각화 분석에 어려움이 있다. 따라서 소셜네트워크 시각화 분석은 네트워크 분석 및 시각화 전용 프로그램을 사용하는 것이 바람직하다. Gephi는 NetBeans 플랫폼에서 Java로 작성된 소셜네트워크 분석과 시각화를 지원하는 오픈소스 무료 소프트웨어 패키지로 최근 학계 및 실무에서 광범위하게 사용되고 있다.

1) R에서 Gephi 활용 자료 생성

Gephi를 이용한 소셜네트워크 시각화 분석을 위한 자료를 생성하기 위하여 다음과 같이 이전 장에서 생성된 정제 및 전처리가 완료된 관계 테이블을 경로 파일로 생성하고 write.csv() 함수를 이용하여 csv 파일로 저장한다. 파일 저장 시 Gephi에서의 한글 처리 방식과 일치시키기 위하여 fileEncoding="UTF-8"로 설정하여 저장한다.

```
# Gephi용 경로 파일 생성
edges <- relation_table                                    # 관계 테이블
edges$Weight <- 1
colnames(edges) <- c("Source","Target", "Weight")
write.csv(edges, "edges.csv",row.names=FALSE, fileEncoding="UTF-8")
```

2) Gephi 설치 및 실행

Gephi 설치는 다음의 공식 홈페이지에 접속하여 설치 파일을 다운로드받아 설치를 하면 된다.

Gephi 공식 홈페이지: https://gephi.org

윈도우에서의 Gephi의 실행은 상기의 웹사이트에서 파일을 다운로드받아 Gephi를 기본적으로 설치하였을 경우 바탕화면에 생성된 Gephi 아이콘을 실행하면 된다.

3) Gephi 소셜네트워크 시각화 분석

Gephi를 실행하면 다음 [그림 11-8]과 같은 화면이 나타나고 새로운 프로젝트(New Project)를 선택하여 소셜네트워크 시각화 분석을 시작할 수 있다.

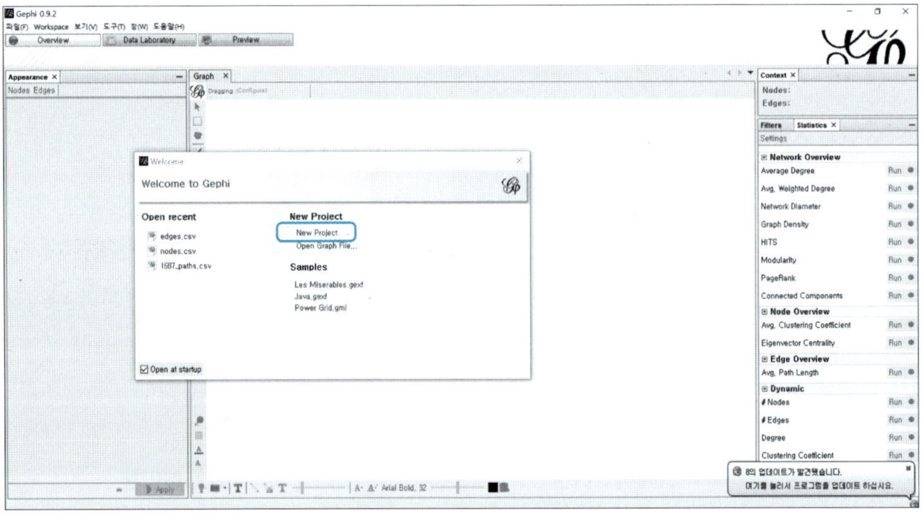

[그림 11-8] Gephi 실행 초기 화면

새로운 프로젝트(New Project)를 선택한 후 R에서 생성한 파일인 경로 파일 edges.csv를 이용하여 소셜네트워크 시각화 분석을 수행하기 위하여 다음 [그림 11-9]과 같이 상단의 Data Laboratory 선택한 후 세부 메뉴인 Import Spreadsheet를 선택하여 R에서 생성한 경로 파일인 edges.csv를 선택 후 열기를 한다.

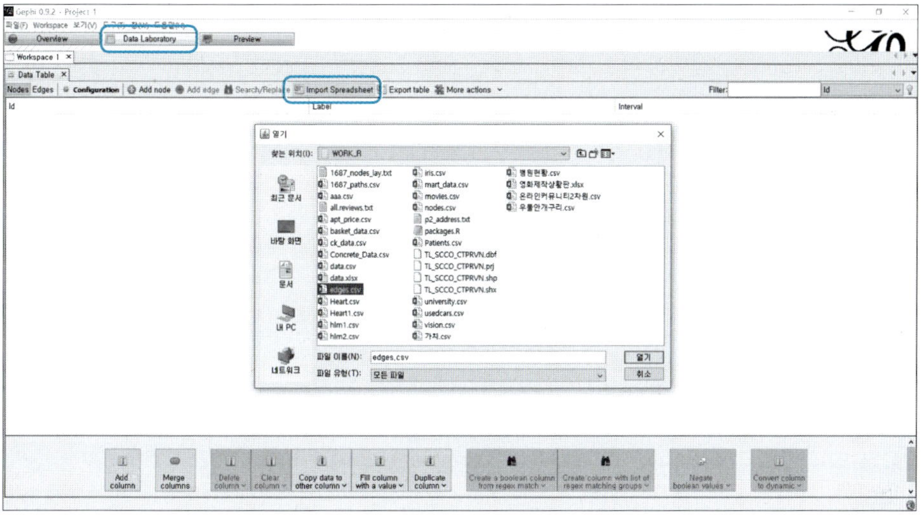

[그림 11-9] 자료 불러오기

선택된 edges.csv가 네트워크의 경로 자료이기 때문에 다음 [그림 11-10]과 같이 Edges table과 시작점인 Source, 끝점인 Target, 그리고 가중치인 Weight 등을 확인한 후 다음을 선택한다.

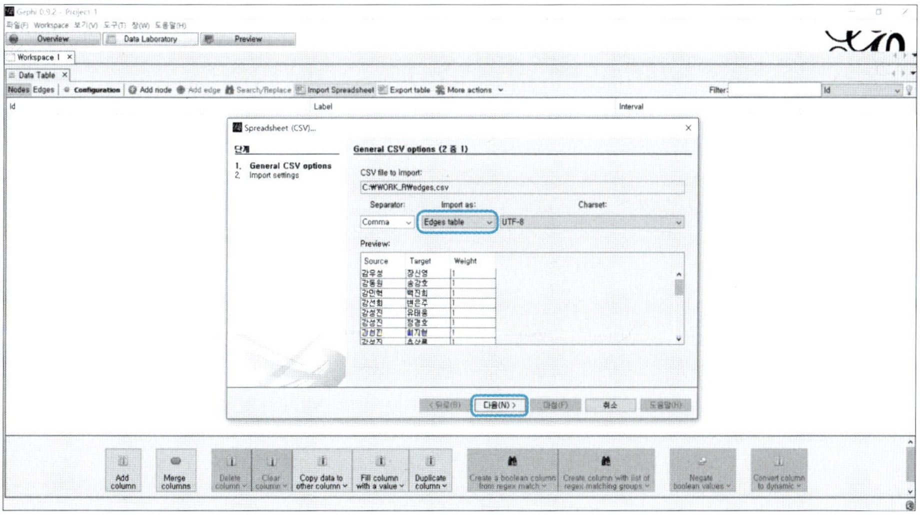

[그림 11-10] 자료 설정하기

이후 불러온 자료에 노드 레이블을 설정한다. 다음 [그림 11-11]과 같이 하단의 Copy data to other column을 선택하여 노드의 명칭인 id를 노드의 label로 복사 설정 후 확인 버튼을 선택한다.

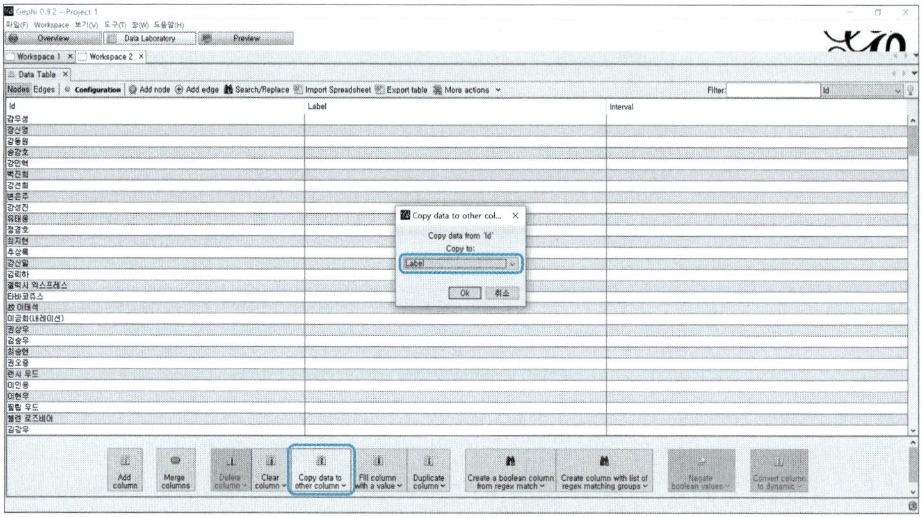

[그림 11-11] 자료 설정하기

노드 레이블에 대한 설정이 끝나면 다음 [그림 11-12]와 같이 상단의 Overview 탭을 선택하여 기본적으로 작성된 네트워크 그래프를 확인한다.

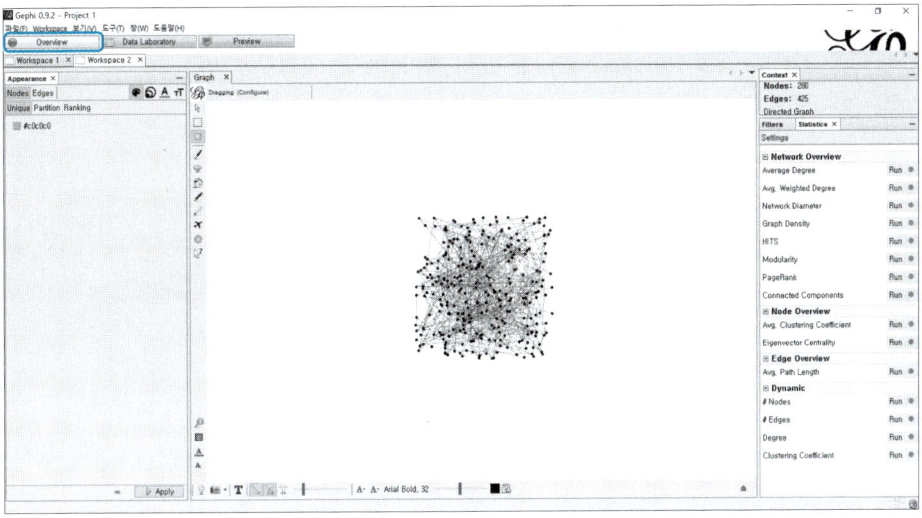

[그림 11-12] 네트워크 그래프 확인

[그림 11-12]에서 노드의 레이블이 보이지 않기 때문에 노드 네트워크 그래프 내의 노드의 레이블(label)을 설정하기 위해 다음 [그림 11-13]과 같이 하단이 텍스트를 나타내는 T를 선택하고 폰트를 선택 후 확인한다.

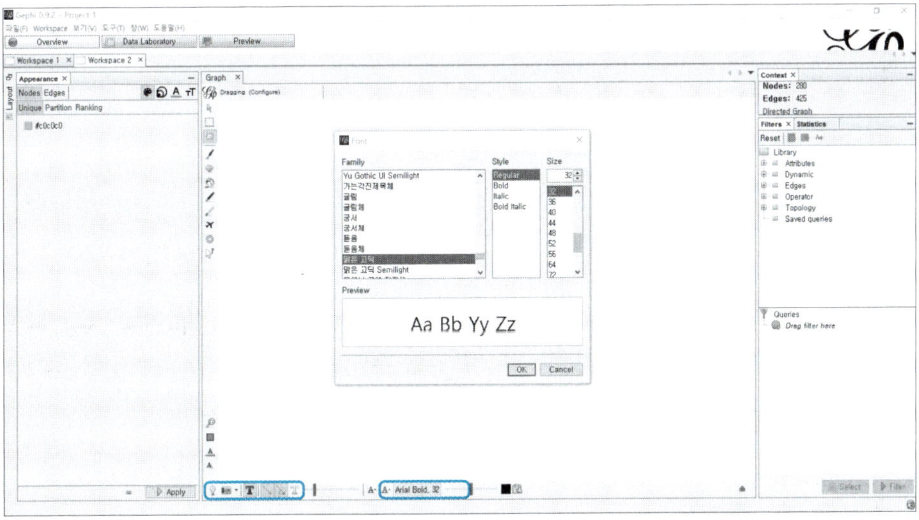

[그림 11-13] 노드의 레이블 설정

[그림 11-13]에서 노드의 레이블을 설정하고 최종적으로 [그림 11-14]와 같이 메뉴에서 Layout을 선택한 후에 fruchterman.reingold 레이아웃을 포함한 다양한 layout 알고리즘을 선택하여 소셜네트워크 그래프 분석을 수행한다.

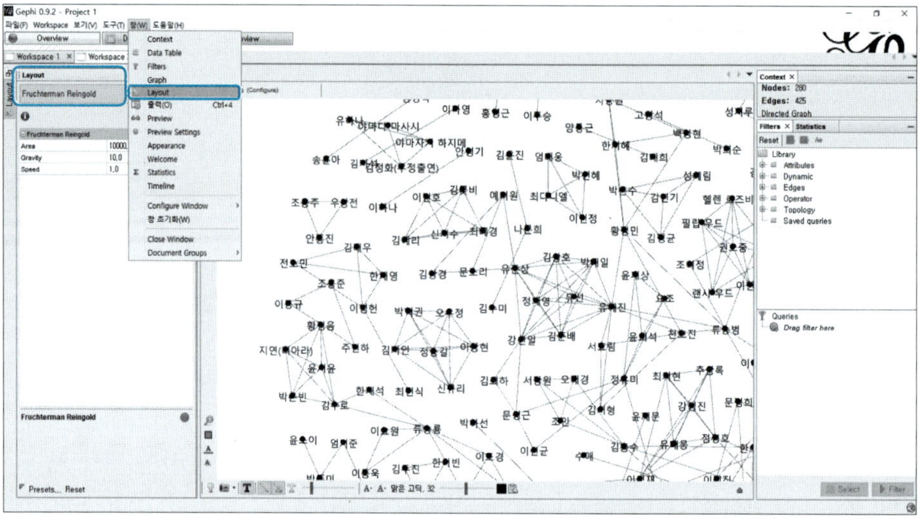

[그림 11-14] 그래프 레이아웃 설정

11.3 투-모드 소셜네트워크 분석

11.3.1 투-모드 소셜네트워크 분석 개요

투-모드 소셜 네트워크(two-mode social network)는 두 개의 소셜 엔티티 집합 간의 관계 데이터로부터 생성된 소셜네트워크를 의미한다. 투-모드 소셜네트워크 분석을 위한 실행 절차는 [그림 11-15]에서와 같이 우선 관계성을 가지는 변수들인 시작 변수와 종점 변수 간의 관계 테이블을 구성한다. 이후 이를 근접 매트리스로 생성한 후 이 근접 매트리스에 근간하여 네트워크 그래프로 생성한다.

[그림 11-15] 네트워크 분석 실행 절차

11.3.2 투-모드 소셜네트워크 분석 실행 절차

투-모드 소셜네트워크 분석 단계에 근간한 실행 절차는 [그림 11-16]에서와 같이 차원이 다른 시작 변수와 종점 변수가 포함된 데이터를 가지고 근접 매트리스 분석을 통하여 행렬 값들로 이루어진 근접 매트리스 자료를 구성한다. 이후 네트워크 그래프 작성을 통하여 투-모드 소셜네트워크 분석을 실시한다.

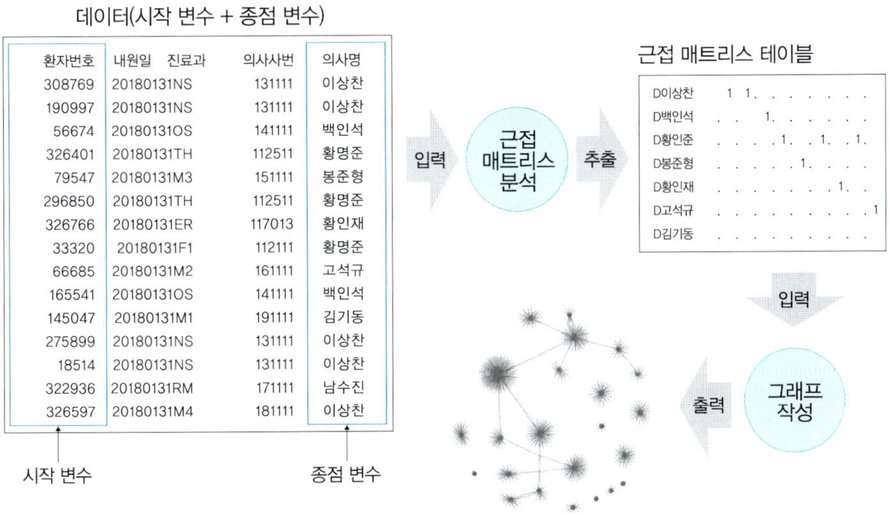

[그림 11-16] 투-모드 소셜네트워크 분석 절차

11.3.3 투-모드 소셜네트워크 예시 데이터

투-모드 소셜네트워크 분석을 위한 예시 데이터는 patients.csv 데이터이다. patients.csv 데이터는 특정 병원의 내원한 환자들의 데이터이다. 환자 706명의 병원 내원 현황에 대한 데이터로 환자와 진료 의사가 포함되어 있으며, 환자번호, 내원일, 진료과, 의사사번, 의사명 등의 항목들이 포함되어 있다.

〈표 11-5〉 투-모드 소셜네트워크 분석 예시 자료

환자번호	내원일	진료과	의사사번	의사명
308769	20180131	NS	131111	이상찬
190997	20180131	NS	131111	이상찬
56674	20180131	OS	141111	백인석
326401	20180131	TH	112511	황명준
79547	20180131	M3	151111	봉준형

11.3.4 투-모드 소셜네트워크 분석 실행

투-모드 소셜네트워크 분석을 위하여 우선 예시 데이터에서 시작 변수와 종점 변수를 추출하여 관계 테이블을 작성한다. 환자와 의사를 구분하여 노드를 표현하기 위하여 시작 변수는 환자의 번호에 "P"를 붙이고 종점 변수는 의사명으로 관계 테이블을 작성한다.

```
# 패키지 불러오기
library(igraph)                                    # 네트워크 그래프 지원 패키지
library(stringr)                                   # 문자열 처리 패키지

# 분석 자료 가져오기
setwd("C:/WORK_R")
options("width"=1000)
data <- read.csv("patients.csv", head=T, fileEncoding="EUC-KR")
relation_table <- data.frame(환자=paste0("P", data$환자번호), 의사=data$의사명)
```

```
relation_table                                    # 관계 테이블
        환자    의사
  1  P308769 이상찬
  2  P190997 이상찬
  3   P56674 백인석
  4  P326401 황명준
  5   P79547 봉준형
  6  P296850 황명준
```

이후 단계는 소셜네트워크 오브젝트를 생성하고 근접 매트리스를 확인하는 단계로, 생성된 관계 테이블에 대하여 다음과 같은 graph_from_data_frame() 함수를 이용하여 소셜네트워크 오브젝트를 생성하고 근접 매트리스를 확인한다.

```
# 소셜네트워크 오브젝트 생성 및 근접 매트리스 확인
g <- graph_from_data_frame(relation_table, directed = F) # 소셜네트워크 오브젝트
as_adjacency_matrix(g)                                    # 근접 매트리스 보기
  705 x 705 sparse Matrix of class "dgCMatrix"
     [[ suppressing 493 column names 'P308769', 'P190997', 'P56674' ... ]]
     [[ suppressing 493 column names 'P308769', 'P190997', 'P56674' ... ]]


  P308769  . . . . . . . . . . . . . . . . . . . . . . . . . . . . . . . . . . . . . . . . . . . . .
  P190997  . . . . . . . . . . . . . . . . . . . . . . . . . . . . . . . . . . . . . . . . . . . . .
  P56674   . . . . . . . . . . . . . . . . . . . . . . . . . . . . . . . . . . . . . . . . . . . . .
  P326401  . . . . . . . . . . . . . . . . . . . . . . . . . . . . . . . . . . . . . . . . . . . . .
  ...
  이상찬   1 1 . . . . . . . . . 1 1 . 1 . . . . 1 . . . . . . . 1 . . . . . . . . . . . . . . 1 . . . .
  백인석   . . 1 . . . . . . 1 . . . . . . . . . . . . . . . . . . . . . . . . . . 1 . . . . . . 1 . 1 .
  황명준   . . . 1 . 1 . 1 . . . . . . . . . . . . . . . . . . . . . . . . . . . . . . . . . . . . .
  봉준형   . . . . 1 . . . . . . . . . . 1 1 1 1 . 1 1 1 1 1 1 1 . 1 1 1 1 1 1 1 1 . . . . . . . . . . .
  황인재   . . . . . . 1 . . . . . . . . . . . . . . . . . . . . . . . . . . . . . . . . . . . . . .
  고석규   . . . . . . . . 1 . . . . . . . . . . . . . . . . . . . . . . . . . . . . 1 . . . . . . .
```

상기의 근접 매트리스를 보면 705명의 환자와 의사들이 열과 행이름으로 구성되어 있다. 관계가 경우는 1로, 없는 경우로 0으로 되어 있으며 대부분이 0으로 구성된 희소행렬(sparse matrix)로 구성되어 있다.

투-모드 소셜네트워크 그래프에서 차원이 다른 노드를 색상으로 구분하기 위하여 다음과 같이 환자인 시작 변수 노드에는 빨간색, 의사인 종점 변수 노드에는 초록색 색상으로 설정하기 위하여 다음과 같은 colors 벡터를 생성한다.

```
node_name <- V(g)$name                          # 네트워크 노드의 이름
gubun <- str_sub(node_name, start=1, end=1)     # 노드의 구분

# 노드의 색상 표시를 위한 벡터 생성
colors <- c()
for (i in 1:length(gubun)) {
  if (gubun[i] == 'P') {
  colors <- c(colors,"red")                     # 환자 표시 노드는 빨간색
  } else {
  colors <- c(colors,"green")                   # 의사 표시 노드는 초록색
  }
}
```

또한 시작 변수 노드와 종점 변수 노드의 크기도 다르게 표시하기 위하여 다음과 같이 size 벡터를 생성한다. 아울러 소셜네트워크에 표시되는 노드의 레이블에서 환자는 많기 때문에 표시하지 않고 의사들만 표시하기 위하여 노드 레이블 설정과 관련한 n_names 벡터도 다음과 같이 생성한다.

```
# 노드의 크기를 위한 벡터 생성
sizes <- c()
for( i in 1:length(gubun)) {
  if (gubun[i] == 'P') {
  sizes <- c(sizes,2)                           # 환자 표시 노드는 크기
  } else {
  sizes <- c(sizes,8)                           # 의사 표시 노드는 크기
  }
}
```

```
# 노드의 레이블을 위한 벡터 생성
n_names <- c()
for ( i in 1:length(gubun)) {
  if(gubun[i] == 'P') {
  n_names <- c(n_names, NA )                    # 환자 노드 명칭은 NA로 설정
  } else {
  n_names <- c(n_names, node_name[i] )          # 의사 노드 명칭은 의사명
  }
}
```

소셜네트워크 그래프는 다음과 같이 plot() 함수를 이용하여 생성할 수 있다. 상기에서 생성한 colors, sizes, n_names 벡터들을 이용하여 투-모드 소셜네트워크 그래프에서 노드 색상, 크기, 그리고 레이블을 설정하고, 또한 연결선의 화살표 크기도 설정한 후 layout.fruchterman.reingold.grid 알고리즘을 이용하여 투-모드 소셜네트워크 그래프를 생성한다.

```
# 투-모드 소셜네트워크 그래프 생성
plot(g,layout=layout.fruchterman.reingold, vertex.size =sizes, edge.arrow.size =
0.5, vertex.color=colors, vertex.label = n_names)
```

상기의 명령어로 생성된 투-모드 소셜네트워크 그래프는 [그림 11-17]과 같이 화면에 나타난다. 투-모드 소셜네트워크 그래프에서 의사는 초록색, 환자는 빨간색 노드로 표기되어 있고 일부 의사들은 환자를 매개로 연결된 것도 확인할 수 있다.

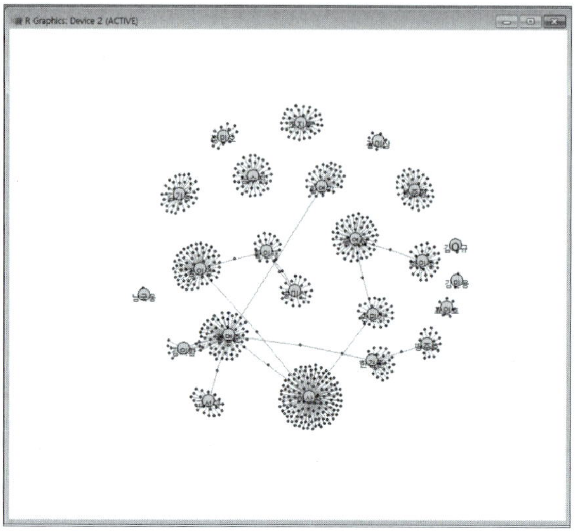

[그림 11-17] 투-모드 소셜네트워크 그래프

참고로 다음과 같이 rgl 패키지의 open3d() 함수를 이용하면 3D 네트워크 그래프들을 생성할 수 있다.

```
# 3차원 그림으로 보기
library(rgl)

# fruchterman.reingold 레이아웃
coords <- layout.kamada.kawai(g,dim =3)
open3d()
rglplot(g,vertex.size=3, vertex.label = NA,vertex.size =sizes,
vertex.color=colors,edge.arrow.size=2, layout=coords)

# kamada.kawai 레이아웃
coords <- layout.kamada.kawai(g,dim =3)
open3d()
rglplot(g,vertex.size=3, vertex.label = NA,vertex.size =sizes,
vertex.color=colors,edge.arrow.size=2, layout=coords)
```

fruchterman.reingold 레이아웃

kamada.kawai 레이아웃

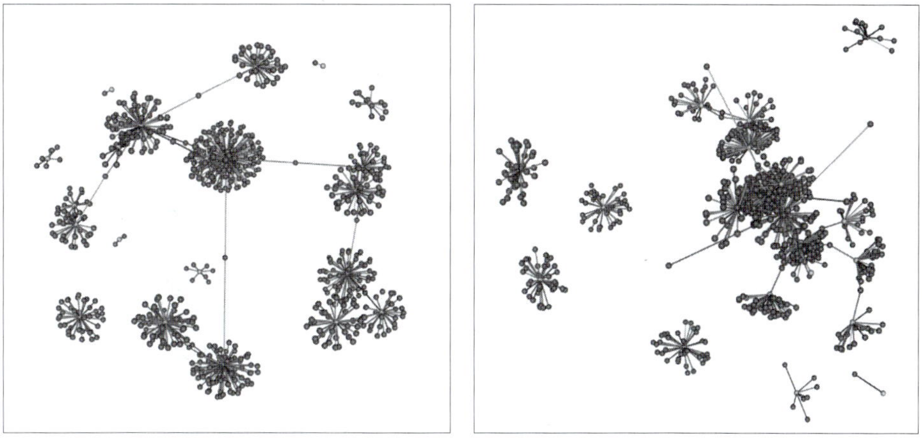

[그림 11-18] 3D 네트워크 그래프 예시

연습문제

1 소셜네트워크 분석에 대하여 설명하시오.

2 네트워크 분석 지표들 및 R의 분석 함수들에 대하여 설명하시오.

3 원-모드 소셜네트워크 분석과 투-모드 소셜 네트워크 분석에 대하여 설명하시오.

4 RISS 학술연구정보서비스(http://www.riss.kr/)에서 '소셜네트워크 분석'을 키워드로 검색을 수행하여 관련 국내 학술논문 자료들을 수집한 후, 저자들에 대하여 원-모드 소셜네트워크 분석을 수행하시오.

5 4번의 원-모드 소셜네트워크 분석을 Gephi에서 수행하시오

6 4번에서 수집한 자료에 대하여 저자와 학술지에 대한 투-모드 소셜 네트워크 분석을 수행하시오.

제4부

데이터 시각화

Chapter 12

데이터 시각화

Chapter 12 데이터 시각화

12.1 데이터 시각화

12.1.1 데이터 시각화 개요

데이터 시각화는 데이터 분석 결과를 쉽게 누구나 직관적으로 이해할 수 있도록 시각적으로 일목요연하게 표현하고 전달되는 과정이나 기술·기법으로 데이터 시각화의 목적은 그래프라는 수단을 통해 정보를 정확하고 효과적으로 전달하는 것이다. 최근 빅데이터 분석의 인기와 함께 데이터 시각화 기술도 중요한 분석 기법으로 자리 잡고 있으며 빅데이터를 시각화하면 방대한 데이터들의 무질서 속에 숨겨진 패턴이나 규칙을 발견하여 신속한 현상 파악은 물론 정보의 확산과 미래 예측에 기여하는 것으로 알려져 있다.

12.1.2 데이터 시각화 유형

데이터 시각화의 유형은 〈표 12-1〉과 같이 데이터를 그림이나 그래프로 표시하는 정보 시각화, 실험 결과나 시뮬레이션 데이터를 고차원 그래픽 기술로 표현하는 과학적시각화, 그리고 다량의 정보를 차트, 지도, 다이어그램, 로고, 일러스트레이션 등을 활용하여 한눈에 파악할 수 있도록 도와주는 인포그래픽 등으로 구분된다.

〈표 12-1〉 데이터 시각화 유형

시각화 유형	설명
정보 시각화	보통 대규모 데이터를 색채, 통계(그림, 그래프 등), 이미지 등을 활용해 요약적으로 표현하는 것을 의미
과학적시각화	실험 결과나 시뮬레이션 데이터 등 복잡한 데이터를 쉽게 탐색할 수 있도록 3차원 그래픽 기술 등을 활용하여 시각화하는 기술

인포그래픽	인포메이션과 그래픽의 합성어로, 복잡한 수치나 글로 표현되어 있는 다량의 정보를 차트, 지도, 다이어그램, 로고, 일러스트레이션 등을 활용하여 한눈에 파악할 수 있도록 하는 디자인

(1) 정보 시각화

정보 시각화(information visualization)는 [그림 12-1]과 같이 일반적으로 대규모 데이터를 통계표, 그래프, 이미지 등을 활용해 요약적으로 표현하는 것을 의미한다. 정보 시각화는 사람이 쉽게 정보를 인지하도록 추상적 데이터를 시각적으로 표현하는 것이다. 정보 시각화는 분석된 데이터를 시각적으로 표현하기 때문에 빅데이터 분석의 시각화 기술과 매우 밀접한 관계를 가지고 있다.

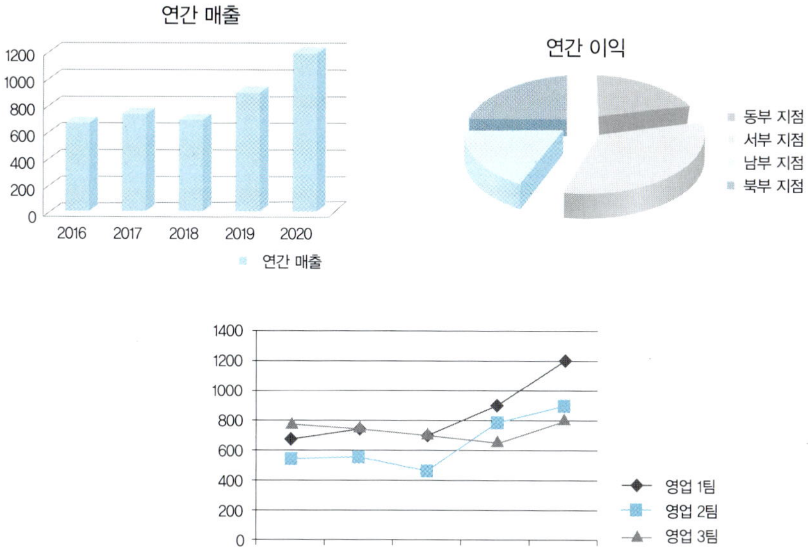

[그림 12-1] 정보 시각화

(2) 과학적시각화

과학적시각화(scientific visualization)는 [그림 12-2]와 같이 실험 결과나 시뮬레이션 데이터 등 복잡한 데이터를 쉽게 탐색할 수 있도록 3차원 그래픽 기술 등을 활용하여 시각화하는 기술로, 과학적시각화는 과학적 현상에 대한 시각화로 컴퓨터과학의 한 부분인 컴퓨터 그래픽의 하위 집합으로 간주된다. 일반적으로 과학적시각화의 목적은 과학자들이 자신의 데이터를 이해하고, 설명하고, 통찰력을 얻을 수 있도록 과학적 데이터를 그래픽으로 작성한다.

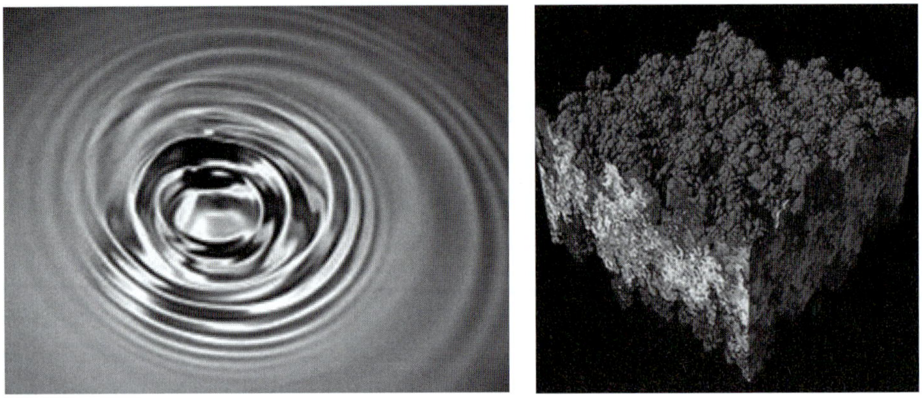

[그림 12-2] 과학적시각화[1)]

(3) 인포그래픽

인포그래픽(information graphics)은 인포메이션과 그래픽의 합성어로 [그림 12-3]과 같이 대량의 정보를 도표, 그래프, 차트, 지도, 다이어그램, 로고, 일러스트레이션 등을 활용하여 정보를 한눈에 파악할 수 있도록 하는 디자인 시각화 기술을 의미한다. 인포그래픽은 방대한 정보를 효과적으로 빠르게 전달하고 통합적인 시각적 효과를 통한 정보에 대한 기억력을 상승시키는 효과가 있는 것으로 알려져 있다.

1) Wikipedia, 〈Scientific visualization〉

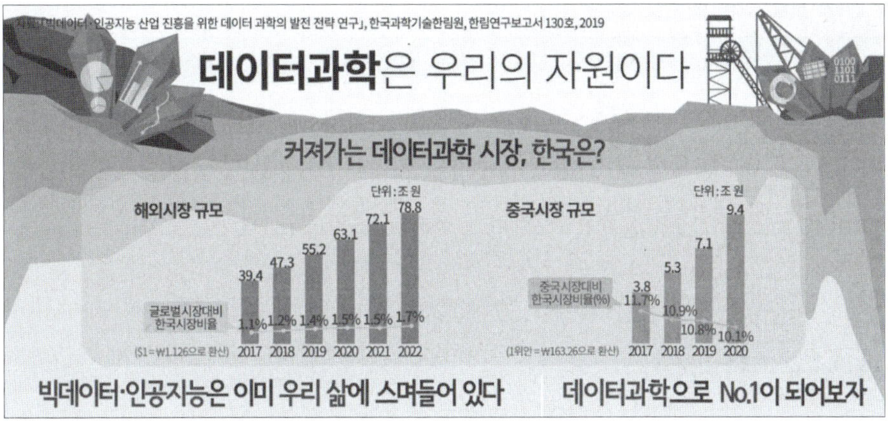

[그림 12-3] 인포그래픽[2)]

12.2 빅데이터 시각화 기술

R에서의 빅데이터 분석을 위한 시각화 기술은 정보 시각화에 초점을 맞추고 있다. 정보 시각화(information visualization)는 사람이 쉽게 인지하도록 추상적 데이터를 시각적으로 표현하는 것으로, 추상적 데이터에는 숫자와 텍스트 및 지리 정보와 같은 비숫자 데이터가 모두 포함될 수 있으며, 보통 대규모 데이터를 색채, 통계(도표, 그래프 등), 이미지 등을 활용해 요약적으로 표현하는 것을 의미한다.

정보 시각화는 시각화 기술에 따라 〈표 12-2〉와 같이 특정 시점 또는 특정 시간의 구간 값들을 표현하는 시간 시각화, 데이터를 부분으로 분리하고 부분 간의 관계를 그래프로 표현하는 분포 시각화, 변수들 간의 관계를 표현하는 관계 시각화, 여러 변수의 데이터 값들을 비교하여 표현하는 비교 시각화, 그리고 지도를 이용하여 데이터의 색상과 크기를 공간에 대입하여 표현하는 공간 시각화 기술 등으로 구분된다.

2) 한국과학기술한림원. 〈인포그래픽〉

〈표 12-2〉 정보 시각화의 기술 구분

시간 시각화	분포 시각화	관계 시각화	비교 시각화	공간 시각화
막대그래프, 누적 막대그래프, 시계열 선그래프	파이 차트, 도넛 차트, 누적 영역 그래프, 트리 맵	산포도 (스캐터 플롯), 버블 차트	박스 플롯, 히트 맵, 다차원 척도법, 체르노프 페이스	지도 맵핑

12.2.1 시간 시각화

시간 시각화는 [그림 12-4]에서와 같이 시간에 따라 변화하는 데이터를 표현하는 그래프로 표시하는 시각화 기술이다. 특정 시점 또는 특정 시간의 구간 값을 막대그래프, 누적 막대그래프, 또는 점그래프 등으로 표현하는 분절형 시간 시각화 기술과 기온이나 주가 변화와 같이 연속적으로 변화하는 값을 시계열 그래프나 계단식 그래프 등으로 표현하는 연속형 시간 시각화 기술로 구분된다.

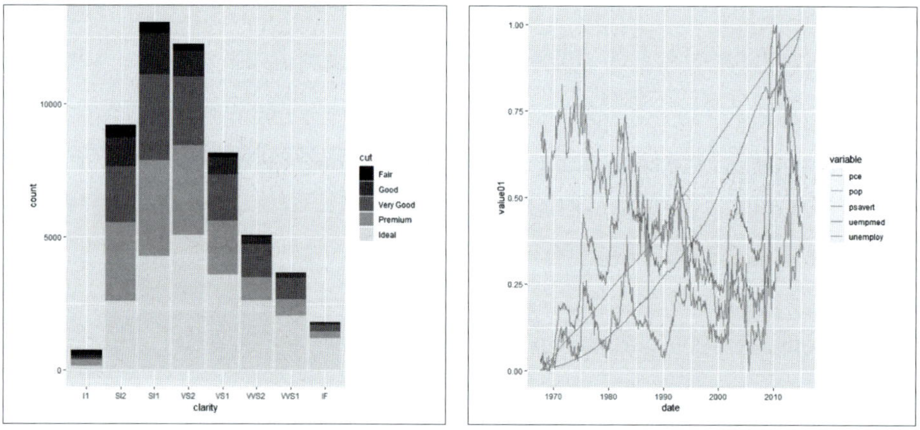

누적 막대그래프 시계열 그래프

[그림 12-4] 시간 시각화 예시

12.2.2 분포 시각화

분포 시각화는 데이터를 부분으로 분리하고 부분 간의 관계를 그래프로 표현하는 시각화 기술로, 전체 분포 시각화 기술과 시간에 따른 분포를 표시하는 시각화 기술로 구분된다. 전체 분포 시각화 기술은 최대, 최소, 전체 분포를 나타내는 그래프로 전체의 관점에서 각 부분 간의 관계를 보여주는 시각화 기술로 파이 차트, 도넛 차트, 누적 연속 그래프, 트리 맵 등으로 표현한다. 시간에 따른 분포 시각화 기술은 예를 들어 지난 20년간의 연령별 한국 인구 분포와 같이 시간에 따라 분포가 어떠한 변화가 있었는지 나타내는 시각화 기술로 누적 연속 그래프, 누적 영역 그래프, 선그래프 등으로 표현한다.

전체 분포 시각화 기술 중 [그림 12-5]와 같은 트리 맵(tree map) 시각화 기법은 중첩된 사각형 즉, 큰 사각형(예 한식, 중식, 양식) 안에 작은 사각형(예 한식의 김치찌개, 비빔밥, 된장찌개, 순두부, 불고기 백반)이 들어 있는 형태를 사용하여 계층 구조 데이터를 표시하는 기법이다. 트리 맵은 색과 근접성을 기준으로 범주를 표시하며 다른 차트 유형으로 표시하기 어려운 많은 양의 데이터를 쉽게 표시할 수 있다.

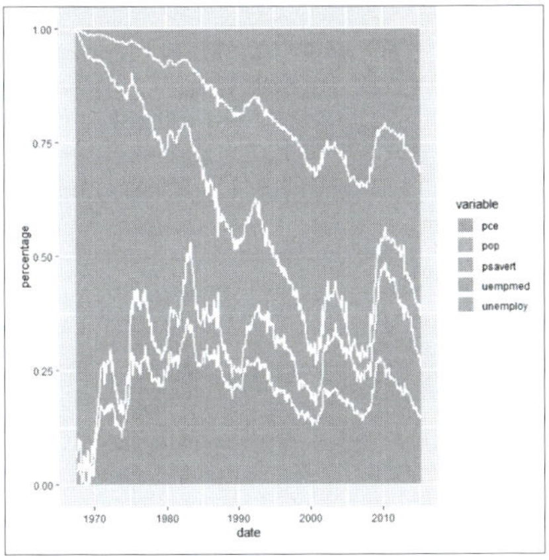

누적 영역 그래프

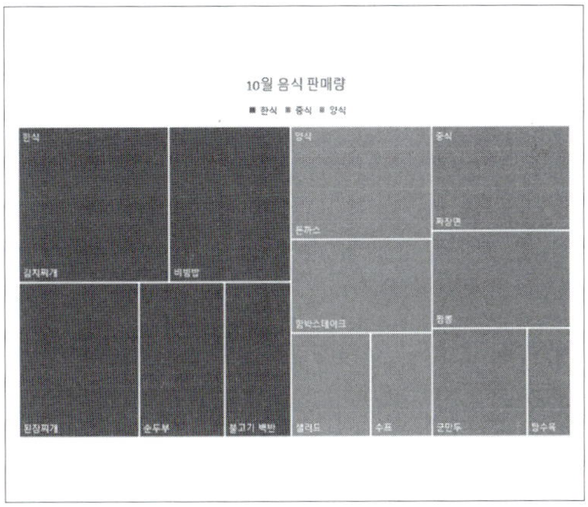

트리 맵

[그림 12-5] 분포 시각화 예시

12.2.3 관계 시각화

관계 시각화는 [그림 12-6]에서와 같이 변수들 간의 관계의 연관성을 찾는 시각화 기술로 일반적으로 하나의 항목이 다른 항목에 어떤 영향이 있는지가 관계 시각화의 관심 대상이 된다. 관계 시각화는 특정 항목의 수치 변화에 따른 다른 항목 수치의 변화를 예측할 수 있으며, 주요 관계 시각화 기법으로는 산포도, 버블 차트 등이 있다. 산포도(scatter plot)는 변수 간의 관계를 설명하기 위한 차트로써 두 변수 간의 영향을 쉽게 이해할 수 있으며, 버블 차트는 산포도에 버블의 크기라는 새로운 추가하여 정보를 표현한 것으로 세 가지 이상의 정보를 2차원으로 표시한다. 버블 차트에서 추가 정보가 표현이 필요한 경우 색상으로 구분하여 표시하기도 한다.

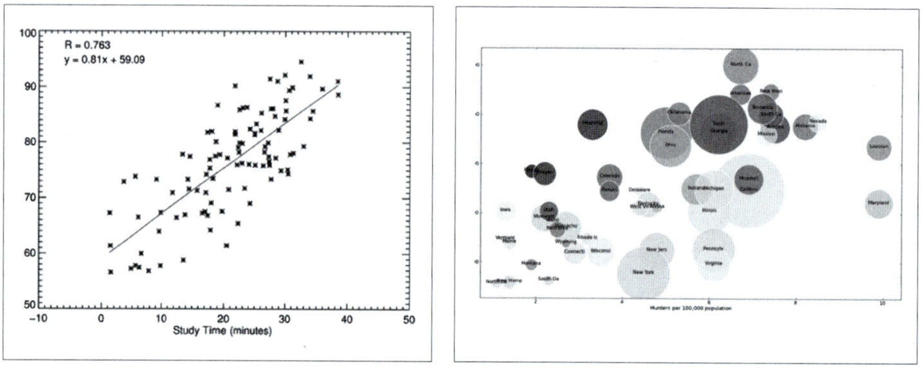

산포도 버블 차트

[그림 12-6] 관계 시각화 예시

12.2.4 비교 시각화

비교 시각화는 여러 변수의 데이터 값들을 비교하는 시각화 기술이다. 비교 변수가 다수인 경우 여러 변수의 특징을 한눈에 파악하기가 어렵다. 이러한 경우 비교 시각화 기법들을 사용하여 다양한 변수의 특징을 한 번에 비교하여 전체적인 정보 획득이 가능해진다. 주요 비교 시각화 기법은 박스 플롯, 히트 맵, 체르노프 페이스, 다차원 척도법. 아웃라이어 찾기[3]

3) 아웃라이어 찾기는 나머지 데이터와 동떨어져 있는 소수의 데이터를 찾아 원인을 확인해 보는 기술을 말한다.

등이 있다.

비교 시각화 기법인 히트 맵(heat map)은 열을 의미하는 히트(heat)와 지도를 의미하는 맵(map)을 결합시킨 단어로, 색상으로 표현 가능한 정보들을 일정한 이미지 위에 열 분포 형태의 그래프로 시각화한 것으로 일반적으로 히트 맵의 경우에 색상의 명암으로 값의 크기를 표현한다. [그림 12-7]의 왼쪽은 전통적인 히트 맵의 예시를 보여 주고 있다. 그러나 실무에서 히트 맵은 [그림 12-7]의 오른쪽과 같이 교차 분석된 자료를 값이 아닌 색상의 명암으로 표현하여 표시한다. 예를 들어 응급실의 요일과 시간의 방문 환자에 대한 교차분석 자료를 가지고 빈도수가 높은 요일과 시간들에 대하여 색상의 명암을 이용하여 응급실 환자 방문 빈도의 차이를 직관적으로 인식할 수 있도록 도와준다.

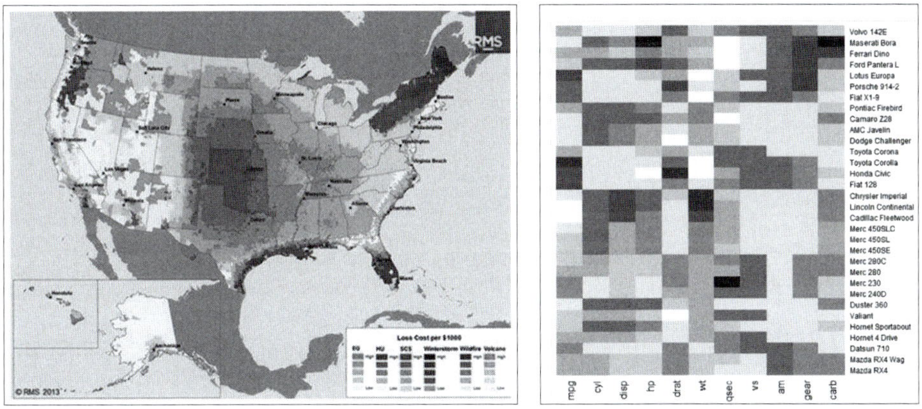

[그림 12-7] 히트 맵 예시[4)]

체르노프 페이스는 [그림 12-8]과 같이 다차원 데이터를 사람의 얼굴로 이미지화하여 시각적으로 표현하는 방법이다. 즉, 얼굴의 가로 너비와 세로 높이, 눈, 코, 입, 귀 등의 얼굴의 각 부위를 변수로 대체하여 데이터의 속성을 쉽게 파악할 수 있도록 도와주는 시각화 기술이다. 체르노프 페이스 시각화 분석은 일반적으로 비교 대상의 자료를 모두 체르노프 페이스로 시각화하여 나타난 얼굴 모습들을 보고 직관적으로 비교하면서 비교 대상 자료들 간의 차이를 분석한다.

4) IT World Korea

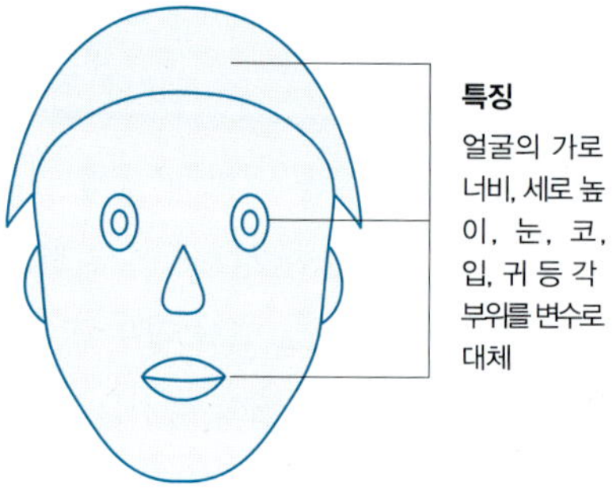

[그림 12-8] 체르노프 페이스

12.2.5 공간 시각화

공간 시각화는 [그림 12-9]와 같이 데이터를 위치에 따라 점을 찍은 지도, 선을 그린 지도, 또는 버블 차트를 포함하는 지도 등으로 색상과 크기를 공간에 대입하여 표현하는 시각화 기술로써 일반적으로 공간과 공간에 따라 작은 지도를 여러 개로 그려 패턴의 변화를 보여 주는 스몰 멀티플(Small Multiples)[5]이나 애니메이션 확산 지도를 활용하고 있다.

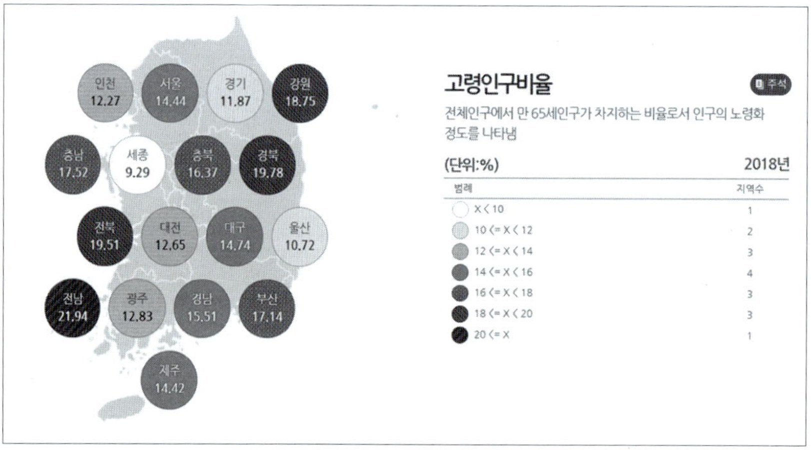

[그림 12-9] 공간 시각화[6]

5) 스몰 멀티플은 작은 차트 여러 개를 매트릭스 형태로 배치함으로써 전체적인 패턴을 파악하거나 시간적인 변화의 추세를 알아보는 데 적합한 시각화 기술을 말한다.

6) 통계청 e-지방지표

12.3 R 데이터 시각화 분석

R을 이용한 시각화 분석은 R에서 기본적으로 제공하는 그래프 함수들을 이용하는 방법과 고급 그래프를 제공하는 ggplot2 패키지와 같은 패키지 함수들을 이용하는 방법이 있다. 이미 2장에서 R에서 기본적으로 제공하는 그래프 함수들을 설명하였으므로 본 장에서는 ggplot2 패키지의 그래프 함수들을 기준으로 설명한다.

12.3.1 ggplot2 패키지

ggplot2 패키지는 기본 R 그래픽에서 제공하는 대부분의 작업을 아주 효과적으로 수행할 수 있어서 데이터 시각화의 기본 패키지로 주로 활용되고 있다. 특히 복잡한 그래프도 생성 가능할뿐더러 별다른 설정 없이도 수준 높은 디자인의 그래프를 제공하는 가장 인기 있는 시각화 패키지이다. ggplot2 패키지를 이용하여 시각화를 수행하기 위해서는 다른 패키지들과 같이 다음과 같이 install.packages() 함수를 이용하여 패키지를 설치하고 library를 불러와야 한다.

```
# 패키지 설치 및 패키지 불러오기
install.packages("ggplot2")
library("ggplot2")
```

ggplot2 패키지에서 시각화를 수행하기 위해서는 ggplot2 문법에 맞추어 실행해야 한다. 다음과 같은 ggplot2 문법은 크게 데이터와 그래프의 틀을 나타내는 부분 ggplot() 함수, 그래프의 형식을 나타내는 geom() 함수 부분과 추가적인 옵션을 선택하는 부분으로 구성되어 있다. 그래프 작성을 위해서는 ggplot() 함수와 geom() 함수는 필수이며, 함수들은 '+'로 연결한다.

```
ggplot(data=sleep, aes(x=ID, y=extra)) + geom_bar(stat-'identity') + ... + ... ∞
  └──── 그래프 틀 ────┘                    └─ 그래프 형태 ─┘         └ 추가 ─
```

(1) 그래프 틀

ggplot2 문법에서 그래프 틀은 지정하는 함수는 ggplot()이다. ggplot() 함수는 입력값으로 그래프 작성의 근간이 되는 데이터와 그래프의 X축과 Y축의 형식 및 색상, 크기 등의 그래프의 모양을 지정하는 ase() 함수를 이용한다.

```
ggplot(data, aes(x=, y=, color=, fill=, size=, ...))

data: 데이터프레임(data frame) 형태의 데이터
aes: X축 Y축의 형식 및 색상, 크기 등을 지정
aes() 함수의 옵션
 x: X축, y: Y축, color: 그래프 배경의 테두리
 fill: 그래프 배경의 색상, size: 선 굵기 또는 점의 크기
 alpha: 투명도, linetype: 선 패턴, labels: 표나 축의 텍스트
```

(2) 그래프 형태

ggplot2 문법에서 geom() 함수는 그래프 형태는 막대그래프, 파이 차트, 선그래프와 같은 다양한 그래프 모양을 지정한다. 그래프 형태는 geom_bar()나 geom_line()와 같이 일반적으로 geom_[chart] 형식으로 작성하려는 그래프 모양을 나타낸다. geom_bar() 함수는 막대그래프와 파이 차트를 표기하는 geom 옵션이나 파이 차트의 경우 막대그래프와 다르게 나타내기 위하여 추가적으로 coord_polar(theta="y") 옵션을 사용한다. 〈표 12-3〉은 주요 geom 그래프 함수를 보여준다.

〈표 12-3〉 주요 geom 그래프 함수

그래프 함수	설명
geom_bar	막대그래프, 파이 차트(+coord_polar(theta="y"))
geom_boxplot	상자 그림
geom_histogram	히스토그램
geom_density	밀도함수 그림
geom_point	점도표
geom_line	선그래프

geom_area	영역 그래프
geom_rect	정사각형 그래프, 도넛 그래프(+ coord_polar())
geom_text	텍스트의 표시

geom 그래프 함수에서 stat 옵션은 그래프의 통계자료를 지정하는 것으로 stat='identity'는 Y축의 높이를 입력 데이터 자체의 값으로 하는 막대그래프를 작성하는 것을 지정한다. stat='identity'가 없는 경우 그래프 데이터의 값은 데이터의 수(count)로 지정된다. fill 옵션은 그래프의 색상을 지정하고 colour 옵션은 그래프 라인의 색상을 지정한다.

```
geom_bar(stat=, fill=, colour=)

stat: 그래프의 통계자료
fill: 그래프의 색상 지정
colour: 그래프 라인의 색상 지정
```

(3) 추가적인 그래프 옵션

ggplot2 문법에서는 그래프 전체적인 틀과 그래프 형태에 대한 지정 이외에 ggtitle(), xlab(), ylab() 함수들을 이용한 제목과 축들의 레이블 등을 설정하는 추가적인 그래프 옵션을 제공한다.

```
... : 제목과 X축 Y축 레이블 등을 설정
    ggtitle("제목") + xlab("X축 명칭") + ylab("Y축 명칭")
```

상기에 설명한 ggplot2 문법에 맞추어 예시 데이터로 R 내장 데이터인 sleep 데이터를 시각화하는 명령은 다음과 같다. sleep 데이터는 두 그룹의 10명의 환자에 대한 수면제(soporific) 약물의 효과를 보여주는 데이터이다.

```
library("ggplot2")
head(sleep)
```

```
  extra group ID
1   0.7     1  1
2  -1.6     1  2
3  -0.2     1  3
4  -1.2     1  4
5  -0.1     1  5
6   3.4     1  6
```

```
# ggplot 예시 그래프 작성
ggplot(data=sleep, aes(x=ID, y=extra)) + geom_bar(stat='identity', fill="yellow",
colour="black") +  ggtitle("수면제의 약물효과") + xlab("환자번호") + ylab("효과")
```

상기의 시각화 명령을 보면 그래프 데이터는 통계치가 아닌 sleep 자체 데이터를 사용하고 X축은 환자번호(ID)를 Y측은 효과(extra)를 값으로 구성된 막대그래프 작성을 지정하고 있다. 막대그래프는 Y축의 높이를 효과(extra) 값으로 설정하고 막대는 노란색, 막대의 라인은 검정색으로 설정하며 제목은 "수면제의 약물효과", X축의 레이블은 "환자번호" Y측의 레이블은 "효과"로 표시한다. 상기와 같은 시각화 명령으로 작성된 그래프는 [그림 12-10]과 같다.

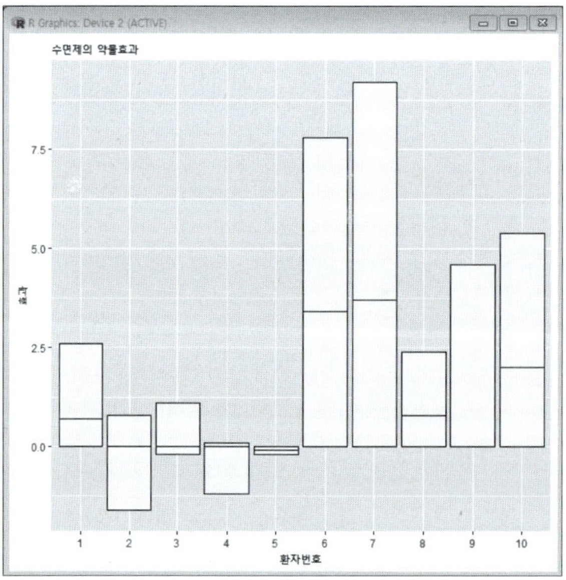

[그림 12-10] ggplot 예시 그래프

12.3.2 ggplot2 패키지를 이용하는 시각화

ggplot2 패키지를 이용하는 시각화는 빅데이터 시각화 기술에서 자주 사용되는 다중 막대 그래프, 파이 차트, 선그래프, 누적 영역 그래프, 산포도, 도넛 차트 작성에 대하여 살펴본다.

1) 다중 막대그래프 시각화

다중 막대그래프 시각화 예시는 ggplot2 패키지에 내장된 데이터인 diamonds 데이터를 이용하여 다음과 같은 명령으로 수행할 수 있다. diamonds 데이터는 ggplot() 함수 시각화 예시에 주로 사용되는 데이터 셋으로 53,940개의 다이아몬드에 대한 자료를 가지고 있다. 자료는 다이아몬드의 무게(carat), 컷팅 수준(cut), 다이아몬드 색상(color), 깨끗한 정도(clarity), 깊이(depth), 비율(table), 가격(price), 길이(x), 너비(Y), 깊이(z) 등의 항목들로 구성되어 있다. diamonds 데이터는 티블 형식으로 구성되어 있으며, R의 다수의 내장 데이터 셋들은 티블 형식으로 구성되어 있다. 티블(tibble)은 전통적인 데이터프레임(data.frame) 구조의 현대식 자료구조 형식으로 화면 출력이나 변수 추가에 있어서 데이터프레임보다 좀 더 유연한 기능을 제공한다. 그러나 자료를 이용하는 데는 데이터프레임과 별 차이가 없다.

```
# 그래픽 패키지 불러오기
library(ggplot2)
head(diamonds)
  # A tibble: 6 x 10
     carat    cut      color clarity depth table price   x     y     z
     <dbl>   <ord>     <ord>  <ord>  <dbl> <dbl> <int> <dbl> <dbl> <dbl>
  1  0.23    Ideal       E     SI2    61.5   55   326  3.95  3.98  2.43
  2  0.21   Premium      E     SI1    59.8   61   326  3.89  3.84  2.31
  3  0.23    Good        E     VS1    56.9   65   327  4.05  4.07  2.31
  4  0.290  Premium      I     VS2    62.4   58   334   4.2  4.23  2.63
  5  0.31    Good        J     SI2    63.3   58   335  4.34  4.35  2.75
  6  0.24  Very Good     J     VVS2   62.8   57   336  3.94  3.96  2.48
```

상기의 diamonds 데이터를 이용한 다중 막대그래프 시각화 예시는 다음과 같이 깨끗한 정도(clarity)를 가로축으로 컷팅 수준(cut)에 따른 수량들을 geom_bar() 함수를 이용하여 설정한다. geom_bar() 함수에서 stat='identity' 옵션이 없는 경우 Y축 값은 해당 데이터의 수가 자동 설정된다. 그룹화 형식의 다중 막대그래프는 다음과 같이 geom_bar() 함수에 position = 'dodge' 옵션을 사용하여 그릴 수 있다.

```
# 누적 막대그래프 작성
ggplot(diamonds, aes(clarity, fill=cut)) + geom_bar()

# 그룹화 막대그래프 작성
ggplot(diamonds, aes(clarity, fill=cut)) + geom_bar( position = 'dodge' )
```

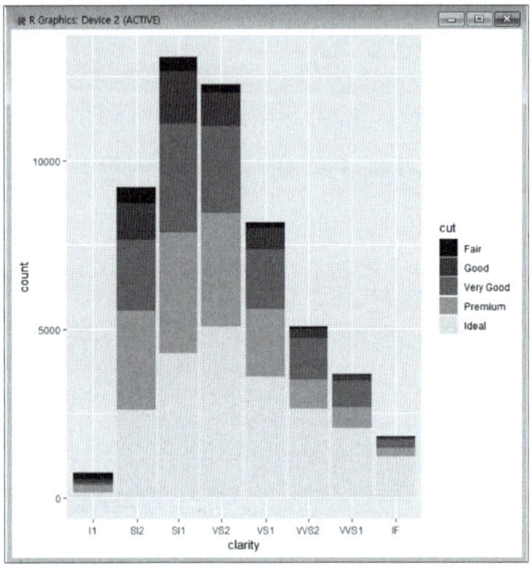

[그림 12-11] 누적 막대그래프

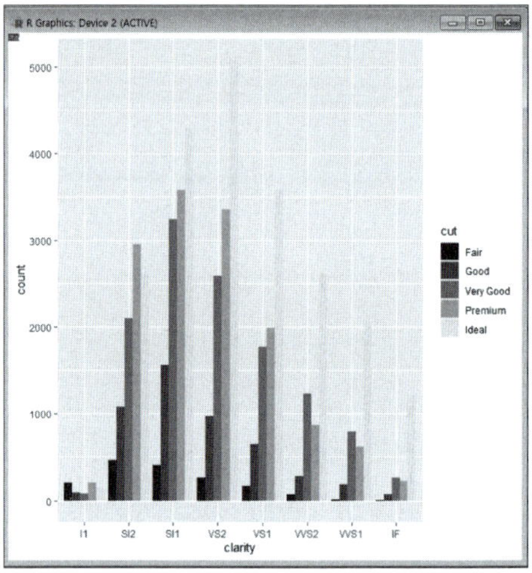

[그림 12-12] 그룹화 막대그래프

geom_bar() 함수 옵션에 position='fill'을 사용하면 다음과 같이 막대그래프를 화면에 채운 비율 형태로 그래프를 작성할 수 있다. 또한 coord_flip() 함수를 추가하면 [그림 12-14]과 같이 가로 비율 중첩 막대그래프를 작성할 수 있다.

```
# 비율 중첩 막대그래프 작성
ggplot(diamonds, aes(color, fill=cut)) + geom_bar(position='fill')

# 가로 중첩 막대그래프 작성
ggplot(diamonds, aes(color, fill=cut)) + geom_bar(position='fill') +coord_flip()
```

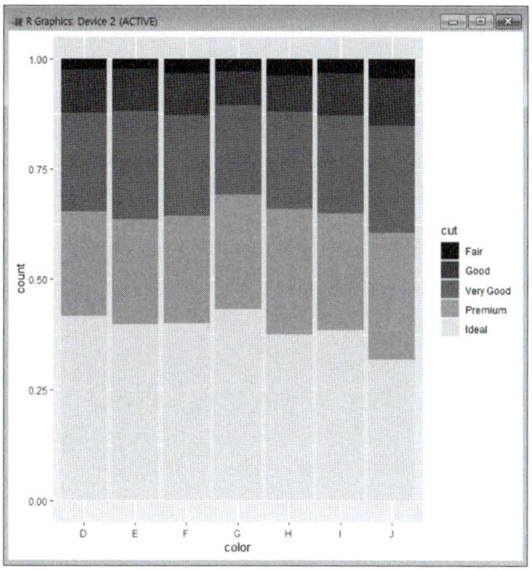

[그림 12-13] 비율 중첩 막대그래프

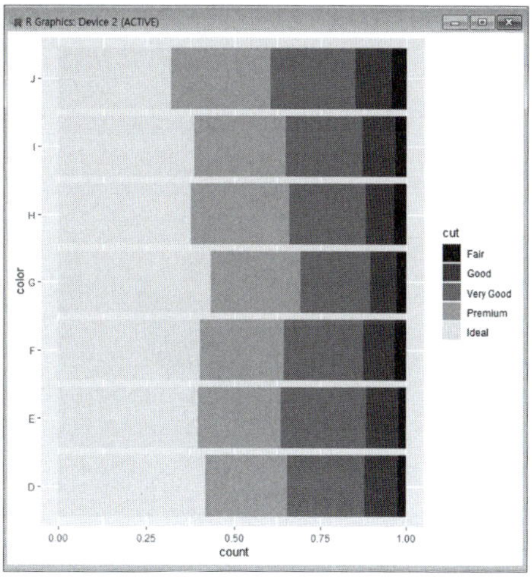

[그림 12-14] 비율 그룹화 막대그래프

2) 파이 차트 시각화

파이 차트 시각화 예시도 ggplot2 패키지에 내장된 데이터인 diamonds 데이터에 대하여 수행한다. 다음 예시에서 보면 그룹 명칭(clarity)이 들어가 있는 데이터프레임을 설정하고 geom_bar() + coord_polar() 함수를 이용하면 데이터의 수량에 따라 중첩된 파이 차트가 생성된다. geom_bar( ) 함수에 position = 'dodge' 옵션을 사용할 경우 막대그래프와 같이 그룹화된 파이 차트가 생성된다.

```
# 그래픽 패키지 불러오기
library(ggplot2)
head(diamonds)

# 누적 파이 차트 작성
ggplot(diamonds, aes(clarity, fill=cut)) + geom_bar() + coord_polar()

# 그룹화 파이 차트 작성
ggplot(diamonds, aes(clarity, fill=cut)) + geom_bar( position = 'dodge' ) + coord_polar()
```

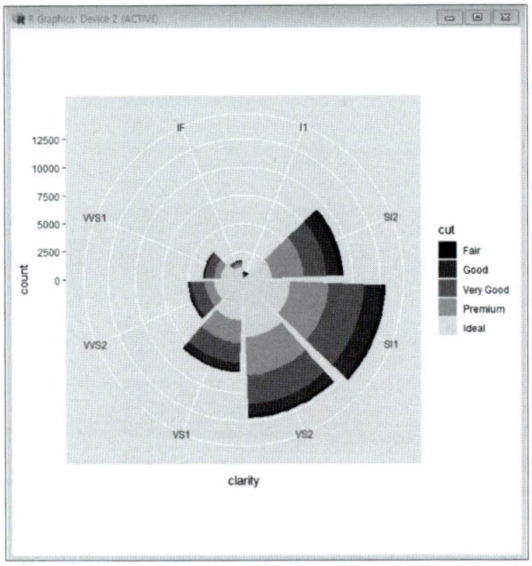

[그림 12-15] 누적 파이 차트

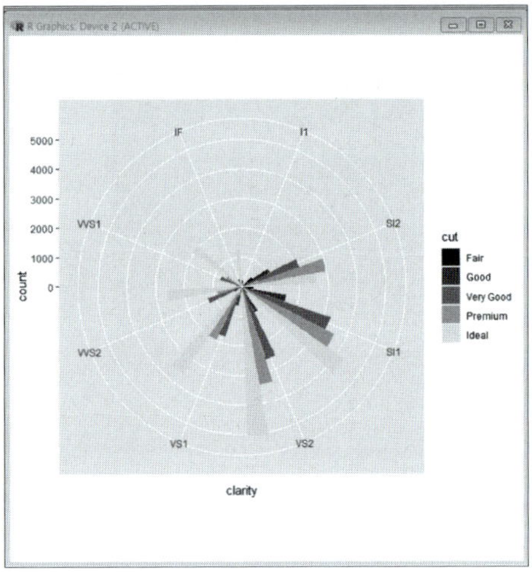

[그림 12-16] 그룹화 파이 차트

geom_bar() 함수 옵션에 position='fill'을 사용하면 막대그래프와 같이 파이 차트를 화면에 채운 비율 형태로 그래프를 작성할 수 있다. 또한 coord_polar()함수에 옵션을 theta ="x" 또는 theta ="y"를 추가하면 각도를 매핑할 변수로 X축 값 또는 Y축 값으로 설정하여 원통형 파이 차트를 작성할 수 있다.

```
# 비율 누적 파이 차트 작성
ggplot(diamonds, aes(color, fill=cut)) + geom_bar(position='fill') + coord_polar()

# 원통형 파이 차트 작성
ggplot(diamonds, aes(color, fill=cut)) + geom_bar() + coord_polar(theta ="y", start=0)
```

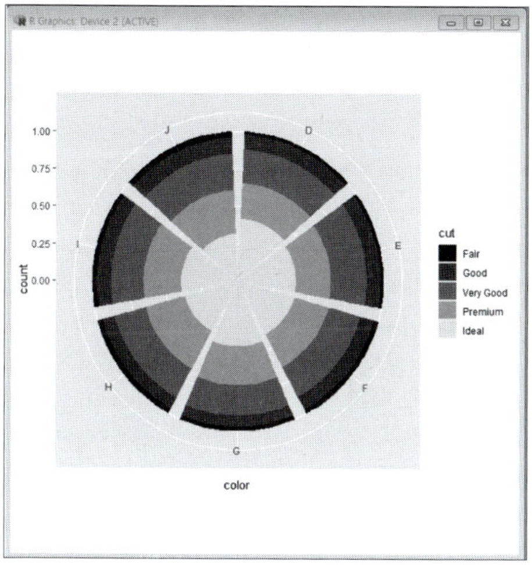

[그림 12-17] 비율 파이 차트

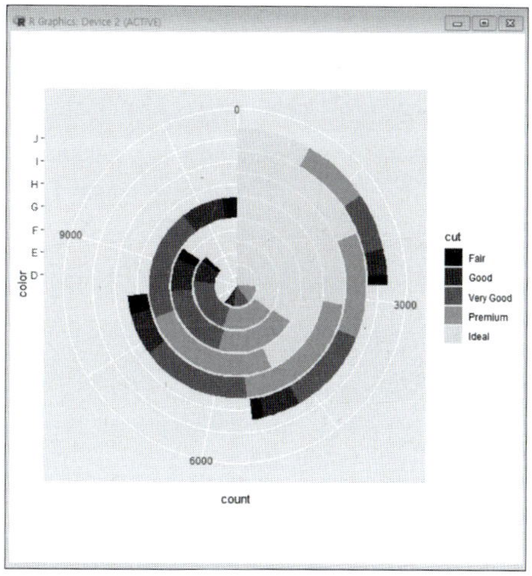

[그림 12-18] 원통형 파이 차트

3) 자료의 요약 및 시각화

geom_bar() 함수를 사용하여 막대그래프나 파이 차트를 작성하는 경우 자료의 수량(count) 뿐만 아니라 다양한 연속형 변수들에 대한 평균이나 합계에 대하여도 그래프 작성이 필요한 경우가 있다. 이럴 경우 4장에서 설명된 dplyr 패키지를 사용하여 다음과 같이 자료에 대한 그룹 분석을 수행한 후 그래프를 작성할 수 있다.

```
# 그래픽 패키지 불러오기
library(ggplot2)
head(diamonds)

# 그룹화
library(dplyr)
sum_diamonds <- diamonds %>%
  group_by(cut) %>%                                  # cut으로 그룹화
  summarise(mean_price = mean(price),  mean_table = sum(table), # 그룹의 평균들 산출
          median_depth = median(depth),    n = n())
```

```
sum_diamonds
# A tibble: 5 x 5
  cut       mean_price mean_table median_depth     n
* <ord>          <dbl>      <dbl>        <dbl> <int>
1 Fair           4359.     95077.         65    1610
2 Good           3929.    287956.         63.4  4906
3 Very Good      3982.    700226.         62.1 12082
4 Premium        4584.    810167.         61.4 13791
5 Ideal          3458.   1205814.         61.8 21551
```

상기의 그룹 분석을 수행 결과 5개의 컷팅 수준(cut)에 따라 평균 가격(mean_price), 평균 비율(mean_table), 평균 깊이(mean_depth)의 요약 데이터들이 생성되었다. 이들 요약 데이터에 대하여 stat='identity'를 이용하여 데이터 자체의 값으로 다음과 같이 시각화할 수 있다.

```
# 막대그래프 작성
ggplot(data=sum_diamonds, aes(x=cut, y=mean_price)) + geom_bar(stat='identity',
fill="red", colour="black")

# 파이 차트 작성
ggplot(data=sum_diamonds, aes(x="", y=mean_price, fill=cut)) + geom_bar(stat="identity",
width=1) + coord_polar("y", start=0)
```

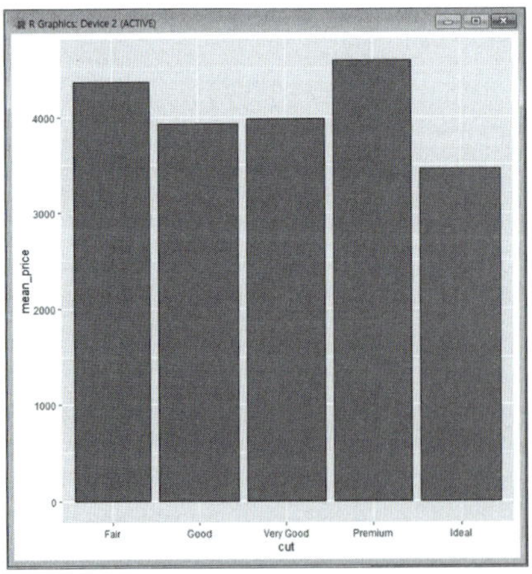

[그림 12-19] 막대그래프

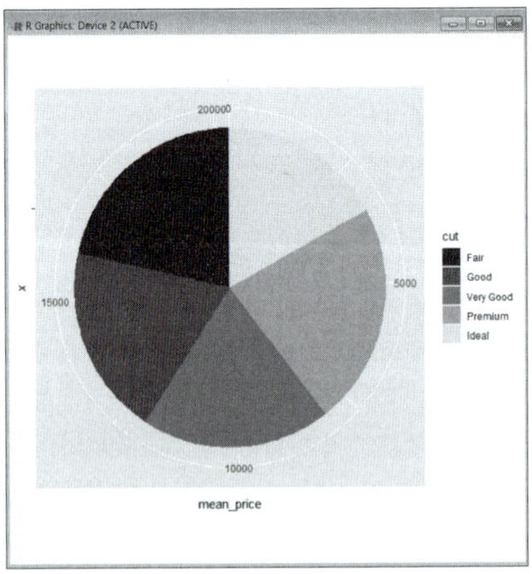

[그림 12-20] 파이 차트

4) 시계열 그래프 시각화

시계열 그래프 시각화 예시는 ggplot2 패키지에 내장된 데이터인 economics 데이터를 이용하여 다음과 같은 명령으로 수행할 수 있다. economics 데이터는 미국의 1967~2014년 동안의 경제 관련 내용을 담고 있는 데이터 셋으로 특정 시간 순서로 일련의 데이터 시점을 나타내는 자료로 시계열 그래픽 분석을 위한 예시로 자주 활용되는 자료이다. economics 데이터는 일자(date), 개인 저축률(psavert), 개인 소비지출(pce), 실업자 수(unemploy), 실업 기간 중앙값(unempmed), 총인구(pop) 등이 포함되어 있다.

```
# 그래픽 패키지 불러오기
library(ggplot2)
head(economics)
  # A tibble: 6 x 6
    date         pce    pop    psavert  uempmed  unemploy
    <date>      <dbl>  <dbl>    <dbl>    <dbl>     <dbl>
  1 1967-07-01  507.   198712   12.6      4.5       2944
  2 1967-08-01  510.   198911   12.6      4.7       2945
  3 1967-09-01  516.   199113   11.9      4.6       2958
  4 1967-10-01  512.   199311   12.9      4.9       3143
  5 1967-11-01  517.   199498   12.8      4.7       3066
  6 1967-12-01  525.   199657   11.8      4.8       3018
```

상기의 economics 데이터를 이용한 시계열 그래프 시각화 예시는 다음과 같이 일자(date)별 실업자 숫자(unemploy)에 대하여 선 그래프 작성 함수인 geom_line() 를 이용하여 설정한다. 또한 geom_line() 함수에 orientation = "y" 옵션을 설정하여 세로로 표시되는 시계열을 얻을 수 있다.

```
# 시계열 그래프 작성
ggplot(data=economics, aes(x=date, y=unemploy)) + geom_line()

ggplot(economics, aes(unemploy, date)) + geom_line(orientation = "y")
```

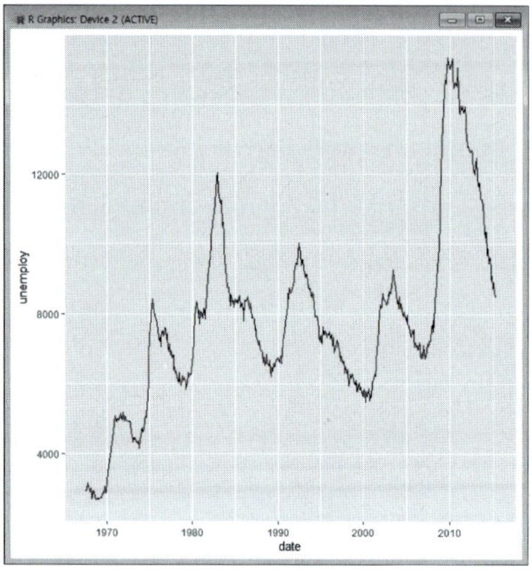

[그림 12-21] 시계열 그래프

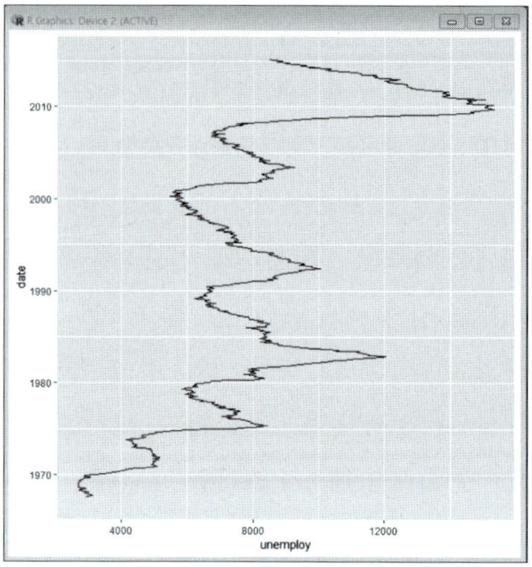

[그림 12-22] 세로 시계열 그래프

geom_line() 함수는 데이터의 변수의 값들을 병합하여 다중 선 시계열 그래프를 작성할 수 있다. ggplot2 패키지는 economics 데이터 이외에 일자(date)별 모든 변수들의 값들을 병합한 다음과 같은 economics_long 데이터를 제공한다.

```
economics_long
  # A tibble: 2,870 x 4
      date        variable value   value01
      <date>      <chr>    <dbl>     <dbl>
    1 1967-07-01   pce      507.   0
    2 1967-08-01   pce      510.   0.000265
    3 1967-09-01   pce      516.   0.000762
    4 1967-10-01   pce      512.   0.000471
    5 1967-11-01   pce      517.   0.000916
    6 1967-12-01   pce      525.   0.00157
    7 1968-01-01   pce      531.   0.00207
    8 1968-02-01   pce      534.   0.00230
    9 1968-03-01   pce      544.   0.00322
   10 1968-04-01   pce      544.   0.00319
   # ... with 2,860 more rows
```

상기의 economics_long 데이터를 이용하여 일자(date)별 모든 변수들에 대하여 다중 선 시계열 그래프를 작성할 수 있다. value01은 변수의 자료 값들을 표준화한 수치이다. 또한 다음과 같이 subset() 함수를 이용하여 조건에 맞는 자료, 예를 들면 2000-01-01 이전 자료를 추출하여 그래프를 작성할 수 있다.

```
# 다중 선그래프 작성
ggplot(economics_long, aes(date, value01, colour = variable)) + geom_line()

# 2000년도 이전 데이터
y20 <- subset(economics, economics$date < as.Date("2000-01-01"))
ggplot(y20, aes(date, pop)) + geom_line()
```

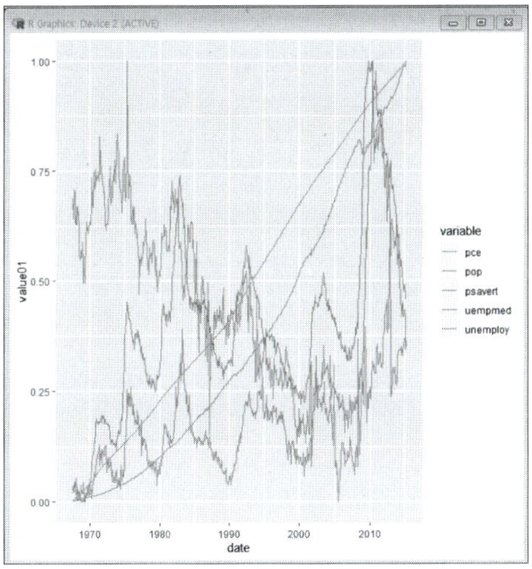

[그림 12-23] 다중 선 시계열 그래프

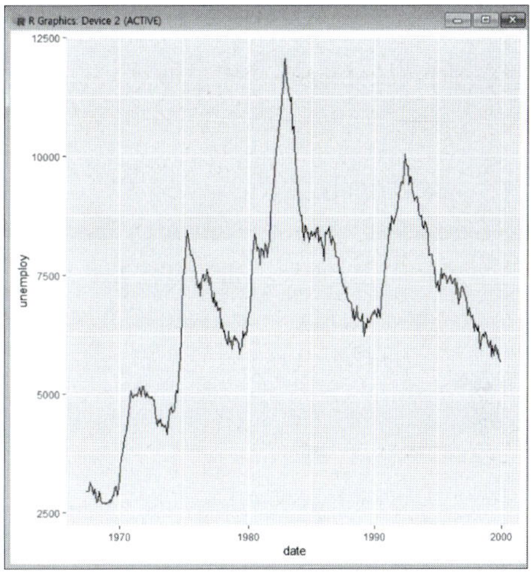

[그림 12-24] 부분 시계열 그래프

5) 누적 영역 그래프 시각화

누적 영역 그래프(stacked area graph) 시각화 예시는 역시 ggplot2 패키지에 내장된 데이터인 economics_long 데이터를 이용하여 다음과 같이 누적 영역 그래프 작성 함수인 geom_area() 함수를 이용한 명령으로 수행할 수 있다.

```
# 그래픽 패키지 불러오기
library(ggplot2)
economics_long

# 누적 영역 그래프 작성
ggplot(economics_long, aes(date, value01, fill = variable)) + geom_area()
```

geom_area() 함수를 이용하여 비율 누적 영역 그래프(proportional stacked area graph)를 작성할 경우 geom_bar() 함수에서와 같이 position='fill'을 사용하여 그래프를 작성한다. 그러나 그룹화되는 값이 여러 개의 경우 에러가 발생한다. 따라서 이러한 에러를 해결하기 위해서는 다음과 같이 dplyr 패키지의 group by 함수를 이용하여 데이터를 그룹화해야 한다. mutate() 함수는 데이터프레임에 조건을 만족하는 새로운 변수를 만들거나, 기존의 열을 조건에 맞게 변경할 때 사용되는 함수로 그룹의 데이터프레임인 economics_sum에 새로운 변수에 percentage를 추가한다.

```
library(dplyr)
economics_sum <- economics_long  %>%
  group_by(date, variable) %>%
  summarise(n = sum(value01)) %>%
  mutate(percentage = n / sum(n))

economics_sum
  # A tibble: 2,870 x 4
  # Groups:   date [574]
     date        variable        n percentage
     <date>      <chr>      <dbl>     <dbl>
   1 1967-07-01  pce        0          0
   2 1967-07-01  pop        0          0
   3 1967-07-01  psavert    0.689      0.940
   4 1967-07-01  uempmed    0.0236     0.0322
   5 1967-07-01  unemploy   0.0204     0.0279
   6 1967-08-01  pce        0.000265   0.000356
   7 1967-08-01  pop        0.00164    0.00220
   8 1967-08-01  psavert    0.689      0.925
```

```
 9 1967-08-01   uempmed    0.0330    0.0444
10 1967-08-01   unemploy   0.0205    0.0276
# ... with 2,860 more rows
```

```
# 비율 누적 영역 그래프
ggplot(economics_sum, aes(x=date, y=percentage, fill=variable)) +  geom_area(alpha=0.6 ,
 size=1, colour="white")
```

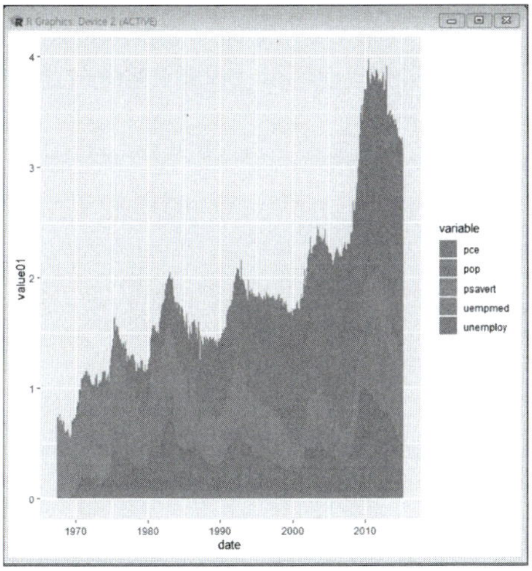

[그림 12-25] 누적 영역 그래프

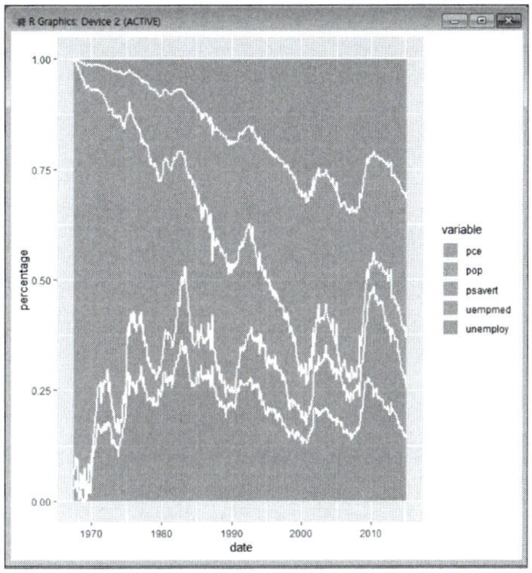

[그림 12-26] 비율 누적 영역 그래프

6) 산포도 시각화

산포도 시각화 예시는 R에 내장된 데이터인 iris 데이터를 이용하여 다음과 같은 명령으로 수행할 수 있다. iris 데이터는 데이터마이닝의 분류 분석에서도 사용된 데이터로 붓꽃(iris)의 3가지 종인 setosa, versicolor 그리고 virginica에 대해 꽃받침(sepal)과 꽃잎(petal)의 길이를 정리한 데이터이다.

```
# 그래픽 패키지 불러오기
library(ggplot2)
head(iris)
```

```
  Sepal.Length Sepal.Width Petal.Length Petal.Width Species
1          5.1         3.5          1.4         0.2  setosa
2          4.9         3.0          1.4         0.2  setosa
3          4.7         3.2          1.3         0.2  setosa
4          4.6         3.1          1.5         0.2  setosa
5          5.0         3.6          1.4         0.2  setosa
6          5.4         3.9          1.7         0.4  setosa
```

상기의 iris 데이터를 이용한 산포도 시각화 예시는 다음과 같이 꽃받침 길이(Sepal.Length)와 꽃받침 너비(Sepal.Width) 변수에 대하여 산포도 시각화 함수인 geom_point() 함수를 이용하여 설정한다.

```
# 산포도 작성
ggplot(data=iris, aes(x = Sepal.Length, y = Sepal.Width) ) + geom_point()
```

다음과 같이 산포도에서 점의 모양과 색상은 분꽃 종류(Species)에 따라 다르게 표시되도록 분꽃에 따라 다른 형태의 마커(marker)를 사용할 수 있으며, 또한 size 옵션을 이용하여 산포도 점의 크기도 설정이 가능하다.

```
# 마커 포함 산포도 작성
ggplot(data=iris, aes(x = Sepal.Length, y = Sepal.Width) ) + geom_point(aes(color=Species,
shape=Species), size=3)
```

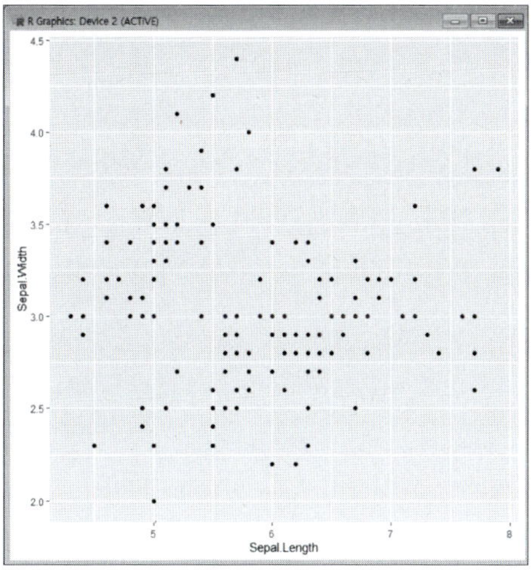

[그림 12-27] 산포도

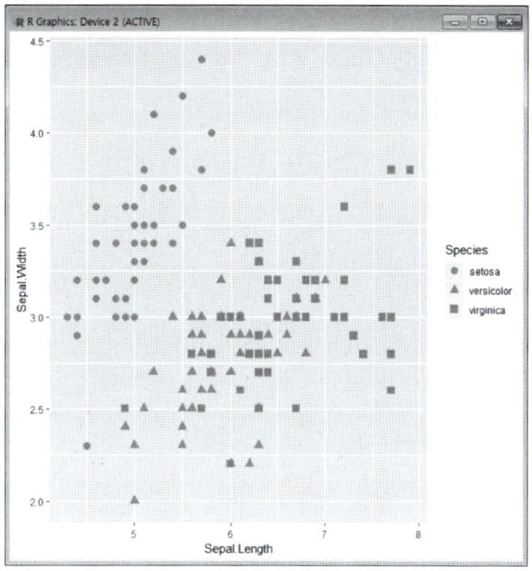

[그림 12-28] 마커 포함 산포도

7) 도넛 차트 시각화

도넛 차트 시각화 예시는 제조사별 스마트폰 판매수량 자료를 이용하며, 직사각형 그래프 작성 함수인 geom_rect()과 파이 차트 작성 시 사용된 coord_polar() 함수를 이용한다. 다음 예시에서 보면 부분의 명칭들과 값들이 들어가 있는 데이터프레임을 설정하고 geom_rect() + coord_polar() 함수를 이용하여 도넛 차트를 그린다.

```
# 그래픽 패키지 불러오기
library(ggplot2)

# 시각화 데이터 설정
data <- data.frame("group_name" = c("Samsung","Huawei","Apple","Xiaomi","OPPO","Other"),
     "value" = c(.2090,.1580,.1210,.0930,.0860,.3320))

# 백분율 계산
data$fraction <- data$value / sum(data$value)

# 누적 백분율 계산
data$ymax <- cumsum(data$fraction)
```

```
# 분포의 최솟값 계산
data$ymin <- c(0, head(data$ymax, n=-1))
```

geom_rect() 함수를 사용 시 xmin, xmax, ymin과 ymax는 X축과 Y측의 위와 아래의 위치를 지정하여 직사각형 영역을 나타내는 데 사용한다. coord_polar(theta="y")는 직사각형 그래프에 대하여 Y축을 기준으로 파이 차트로 작성을 의미하며 xlim() 함수는 현재 좌표축 또는 차트의 x축에 대한 제한을 설정한다.

```
# 직사각형 그래프 작성
ggplot(data, aes(ymax=ymax, ymin=ymin, xmax=4, xmin=3, fill=group_name)) +
    geom_rect()

# 도넛 차트 작성
ggplot(data, aes(ymax=ymax, ymin=ymin, xmax=4, xmin=3, fill=group_name)) +
    geom_rect() +
    coord_polar(theta="y") +
    xlim(c(2, 4))
```

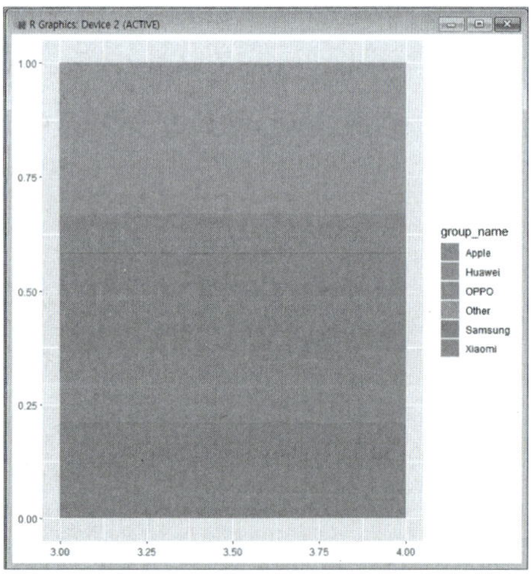

[그림 12-29] 직사각형 시각화

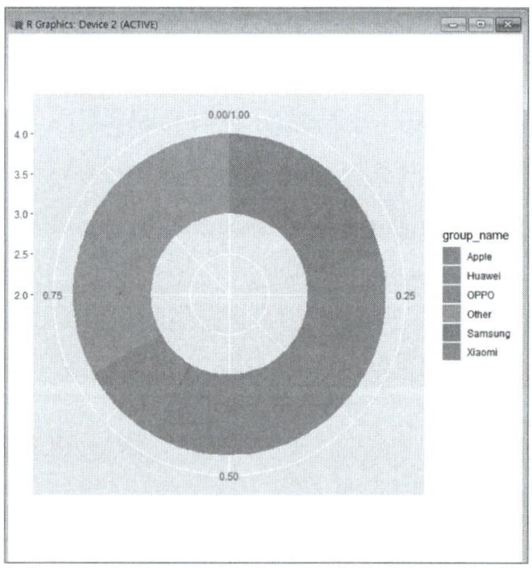

[그림 12-30] 도넛 차트 시각화

8) 박스 플롯 시각화

박스 플롯 시각화 예시는 ggplot2에 내장된 데이터인 mpg 데이터를 이용하여 다음과 같은 명령으로 수행할 수 있다. mpg 데이터는 1998년, 2004년, 2008년도에 미국에서 생산되는 자동차 제조 회사들의 자동차의 연비, 구동 방식 등을 조사한 데이터로 제조업체(manufacturer), 모델(model), 자동차 형태(class), 구동 방식(drv), 고속도로 연비(hwy), 도시 연비(city) 정보 등이 있다.

```
# 그래픽 패키지 불러오기
library(ggplot2)
mpg
  # A tibble: 234 x 11
    manufacturer model  displ year cyl trans drv   cty   hwy  fl      class
    <chr> <chr>        <dbl><int> <int><chr><chr> <int> <int> <chr>   <chr>
   1 audi   a4         1.8  1999     4 auto(l5)    f    18   29 p     compact
   2 audi   a4         1.8  1999     4 manual(m5)  f    21   29 p     compact
   3 audi   a4         2    2008     4 manual(m6)  f    20   31 p     compact
   4 audi   a4         2    2008     4 auto(av)    f    21   30 p     compact
   5 audi   a4         2.8  1999     6 auto(l5)    f    16   26 p     compact
   6 audi   a4         2.8  1999     6 manual(m5)  f    18   26 p     compact
   7 audi   a4         3.1  2008     6 auto(av)    f    18   27 p     compact
   8 audi   a4 quattro 1.8  1999     4 manual(m5)  4    18   26 p     compact
   9 audi   a4 quattro 1.8  1999     4 auto(l5)    4    16   25 p     compact
  10 audi   a4 quattro 2    2008     4 manual(m6)  4    20   28 p     compact
  # ... with 224 more rows
```

상기의 mpg 데이터를 이용한 박스 플롯 시각화 예시는 다음과 같이 자동차 형식과 고속도로 연비 변수를 X축과 Y축으로 지정하고 geom_boxplot() 함수를 이용하여 설정한다. 추가적으로 geom_boxplot() 함수에 aes(colour = drv) 옵션을 사용하면 특정 변수에 따라 [그림 12-32]와 같은 다른 색상으로 표시할 수 있다.

```
# 박스 플롯 시각화
ggplot(mpg, aes(class, hwy)) + geom_boxplot()
```

```
# 색상 박스 플롯 시각화
ggplot(mpg, aes(class, hwy)) + geom_boxplot(aes(colour = drv))
```

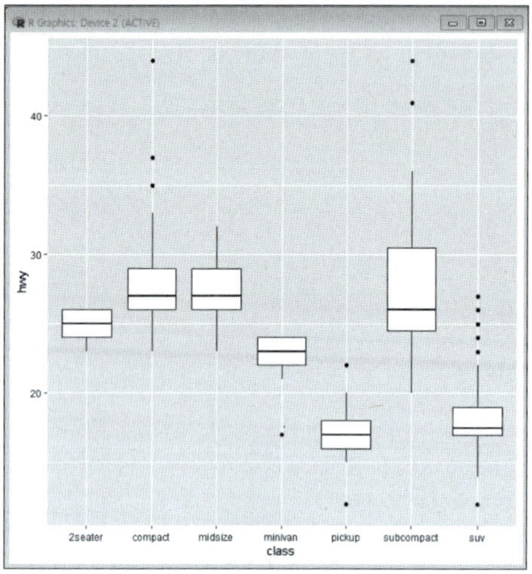

[그림 12-31] 박스 플롯 시각화

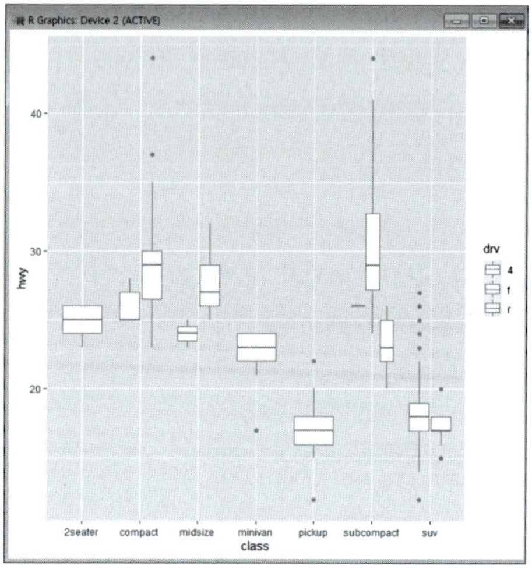

[그림 12-32] 색상 박스 플롯 시각화

연습문제

1 데이터 시각화의 유형인 정보 시각화, 과학적시각화, 인포그래픽에 대하여 설명하시오.

2 정보 시각화 기술인 시간 시각화, 분포 시각화, 관계 시각화, 비교 시각화, 공간 시각화 기법들에 대하여 설명하시오.

3 히트 맵과 체르노프 페이스 시각화에 대하여 설명하시오.

4 ggplot2 문법에 대하여 설명하시오.

연습문제

5 http://ssra.or.kr.co.kr/bigdata/data.csv에서 data.csv 파일을 다운로드하여 R로 불러들여 data라는 데이터프레임 변수로 만들고, ggplot2 패키지를 이용하여 다음의 시각화를 수행하시오.

1) 직업의 평균 쇼핑액에 대한 막대그래프를 작성하시오.

2) 쇼핑1월과 쇼핑2월 자료에 대한 산포도를 작성하시오.

3) 연령대의 쇼핑액 합계에 대한 파이 차트와 도넛 차트를 작성하시오.

4) 쇼핑1월, 쇼핑2월, 쇼핑3월 자료에 대한 박스 플롯을 작성하시오.

Chapter 13

고급 데이터 시각화

Chapter 13 고급 데이터 시각화

13.1 R 데이터 고급 시각화 분석

고급의 정보 시각화의 기술을 구현하기 위해서는 ggplot2 패키지 이외에 다양한 시각화 지원 패키지들이 필요하다. 본 장에서는 다양한 그래픽 패키지를 이용한 고급 시각화 기술과 마우스 움직임에 반응하며 실시간으로 형태가 변하는 인터랙티브 그래프(interactive graph) 작성에 대하여 설명한다.

13.1.1 다양한 그래픽 패키지를 이용하는 시각화

다양한 그래픽 패키지를 이용하는 시각화는 정보 시각화 기술에서 고급 시각화 기술에 해당되는 트리 맵, 버블 차트, 체르노프 페이스, 히트 맵 작성에 대하여 살펴본다.

1) 트리 맵

트리 맵은 분포 시각화 기법의 하나로 중첩된 사각형을 사용하여 계층 구조 데이터를 표시하는 시각화 기법이다. 트리 맵 시각화를 지원하는 패키지는 treemap이다. treemap 패키지를 이용하여 시각화를 수행하기 위해서 우선 다음과 같이 install.packages() 함수를 이용하여 패키지를 설치한다.

```
# 트리 맵 지원 패키지 설치
install.packages("treemap")
```

트리 맵 시각화 예시는 treemap 패키지에 내장된 데이터인 GNI2014 데이터를 이용한다. 우선 다음과 같은 library()와 data() 명령으로 패키지와 예시 데이터를 불러온다. 예시 데이터인 GNI2014 데이터는 트리 맵 시각화 예시에 주로 사용되는 데이터 셋으로 국가별 소속 대륙 및 인구, 1인당 총소득(GNI)과 같은 국가에 대한 정보를 가지고 있다.

```
# 패키지 불러오기
library(treemap)
data(GNI2014)                                    # 데이터 불러오기 # 국가별 데이터
head(GNI2014)                                    # 데이터 내용 보기
  iso3          country     continent population    GNI
 3  BMU          Bermuda North America      67837 106140
 4  NOR           Norway        Europe    4676305 103630
 5  QAT            Qatar          Asia     833285  92200
 6  CHE      Switzerland        Europe    7604467  88120
 7  MAC Macao SAR, China          Asia     559846  76270
 8  LUX       Luxembourg        Europe     491775  75990
```

GNI2014 데이터에 대한 트리 맵 시각화는 계층 구조인 대륙과 국가에 대하여 국가별 인구에 대한 트리 맵으로 인구 규모는 직사각형의 넓이로 표시된다. 예시는 다음과 같은 명령으로 treemap() 함수의 index 옵션은 트리 맵의 계층 구조를 표현한다. 즉, 대륙에 해당되는 "continent" 변수와 국가의 약어 변수인 "iso3"로 구성된다. vSize은 트리 맵의 직사각형의 크기로 "population" 변수가 지정되었고 색상은 "GNI(1인당 총소득)" 변수로 구분하였다.

```
treemap(GNI2014,                                  # 데이터 입력
        index=c("continent","iso3"),              # 계층 구조 표현
        vSize="population",                       # 사각형 크기
        vColor="GNI",                             # 사각형 컬러
        type="value")                             # 사각형 색깔 방법
```

[그림 13-1]의 왼쪽의 트리 맵 시각화 예시를 보면 대륙별로 인구에 비례하여 큰 사각형으로 표시되었고 그 하위에 작은 사각형들로 소속 대륙의 국가들에 대하여 인구를 비례하여 크기가 구성되었다. 또한 국가별 1인당 총소득(GNI)에 따라 색상의 차이를 두어 국가별 총소득에 대한 차이를 쉽게 인지할 수 있도록 지원하고 있다.

treemap 패키지의 state.x77 데이터 셋도 트리 맵 시각화 예시로 자주 이용된다. state.x77 데이터는 다음과 같이 미국의 주별 크기, 인구 및 수입 등의 값들로 구성된 자료로 주별 면적에 대하여 1차원 수준의 트리 맵을 작성하면 [그림 13-1]의 오른쪽과 같이 나타난다.

```
head(state.x77)
           Population Income Illiteracy Life Exp Murder HSGrad Frost   Area
 Alabama         3615   3624        2.1    69.05   15.1   41.3    20  50708
 Alaska           365   6315        1.5    69.31   11.3   66.7   152 566432
 Arizona         2212   4530        1.8    70.55    7.8   58.1    15 113417
 Arkansas        2110   3378        1.9    70.66   10.1   39.9    65  51945
 California     21198   5114        1.1    71.71   10.3   62.6    20 156361
 Colorado        2541   4884        0.7    72.06    6.8   63.9   166 103766

state <- data.frame(state.x77, state_name = rownames(state.x77))
treemap(state, index = c("state_name"),
        vSize = "Area",
        vColor = "Income",
        type = "value")
```

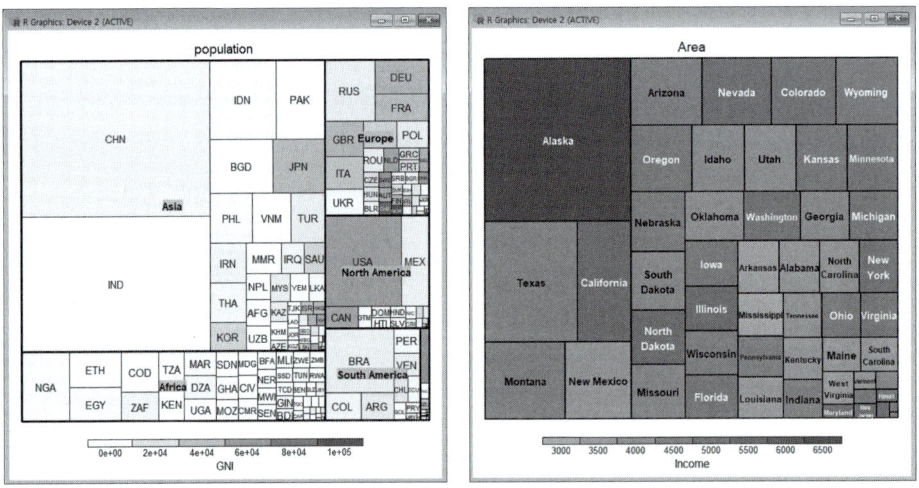

[그림 13-1] 트리 맵 시각화

2) 버블 차트 시각화

버블 차트는 비교 시각화 기법의 하나로 세 가지 이상의 정보를 2차원으로 표시하는 시각화 기법이다. 버블 차트를 지원하는 패키지는 MASS이다. MASS 패키지를 이용하여 시각화를 수행하기 위해서 다음과 같이 install.packages() 함수를 이용하여 패키지를 우선 설치하여야 한다.

```
# 버블 차트 지원 패키지 설치
install.packages("MASS")
```

버블 차트 시각화 예시는 MASS 패키지에 내장된 데이터인 UScrime 데이터를 이용하여 다음과 같은 명령으로 수행할 수 있다. UScrime 데이터는 버블 차트 시각화 예시에 주로 사용되는 데이터 셋으로 미국 47개 주에 대한 범죄 관련 데이터를 가지고 있다.

```
library(MASS)
head(UScrime)                                    # 미국 47개 주에 대한 범죄 관련 데이터
      M So  Ed Po1 Po2  LF  M.F Pop NW  U1 U2 GDP Ineq     Prob    Time    y
  1 151  1  91  58  56 510  950  33 301 108 41 394  261 0.084602 26.2011  791
  2 143  0 113 103  95 583 1012  13 102  96 36 557  194 0.029599 25.2999 1635
  3 142  1  89  45  44 533  969  18 219  94 33 318  250 0.083401 24.3006  578
  4 136  0 121 149 141 577  994 157  80 102 39 673  167 0.015801 29.9012 1969
  5 141  0 121 109 101 591  985  18  30  91 20 578  174 0.041399 21.2998 1234
  6 121  0 110 118 115 547  964  25  44  84 29 689  126 0.034201 20.9995  682
```

버블 차트 시각화 예시는 도시 남성 실업률, 범죄 비율 그리고 주의 인구(state population)에 대한 버블 차트로 다음 명령에서와 같이 X축 좌표의 자료는 U2로 35~39세의 도시 남성 실업률을, Y축 좌표의 자료는 y로 범죄 비율을 나타낸다. 버블 차트에서 버블의 크기(radius)는 Pop로 주의 인구를 나타내고 있다.

```
radius <- sqrt(UScrime$Pop)                     # 원을 나타낼 반지름 값
symbols(UScrime$U2, UScrime$y,                  # x와 y의 좌표 위치
        circles=radius,                         # 각각 버블의 반지름 값
        inches=0.4,                             # 각각 버블의 크기 조절 값
```

```
            fg="white",                              # 각각 버블의 테두리 색
            bg="lightgray",                          # 각각 버블의 바탕색
            lwd=1.5,                                 # 각각 버블의 테두리선 두께
            xlab="unemployment 35-39 males",         # x축 제목 설정
            ylab="crime rate",                       # y축 제목 설정
            main="UScrime Data")                     # 제목 설정

  text(UScrime$U2, UScrime$y,                        # 문자로 출력할 x, y 위치
       1:nrow(UScrime),                              # 문자로 출력할 값
       cex=0.8,                                      # 글자 크기
       col="brown")                                  # 글자 색
```

[그림 13-2]의 오른쪽과 같이 Y축 좌표의 자료를 14~24세의 도시 남성 실업률을 나타내는 변수인 U1를 이용하여 버블 위치를 바꿀 수 있고, 또한 fg와 bg 옵션을 사용하여 버블의 색상을 변경할 수 있다.

```
symbols(UScrime$U1, UScrime$y,                       # x와 y의 좌표 위치
        circles=radius,                              # 각각 버블의 반지름 값
        inches=0.4,                                  # 각각 버블의 크기 조절 값
        fg="black",                                  # 각각 버블의 테두리 색
        bg="yellow",                                 # 각각 버블의 바탕색
        lwd=1.5,                                     # 각각 버블의 테두리선 두께
        xlab="unemployment 14-24 males",             # x축 제목 설정
        ylab="crime rate",                           # y축 제목 설정
        main="UScrime Data")                         # 제목 설정

  text(UScrime$U1, UScrime$y,                        # 문자로 출력할 x, y 위치
       1:nrow(UScrime),                              # 문자로 출력할 값
       cex=0.8,                                      # 글자 크기
       col="brown")                                  # 글자 색
```

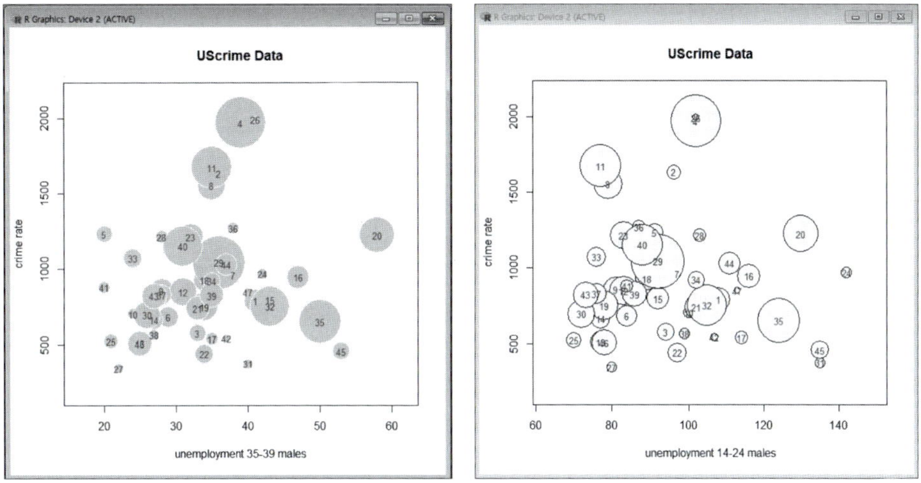

[그림 13-2] 버블 차트 시각화

3) 체르노프 페이스 시각화

체르노프 페이스는 비교 시각화 기법의 하나로 다차원 데이터를 사람의 얼굴로 이미지화하여 시각적으로 표현하는 방법이다. 즉, 얼굴의 가로 너비와 세로 높이, 눈, 코, 입, 귀 등의 얼굴의 각 부위를 변수로 대체하여 데이터의 속성을 쉽게 파악할 수 있도록 도와주는 비교 시각화 기술이다. 체르노프 페이스를 지원하는 패키지는 aplpack이다. aplpack 패키지를 이용하여 시각화를 수행하기 위해서 다음과 같이 install.packages() 함수를 이용하여 패키지를 우선 설치하여야 한다.

```
# 체르노프 페이스 지원 패키지 설치
install.packages("aplpack")
```

체르노프 페이스 시각화 예시는 MASS 패키지에 내장된 데이터인 Cars93 데이터를 이용하여 다음과 같은 명령으로 수행할 수 있다. Cars93 데이터는 체르노프 페이스 시각화 예시에 주로 사용되는 데이터 셋으로 59개에 대한 각기 다른 자동차 정보를 가지고 있다.

```
# 패키지 불러오기
library(MASS)
str(Cars93)
  'data.frame':   93 obs. of  27 variables:
  $ Manufacturer     : Factor w/ 32 levels "Acura","Audi",..: 1 1 2 2 3 4 4 4 4 5 ...
  $ Model            : Factor w/ 93 levels "100","190E","240",..: 49 56 9 1 6 24 54 74 73 35 ...
  $ Type             : Factor w/ 6 levels "Compact","Large",..: 4 3 1 3 3 3 2 2 3 2 ...
  $ Min.Price        : num  12.9 29.2 25.9 30.8 23.7 14.2 19.9 22.6 26.3 33 ...
  $ Price            : num  15.9 33.9 29.1 37.7 30 15.7 20.8 23.7 26.3 34.7 ...
  $ Max.Price        : num  18.8 38.7 32.3 44.6 36.2 17.3 21.7 24.9 26.3 36.3 ...
  $ MPG.city         : int  25 18 20 19 22 22 19 16 19 16 ...
  $ MPG.highway      : int  31 25 26 26 30 31 28 25 27 25 ...
```

체르노프 페이스 시각화 예시를 위하여 Cars93 데이터 중 가격, RPM, 길이, 넓이 그리고 휠축의 숫자형 변수들을 데이터프레임으로 구성하여 다음의 명령어들과 같이 상위 25대의 자동차들을 얼굴 이미지 형태로 표현한다.

```
# 얼굴 이미지 표현 데이터 추출
Cars93_tmp <- Cars93[c(1:25), c("Price","RPM","Length","Weight", "Wheelbase")]

# 체르노프 페이스 작성
library(aplpack)
faces(Cars93_tmp, face.type = 0, labels = Cars93[1:25,]$Model, main = "체르노프 페이스,
face.type = 0")
```

체르노프 페이스 작성 시 face.type 옵션을 다음과 같이 변경하여 다양한 형태의 얼굴 이미지를 시각화할 수 있다.

```
faces(Cars93_tmp, face.type = 1, labels = Cars93[1:20,]$Model, main = "체르노프 페이스,
face.type = 1")
faces(Cars93_tmp, face.type = 2, labels = Cars93[1:20,]$Model, main = "체르노프 페이스,
face.type = 2")
```

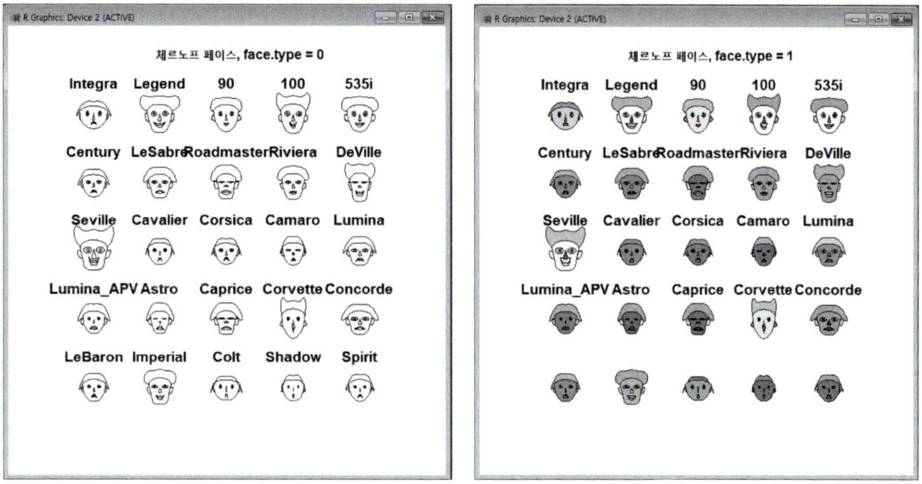

[그림 13-3] 체르노프 페이스 시각화

4) 히트 맵 시각화

비교 시각화 기법인 히트 맵은 색상이나 명암으로 표현 가능한 정보들을 일정한 이미지 위에 열 분포 형태의 그래픽으로 표현하는 것으로 히트 맵의 경우에 색상의 명암으로 값의 크기를 표현하며, 다양한 정보를 일정한 이미지 위에 열 분포 형태의 그래픽으로 나타낼 수 있다. 이러한 히트 맵은 gplots, pheatmap, d3heatmap 등의 다양한 패키지를 이용하여 구현할 수 있다. 히트 맵 시각화의 경우 R 기본 그래프도 충분한 기능을 제공하기 때문에 히트 맵 시각화 예시는 R 기본 그래프 기능인 heatmap() 함수를 이용한다. 또한 예시 자료도 R 기본 내장된 데이터인 mtcars 데이터를 이용한다. mtcars 데이터는 32개의 자동차에 대한 갤런당 마일(mpg), 실린더 수, 마력, 엔진, 변속기 등의 다양한 정보를 가지고 있다.

```
head(mtcars)
                   mpg cyl disp  hp drat    wt  qsec vs am gear carb
Mazda RX4         21.0   6  160 110 3.90 2.620 16.46  0  1    4    4
Mazda RX4 Wag     21.0   6  160 110 3.90 2.875 17.02  0  1    4    4
Datsun 710        22.8   4  108  93 3.85 2.320 18.61  1  1    4    1
Hornet 4 Drive    21.4   6  258 110 3.08 3.215 19.44  1  0    3    1
Hornet Sportabout 18.7   8  360 175 3.15 3.440 17.02  0  0    3    2
Valiant           18.1   6  225 105 2.76 3.460 20.22  1  0    3    1
```

히트 맵 시각화 예시는 32개의 자동차를 행으로 하고 자동차들의 특성 값들인 갤런당 마일(mpg), 실린더 수(cy1), 변위(Disp), 마력(hp), 실재 엑셀 비율(drat), 무게(wt), 1/4 마일 시간(qsec), 엔진 형태(vs), 변속기 유형(am), 전진 기어 수(gear), 기화기 수(carb)들을 색상의 명암으로 나타내고 있다. heatmap() 함수의 사용은 다음과 같이 자료를 행렬로 변경하여 실행한다.

```
# 히트 맵 작성
library(RColorBrewer)                    # 색상 정의 패키지
data <- as.matrix(mtcars)                # 자료를 행렬로 변경
heatmap(data,                            # 히트 맵 자료
         col=brewer.pal(9, "Blues"),     # 색상 지정(RColorBrewer 패키지를 색상 이용)
         scale="column",                 # 그래프의 기준(row/column)
         margin=c(5,10)                  # 여백
         )

# 덴드로그램 제거 히트 맵
heatmap(data, col=brewer.pal(9, "Blues"), scale="column",  margin=c(5,10),
         Rowv=NA,                        # 행 쪽 덴드로그램 제거
         Colv=NA,                        # 열 쪽 덴드로그램 제거
         )
```

[그림 13-4]의 왼쪽에서와 같이 heatmap() 함수에서 제공하는 기본적인 히트 맵은 덴드로그램을 포함하고 있다. 다음과 같이 'Rowv=NA' 옵션과 'Colv=NA' 옵션을 추가 설정하면 [그림 13-4]의 오른쪽 같이 전형적인 히트 맵을 작성할 수 있다.

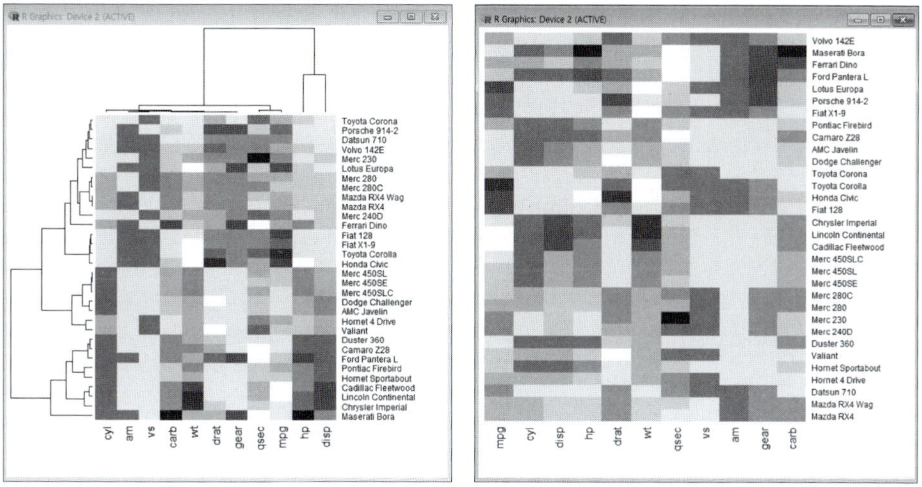

[그림 13-4] 히트 맵 시각화

13.1.2 인터랙티브 그래프

인터랙티브 그래프(Interactive Graph)는 마우스 움직임에 반응하며 실시간으로 형태가 변하는 그래프를 의미한다. 인터랙티브 그래프는 그래프를 자유롭게 조작하면서 관심 있는 부분을 자세히 살펴볼 수 있다. 사용자는 인터랙티브 그래프를 통해 차트를 확대하거나 축소할 수 있고, 마커에 마우스를 가져가 특정 부분에 대한 설명을 볼 수 있으며, 또한 그래프상의 특정 변수 선택 등의 작업을 수행할 수 있다. R에서 인터랙티브 그래프 작성 지원을 위하여 다수의 패키지들이 개발되어 사용되고 있으나 가장 일반적으로 사용되는 패키지는 plotly 패키지이다.

1) plotly 패키지

plotly는 오픈소스 그래픽 라이브러리(Open Source Graphing Library)로 R은 물론 파이썬(python)에서 인터랙티브 그래프를 작성하는 데 사용된다. R에서 인터랙티브 그래프 작성 시 사용되는 plotly 패키지는 막대그래프, 파이 차트, 산점도, 영역 그래프, 박스 플롯, 히스토그램, 히트 맵 등의 다양한 인터랙티브 그래프 작성을 지원한다. plotly 패키지를 활용하여 인터랙티브 그래프를 작성하는 방법은 첫째, ggplot2 객체를 기반으로 인터랙티브 그래픽를 작성하는 방법과 둘째, plotly 패키지의 그래프 함수를 직접 사용하여 인터랙티브 그래프를 작성하는 방법이 있다. plotly 패키지를 이용하여 작성된 인터랙티브 그래프는 자바스크립트(JavaScript) 형식으로 생성되었기 때문에 웹(web)상에서 동작되며, HTML 형식으로 저장되어 웹 프로그램에서 사용될 수 있다. plotly 패키지를 사용하여 인터랙티브 그래프 작성을 위해서 다음과 같은 명령어로 우선 plotly 패키지를 설치한다.

```
# 인터랙티브 그래픽 지원 패키지 설치
install.packages("plotly")
```

2) ggplot2 객체 기반의 인터랙티브 그래프

ggplot2 패키지를 이용하여 작성된 그래프는 plotly 패키지를 이용하여 간단하게 인터랙티브 그래프로 작성할 수 있다. ggplot2 패키지를 이용하여 작성한 그래프에 대한 인터랙티브 그래프 작성을 위하여 그래픽 패키지들을 우선 불러온다.

```
# 그래픽 패키지 불러오기
library(ggplot2)
library(plotly)
```

ggplot2 패키지를 이용하여 작성된 그래프에 대한 인터랙티브 그래프 작성은 ggplot2 패키지의 그래프 함수들로 작성한 그래프들을 ggplot2 객체인 변수로 저장한 후 plotly 패키지의 ggplotly() 함수를 이용하여 이를 호출하면 된다. 다음은 이전 장에서 작성한 막대그래프와 산포도 그래프를 변수들로 저장하고 이들을 ggplotly() 함수로 실행한 것이다.

```
# 막대그래프 작성
bar_graph <- ggplot(diamonds, aes(clarity, fill=cut)) + geom_bar()
ggplotly(bar_graph)

# 산포도 그래프 작성
scatter_graph <- ggplot(data=iris, aes(x = Sepal.Length, y = Sepal.Width) ) + geom_
point(aes(color=Species, shape=Species), size=3)
ggplotly(scatter_graph)
```

상기의 ggplotly() 함수를 이용하여 호출된 그래프들은 [그림 13-5]와 [그림 13-6]에서와 같이 웹브라우저에서 동작하며 마우스 움직임에 따라 선택 영역이 박스 모양의 설명이 나타난다.

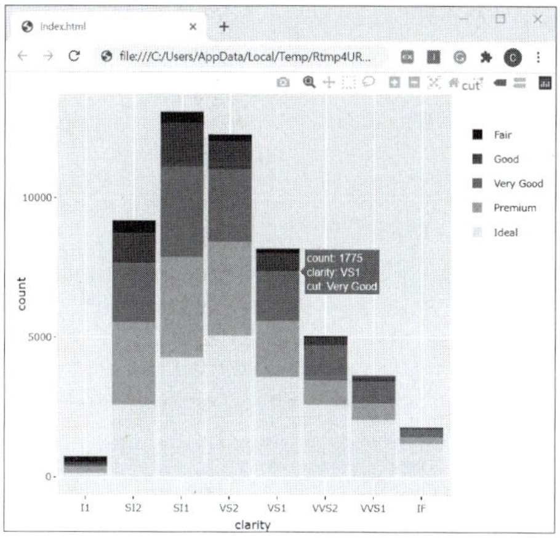

[그림 13-5] 막대그래프

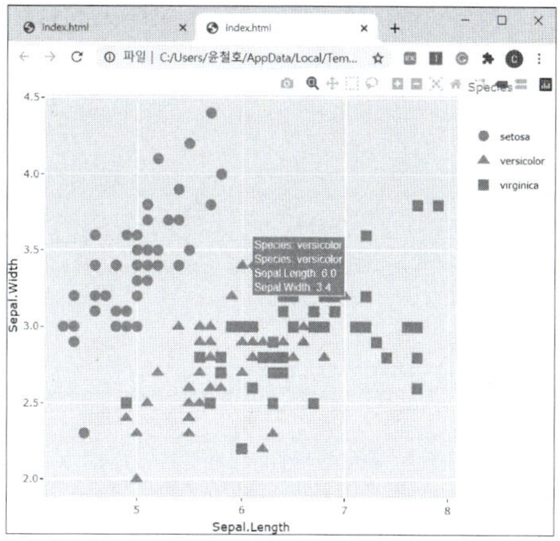

[그림 13-6] 산포도 그래프

다음은 이전 장에서 economics 데이터를 이용하여 작성한 시계열 그래프와 영역 그래프로 이들 역시 다음과 같이 ggplot2 객체들로 저장하고 ggplotly() 함수로 실행하며 [그림 13-7]와 [그림 13-8]과 같은 인터랙티브 그래프를 생성할 수 있다.

```
# 시계열 그래프 작성
line_graph <- ggplot(data=economics, aes(x=date, y=unemploy)) + geom_line()
ggplotly(line_graph)

# 영역 그래프 작성
library(dplyr)
economics_sum <- economics_long  %>%
  group_by(date, variable) %>%
  summarise(n = sum(value01)) %>%
  mutate(percentage = n / sum(n))

area_graph <- ggplot(economics_sum, aes(x=date, y=percentage, fill=variable)) +
geom_area(alpha=0.6 , size=1, colour="white")
ggplotly(area_graph)
```

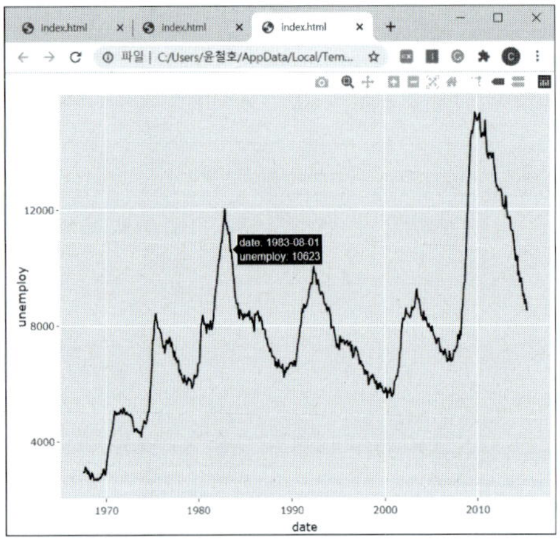

[그림 13-7] 시계열 그래프

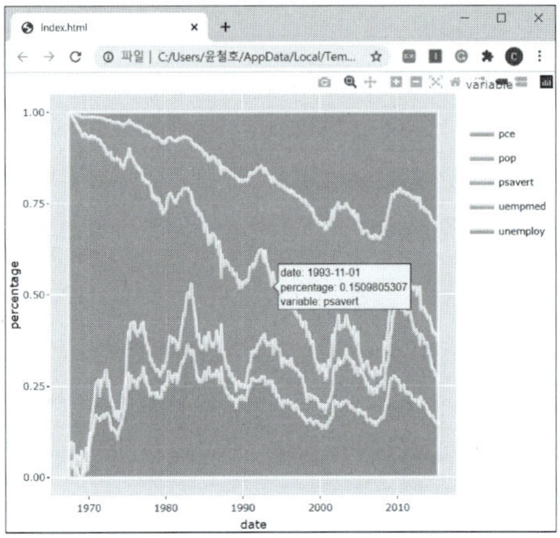

[그림 13-8] 산포도 그래프

3) plotly 함수 기반의 인터랙티브 그래프

ggplot2 패키지를 이용하여 작성된 그래프는 plotly 패키지의 ggplotly() 함수를 이용하여 간단하게 인터랙티브 그래프로 작성할 수 있으나, ggplot() 함수에서 작성된 모든 그래프들을 지원하지는 않는다. 예를 들어 ggplot2 패키지를 이용하여 작성된 파이 차트의 경우는 ggplotly() 함수로는 인터랙티브 그래프를 작성할 수 없다. 따라서 plotly 패키지는 ggplotly() 함수 이외에 자체적으로 그래프를 작성할 수 있는 plot_ly() 함수들을 지원한다. plotly 패키지의 plot_ly() 함수는 막대그래프, 파이 차트, 선그래프, 산포도, 버블 차트 등의 기본 그래프는 물론 박스 플롯이나 히스토그램과 같은 통계적 그래프, 로그 차트, 히트 맵과 같은 고급 그래프 작성을 위한 다양한 함수들도 포함한다.

plot_ly() 함수 기반의 인터랙티브 그래프 예시는 '12장 데이터 시각화'에서 수행한대로 dplyr 패키지를 사용하여 다음과 같이 자료에 대한 그룹 분석을 수행한 후 plot_ly() 함수를 이용하여 그래프를 작성할 수 있다.

```
# 그래픽 패키지 불러오기
library(plotly)
library(ggplot2)
```

```
head(diamonds)

# 그룹화
library(dplyr)
sum_diamonds <- diamonds %>%
  group_by(cut) %>%
  summarise(mean_price = mean(price),  mean_table = sum(table),
            median_depth = median(depth),   n = n())

sum_diamonds

# 막대그래프 작성
library(plotly)
plot_ly(sum_diamonds, x = ~cut, y = ~mean_price)

# 파이 차트 작성
plot_ly(sum_diamonds, labels = ~cut, values = ~mean_price, type = 'pie')
```

plot_ly() 함수를 이용하여 호출된 그래프들은 [그림 13-9]와 [그림 13-10]과 같이 웹상에서 동작되며 마우스 움직임에 따라 선택 영역에 대한 설명들이 나타난다.

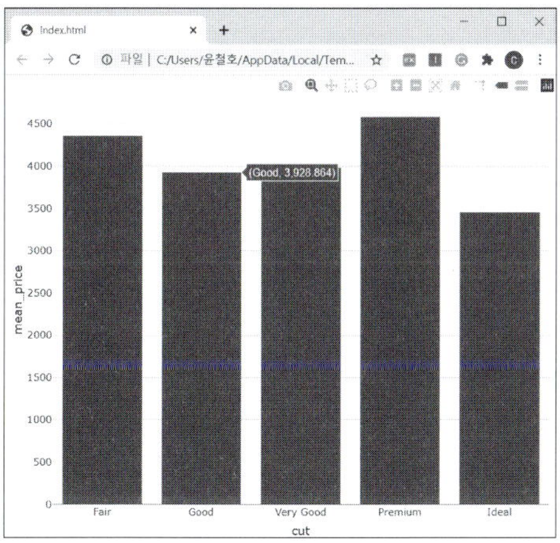

[그림 13-9] 막대그래프

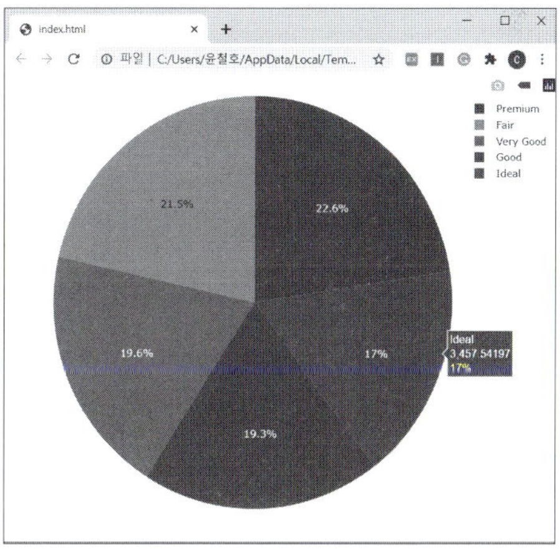

[그림 13-10] 파이 차트

13.2 R 지도 맵핑 시각화

지도 맵핑 시각화 기법은 공간 시각화 기법의 대표적인 시각화 기법으로 다양한 정보를 지도와 같이 표시하여 효과적으로 정보를 전달을 수행하는 시각화 기법을 의미한다.

13.2.1 R에서의 지도 맵핑 시각화 방법

R에서의 지도 맵핑 시각화를 수행하는 방법은 첫째, 지도의 위치 정보가 있는 파일인 SHP 파일을 이용한 지도 맵핑 방법과 둘째, 구글에서 제공하는 구글맵을 이용한 지도 맵핑 방법이 있다.

(1) SHP 파일을 이용한 지도 맵핑 방법

SHP 파일을 이용한 지도 맵핑 방법은 지도 위치 정보가 있는 파일인 SHP 파일을 이용하여 지도를 작성하는 방법으로 SHP 파일은 ESRI ArcView 사의 자체 지도 표현 형식(Native Format)으로써, 최근에 2차원 벡터 데이터의 교환을 위한 사실상의 업계 표준으로 사용될 만큼 광범위한 사용자층을 확보하고 있는 GIS 포맷이다. SHP 파일을 이용하여 시각화를 수행하기 위해서는 SHP 파일을 불러오는 데 사용되는 raster, rgeos 그리고 rgdal 패키지를 다음과 같이 install.packages() 함수를 이용하여 패키지들을 설치해야 한다. 또한 불러온 SHP 파일을 이용하여 지도 그림을 그리는 데 필요한 ggplot2 패키지도 설치되어야 한다.

```
# 지도 파일(SHP 파일) 사용을 위한 패키지
install.packages("raster")
install.packages("rgeos")
install.packages("rgdal")                    # SHP 파일을 위한 라이브러리

# 그래프 작성 패키지
install.packages("ggplot2")
```

SHP 파일을 이용하여 시각화를 수행하기 위해서는 SHP 파일도 필요하다. SHP 파일은 이

를 제공하는 기관에서 대한민국 최신 시도별 행정구역의 SHP 파일을 다운로드하여 획득할 수 있다.

- 공간정보시스템 / 딥러닝 기반 기술 연구소 @지오서비스(GEOSERVICE): http://www.gisdeveloper.co.kr/?p=2332

(2) 구글맵을 이용한 지도 맵핑 방법

구글맵을 이용한 지도 맵핑 방법은 구글이 제공하는 지도를 이용하여 시각화하는 방법으로 이를 수행하기 위해서는 구글맵 API key를 사전에 발급받아야 한다. 구글맵 API key 신청은 다음 사이트에 접속하여 신청하면 된다. 참고로 현재 구글맵은 전면 유료화되어 있으나, 본 예시와 같은 단순한 지도 맵핑에 대한 기능은 무료로 사용이 가능하다.

- 구글 API 신청 사이트: https://cloud.google.com/maps-platform/#get-started

구글맵을 이용한 지도 맵핑 시각화를 수행하기 위해서는 ggmap 패키지를 다음과 같이 install.packages() 함수를 이용하여 패키지를 설치해야 한다.

```
# 구글맵을 이용한 지도 맵핑을 위한 패키지
install.packages("ggmap")      # 구글맵 API 지원 패키지
```

ggmap 패키지에서 지원하는 주요 함수들은 지역 명칭을 경도와 위도로 변환하는 geocode() 함수, 지정된 지역의 구글 지도를 가져오는 get_googlemap() 함수 그리고 가져온 구글 지도를 시각화해 주는 ggmap() 함수가 있다. 이중 기본 함수인 get_googlemap() 함수의 사용 형식은 다음과 같다.

```
get_googlemap(center=, maptype=, zoom=, size=, marker= ..)

center: 지도의 중심 좌표
maptype: 출력될 지도 유형
     - roadmap, terrain, satellite, hybrid (기본값: "terrain")
zoom: 지도의 확대 크기로써 3(대륙)~21(빌딩)(기본값: 10(도시))
size: 지도의 가로와 세로 픽셀 크기(기본값: 640 x 640)
marker: 지도의 마커 자료
```

13.2.2 SHP 파일을 이용한 지도 맵핑

SHP 파일을 이용하여 지도 맵핑 시각화 예시는 시도별 평균 아파트 가격을 지도에 맵핑하는 것이다. SHP 파일을 이용하여 지도 맵핑 시각화를 수행하기 위해서는 우선 관련 패키지들인 raster, rgeos, rgdal, ggplot2 패키지도 불러온 후, 시도별 평균 아파트 가격들이 들어있는 예시 파일인 apt_price.csv를 데이터프레임으로 불러온다. apt_price 데이터프레임은 id, 시도명, 평균 아파트 가격으로 구성되어 있다.

```
# 지도 맵핑 패키지 불러오기
library(raster)
library(sf)
library(ggplot2)

# 데이터 불러오기
setwd("C:/WORK_R")
apt_price <- read.csv("apt_price_new.csv", header = T, fileEncoding="EUC-KR")
apt_price
  id       시도 평균아파트가격
1  0 서울특별시        1069.7
2  1 부산광역시         375.9
3  2 대구광역시         370.7
4  3 인천광역시         370.8
5  4 광주광역시         297.4
```

```
6   5 대전광역시              333.0
```

이후 단계는 지도 파일을 가져오는 것이다. 최신 시도별 행정구역인 SHP 파일을 다운로드하여 C:/WORK_R에 저장한다. 가져온 지도 파일은 다음과 같이 4개의 파일로 구성되어 있다.

- TL_SCCO_CTPRVN.dbf: 공간 데이터의 속성 정보
- TL_SCCO_CTPRVN.prj: 좌표계 정보
- TL_SCCO_CTPRVN.sh: 공간 데이터 정보
- TL_SCCO_CTPRVN.sh: 공간 데이터와 속성 연결

다음과 같이 R로 가져온 지도 파일과 아파트 가격을 id를 기준으로 통합을 하여 지도 맵핑을 수행하기 위한 데이터프레임 형태의 자료를 구성한다.

```
# TL_SCCO_CTPRVN.shp: 지도 파일
korea <- st_read("TL_SCCO_CTPRVN.shp")                    # SHP 파일 불러오기
korea$CTPRVN_CD <- iconv(korea$CTPRVN_CD, from='CP949', to='UTF-8', sub=NA,
mark=TRUE, toRaw=FALSE)                                   # 한글 처리
korea_shp <-  as(korea, 'Spatial')                        # 지리적 데이터로 변경
korea_map <- fortify(korea_shp)                           # 데이터프레임 설정
merge_result <- merge(korea_map, apt_price, by="id") # 그래프 작성을 위한 자료
```

그래프 작성을 위한 자료가 구성되면 다음과 같이 ggplot() 함수를 이용하여 지도 맵핑을 수행한다.

```
# 시도별 평균 아파트 가격 지도 맵핑
ggplot() + geom_polygon(data=merge_result, aes(x=long, y=lat, group=group, fill=
평균아파트가격)) +labs(fill="2019년 9월 아파트 평균가격(단위 : 만원 /㎡)")+scale_
fill_gradient(low='gray', high='black')
```

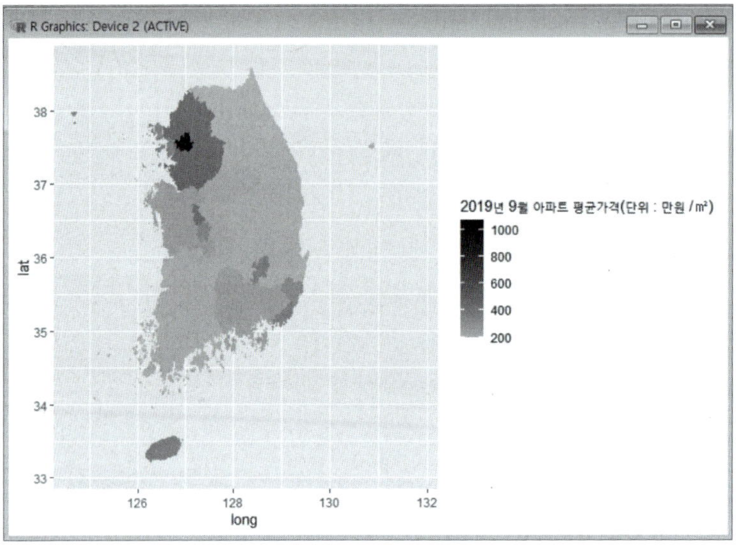

[그림 13-11] SHP 파일을 이용한 지도 맵핑

13.2.3 구글맵을 이용한 지도 맵핑

구글맵을 이용한 지도 맵핑 시각화 예시는 서울의 대학교의 위치를 지도에 표시하는 것으로 우선 구글맵을 활용하기 위하여 부여 받은 구글 API 키를 register_google( ) 함수를 이용하여 등록한 후, 서울의 대학교 주소가 들어 있는 파일인 university.csv를 데이터프레임으로 불러온다. 생성된 university 데이터프레임은 대학명과 주소로 구성되어 있다.

```
# 구글맵 패키지 불러오기
library('ggmap')
register_google(key='본인KEY')                    # 부여 받은 구글 API 키 등록
setwd("C:/WORK_R")
university <- read.csv("university.csv", header = T, fileEncoding="EUC-KR")
head(university)
          대학명                      주소
  1     건국대학교      서울시 광진구 모진동 93-1
  2     경희대학교        서울시 동대문구 회기1동
  3     고려대학교  서울시 성북구 안암동 5가 1번지
```

```
4      국민대학교        서울시 성북구 정릉동 861-1
5      단국대학교         서울시 용산구 한남동 산 8
6      덕성여자대학교            서울시 도봉구 쌍문
```

university 데이터프레임의 주소를 geocode() 함수를 이용하여 경도·위도로 변환하고 중심을 설정하여 그래프 작성을 위한 자료를 구성한다. 참고로 enc2utf8() 함수는 geocode() 함수에서 한글 주소를 처리할 수 있도록 유니코드 유니코드[1] 형태의 한글 코드로 변경해 주는 함수이다.

```
names <- as.vector(university$대학명)
addr <- as.vector(university$주소)

gc <- geocode(enc2utf8(addr))                # 주소를 경도·위도로 변환
df <- data.frame(name=names,                 # 대학명
                 lon=gc$lon,                 # 위도
                 lat=gc$lat)                 # 경도

cen <- c(mean(df$lon),mean(df$lat))
```

그래프 작성을 위한 자료가 구성되면 다음과 같이 get_googlemap() 함수를 이용하여 지도 맵핑을 수행한다. 수행 결과로써 [그림 13-12]는 구글맵 위에 대학교들의 위치를 마커로 표시하고 있다.

```
map <- get_googlemap(center=cen, maptype="roadmap", zoom=11, size=c(640,640), marker=gc)
ggmap(map)
```

1) 유니코드(Unicode)는 전 세계의 모든 문자를 컴퓨터에서 일관되게 표현하고 처리되도록 설계된 산업 표준의 문자코드이다.

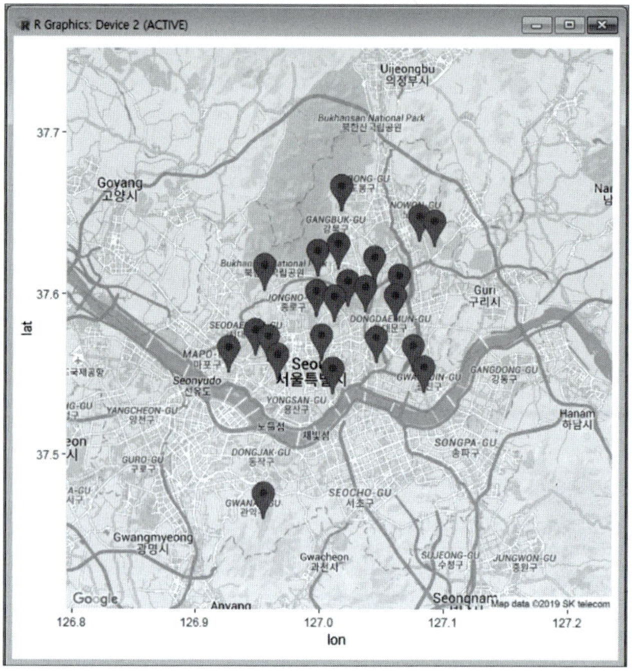

[그림 13-12] 구글맵을 이용한 지도 맵핑

연습문제

1 국가통계포털에서 시도/시군별 인구를 수집한 후 트리 맵을 작성하시오.

2 1번의 시도별 자료에 대하여 인터랙티브 막대그래프와 인터랙티브 파이 차트를 작성하시오.

3 공공데이터포털에서 시도별 대기오염 정보를 수집하여 지도 맵핑을 수행하시오.

4 구글맵을 이용하여 제주도 관광지들을 마커를 이용하여 표시하시오.

| 부록 | datasets 패키지의 데이터 셋

데이터 셋 명칭	설명
AirPassengers	Monthly Airline Passenger Numbers 1949–1960
BJsales	Sales Data with Leading Indicator
BJsales.lead (BJsales)	Sales Data with Leading Indicator
BOD	Biochemical Oxygen Demand
CO2	Carbon Dioxide Uptake in Grass Plants
ChickWeight	Weight versus age of chicks on different diets
DNase	Elisa assay of DNase
EuStockMarkets	Daily Closing Prices of Major European Stock Indices, 1991–1998
Formaldehyde	Determination of Formaldehyde
HairEyeColor	Hair and Eye Color of Statistics Students
Harman23.cor	Harman Example 2.3
Harman74.cor	Harman Example 7.4
Indometh	Pharmacokinetics of Indomethacin
InsectSprays	Effectiveness of Insect Sprays
JohnsonJohnson	Quarterly Earnings per Johnson & Johnson Share
LakeHuron	Level of Lake Huron 1875–1972
LifeCycleSavings	Intercountry Life–Cycle Savings Data
Loblolly	Growth of Loblolly pine trees
Nile	Flow of the River Nile
Orange	Growth of Orange Trees
OrchardSprays	Potency of Orchard Sprays
PlantGrowth	Results from an Experiment on Plant Growth
Puromycin	Reaction Velocity of an Enzymatic Reaction
Seatbelts	Road Casualties in Great Britain 1969–84
Theoph	Pharmacokinetics of Theophylline
Titanic	Survival of passengers on the Titanic
ToothGrowth	The Effect of Vitamin C on Tooth Growth in Guinea Pigs

UCBAdmissions	Student Admissions at UC Berkeley
UKDriverDeaths	Road Casualties in Great Britain 1969–84
UKgas	UK Quarterly Gas Consumption
USAccDeaths	Accidental Deaths in the US 1973–1978
USArrests	Violent Crime Rates by US State
USJudgeRatings	Lawyers' Ratings of State Judges in the US Superior Court
USPersonalExpenditure	Personal Expenditure Data
UScitiesD	Distances Between European Cities and Between US Cities
VADeaths	Death Rates in Virginia (1940)
WWWusage	Internet Usage per Minute
WorldPhones	The World's Telephones
ability.cov	Ability and Intelligence Tests
airmiles	Passenger Miles on Commercial US Airlines, 1937–1960
airquality	New York Air Quality Measurements
anscombe	Anscombe's Quartet of 'Identical' Simple Linear Regressions
attenu	The Joyner–Boore Attenuation Data
attitude	The Chatterjee–Price Attitude Data
austres	Quarterly Time Series of the Number of Australian Residents
beaver1 (beavers)	Body Temperature Series of Two Beavers
beaver2 (beavers)	Body Temperature Series of Two Beavers
cars	Speed and Stopping Distances of Cars
chickwts	Chicken Weights by Feed Type
co2	Mauna Loa Atmospheric CO2 Concentration
crimtab	Student's 3000 Criminals Data
discoveries	Yearly Numbers of Important Discoveries
esoph	Smoking, Alcohol and (O)esophageal Cancer
euro	Conversion Rates of Euro Currencies
euro.cross (euro)	Conversion Rates of Euro Currencies

eurodist	Distances Between European Cities and Between US Cities
faithful	Old Faithful Geyser Data
fdeaths (UKLungDeaths)	Monthly Deaths from Lung Diseases in the UK
freeny	Freeny's Revenue Data
freeny.x (freeny)	Freeny's Revenue Data
freeny.y (freeny)	Freeny's Revenue Data
infert	Infertility after Spontaneous and Induced Abortion
iris	Edgar Anderson's Iris Data
iris3	Edgar Anderson's Iris Data
islands	Areas of the World's Major Landmasses
ldeaths (UKLungDeaths)	Monthly Deaths from Lung Diseases in the UK
lh	Luteinizing Hormone in Blood Samples
longley	Longley's Economic Regression Data
lynx	Annual Canadian Lynx trappings 1821–1934
mdeaths (UKLungDeaths)	Monthly Deaths from Lung Diseases in the UK
morley	Michelson Speed of Light Data
mtcars	Motor Trend Car Road Tests
nhtemp	Average Yearly Temperatures in New Haven
nottem	Average Monthly Temperatures at Nottingham, 1920–1939
npk	Classical N, P, K Factorial Experiment
occupationalStatus	Occupational Status of Fathers and their Sons
precip	Annual Precipitation in US Cities
presidents	Quarterly Approval Ratings of US Presidents
pressure	Vapor Pressure of Mercury as a Function of Temperature
quakes	Locations of Earthquakes off Fiji
randu	Random Numbers from Congruential Generator RANDU

rivers	Lengths of Major North American Rivers
rock	Measurements on Petroleum Rock Samples
sleep	Student's Sleep Data
stack.loss (stackloss)	Brownlee's Stack Loss Plant Data
stack.x (stackloss)	Brownlee's Stack Loss Plant Data
stackloss	Brownlee's Stack Loss Plant Data
state.abb (state)	US State Facts and Figures
state.area (state)	US State Facts and Figures
state.center (state)	US State Facts and Figures
state.division (state)	US State Facts and Figures
state.name (state)	US State Facts and Figures
state.region (state)	US State Facts and Figures
state.x77 (state)	US State Facts and Figures
sunspot.month	Monthly Sunspot Data, from 1749 to ₩Present₩"
sunspot.year	Yearly Sunspot Data, 1700–1988
sunspots	Monthly Sunspot Numbers, 1749–1983
swiss	Swiss Fertility and Socioeconomic Indicators (1888) Data
treering	Yearly Treering Data, −6000–1979
trees	Diameter, Height and Volume for Black Cherry Trees
uspop	Populations Recorded by the US Census
volcano	Topographic Information on Auckland's Maunga Whau Volcano
warpbreaks	The Number of Breaks in Yarn during Weaving
women	Average Heights and Weights for American Women

| 참고문헌 |

강만모, 김상락, & 박상무. (2012). 빅 데이터의 분석과 활용. 정보과학회지, 30(6), 25-32.

강윤희. (2015). 공공개방데이터 분석 기법 연구. 예술인문사회융합멀티미디어 논문지, 5, 29-36.

강현철, 한상태, 연규필, 김혁, & 김성용. (2017). 예제로 배우는 R 데이터 분석 입문. 자유아카데미.

경기데이터드림. (2019). 사이트 소개.
https://data.gg.go.kr/portal/intro/intro/selectIntroPage.do

공공데이터포털. (2019). 공공데이터포털 소개.
https://www.data.go.kr/guide/guide/introduce.do

기정훈. (2016). 빅데이터 분석을 활용한 도시통계 표현 연구 - 체르노프 얼굴을 활용한 우리나라 광역자치단체의 지역사회건강지표의 표현을 중심으로. 공간과 사회, 55, 336-358.

김갑식. (2005). 데이터베이스: 신용평가를 위한 데이터마이닝 분류모형의 통합모형에 관한 연구. 정보처리학회 논문지 D, 12(2), 211-218.

김경태. (2013). CRM을 위한 Big Data Analysis - R을 이용한 데이터 마이닝 및 사례.
http://www.openstatistics.net/doc/contributed/2013/Eric-R-Data-Mining-20130812_v3.pdf

김문지, 송은정, & 김윤희. (2016). 온라인 리뷰 데이터의 오피니언마이닝을 통한 콘텐츠 만족도 분석 시스템 설계. 인터넷정보학회 논문지, 17(3), 107-113.

김성근, 조혁준, & 강주영. (2016). 학술연구에서의 텍스트 마이닝 활용 현황 및 주요분석기법. 정보화연구(구 정보기술아키텍처연구), 13(2), 317-329.

김승우, & 김남규. (2014). 오피니언 분류의 감성사전 활용효과에 대한 연구. 지능정보연구, 20(1), 133-148.

김양석, & 이충권. (2017). 텍스트 마이닝 기법을 활용한 동남권 신공항 신문기사 분석. 스마트 미디어저널, 6(1), 47-53.

김유영, & 송민. (2016). 영화 리뷰 감성분석을 위한 텍스트 마이닝 기반 감성 분류기 구축. 지능정보연구, 22(3), 71-89.

김윤정, 이조은, & 이유리. (2016). 네트워크 분석 기법을 통한 패션 상권의 특성 분석. 한국의 류학회지, 40(2), 203-220.

김재경, 최일영, 김혜경, & 김남희. (2009). 사회 네트워크 분석을 이용한 충성고객과 이탈고객의 구매 특성 비교 연구. 경영과학, 26(1), 183-196.

김재수. (2012). 유비쿼터스 환경의 고객맞춤형 서비스를 위한 빅데이터 분석 기법. 정보디자인 학연구, 19, 131-144.

김재환, & 이재문. (2018). 텍스트 마이닝과 오피니언 마이닝 분석을 활용한 국내외 스포츠용품

브랜드 비교·분석 연구. 한국콘텐츠학회 논문지, 18(6), 217-234.

김정숙. (2012). 빅 데이터 활용과 관련기술 고찰. Korea Contents Association Review, 10(1), 34-40.

김준기. (2012). 분석 플랫폼으로의 R의 활용. Begas.

김준영, & 김석규. (2017). 인공신경망을 활용한 여행경로 스케줄링 시스템. 한국컴퓨터정보학회 학술발표논문집, 25(2), 395-397.

김진화, 남기찬, & 이상종. (2008). Support Vector Machine 기법을 이용한 고객의 구매의도 예측. Information Systems Review, 10(2), 137-158.

김태경, 최회련, & 이홍철. (2016). 토픽 모델링을 이용한 핀테크 기술 동향 분석. 한국산학기술학회 논문지, 17(11), 670-681.

김형수. (2015). 한성대학교 강의 노트. http://www.hansung.ac.kr/web/hskim/507058

나종화. (2017). R 데이터마이닝, 자유아카데미.

남춘호. (2016). 일기자료 연구에서 토픽모델링 기법의 활용가능성 검토.

노승민. (2014). 특허분석을 통한 빅데이터 분석 플랫폼 기술 개발 동향. 디지털융복합연구, 12(9), 169-175.

데이터 쿡북. (2017). 텍스트마이닝 - R을 활용한 웹 크롤링 및 단어 연관 분석(KoNLP): Data 쿡북. https://datacookbook.kr/17

마이클 크롤리. (2016). 크롤리의 통계학 강의 R을 활용한 입문. 염현식 옮김, 에이콘출판사.

박경미, 박호건, 김형곤, & 고희동. (2011). SNS에서 오피니언마이닝 연구. 정보과학회지, 29(11), 54-60.

박준석, 김창식, & 곽기영. (2016). 텍스트마이닝과 소셜네트워크분석 기법을 활용한 호텔분야 연구동향 분석. 관광레저연구, 28(9), 209-226.

박진영, 선우연, & 오혜연. (2016). 텍스트 마이닝을 통한 조선왕조실록 내 왕의 통치 스타일 분석. 한국정보과학회 학술발표논문집, 741-743.

박찬성, 우현종, & 김희석. (2015). 통계와 R을 함께 배우는 R까기 2: R 입문용. 느린생각.

박찬엽. (2020). KoNLP 설치 이슈 공유. https://www.facebook.com/notes/r-korea-krugkorean-r-user-group/konlp-설치-이슈-공유/1847510068715020/

박창이, & 김진석. (2008). R을 이용한 데이터마이닝.

백영민. (2016). R를 이용한 사회과학 데이터 분석: 응용편. 커뮤니케이션북스.

서민구. (2013). R을 이용한 데이터 분석 실무.
http://r4pda.co.kr/pdf/r4pda_2014_03_02.pdf

서민구. (2014). R을 이용한 데이터 처리 & 분석 실무.
https://thebook.io/006723/ch09/03/03/02/

서울열린데이터 광장. (2019). 열린데이터 광장 소개.
https://data.seoul.go.kr/etc/openInfo.do

손종수, 조수환, 권경락, & 정인정. (2012). SNS에서의 개선된 소셜 네트워크 분석 방법. 지능정보연구, 18(4), 117-127.

송민. (2017). 텍스트마이닝, 도서출판청람.

오세종. (2017). R자료 분석 및 시각화, 단국대학교 강의 노트.

위민영, 나지영, & 박영일. (2018). 텍스트마이닝과 네트워크 분석을 적용한 VR 게임 사용자의 관심 요소 연구: STEAM 사용자 리뷰 데이터를 중심으로. 한국게임학회 논문지, 18(6), 69-82.

위키백과. (2019). 데이터 시각화.
https://ko.wikipedia.org/wiki/데이터시각화

유상진, & 박문로. (2005). 데이터마이닝 기법을 활용한 의료보험 진료비청구 삭감분석시스템 개발 및 구현에 관한 연구. Information Systems Review, 7(1), 275-295.

유충현, & 홍성학. (2015). R을 활용한 데이터 시각화. 인사이트.

유충현. (2011). Big Data와 R Analytics. 빅데이터 애널리틱스 인사이드.

유호종. (2019). 의사결정나무분석을 이용한 방한 일본관광객들의 재방문을 위한 예측모형. 상품학연구, 37, 21-30.

윤영일. (2016). 소셜네트워크분석을 통한 캠핑에 대한 인식 변화 연구. 관광경영연구, 69, 265-288.

윤철호, & 김상훈. (2014). R을 이용한 PLS 구조방정식모형 분석 튜토리얼: 예시 연구모형 및 데이터를 중심으로. Information Systems Review, 16(3), 89-112.

윤철호, & 최광돈. (2015). R을 이용한 공분산 기반 구조방정식 모델링 튜토리얼: Lavaan 패키지를 중심으로. Journal of Digital Convergence, 13(10), 121-133.

윤철호, & 최광돈. (2016). 구조방정식모형에서의 R을 이용한 부트스트랩 기반의 이중매개효과 분석 방안에 대한 연구. Journal of Digital Convergence, 14(9), 111-121.

윤철호. (2015). 클라우드 기반의 사회과학연구 자동화 시스템 개발에 관한 연구. Information Systems Review, 17(1), 217-238.

윤철호. (2017). PLS 경로분석모형에서의 R을 이용한 다중그룹 분석 방안에 대한 연구. 경영과학, 34(4), 1-13.

윤철호. (2019). R을 이용한 통계분석, 비앤엠북스.

윤형기. (2014). 분석언어 R 기초. http://www.openwith.net/wp-content/uploads/2015/05/R기초교육자료.pdf

이대웅, 문상호, 이효주, & 이소담. (2016). 데이터마이닝 분석방법을 활용한 고령자의 자살위험 예측요인 분석. 한국정책학회보, 25(1), 297-329.

이동우. (2012). R, 그리고 빅데이터, 제30회Open Technet - 빅데이터 오픈소스 플랫폼 기술세미나. https://www.oss.kr/editor/file/3bd27047/download/2806f2d1-f933-4eac-93f6-403986ccf525

이상기, 이병섭, 박병용, & 황혜경. (2010). 나이브베이즈 분류모델과 협업필터링 기반 지능형 학술논문 추천시스템 연구.

이영미, 배주현, & 박다빈. (2016). 데이터마이닝 기법들을 통한 제주 안개 예측 방안 연구. 한국환경과학회지, 25(4), 603-613.

이재준. (2019). 빅데이터 기술 동향. 한림ICT정책저널.

이준택, 김양훈, 나영섭, & 장항배. (2013). 비즈니스 연속성 확보를 위한 IT 기반 위험관리체계 구축 연구: 자동차 제조 산업 사례를 중심으로. 한국전자거래학회지, 18(2), 69-79.

이충권, & 김양석. (2017). 텍스트 마이닝 기법을 활용한 동남권 신공항 신문기사 분석. 스마트미디어저널, 6(1), 47-53.

이태준, & 김병준. (2015). 정책 PR 분야에서 소셜 빅데이터 어낼리틱스 활용가능성 연구. 홍보학 연구, 19(1), 355-384.

이현경, & 김종배. (2017). R 프로그램을 이용한 SNS 상의 모바일 기기 사용자 감성분석. 예술인문사회융합멀티미디어 논문지, 7, 821-828.

임종수, 공지수, 김성호, & 신만용. (2007). kNN 기법을 이용한 강원도 평창군의 산림 주제도 작성과 산림통계량 추정. 한국산림과학회지(구 한국임학회지), 96(3), 259-268.

장용식, & 강희구. (2017). R로 배우는 코딩. 생능출판사.

장용식, & 강희구. (2017). 빅데이터 분석의 첫걸음 R로 배우는 코딩. 생능출판사.

전채남, & 서일원. (2013). 빅데이터 분석의 기술마케팅 활용에 관한 연구: 잠재 수요기업 발굴을 중심으로. 마케팅 논집, 21(2), 181-203.

전희원. (2013). R 기반의 데이터 시각화.

http://freesearch.pe.kr
정근하. (2011). 텍스트마이닝과 네트워크 분석을 활용한 미래예측 방법 연구. 한국과학기술기획평가원.
정아, (2014). R 언어_그래픽, 네이버 블로그.
https://m.blog.naver.com/PostList.nhn?blogId=dic1224&categoryNo=240&logCode=0
정용복, & 박의섭. (2015). 텍스트 마이닝을 이용한 암반공학분야 SCI 논문의 주제어 분석. 터널과 지하공간, 25(4), 303-319.
정하림, 김홍회, 박상민, 한음, 김경현, & 윤일수. (2017). 나이브 베이즈 빅데이터 분류기를 이용한 렌터카 교통사고 심각도 예측. 한국ITS학회 논문지, 16(4), 1-12.
정하림, 김홍회, 박상민, 한음, 김경현, & 윤일수. (2017). 나이브 베이즈 빅데이터 분류기를 이용한 렌터카 교통사고 심각도 예측. 한국ITS학회 논문지, 16(4), 1-12.
조민호, (2017). 빅데이터 분석을 위한 R 프로그래밍. 정보문화사.
조성우. (2011). Big Data 시대의 기술, 서울: KT 종합기술원. Medicine, 316(17), 1037-1043.
조수곤, 조재희, & 김성범. (2015). 텍스트마이닝을 활용한 미국 대통령 취임 연설문의 트렌드 연구. 대한산업공학회지, 41(5), 453-460.
조승연, 김현구, 김범수, & 김희웅. (2014). 영화 흥행성과 예측을 위한 온라인 리뷰 마이닝 연구: 개봉 첫 주 온라인 리뷰를 활용하여. Information Systems Review, 16(3), 113-134.
조완섭. (2016). 빅데이터 시각화. 충북대학교 빅데이터센터.
조완일, (2002). R의 설치 및 기본 사용법.
http://datamining.dongguk.ac.kr/R/RR의 설치 및 기본 사용법.pdf
조재희, 조성배, 이성임. (2012). 비즈니스 인텔리전스를 위한 데이터마이닝. 이앤비플러스.
채경희, & 김상철. (2010). 의사결정나무 기법을 활용한 백화점의 고객세분화 사례연구. 유통과학연구, 8, 13-19.
채서일, 김선철, & 최수호. (2002). SPSS WIN을 이용한 통계분석. 서울: 학현사.
최경호, & 유진아. (2015). R을 이용한 사회연결망 분석에 대한 고찰. 한국융합학회 논문지, 6(1), 77-83.
최경호, & 장병권. (2013). 관광학 관련 학술지의 인용지수 비교 및 상호인용 빈도를 이용한 네트워크 분석. 관광학연구, 37(10), 321-332.
최광선, 함영경, & 김선호. (2013). 빅데이터 시각화. 한국: 한국컴퓨터정보학회.
최성필, 김혜선, & 김지영. (2015). 구조화된 저널리즘 서비스를 위한 과학 칼럼 정보 지식화 프레임워크 설계. 한국문헌정보학회지, 49(1), 341-360.

최점기. (2015). R을 활용한 데이터 분석 입문. 진심어린 컨설팅.

한건희, & 진서훈. (2014). 빅데이터에 대한 소개와 활용사례에 관한 연구. Journal of The Korean Data Analysis Society, 16(3), 1337-1351.

한국데이터산업진흥원. (2019). 네트워크 분석의 이론과 적용 사례. https://www.kdata.or.kr/info/info_04_view.html?field=&keyword=&type=techreport &page=1&dbnum=192961&mode=detail&type=techreport

행정자치부. (2019). 공공빅데이터 업무적용가이드. http://www.bigdata.go.kr/data/guide/guidebook_2.pdf

환경부. (2017). R을 이용한 데이터 분석(환경교육교재). 환경부 국립환경개발원.

An, J. N. (2017). R에서 데이터 정제하기 (결측치, 이상치). https://rpubs.com/jmhome/R_data_processing.

Anonymous. (2016). R로 크롤링하기 - 보배드림 예제. https://insightteller.tistory.com/entry/R%EB%A1%9C-%ED%81%AC%EB%A1%A4%EB%A7%81%ED%95%98%EA%B8%B0-%EB%B3%B4%EB%B0%B0%EB%93%9C%EB%A6%BC-%EC%98%88%EC%A0%9C

Aquino, J., Enzmann, D., Schwartz, M., & Jain, N. (2009). descr: Descriptive statistics. R package.

Begum, S. H. (2013). Data Mining Tools and Trends - An Overview. International journal of Emergning Research in Management & Technology, 6-12.

Bertram, D. (2007). Likert scales. Retrieved November, 2, 2013.

Bhabuk, U. R. (2018). R graph gallery. http://rgraphgallery.blogspot.com/

CRAN. (2018). What is R?. https://www.r-project.org/about.html

Dimitriadou, E., Hornik, K., Leisch, F., Meyer, D., & Weingessel, A. (2008). Misc functions of the Department of Statistics (e1071), TU Wien. R package, 1, 5-24.

Falissard, B., & Falissard, M. B. (2008). The psy package. measurements, 20, 37-46.

Fayyad, U., Piatetsky-Shapiro, G., & Smyth, P. (1996). From data mining to knowledge discovery in databases. AI magazine, 17(3), 37-37.

Feinerer, I. (2008). An introduction to text mining in R. The Newsletter of the R Project

Volume 8/2, October 2008, 8, 19.

Fox, J., Weisberg, S., Adler, D., Bates, D., Baud-Bovy, G., Ellison, S., …. & Heiberger, R. (2017). Package 'car'. https://cran.r-project.org/web/packages/car/car.pdf

Galili, T. (2018). Hierarchical cluster analysis on famous data sets - enhanced with the dendextend package.
https://cran.r-project.org/web/packages/dendextend/vignettes/Cluster_Analysis.html

Gamer, M. (2012). Package 'irr'. R Foundation for Statistical Computing.
https://cran.r-project.org/web/packages/irr/irr.pdf

Gura99. (2020). R Vs Python: What' s the Difference?.
https://www.guru99.com/r-vs-python.html

Hahsler, M., Buchta, C., Gruen, B., Hornik, K., Johnson, I., Borgelt, C., & Hahsler, M. M. (2019). Package 'arules'.

Harrell Jr, F. E., & Harrell Jr, M. F. E. (2018). Package 'Hmisc'. R Foundation for Statistical Computing.
https://cran.r-project.org/web/packages/Hmisc/Hmisc.pdf

Hekimoglu, M. IE 485-Introduction to Data Mining-R Tutorial.

Ihaka, R., & Gentleman, R. (1996). R: a language for data analysis and graphics. Journal of computational and graphical statistics, 5(3), 299-314.

Jinseog Kim. What is Data Mining?.

Khalil, S., & Fakir, M. (2017). RCrawler: An R package for parallel web crawling and scraping. SoftwareX, 6, 98-106.

Meyer, D., Hornik, K., & Feinerer, I. (2008). Text mining infrastructure in R. Journal of statistical software, 25(5), 1-54.

Montero, P., & Vilar, J. A. (2014). Tsclust: An r package for time series clustering. Journal of Statistical Software, 62(1), 1-43.

Moon, Keon-Woong. (2018). 군집분석(Cluster Analysis).
https://rstudio-pubs-static.s3.amazonaws.com/249084_09c0daf4ceb24212a81ceddca97ba1ea.html

Mullner, D. (2018). The fastcluster package: User' s manual.

Nunally, J. C., & Bernstein, I. H. (1994). Psychonometric theory.

Patil, S. (2016). Big data analytics using R. International Research Journal of Engineering and Technology, 7.

Raval, K. M. (2012). Data mining techniques. International Journal of Advanced Research in Computer Science and Software Engineering, 2(10).

Revelle, W. R. (2017). psych: Procedures for personality and psychological research.

Revelle, W., &Revelle, M. W. (2017). Package 'psych'. https://cran.r-project.org/web/packages/psych/psych.pdf

Ripley, B., Venables, W., & Ripley, M. B. (2016). Package 'nnet' R package version, 7, 3-12.

Russom, P. (2011). Big data analytics. TDWI best practices report, fourth quarter, 19(4), 1-34.

Signorell, A. (2016). DescTools: Tools for descriptive statistics. R package version 0.99, 18.

Simoudis, E. (1996). Reality check for data mining. IEEE Intelligent Systems, (5), 26-33.

SQL Angeles. (2018). 군집분석(Cluster Analysis). https://sqlangeles.com/2018/01/08/군집분석cluster-analysis/

Therneau, T. M., Atkinson, B., & Ripley, M. B. (2010). The rpart package.

Torgo, L. (2003). Data mining with R. Learning by case studies. University of Porto, LIACC-FEP. http://www. liacc. up. pt/ltorgo/DataMiningWithR/. Accessed on, 7(09).

Torgo, L., & Torgo, M. L. (2013). Package 'DMwR'. Comprehensive R Archive Network.

Wickham, H. (2016). ggplot2: elegant graphics for data analysis. Springer.

Wickham, H., Chang, W., & Wickham, M. H. (2016). Package 'ggplot2'. Create Elegant Data Visualisations Using the Grammar of Graphics. Version, 2(1), 1-189.

Zhao, Y. (2012). R and data mining: Examples and case studies. Academic Press.

| 찾아보기 |